江村治樹著

春秋戦国時代青銅貨幣の生成と展開

汲古叢書96

汲古書院

目　次

春秋戦国時代青銅貨幣の生成と展開

序章　春秋戦国貨幣研究と課題

一　中国における研究

中国においては、古くから先秦時代の貨幣について関心が持たれ多くの著述がなされてきた。その長い研究の歴史は大きく分けると三つの時期に分けることができる。第一期は王朝時代から民国までの初歩的な著録の編纂と文字の釈読が主として行われた時期である。第二期は中華人民共和国の成立以後に始まる考古資料をも利用した科学的、体系的な研究が開始される時期である。このような新しい研究は文化大革命期の中断をへて、一九八〇年代から考古学的な新資料の増加によってより広範に、より深く展開する。この現在まで続く時期は第三期とすることができる。

（一）王朝時代から民国まで

王朝時代の古銭の著録と研究の展開については、王毓銓氏が簡潔に述べている(1)。王氏によると最も早い古銭の著録は南朝梁に出現した劉潜『銭志』と顧烜『銭譜』であるという。『隋書』経籍志、史部、譜系篇に銭譜一巻（顧烜撰）、銭図一巻と見え、顧烜の書に劉潜書が引かれているとするがともに伝わらない。唐代の主要な著録として封演『続銭譜』があり、初めて周代の古銭を紹介しているが著録自体の規模はまだ小さい。しかし宋代になると春秋以前の古銭著録の規模も大きくなる。ただし文字の釈読の困難なものは臆断に流れ、時代も太古に遡らせたり荒唐なものが目立つ。現存最古の銭譜である洪遵『泉志』一五巻も同様であるとしている。その後清朝になると、古銭学には乾嘉以後空前の発展が起こる。蔡雲『癖談』刊行以後、宋代以来の誤謬の糾正が始まり、中でも科学的方法による古銭研究に最大の貢献をなしたのは初尚齢『吉金所見録』（嘉慶二四年刊）と李佐賢『古銭匯』（同治甲子刊）であるとし、今日でも最も頼りになる参考書としている。この他、地名考証に大きな成果を挙げたものとして、上述の蔡雲『癖談』や馬昂『貨布文字考』、劉心源『奇觚室吉金文述』なども挙げている。

民国期になると、それまでに発見された歴代古銭を網羅的に集成し、かつ従来の古銭に対する諸説を余すところなく収録した著録が刊行された。丁福保編『古銭大辞典』（民国二七年序、一九八二年中華書局出版社影印）である。刊行時点までの個々の古銭に対する研究を概観しようと思えばほとんど本書のみで事足りるほどである。本書は原則として、個々の貨幣に対する解釈や図版を原書から集成してその影印を貼り付けるという形式を取っている。したがって編者の意見は入っておらず一種の資料集成である。本書には当時における古銭の価格も記されており、好事家への配慮も見られる。ただし古銭の価格は流通量も反映しており必ずしも無駄な記述ではない。その他、本書は時代ごとの貨幣に関する論述および収蔵家や著録の記述の集成も行っている。著録の部分を見ると、それまでいかに多くの古銭に関する著録がなされてきたかがわかる。

なお、王毓銓氏によると一九四一年に上海で古銭学会が結成され、『泉幣』半月刊が一九四五年まで刊行されたという。古銭を歴史研究に生かすことが目標とされたが十分達成されなかったようである。

王献唐『中国古代貨幣通攷』上中下三冊（斉魯書社、一九七九年）は、一九四六年に完成した稿本がそのまま改訂されずに遺書として出版されたもので、先秦、漢代の貨幣全般にわたって系統的な研究が行われている。新出土の考古資料は用いられていないが、すでに旧社会の貨幣研究の水準を越えているところがあり、今日でも参考価値がある。

(二)中華人民共和国成立後―一九五〇年代

この時期になると、マルクス主義の影響を受けながら歴史学的な視点に立った貨幣研究が始まる。先秦貨幣研究の分野では、中でも考古資料も用いて初めて体系的な研究を行ったのが王毓銓『我国古代貨幣的起源和発展』(科学出版社、一九五七年)である。本書では、中国において貨幣がどのようにして出現し展開して行ったか、広い視野のもとに系統的に追究している。中国では最初に自然物品としての貝殻が貨幣として出現し、殷末には実用青銅農具に由来する原始布が現れ長い時間をかけて空首布に変化する。一方刀貨の鋳造も春秋以前に開始される。そして、自然経済を基礎とする社会では多様性が普遍的なため、周代の貨幣制度も地域により異なり、布銭、刀貨、爰金が異なった地区内でそれぞれ同時に鋳造、発行されたとしている。当時の資料的限界に起因する個別貨幣に対する年代観には受け入れがたい部分があるが、各種貨幣の分布図(頁七一、地図三)などは現在でも基本的に通用するものである。すでに貨幣の発行年代や流通範囲など貨幣研究の基本的問題が明確に意識されており、今日でも方法論的に従うべきところは多い。

この時期を代表するもう一つの研究として、鄭家相『中国貨幣発展史』(生活・読書・新知三聯書店、一九五八年)がある。本書も貨幣の起源と展開過程を詳細に論じている。中国の貨幣は新石器時代後期(黄帝時期)に自然物貨幣から始まり、しだいに海貝(宝貝)が普遍化しそれは非金属の製造物貨幣に進化する。一方夏代には実用と貨幣両用の銅鏟、銅刀が用いられるようになり、西周時代になると実用銅鏟、銅刀から転化した古布、古刀が出現する。そして、春秋期には銅質専用貨幣として布化と刀化が現れ、黄河中游に空首布、黄河下游に尖首刀、斉刀、燕易刀(明刀)が通行した。戦国期になると空首布は尖足布、方足布など多様な平首布に変化し、刀化も春秋期の型式を継承する一方趙刀（直刀）など新形式も現れた。また楚国では貝貨が通行し、戦国末期には布化から改進した圜金（円孔円銭）が出現したとする。鄭氏の貨幣展開過程の考え方は、王氏と同様今日から見れば問題も多い。本書の特色はむしろ個別貨幣の文字考証を徹底している点である。とくに尖足布、方足布に対しては網羅的な釈読と地名比定を試みており、その後の研究に与えた影響は大きい。鄭氏の方法は、王毓銓氏に比べてどちらかと言えば清朝以来の文字考証中心の研究を継承するものである。文献資料を用いての文字考証は独断に陥りやすく注意する必要があるが、今日の中国の研究者においてもこの傾向は色濃く見られる。

彭信威『中国貨幣史』（上海人民出版社、一九五八年増訂版）はタイトルのごとく中国の貨幣全般にわたる通史であり当然概説的であるが、ところどころ創見に富んだ記述がある。先秦から秦代までの貨幣と貨幣経済の状況については第一章が割り当てられており、殷周時代の貝貨とともに春秋戦国貨幣も種別ごとに要を得た簡略な記述がなされている。

(三) 改革開放後―一九八〇年代から現代まで

定期刊行物

一九六〇年代後半からの文化大革命はあらゆる研究活動を停止させた。古銭についても掲載している考古学の専門雑誌である『文物』、『考古』、『考古学報』なども停刊に追い込まれ復活したのは一九七二年になってからである。そして、研究活動が完全に回復するのは一九八〇年代になってからである。この時期になると各省ごとに考古学の雑誌が刊行され始め、貨幣の出土報告も飛躍的に増加する。とくに注目されるのは一九八三年に創刊された『中国銭幣』

という季刊の貨幣専門雑誌である。この雑誌には古代から現代までの中国貨幣を中心とした研究や情報が掲載されており、中国貨幣研究にとっては欠かせない雑誌になっている。また中国銭幣学会編『中国銭幣論文集』（中国金融出版社）も一九八五年から刊行され始めるが、こちらは不定期で現在第四輯（二〇〇二年）まで刊行されている。

著録類

中国では一九八〇年代以後、先秦貨幣だけに限っても膨大な研究がなされ各種の著録類が刊行されている。まず主要な著録を紹介しその特色を述べる。先秦貨幣全体を網羅的に集成したものとして、汪慶正主編『中国歴代貨幣大系一　先秦貨幣』（上海人民出版社、一九八八年）と中国銭幣大辞典編纂委員会編（朱活主編）『中国銭幣大辞典・先秦編』（中華書局、一九九五年）がある。前者は銭范を含む先秦貨幣の図版（主として拓本）が四三四三点収録されている大部の著録である。各貨幣の拓本は原則として原拓の影印が表裏とも掲載されており、釈字、出土地、重量、収蔵所（者）、格付け等級などが記されている。寸法は記されていないが拓本は原寸のようである。汪慶正氏の先秦貨幣に関する総論は独自の見識で書かれており参考に値する。後者は辞典と名付けられているとおり、個別貨幣の説明と図版（拓本）からなっている。図版は貨幣の形態拓本だけでなく、文字の拓片を複数掲示し字形の差異が分かるようになっているのが特色である。解説には朱活、蔡運章、石永士、梁暁景などが主として当たっており、発行国だけでなく流通した国の記述があるのが注目される。本書でもその貨幣がどの程度珍しいものであるか格付けの表記がある。

著録類には個別の博物館収蔵の貨幣に限定したものもある。天津市歴史博物館編『天津市歴史博物館蔵　中国歴代貨幣』（第一巻、先秦部分）（天津楊柳青画社、一九九〇年）は、前言に簡単な貨幣の説明があるが、表裏の拓本と釈字のみできわめて簡略である。収載のもので特に珍しいのは「譚邦」斉残刀で一九三〇年山東章丘平陵古城西南で出土したと伝えられている。また「晋化」、「西化」小直刀も珍しいものである。上海博物館青銅器研究部編『上海博物館蔵銭幣　先秦銭幣』（上海書画出版社、一九九四年）は中国貨幣の一大コレクションを有する上海博物館の蔵品の著録である。本編には先秦貨幣一五一三点の原拓原寸の影印が収められており、釈字、重量、寄贈者名などが附記されている。とくに珍しいのは特大型平肩空首布や「莒」字斉明刀などである。

特定の種類の貨幣を集成したものに、山東省銭幣学会編『斉幣図釈』（斉魯書社、一九九六年）や張弛『中国刀幣滙考』（河北人民出版社、一九九七年）がある。前者には斉国貨幣として貝貨の写真、斉法化刀（斉大刀）、賹化銭、斉明刀とそれらの銭范の拓本が収められている。釈字、重量、出土年と出土地、収蔵所などが附されているが、拓本は必ずしも原拓の影印ではなく他書からの転載も含む。珍しいのは青州市の穆世友蔵の「莒邦法化」大刀の拓本を含むことである。本編にはまた、貝貨、斉刀、賹化銭に関する詳細な研究も附載されており研究書としての価値も高い。後者も単なる著録ではなく刀幣（尖首刀、明刀、斉大刀、直刀）に関する研究書と言ってもよい。とくに各種刀幣を詳細に型式分類してその展開過程を検討し、流通区域と発行年代、発行主体について独自の見解を提示している。下編の著録部分の拓本は他書からの転載が中心と考えられるが、貨幣の類別、形式、字釈、重量、出土地、原載書、収蔵所、格付けの等級など詳しく附記されている。この他特定貨幣の集成としては、杜維善『半両考』上、下冊（上海書画出版社、二〇〇〇年）があり、下冊には戦国、秦代、前漢半両銭一一八一点が分類、編年されて収録されている。銭文の特色、重量、直径が記されているが出所は明らかにされていない。上冊では戦国期の半両銭の編年、私鋳銭の区別、文字の変遷などについて論じている。また小部のものではあるが、王貴忱『三孔布彙編』（一九八四年広州刊）があり、三孔布のほとんどに当たる三〇種の拓片を集成し、後記に簡単な解説を附している。

著録には地域ごとに発見された貨幣を集成したものもある。山西省銭幣学会編『中国山西歴代貨幣』（山西人民出版社、一九八九年）は、山西で鋳造されたり出土、流通した貨幣を各時代にわたって代表的なものをカラー写真で収録したものである。先秦貨幣としては貝貨、原始布、聳肩尖足空首布、尖足布、橋形方足布（釿布）、方足布、円足布、三孔布、直刀、明刀、円孔円銭、秦半両銭などが掲載されている。末尾には山西先秦貨幣出土情況簡表が附されている。朱華『三晋貨幣』（山西人民出版社、一九九四年）は空首布、尖足布、方足布、円足布、三孔布、橋形方足布（釿布）、直刀、明刀、円銭の拓本を集成したものであるが、釈字のみで出所は明示されていない。附録に山西省における先秦貨幣の出土分布図と出土情況表が附されていることから山西省出土の三晋貨幣を収録したものと思われるがはっきりしない。序文に空首布、平首布の型式分類、各種貨幣に対する概説、年代の推定がされ、貨幣文字の字形表が末尾に附されている。石永士、石磊『燕下都東周貨幣聚珍』（文物出版社、一九九六年）はタイトルのごとく、河北易県燕下都遺跡内から発見された春秋戦国貨幣を集成して整理し、検討を加えたもので、著録と言うよりは研究書の性格が強い。本書には燕国貨幣として尖首刀、明刀、方足布、円銭、趙国貨幣として直刀、尖足布、方足布、円足布、魏国布幣として尖足布、方足布、そして韓国布幣、周王室布幣、国別未確定布幣や銭范が取り上げられている。それぞれ型式ごとに代表的な拓本が出所を明示して掲載され検討されている。本書における型式分類とそれに基づく年代推定、発行主体の研究はその後この分野における研究に大きな影響を与えている。

河南省においては、蔡運章等『洛陽銭幣発現与研究』（中華書局、一九九八年）刊行以来、省内の各地域ごとに発見された各時代の貨幣を集成し、それに対する研究を附した書が次々に出版されている。現在まで鄭仁甲編『信陽駐馬店銭幣発現与研究』（同、二〇〇一年）、賈元蘇編『開封商丘銭幣発現与研究』（同、二〇〇三年）、王勉編『安陽鶴壁銭幣発現与研究』（同、二〇〇三年）、秦淑華等編『許昌漯河銭幣発現与研究』（同、二〇〇五年）、陳喬編『三門峡焦作銭幣発現与研究』（同、二〇〇六年）、趙伏編『南陽平頂山銭幣発現与研究』（同、二〇〇六年）が刊行されている。これらの書にはすでに公表された発見例も多く含むが、その地域でしか分からない情報も含まれている。また例えば、鋭角布や「共」字、「垣」字円孔円銭を三晋共通貨幣として捉える斬新な研究なども掲載されていて軽視できない部分がある。(2)

研究書

朱活氏は一九八〇年代の先秦、秦漢貨幣研究を代表する研究者であり、その後この分野の貨幣研究に絶大な影響力を有した。朱氏の研究は一九六〇年代から行われており、その成果は『古銭新探』（斉魯書社、一九八四年）をはじめいくつかの著書に収められている。中でも『古銭新探』には朱氏の主要論文がほとんど収められており、貨幣の起源の問題から始まって、その検討対象は殷代銅貝、布銭（空首布、平首布）、斉幣、匽幣（明刀、尖首刀）、蟻鼻銭（楚大布含む）、郢爰、秦銭、漢銭、王莽銭など先秦、秦漢の貨幣全般にわたっている。検討材料としての個別貨幣については、当時としては未公表の出土資料も多数使用しており、朱氏でなければ提示できない論点も相当ある。特に斉国貨幣の研究は地の利を生かして他に抜きんでているところがあり、一般流通貨幣として無文銅貝を想定している点に注目される。同氏の『古銭新典』上冊（三秦出版社、一九九一年）は歴代貨幣に関する辞典であり、『古銭新譚』（山東大学出版社、一九九二年）は貨幣の起源から始めて明清の貨幣に至る中国貨幣概論である。

朱活氏の研究以後、貨幣に関する考古資料の新発見と数量の爆発的増加によって、個別研究の増加も著しく研究成果を整理するだけでも大仕事になってきている。今世紀に入って、このような膨大な研究を丹念に整理し、先秦貨幣をくまなく網羅的に紹介する著作が刊行された。黄錫全『先秦貨幣通論』（紫禁城出版社、二〇〇一年）である。本書は単なる貨幣の紹介書、概説書ではなく、従来の研究に対する整理を踏まえて著者独自の認識も示されており、研究書としても第一級の書である。(3) 本書ではこれまで先秦貨幣として想定されてきたものは漏れなく取り上げられているが、春秋戦国時代の三晋、燕、斉の青銅鋳造貨幣に関する部分が最も力が入れられており、著者の創見が各所に見られる。例えば尖首刀の部分では、厳密な型式分類に基づいて尖首刀はすべて鮮虞、中山の狄族の貨幣であって、燕国のものは含まないとして従来の見解を否定している。注目されるのは尖首刀の一部に狄族が民間で鋳造したことを想定している点である。中国の研究者の多くは従来から貨幣の発行権は国家にあることを当然視し、発行主体に関しては余り注意を払っていない。しかし、黄氏は空首布もその鋳造には晋国の有力な世族である韓氏、魏氏、趙氏が関与したとしている。黄氏には貨幣の発行主体についてより厳密に理解しようとする態度がうかがえる。また本書には、ほとんどの先秦貨幣について種別ごとに出土地、出典、その他の情報について詳細な一覧表が附されている。そしてさらに、すべての先秦貨幣について拓本（一部写真、模本）が掲載されており、貨幣の形態がわかるようになっている。地名の種類の多い尖足布、方足布についてもほとんどの拓本が附載され字形がわかる。本書は単に代表的な貨幣をサンプルとして例示するのではなく、先秦貨幣全体をカバーする百科事典の体裁になっているのである。本書は本格的な研究書、研究用資料集として有益なだけでなく、先秦貨幣の全体像が容易に把握できるようになっており、先秦貨幣入門書としても役立てることができる。なお本書の論述の基礎となった先秦貨幣に関する専論を集成した論文集として『先秦貨幣研究』（中華書局、二〇〇一年）があり、また『古文字与古貨幣文集』（文物出版社、二〇〇九年）にも先秦貨幣関係の論文が収められている。

なお近年刊行された呉良宝『中国東周時期金属貨幣研究』（社会科学文献出版社、二〇〇五年）も春秋戦国の金属貨幣を網羅的に検討したものである。各種貨幣について、従来の研究を踏まえて文字考釈、地名考証、年代と発行国、弁偽などについて論じている。上述の黄錫全氏の書に比べて論証の徹底さは欠けるが、新鄭鄭韓故城の鄭国祭祀遺跡出土の空首布陶范など新資料の利用や鉛同位体による原料産地、発行権への言及など新しい試みも見られる。この他、貨幣の出土地点と発行国の関係づけや、橋形方足布の梁布の「冢（重）釿」は方足布に対して称されたとするなど各所に参考すべき見解が見られる。

個別貨幣の研究書としては、黄徳馨『楚爰金研究』（光明日報出版社、一九九一年）がある。楚金版は春秋晩期に出現し戦国時期の楚国商業の発展に従い盛行したとしている。また銭文の「爰」字の意味や金版の形態の変化についても論じている。

特定地域の貨幣については、趙徳馨『楚国的貨幣』（湖北教育出版社、一九九六年）がある。楚国の貨幣は亀や貝など自然物貨幣を起源とし、特色ある貨幣体系が形成されたとする。すなわち楚国では殷周以来の無文銅貝が春秋中期に有文銅貝に転変する一方、やはり春秋中期に亀形の貴金属貨幣として金幣が出現したとしている。本書はこの他銀幣、特殊銅幣（版形「良金」幣と鏟形「当釿」幣）や楚国貨幣文化の特色、歴史的作用など楚国貨幣全般についても論じている。また、山東省淄博市銭幣学会編『斉国貨幣研究』（斉魯書社、二〇〇三年）は淄博市銭幣学会成立一五周年を記念して刊行された論文集である。上編に斉国発行とされる貨幣の研究、下編に漢代以後の斉地出土貨幣についての研究が収録されている。とくに上編には斉国刀幣と斉明刀に関する創見に富んだ論文が多く掲載されている。

個別貨幣の文字の釈読を集成した書としては、郭若愚『先秦鋳幣文字考釈和弁偽』（上海書店出版社、二〇〇一年）、何琳儀『古幣叢考』（安徽大学出版社、二〇〇二年）などがある。とくに後者には、春秋戦国貨幣全般にわたって銭文の釈読が行われ新見解が多く見られる。

この他近年では、陳隆文『春秋戦国貨幣地理研究』（人民出版社、二〇〇六年）のように、貨幣の流通区域の形成と展開を地理的要素と関係づけて理解しようとする研究も出現している。今後貨幣の基礎的研究の成熟とともに、このような他の研究分野ともリンクした研究も増加していくものと考えられる。

成分分析書

一九九〇年代に入ると中国においても、青銅貨幣の銅、錫、鉛や微量元素の成分分析が行われるようになる。そして、今世紀になると成分分析の成果を集成した周衛栄『中国古代銭幣合金成分研究』（中華書局、二〇〇四年）なども公刊され始め、ようやく成分分析の重要性がみとめられるようになった。本書には過去に行われた歴代の貨幣の成分分析が表として多く収録され、合金成分比の特色や科学技術的意義について論じられている。しかし、これまで分析の対象になった貨幣の種別はほんの一部であり、数量から言っても統計処理に堪えうるデータの集積にまで至っていないものも多い。貨幣の年代や地域的特性、発行地を検討する上で今後成分分析はますます重要になってくると考えられ、貨幣研究においてとくに進展が期待される分野である。

二　日本における研究

（一）戦前の研究

日本における先秦貨幣研究は中国と比べて盛んと言うわけには行かないが、戦前から中国でも評価される研究が存在する。奥平昌洪『東亜銭志』（昭和一一年（一九三六年）凡例、一九七四年歴史図書社影印）は、ほとんど日本で唯一と言ってもよい先秦貨幣を多数含む著録である。貨幣研究に関わる基礎的論述から成る前編一巻と中国、日本、ベトナムの貨幣の著録と解説の正編一七巻で構成されている。第七巻最初までが先秦貨幣を含んでいる。上古、殷周の貨幣について文献資料ではなく金文を用いて論じている点は当時としては一つの見識である。個別貨幣の解説、銭文の釈読についてはは清朝以来の考証に依拠しているところもあるが、概して批判的にあつかい独自の見解を出している。また郭沫若氏など新しい見解を参考にしているところもある。ただし、貨幣の編年に関してはあまり明確でなく、春秋と戦国が区別されていないものもあり、秦半両銭をすべて秦の天下統一時の貨幣としたり、「明彡」や「明邑（明化）」円銭を項羽の西楚時期の貨幣としたり問題も散見される。

加藤繁氏は戦前において中国経済史、財政史研究の基礎を築いたが、先秦貨幣研究においても同様の役割を果たしている。「郢爰考」(4)で、楚の金版を出土地から東遷後、戦国末期五、六〇年のものとした見解は今日でも一定の支持を得ている。またすでに、邑名（地名）を有する貨幣について、邑の商人が商業活動に使用するために鋳造したと考えている点も注目される。(5)『中国貨幣史研究』（東洋文庫、一九九一年）は大正から昭和にかけて東京帝国大学での講義の稿案を整理して出版されたものである。第一部先秦・秦漢貨幣史、第二部宋代貨幣史からなっている。永らく世に出なかったものであり研究上の影響は大きくはないが、当時すでに貨幣の成分分析に注意が向けられている点に注目される。加藤氏は、昭和八年（一九三三年）の東方文化学院東京研究所の開所記念講演において、当研究所に請うて道野鶴松氏とともに古代鋳造貨幣一二〇点の化学的・金相学的研究を行ったと述べている。(6)道野鶴松「古代支那貨幣の化学的研究（第一報）」（日本化学会誌第五一帙、第八号、一九三〇年）には、空首布一点、尖足布二点、方足布四点、円足布二点、鋭角布一点、明刀一点、直刀一点の成分分析表と甲賀宣政博士の分析表（磬幣一点、尖足布一点、方足布七点、斉大刀一点、明刀四点）が掲載されている。(7)道野氏の分析は東京大学東洋文化研究所（旧東方文化学院）の収蔵品が対象となったと考えられ、現存の収蔵品にはその顕著な痕跡が残っている。

(二) 戦後の研究

戦後初めて考古学的な視点から編年を試み、先秦貨幣全般に対して検討を行ったのは関野雄氏である。「布銭の出土地と出土状態について」(東洋学報四一―二、一九五八年)では空首布と平首布(尖足布、方足布、釿布、円足布)の年代や性質の問題、「先秦貨幣雑考」(東京大学東洋文化研究所紀要二七、一九六二年)では貝貨、円銭、蟻鼻銭と楚金版、銭范の問題を検討している。また「刀銭考」(東京大学東洋文化研究所紀要三五、一九六五年)では各種刀銭の年代や銭文などについて検討しているが、「刀銭考補正」(同四〇、一九六六年)では新出の考古資料によって年代の修正を試み、尖首刀、明刀、円首刀(直刀)の時期を引き上げている。そして、「三孔布釈疑」(東京大学東洋文化研究所紀要四五、一九六八年)では三孔布は戦国末燕南、趙北の都市商人たちが当地の貨幣経済の問題に対処するために発行した貨幣としている。(8) この他、『中国考古学研究』(東京大学東洋文化研究所、一九五六年)所収の「『重一両十四一珠』銭について」、「円体方孔銭について」においては秦の一両円銭から半両銭が生成する過程を論じ、「先秦貨幣の重量単位」では先秦貨幣が実体貨幣との前提のもとに重量単位が問題とされている。以上の研究においては、貨幣に関する文献史料の絶対的欠如の中で徹底的に考古学的な手法が貫かれており、方法論的に継承すべき点は多い。例えば、斉大刀の年代を、その型式的同一性からすべて戦国初中期の百年間の貨幣としている点など、考古学的に見て説得性のある見解である。また、貨幣の発行主体について、地名の記された布銭は都市単位で発行されたもので、都市の商人の組合ないし連合体が都市相互に協定しながら鋳造と発行に当たっていたと推測している点も注目される。(9)

文化大革命中は中国からの先秦貨幣関係の情報も途絶えるが、一九七二年に『文物』、『考古』など考古学の雑誌が復刊されると出土や研究の情報もしだいに増加して行った。このような状況の中で、新材料をも用いて戦国諸国の貨幣発行の概括を試みたのが江村治樹「戦国新出土文字資料概述」(林巳奈夫編『戦国時代出土文物の研究』京都大学人文科学研究所、一九八五年）の貨幣部分である。ここでは従来の諸説を整理し、戦国諸国の国ごとの貨幣発行の状況を比較し、三晋諸国とその周辺諸国には貨幣の発行主体に大きな相違があることを明らかにした。すなわち、三晋諸国では国家発行の統一貨幣が見当たらず都市発行の貨幣が流通したのに対して、その周辺諸国には明らかに統一貨幣が存在することが確認された。その後、「戦国新出土文字資料概述・補訂—貨幣部分」（名古屋大学文学部研究論集一三四・史学四五、一九九九年）では、その後の先秦貨幣資料の増加に対応して前稿の増補を行い、『春秋戦国秦漢時代出土文字資料の研究』（汲古書院、二〇〇〇年）で前二稿を合体した改訂版を公表した。しかし、以上の拙稿は従来の研究の整理に基づいた先秦貨幣の概括的紹介が中心となっており、その性格の実証的究明にはまだ不十分なところがある。

日本においては、関野雄氏の一連の研究以後、先秦貨幣に関する個別研究はきわめて少ない。その後稲葉一郎「先秦時代の方孔円銭について」（史林五六―四、一九七三年）、「秦始皇の貨幣統一について」（東洋史研究三七―一、一九七八年）、水出泰弘「戦国秦の「重一両十二（十四）一珠」銭について―主として睡虎地秦簡による」（中央大学アジア史研究七、一九八三年）があるくらいである。稲葉氏は以上の論考において方孔円銭の生成と展開過程について詳細に論じ、水出氏の方は秦の一両円銭の性格について検討している。

近年においても先秦貨幣研究は盛んとは言えないが注目される研究が出はじめている。宝貝について、中国の研究者は最初の貨幣とするのが一般的であるが、佐原康夫「貝貨小考」（奈良女子大学文学部研究年報四五、二〇〇一年）は身分制的計算貨幣として限定的に考えるべきだとし、柿沼陽平「殷周時代における宝貝文化とその「記憶」」（工藤元男等編『東アジア古代出土文字資料の研究』雄山閣、二〇〇九年）も生命と再生のシンボルとして支配者間の贈与交換に用いられたもので貨幣ではないとしている。柿沼氏にはこの他に中国古代貨幣経済の展開と特質の解明を目指した「文字よりみた中国古代における〝貨幣〟の展開」（史滴二九、二〇〇七年）や秦漢半両銭の国家管理について検討した「秦漢帝国による「半両」銭の管理」（歴史学研究八四〇、二〇〇八年）などがある。[10] この他、先秦貨幣に関する専論として矢沢忠之「戦国期三晋地域における貨幣と都市―方足布・尖足布を中心に」（古代文化六〇―三、二〇〇八年）があり、都市、地域間の交易圏の解明を試みている。日本における先秦貨幣研究は個別貨幣の検討よりも、貨幣を通して社会、経済、都市、国家など歴史的な実態を解明しようとする傾向が強い。また近年、再び貨幣の成分分析が試み始められたことにも注目すべきである。廣川守、村山順一郎「蔵品螢光X線分析調査報告（1）―導入機器の定量分析精度調査と春秋戦国時代空首布の分析」（泉屋博古館紀要二五、二〇〇九年）は空首布を材料にX線分析装置による非破壊検査の試行と問題点を検証したもので、今後本格的な分析が期待される。

最後に、近年になって中国貨幣の通論、概説書として山田勝芳『貨幣の中国古代史』（朝日新聞社、二〇〇〇年）や宮澤知之『中国銅銭の世界―銭貨から経済史へ』（思文閣出版、二〇〇七年）などが刊行されていることも付け加えておきたい。

三　研究の課題と方法

個別の貨幣に対する研究態度として、中国と日本ではかなり相違がみとめられる。中国では考古資料を用いるにしても、文献史料を信頼して最初から両者を結びつけようとする傾向が強い。これは貨幣研究に限られたことではなく、出土文字資料研究一般に見られる傾向である。これに対して日本では、関野雄氏に代表されるように、貨幣も純粋に考古資料としてあつかおうとする態度がみられる。とくに先秦貨幣に関しては文献の記述が絶対的に欠如しており、また残された史料の信頼性も低く考古学への依存度は必然的に高まることになる。本書では貨幣を考古資料としてあつかい、まず基礎作業として考古学的に年代、流通範囲を確定して行く。とくに考古資料は年代が確定できなければ資料的価値は半減し、歴史研究にも生かすことはできない。先秦貨幣は埋蔵物として出土することがほとんどで年代の確定はきわめて困難であるが、極力考古学的な編年を試みる。流通範囲の確定に関しては出土位置の確認できる考古資料の独壇場と言ってよい。しかし、考古資料の出土は偶然性に支配されるため出土分布や流通範囲が必ずしも正確とは限らない。発見された場所に有ると言えても未発見場所に無いとは言えないからである。それ故、考古学的な推定の後、文献史料やその他の材料を用いて検証を行うことに務めた。

中国では貨幣の発行は国家が行うものとの観念から、発行主体について注意が払われることは少ない。しかし、貨幣は歴史的に見て国家が発行するものとは限らない。中国でも統一国家である漢朝においてすら、鄧通という個人に鋳銭権を与えたり、民間での貨幣の鋳造を許可したりしている[11]。個別貨幣の性格を究明していくには厳密に発行主体を明らかにしていくことがどうしても必要である。本書ではこの発行主体の究明にとくに意を用いた。

先秦貨幣の出土例は何度も言うように膨大な数量に上り、しかも時間を追って増加して行く。また貨幣の文字の釈読、年代、発行主体、性格や特質についても研究成果が続々と発表され、見解が分岐して収拾がつかない状況である。そのためコンピュータによる整理が不可欠である。本書では、研究の基礎作業としてマイクロソフトのカード型データベース・ソフト「ファイルメーカー FileMaker」を用いて先秦貨幣のデータ・ベースを作成することとした。本ソフトはデータの文字制限はなく図像も取り込むことができ、時間を追って増加するこまごまとした大量のデータを処理するのにきわめて適している。検討に用いたレコード数（カード数）は、尖首刀一九八〇件、空首布四七一九件、尖足布三〇七四件、方足布（有孔の楚布含む）五九五七件、円足布一一九件、鋭角布二三〇件、橋形方足布一三〇一件、明刀一五〇四件、斉大刀三九四六件、楚貝貨一九一六件、楚金版一〇三六件、円銭三二四七件、その他（直刀、銀布幣、三孔布、戈幣、銭牌など）八九九件に上る。この件数は重複を含むものであるが、いかに膨大な貨幣データが存在しているかが分かるであろう。各レコード（カード）のフィールド（項目）としては、番号、種類、図版1（正面）、図版2（背面）、釈文、出土地、寸法、重量、枚数、出典、所蔵、出土情況、出土年月、国別その他、地名を設定した。

本書の研究目的は単に個別貨幣の性格を究明するだけではない。中国古代においていかにして青銅貨幣が出現し展開して行ったかを系統的に明らかにし、春秋戦国時代の貨幣経済の実態を時間的、空間的に把握するためである。そして、それによって文献史料からだけではうかがい知れないこの時代の社会、都市および国家の実像に迫ることができればと考える。

注

（1）王毓銓『我国古代貨幣的起源和発展』（科学出版社、一九五七年）頁2。

（2）張長海等「鶴壁銭幣発現与研究」（王勉編『安陽鶴壁銭幣発現与研究』（中華書局、二〇〇三年））頁287。

（3）江村治樹「黄錫全著『先秦貨幣通論』紹介」（東洋史研究六二―四、二〇〇四年）。

（4）昭和一一年（一九三六年）稿。加藤繁『支那経済史考証　上巻』（東洋文庫、一九五二年）所収。

（5）加藤繁「先秦の鋳造貨幣に就いて」（注（4）加藤書下巻（東洋文庫、一九五三年））頁741。

（6）注（5）加藤繁講演、頁736。ここではすでに各種貨幣の成分組織からその鋳造の前後関係を推測している。

（7）その後、第二報（日本化学会誌第五三帙、第一号、一九三二年）が発表され、空首布二点、尖足布一点、方足布五点、橋形方足布（釿布）一点、楚大布一点、斉大刀（安陽之大刀）二点（一点は偽）、円足布（偽）一点、秦半両一点の成分比が掲載されている。かつ顕微鏡による金相写真も掲載されており鉛粒の大小、分布状況から鋳造技術の優劣ならびに鋳造の前後関係が推定されている。

（8）一九五六年以後に執筆された以上の関野論文と他の貨幣関係論文「貨幣からみた中国古代の生活」、「盧氏涅金考」、「釿字考」、「金幣考―戦国・秦漢の金貨に関する一考察―」は関野雄『中国考古学論攷』（同成社、二〇〇五年）の第Ⅰ部古代貨幣論考編に収録されている。

（9）「中国の古代貨幣」（『古代史講座9』学生社、一九六二年）頁356。なお、本稿は関野氏の独自の視点でまとめられた先秦貨幣全般にわたる概説である。

（10）この他、柿沼氏は「中国古代貨幣経済史研究の諸潮流とその展開過程」（中国史学一九、二〇〇九年）、「中国古代貨幣経済史研究的意義和分析視角（一）」（中国銭幣二〇一〇―二、頁41）によって、独自の視点で中国古代貨幣経済史に関する先行研究を整理し問題点を明らかにしている。柿沼氏の主要論文は『中国古代貨幣経済史研究』（汲古書院、二〇一一年）に収載されている。

（11）『史記』佞幸列伝には文帝が鄧通に銅山を賜与し貨幣の鋳造権を与えたことが見える。また平準書には漢初に民の鋳銭を認め、また文帝の時にも再度許可し、「故呉・鄧氏銭布天下」とある。

第一章　戦国貨幣概述

はじめに

春秋戦国時代、とくに戦国時代には各国で多様な型式、銘文の貨幣が発行された。また、貨幣の材料についても、青銅だけでなく、金や銀、さらに鉛や鉛銅合金といった様々な材質が使用された。ここでは、国ごとにどのような貨幣が発行されたのか、そしてそれらの貨幣が現在のところどのように理解されているのか概略を述べ、国々ごとの貨幣発行の状況と特質を明らかにしたい。

この時代の貨幣については、関係の文献史料が全く欠如しており、またほとんど埋蔵物として出土するため考古学的に年代が確定できないものが多い。また、文字の釈読や意味について異説が多く、貨幣としての性格についても意見が分かれているものが多い。本章では、第二章以下で検討したものはその概略を述べ、個別貨幣についての諸説の具体的内容や問題点、そして出所、根拠については、重複を避けるため本章では省略する。詳しくは各章の該当部分を参照していただきたい。ただし、第二章以下で直接検討しなかった貨幣についてはこの限りではない。

一　斉国貨幣

出土地域や銘文から斉国貨幣として一般に認められているものには、刀銭と方孔の円銭がある。刀銭には斉刀あるいは斉大刀とも呼ばれるものと切首刀がある。前者には大型と小型の二種類存在し、大型は正面に鋳込まれている文字から現在のところ六種類確認できるが、小型は一種類しか存在しない。後者は截首刀、剪首刀、切頭尖首刀とも呼ばれ、後述の尖首刀の首部を切断して改造した貨幣である。一方、方孔円銭の方は賹化銭とも呼ばれ、三種類の銘文のものが存在する。

①斉大刀（斉刀）大型：「即墨之大刀」、「安陽之大刀」、「斉之大刀」（以上五字・四字刀）、「簛大刀」（三字刀）、「斉近邦張大刀」（六字刀）、「斉大刀」（三字刀）（図一1）
小型：「即墨大刀」（図一2）
②切首刀（截首刀、剪首刀、切頭尖首刀）：青州出土は単字二六種(1)（図一3）
③方孔円銭（賹化銭）：「賹六化」（図一4）、「賹四化」、「賹化」

(一) 斉大刀

まず①斉大刀から紹介するが、各説の具体的内容や出所、根拠については第三章の該当部分を参照されたい。斉大刀には大型、小型の二種類があるとしたが、大型については細かく見ていくと、さらに二つに分けることができる。斉大刀の正面には凸型の高い周郭があるが、五字・四字刀と三字刀の「簛大刀」や小型「即墨大刀」は刀身と柄部の

図一１　斉大刀「斉大刀」

図一２　斉大刀「即墨大刀」

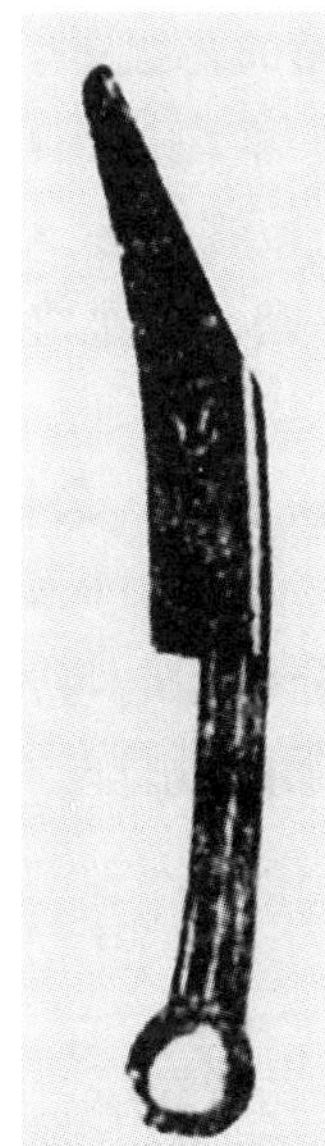

図一３　切首刀

図一４　方孔円銭「賹六化」

境のところで周郭が断絶している。一方、六字刀と三字刀「斉大刀」は連続して一様な周郭になっている。断絶のあるものは斉大刀の淵源と考えられる銅削刀の形態のなごりと考えられ、より古い型式を留めているとされる。

正面の文字の読み方にはいくつかの異説がある。最後の二字はこれまで「法化」と読むのが一般的であったが、近年では「大刀」と読む説が有力になってきている。本書でもこのように釈読しておく。六字刀の「斉近邦張大刀」の第二字、第三字についても多くの異説がある。「建邦」、「造邦」と読むのが一般的であるが、黄錫全氏は「近邦」と読んでいる。正面最初の文字は地名であり、「即墨」は山東省平度県東南の即墨故城、「斉」は国都臨淄か国名とする点で異論はないが、「安陽」については位置に異論があり定まっていない。「節」の読み方にはいくつか異論があり、「莒」とする説を支持するものが多いが確定しているわけではない。

大型斉大刀の背面には共通して三横画と┿形の突起がある。この意味についても確定しているわけでないが、「三十」と読むのがよさそうである。しかし、この「三十」が何を意味しているかには説が分かれているが、何らかの換算率を示している可能性がある。また「三十」の下には様々な記号が鋳込まれている。それらが鋳造に関わる記号であることは間違いないようであるが、やはりその意味についてはいろんな考えがある。

斉大刀の鋳造発行時期あるいは流通時期については、大きく分けて三種類の見方がある。第一は、すべて春秋期かそれ以前とする説であり、第二は春秋呂斉のものと戦国田斉のものに分かれるとする説、第三はすべて戦国期とする説である。第一の古い貨幣とする説は早い時期に唱えられた説で支持者はあまり多くないが、第二の説は現在でも中国においては主流の説となっている。この説は一九五〇年代を代表する貨幣研究者である鄭家相氏によって唱えられ、その後朱活氏など有力な研究者に支持され、近年の代表的研究者の一人である黄錫全氏もその説を基本的に継承している。黄氏は五字・四字刀を春秋中期から後期の呂斉のものとし、「節大刀」と小型「即墨大刀」は呂斉の康公期から田斉の桓公前後の戦国前中期、「斉大刀」三字刀は戦国中期の田斉威王期、六字刀は戦国後期の田斉湣王期としている。三番目の説は日本ではすでに戦前に奥平昌洪氏が唱え戦後は関野雄氏が主張しているが、中国では一九五〇年代の彭信威氏の説が早いものである。しかしこの説は中国では最近になって支持者が目立つ比較的新しい説である。

斉大刀の年代観は以上のごとく大きく分かれているが、まずその淵源とされる銅削刀とは形態上かなりかけ離れており、春秋後期に出現し銅削刀に近い形態の尖首刀よりは後の出現で、戦国期に降るものではないかと考えられる。またその字形も戦国期のものとしてよい。「斉大刀」三字刀は戦国後期とされる賹化銭と一緒に出土することが多く、重量もそれと対応関係にあり、合金成分比も近く戦国後期の貨幣として問題ない。問題は「斉大刀」三字刀より古いとされる五字・四字刀がどれだけ遡るかである。関野雄氏が言うように斉大刀の形態には大きな変化はなく斉大刀の流通期間は短いと考えられ、五字・四字刀は戦国中期の威王、宣王期としてよいのではないかと考えられる。

斉大刀の性格をどのように見るかはその年代観によって左右される。とくに顕著なのは六字刀「斉近邦蹑大刀」である。ほとんどの研究者はその銘文からこの貨幣を記念貨幣としてとらえている。第一の説を唱える丁福保や王毓銓氏は、この貨幣を斉国始封時の鋳造と考える。第二の説に立つ朱活氏は斉桓公称覇時のもの(2)、黄錫全氏は田斉湣王が宋を滅ぼした時（前二八六年）の記念貨幣の可能性があるとしている。しかし以上は少数派で、田斉開国時のものとする説が一般的で、斉が燕に占領された後、襄王が復国した時の記念貨幣とする研究者も何人かいる。また、第一説に立つ王毓銓氏は、斉大刀を「斉」字を有する貨幣もふくめてそれぞれ独立国の鋳造と考えている。しかし、ほとんどの研究者は「斉」字の貨幣は斉の国家鋳造とし、その他は斉がそれらの国を滅ぼした後その都市で鋳造された貨幣としている。斉大刀はすべて斉の国家が鋳造発行を制御していたと考えるのである。とくに、「斉大刀」三字刀は戦国期の斉国統一貨幣とするのが鄭家相氏以来一般的なようである。

ところで、斉大刀の大型のものは四一～六四グラムもあり、春秋戦国青銅貨幣の中でも大きくとりわけ重量がある。斉国でこのように大型の貨幣がなぜ発行される必要があったのかが問題となる。朱活氏は、斉国においては一般に小額面の無文銅貝が流通しており、これに対して大型の斉大刀が発行されたとしている。張光明氏は、この朱氏の理解を承けて大口の交易の決済を行うため斉大刀が発行されたと考えている。第三章で検討を試みたが、斉大刀のような特殊な貨幣の発行は、斉威王の対外攻勢への政策の転換と関わりがあるのではないかと考えられる。斉威王は軍資金の調達のためにこのような大型で良質な貨幣を発行した可能性がある。ただし、五字・四字刀の後に出現する「斉法化」三字刀は大量に流通しており、すでに一般流通貨幣に転化していたと考えられる。

(二) 切首刀

②切首刀はすべて山東省内で出土し[3]、後述の尖首刀を斉国内で加工したものと考えられ、斉国で流通した貨幣と見なされる。黄錫全氏は、切首刀は戦国早期中段の狄尖首刀丙型Ⅰ式を斉国流入後に剪首した可能性や燕国の類明刀を剪首した可能性、合金成分から斉国鋳造の尖首刀を剪首した可能性もあるとする[4]。また周祥氏は山戎族の尖首刀乙型を改造したものとする[5]。ではなぜ斉国でこのような改造貨幣が流通したのであろうか。朱活氏は斉国で貨幣流通に重大な混乱が生じた時に流入したものとし、張弛氏は斉明刀（博山刀）の重量にあわせて改造したものと考えている[6]。しかし、加工前の尖首刀の型式は切断されているため必ずしも明らかでなく、また加工時も尖首刀流通時期と同時期とは限らず、年代の確定は困難である。斉大刀と一緒に出土する例はなく、斉大刀との関係は不明である。

(三) 方孔円銭

斉の③方孔円銭は賹化銭とも称される。詳細は第七章で触れたのでここでは概略を記す。賹化銭は大中小の三種類が存在し、鋳銘の数字と重量とはほぼ比例する。「賹」字の解釈については地名説と重量単位説があるが、「賹」に対応する地名が文献では見当たらないため重量単位と見なす研究者が多い。朱活氏や蔡運章氏も重量単位と見なし「斉大刀」三字刀との対応関係を考えている。しかし、これ以外にも様々な解釈があり、吉祥文字とする説や名や物を示し貨幣に関わるある特定の意味を示すとする説などがあり、定説があるわけではない。

賹化銭の性格を考える場合、斉大刀との関係が問題となる。この点については斉大刀の補助貨幣とする説と斉大刀に代わって出現した新式貨幣とする説がある。中国では以前前者の説が有力であったが、近年では後者の説を唱える研究者が増加している。日本の関野雄氏や稲葉一郎氏も後者の説である。このことは賹化銭が一般に戦国後期の斉国国家鋳造発行の貨幣とされることと対応しているが、前者の説もまだ検討の余地がある。

燕明刀の早い時期のものと形体が類似しているが、表面の文字（一般に「明」字と解される）が方折の刀銭は斉国の領域で発見されることが多く、斉明刀と称されている。しかし、この発行主体に関しては議論が多く、次の燕国貨幣の中で燕明刀と合わせて検討する。

二　燕国貨幣

燕国貨幣として異存のないものは、刀銭の中の燕明刀、方孔の円銭三種、そして燕の方足布と見なされるものが数種類ある。先に言及した斉明刀や燕明刀の淵源とされる尖首刀は必ずしも燕国貨幣と認められているわけではないが、燕国と関係が深い貨幣として一緒に紹介する。

①尖首刀（図二1）：針首刀（図二2）を含む
②明刀（匽刀、易刀）：a燕明刀（図二3）
b斉明刀（博山刀）（図二4）
③方孔円銭：「明⺼」、「明化」（図二5）、「一化」（図二6）
④方足布（束腰）：「匋陽」（図二7）、「坪陰」、「纕坪」、「益昌」、「右明新冶」など

（一）尖首刀

①尖首刀についても第二章で詳細に検討しているので概略を述べるにとどめる。古くは斉大刀から尖首刀が生まれたとする説が優勢であったが、墓葬の出土が確認されるようになってから、春秋後期に北方遊牧民の銅削刀をモデルに山西や河北の北部から遼寧にかけての地域に出現した最も初期の刀銭と見なすのが一般的である。

尖首刀の発行主体については、古くは燕の国家鋳造とする説、燕国境内の少数民族が鋳造したとする説があったが、近年では、尖首刀の形態を詳細に分類して燕などの国家鋳造と戎や狄などの民族の鋳造したものを含むとの説が出されるようになっている。例えば張弛氏は、甲型、乙型、丙型、丁型、戊型の五類型に分類し、乙型は燕国最初の青銅貨幣、丙型は鮮虞や中山国が鋳造した狄尖首刀、丁型は針首刀を含み山戎が鋳造した山戎尖首刀とし、最後の戊型は斉国鋳造の斉尖首刀としている。また、黄錫全氏は張弛氏と同様五類型に分類するが、尖首刀をすべて鮮虞、中山国発行の貨幣とし、燕国鋳造貨幣は含まないとする。氏によると、甲型Ⅱ、Ⅲ式は鮮虞諸国の鋳造、乙型と丙型Ⅱ式は中山国鋳造、丁型は針首刀で張家口一帯の狄人鋳造、そして尖首部の長い特殊な戊型は戦国中晩期趙国境内の狄人鋳造としている。

図二１　尖首刀

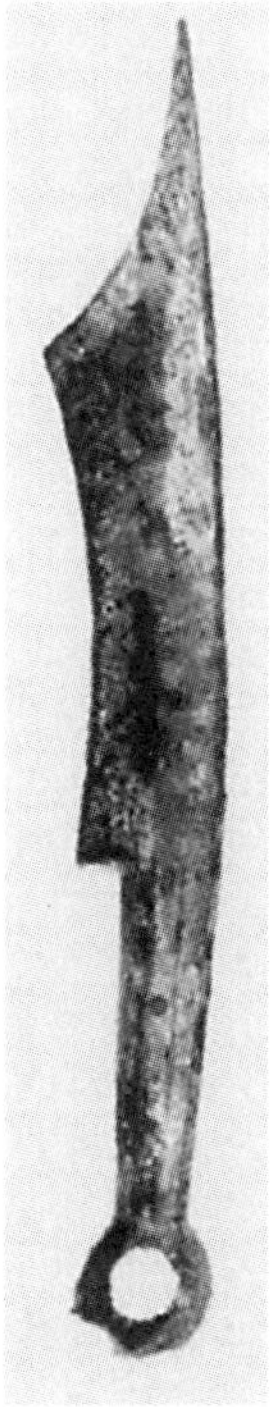
図二２　針首刀

図二３　燕明刀

図二４　斉明刀

図二５　方孔円銭「明化」

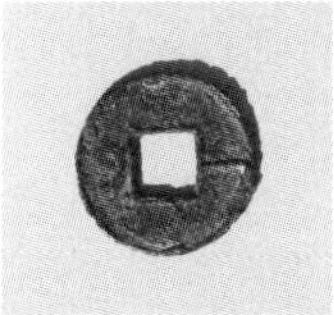
図二６　方孔円銭「一化」

図二７　方足布「匍陽」

一部の戎や狄の尖首刀は民間で鋳造されたとする説があるが、国家鋳造か民間鋳造か発行主体が明確にされているわけではない。この点は、尖首刀の銘文の理解と関わる問題である。朱活氏によると、尖首刀の文字は八三種類あり、数字、干支、天象、五行、地名あるいは国族名、象形、吉語と美称などが含まれるとしている。鄭家相氏や黄錫全氏なども、一部の文字を地名や国名ととらえている。しかし、後述の大型平肩空首布と同様に、すべて鋳造に関わる記号か鋳造者の略号である可能性がある。このことから、尖首刀は民間で鋳造された貨幣である可能性が高い。そして、北方遊牧民族の銅削刀を起源としていることや、山戎墓地から出土している点からも、狄や戎などの北方民族が発行した貨幣と考えてよいであろう。

(二) 明　刀

次に②明刀については以下の章で直接検討対象としていないので少し詳しく紹介する。

正面に「明」字様文字が鋳込まれた刀銭は、その文字の字体によって二つに分類される。一つは「月」の筆画が図二3のように湾曲しているもので燕の領域を中心に膨大な出土が見られ、燕国の貨幣として問題のないもので燕明刀と呼ばれる。もう一つは筆画が図二4のように角張っているもので、斉の領域から多く発見されるため斉明刀と呼ばれている。

a　燕明刀

まず、確実に燕国の貨幣として認められている燕明刀から検討する。この手の明刀は一般に尖首刀から発展してきたもので、大体戦国期に流通したものとされる。しかし、その鋳造開始時期については現在でも意見は分かれている。

大きく分けて春秋期に遡るとする説と戦国期の貨幣とする説があるが、前者とする説の方が多いようである。(7)

また、燕明刀は背が湾曲した弧背刀から、柄部で折れ曲がって直線的な折背刀（また磬折刀とも呼ばれる）に変化して行ったとされるが、その変化の過程と年代について初めて考古学的に詳細に検討したのは石永士、王素芳両氏である。(8) 両氏は、燕下都出土の三三三一五点の燕明刀のうち、主として郎井村、東沈村、武陽台村出土のものに基づいてⅠ～Ⅴ式に型式分類をしてその年代を論じている。まず、燕下都一〇号遺跡のＨ四五六出土のⅣ式燕明刀の鋳型の出土状況から、この型式の燕明刀を戦国中期に置く。そして、この年代を基準にして、Ⅴ式（折背刀）を戦国晩期とし、一方遡って順次Ⅲ式を戦国早期、Ⅱ式を春秋戦国の交、Ⅰ式を春秋晩期とする。その後、両氏はこの編年をより細分化してⅠ～Ⅵ式に改め、年代に対しても修正を加えている。(9) もとのⅠ、Ⅱ式をⅠ、Ⅱ、Ⅲ式の三つに分け、それぞれ春秋晩期、戦国早期前段、戦国早期後段とし、もとのⅢ式を戦国中期前段に下げてⅣ式とし、Ⅴ式を戦国中期後段、Ⅵ式（折背刀）を戦国晩期としている。この新しい編年の特色は、後述するように新しい背面文字の出現を戦国中期まで下げた点である。しかし、燕明刀の出現の時期を春秋晩期とする点は変わらない。Ⅴ式（後のⅥ式、折背刀）を戦国晩期に置くことは問題ないと思われるが、考古学的に年代を押さえることができるⅣ式から機械的に順次遡らせて初鋳の時期を求めているに過ぎず、明確な根拠が示されているわけではない。形式上から見て、もとの編年Ⅰ～Ⅲ式、後のⅠ～Ⅳ式にはそれほど大きな差はなく、初鋳の時期はそれほど遡らないように思われる。

その後、黄錫全氏が燕明刀の新しい編年を行っている。(10) 黄氏の編年の特色は、燕明刀の前に類明刀型を設定して尖首刀との関係に注意している点である。黄氏が類明刀型とするものは、形態は初期の燕明刀に近いが正面に「明」字様文字がなく、背面に尖首刀と共通する単字があるものである。黄氏によると、この種の刀銭は燕下都遺跡や北京延慶県で出土し、燕国が明刀を鋳造する前に発行した貨幣と推定している。そして、器形は狄式尖首刀丙型Ⅰ式に近いとし、戦国早期後段か中期前段のものと見なしている。燕明刀の方は甲型、乙型、丙型の三つの類型に分け、燕下都や中山国都霊寿故城出土の燕明刀の鋳型や燕明刀の出土状況からそれぞれの年代を推測している。甲型、乙型は中山国滅亡（前二九六年）以前で、甲型は戦国中期前段、乙型はその後段、そして丙型（折背刀）は中山国滅亡後の戦国晩期としている。この説によると、燕明刀の出現はかなり遅く戦国中期に下ることになる。

燕明刀がまとまって出土する時、早い時期の弧背刀と遅い時期の折背刀が混在していることが多いことから、両者の鋳造年代はそれほど離れていない可能性がある。そして、後述の斉明刀が燕の斉国占領（前二八四〜二七九年）と関係があるとすると、同じく弧背の燕明刀は戦国後期初めころまで下ることになる。

ところで樊祥憙氏らは、燕明刀一四〇枚の合金成分の分析から、全体的にかなり質の悪い貨幣であったとしている。[11]すなわち、初期のものから晩期のものまで一貫して銅より鉛の割合が多く、錫の含有量が極めて少ないため青銅貨幣とは言い難いとする。とくに錫の含有量が少ないのは、青銅兵器、礼器、工具を鋳つぶして製造したためではないかとしている。質の悪さは大量発行に原因していると考えられ、合金成分比にあまり変化がないのは長期にわたって鋳造された貨幣ではないことを示している。また、様々な青銅器を鋳つぶして大量発行されたとすると、燕国における鉄器の普及との関連が想定される。燕国の鉄製兵器の出現は戦国後期と考えられることから[12]、燕明刀の大量発行は戦国後期になってからと考えてよいであろう。この点からも燕明刀の出現を戦国中期とする黄錫全氏の年代観が妥当なところであろう。

燕明刀は燕国貨幣として異議はないが、斉明刀も含め正面に鋳込まれている「明」様字についても様々な説がある。古くは「莒」「回」「盟」「召」「刀」等とする説や、「明」と読んで趙の明邑や燕の平明邑を指すとする説がある。その後、鄭家相氏や韓嘉谷氏のように「易」と読み燕下都を指すとする説[13]、陳夢家、朱活氏や石永士、王素芳両氏のように燕の国名「匽」の簡写とする説がある。[14] 張弛氏は「易」字が妥当とし、「易」字には三層の含義があるとしている。[15] すなわち「易」には燕の陪都である臨易の意味、国号として統一貨幣の意味、そして交易の易の意味も有しているとする。郭若愚氏は首都、国家を指す「邑」と解して「邑」と「燕」は双声通仮するとする。[16]「匽」と解する説は否定しているが国名とする点では一致している。また「明」字とする説では、日本においては関野雄氏の吉祥語と解する説があるが、[17] 中国でも「明」字と見なす研究者は多い。近年では、黄錫全氏も「明」と読み、この字には「明」の意味と「眼」の意味があり、「眼」は「匽」や「燕」と音が近く燕国国名「匽」とすべきであるとしている。[18] また、蔡運章氏は「明」を『易』の「离」卦の象とし、この卦は刀幣の象徴であるとしており、一方陳隆文氏は「日月」の二字に読んで遊牧民の日月崇拝の習俗と関連づけている。[19] この種の刀銭の出土報告はこれまで多数出されているが、その名称を「明刀」と呼んだり「匽刀」と読んだり様々である。このことは現在でも納得できる釈読がなされていないことを示しているが、一方では「明」様字が燕の国名と関わる文字とする共通認識ができあがりつつあることも確かである。もし、この字が燕の国名を表しているならば、燕国では戦国中期頃にはすでに国家による統一貨幣が発行されていたことになる。この点に関しては、次に背面の文字の検討を通して考えてみたい。

燕明刀の背文に関しては、早く石永士、王素芳両氏が燕下都出土のものについて、刀銭の型式ごとにその変遷の解明を試みている。[20] その後、石永士氏は石磊氏とともにその考えに修正を加え、上述の新しい編年に基づいてⅣ式（戦国中期前段）に大きな変化が起こるとしている。[21] すなわち、Ⅰ～Ⅲ式までは尖首刀と同じ背文が用いられているが、Ⅳ式より大多数のものに「左」「右」「𠂇（易）」「外」などの文字が用いられるようになるとするのである。

この背文の意味についても様々な解釈がある。鄭家相氏や王毓銓氏は鋳造の炉の順番を示す記号とするだけであるが、[22] 石、王両氏のようにⅢ式（後のⅣ式）以後に現れる「左」「右」「𠂇」「外」等をある特定の場所を指すとする説もある。例えば王献唐氏は、「左」「右」を「左邑」「右邑」と解して国都内の鋳造地とし、「外虘」を国都外の虘という地、「〓」を「良」と読んで『漢書』地理志に見える良郷とし、これらも鋳造地を指すとしている。(23)一方李学勤氏は、「左」「右」を左易、右易の略として燕国の地方区画と見なし、朱活氏は「〓」を「匽」と解して「左」「右」とは左匽、右匽の略としている。(24)これに対して、石、王両氏は「左」「右」を左陶、右陶の略として貨幣鋳造を管理する機構と見なし、その下の数字、文字は国家から貨幣鋳造の鋳型の製作者に与えられた記号としている。(25)また「外虘」も鋳銭量の増加とともに新たに燕下都城外に設置された貨幣鋳造のための管理機構としている。ただし、「〓」については「易（燕）」と読み、鋳型の文字の配列から推測して、ある成句の中の一字と見なし管理機構の名称とはしていない。黄錫全氏も、乙型、丙型の「左」「右」など背文の意味について、石、王両氏と同様に燕国の貨幣鋳造機構の名称とする点は変わらないが、やや異なった解釈をしているところがある。(26)黄氏は「〓」字を裘錫圭氏の釈読(27)に従い「中」とし、また「大」字を「内」と釈し、最初に管理機構として「左」「中」「右」が設置され、後に分支機構として「上」「下」「左」「右」「内」「外」「中」等が設置されたとする。また「外虘」「〓」などは外地に増設された管理機構の可能性があるとする。そして機構あるいは分支機構の下の数字、干支、吉語などは貨幣鋳造の鋳型の番号であり、意味不明のものはあるいは鋳型製造の工匠の私名か標識かもしれないとしている。

　石、王両氏も指摘していることであるが、燕の官営製陶業には左、右陶君が存在し、またその下に左、右陶攻、左上陶攻などの陶工が存在した。(28)燕明刀の陶范が出土していることから、燕明刀が左陶、右陶という官営製陶業によって鋳造されたことは十分考えられる。しかし、石、王両氏が挙げている燕明刀の范七八：一四八号は建築資材の残片が使用されているので、銭范は必ずしも陶工によって製造されたとは限らない。(29)また燕国では、同じく陶范を用いる銅容器鋳造には左、右冶君が関わっている。(30)したがって、燕明刀背文の「左」「右」は左陶、右陶とは断定できず、貨幣鋳造を行う独自の機構と考えた方がよいであろう。石、王両氏は「[illegible]」を「易」と解して貨幣鋳造機構と関係なしとするが、字形から言って黄氏のように「中」とするのがよいであろう。燕の官営製造機構は上述のように、左、右の官署を基本としているが、貨幣の鋳造量はその出土数から見ても膨大な数量に上ったと考えられ、発行量の増加にともない「中」が設けられ、さらに「外盧」などが設けられて行ったと考えられる。

燕明刀の「左」「右」「中」などを以上のように考えると、燕国ではすでに戦国中期に国家機構によって統一貨幣が発行されていたことになる。「左」「右」「中」などの背文が出現する以前の、尖首刀に繋がる単字の背文の性格は明らかでないが、すべて正面が「明」様字で統一されている点、統制権力の存在が想定される。「左」「右」「中」などの背文の出現は国家による貨幣統制が進行し、貨幣発行機構の統制と整備が完成した段階を示していると考えてよいであろう。

b　斉明刀

この種の明刀は、清嘉慶年間に初めて淄博市と萊蕪市の間の博山香峪村で発見されたため博山刀とも呼ばれるが、その後広い地域で発見されるようになりこのように限定的な呼び方はふさわしくない。

斉明刀は形態により大きく甲型、乙型に分けられるが、[31] 黄錫全氏はさらに細かく分類して甲型（尖首刀型）、乙型（燕弧背明刀型）、丙型（首寛凹刃型）、丁型（尖細長型）の四類型に分けている。[32] 総じて凹刃であり、程度の差はあるが弧背であり弧背燕明刀に類似している。

背文の種類は無文字や単字のものが多いが、二字以上の特殊な銘文も存在する。表一「斉明刀出土地一覧表」4河北滄県肖家楼出土の斉明刀の単字は四六五種に上り尖首刀の背文と類似しているが、必ずしも一致しているわけでは

表一　斉明刀出土地一覧表

出　土　地	種別	数量	背　　　文	同出貨幣・数量	出土年(出典)
1 遼寧凌源 三十家子村	斉明刀	5	単字５種（干、工、刀など）	燕明刀80前後、 針首刀３	1999(銭幣2001-2 p8)
2 河北宝坻 歇馬台(窖蔵)	斉明刀	2		燕明刀729／尖 首刀、燕明刀Ⅰ 型ⅠⅡ式	1978(通論p225表 19／銭幣論文集4 p120甲型)
3 河北静海 王口	斉明刀乙 型Ⅲ式	約500	(無文)		(第五次年会・1985 p178)
4 河北滄県 肖家楼村(窖蔵)	斉明刀乙 型ⅠⅡⅢ 式	8793	Ⅰ式単字19種(102枚)、Ⅱ 式単字72種(409枚)、Ⅲ式 単字374種(8282枚)	尖首刀1、燕明 刀甲型1546	1960(考古1973-1 p35／通論p264乙 型ⅠⅡⅢ式)
5 河北易県 燕下都	斉明刀乙 型				(銭幣1996-2p13)
6 河北石家庄	斉明刀乙 型				(銭幣1996-2p13)
7 河北霊寿 東城村(窖蔵)	斉明刀	(明刀 中1，2 割)		方足布、尖足布、 円足布、燕明刀、 直刀	1979(集刊2，1982 p83)
8 河北平山 霊寿故城(窖蔵)	斉明刀	(不明)		尖首刀56、成白 刀1501、甘丹刀 26、白化刀21、 明刀374	1977-82(集刊5， 1987p157)
9 山東肥城 張店村	斉明刀	100余	単字１(他は無文)		1974(銭幣論文集3 p47／同4p127乙 型)
10山東済南 千仏山(墓葬)	斉明刀Ⅰ ～Ⅳ型	136	ⅠⅡⅢ型無文(29,18,50枚)、 Ⅳ型単字23種(25枚)	(陶器、銅器、 玉器、鉄器)	1972(考古1991-9 p813)
11山東章丘 棘園	斉明刀	10余			1971(通論p259表 21)
12山東淄博 集村	鉛斉明刀	100～ 200	(無文)		1993(銭幣1996-2 p45)
13山東淄博 臨淄付近(窖蔵)	斉明刀	100余	単字(化、工、刀、△、一)、 斉化共金(合金成分pb54- 55%，銭幣1996-2p13)、 (無文)		1994(銭幣2002-2 p39)
14山東淄博 臨淄	斉明刀		安(平)陽冶化		1940-50(銭幣論文 集3p47)
15山東淄博 臨淄	斉明刀		平易(陽)		(銭幣1988-2p35)
16山東淄博 臨淄	斉明刀		成白十		(考与文1983-6p79)
17山東益都 五里堡	斉明刀	6			1961(通論p259表 21)
18山東益都 桃園郷	斉明刀乙 型Ⅱ式	100余	(不清)		1974(通論p259表 21)

19山東寿光 上口鎮方呂村	斉明刀	5			1973(通論p259表21)
20山東青州 市郊	斉明刀	11	(含小刀4枚)	切首刀300前後(斉明刀と重量接近、銭幣2005-2p25)	1988(銭幣1990-3p67)
21山東昌邑 宋庄郷鄒家村	斉明刀	96	(無文)		1982(文物1985-6p93／通論p253乙型Ⅱ式、丙型)
22山東平度 即墨故城	斉明刀陶范	(1塊)			(考与文1994-5p20／銭幣1991-3p53)
23山東莱州 程郭郷	斉明刀	100余	単字3枚、三字、四字各1枚／莒冶□		1988(銭幣論文集3p47／通論p259表21乙型ⅠⅡ式)
24山東莱州 程郭郷	斉明刀	2	莒冶		近年(銭幣論文集4p127)
25山東莱州	斉明刀甲型Ⅱ式	1	莒冶▨		(通論p259表22)
26山東牟平 綉花庄、西半城村	斉明刀乙型	7	単字6枚、(1枚無文)		1975(銭幣論文集3p47、同4p127／通論p259表21乙型Ⅱ式、丙型)
27山東青島 嶗山区城陽	斉明刀	1	(無文)		1958(銭幣論文集3p47)
28山東莒県 莒故城(陶范窯)	斉明刀陶范	(64塊)	中、(合范記号；人、曰、日、文、水、天、来、米、且など)	(貝殻100余枚)	1979、1987(考古1994-5p468／銭幣1994-4p72／山東金融研究・銭幣専輯2、1988)
29山東莒県 莒故城	斉明刀陶范	(27塊)		(銅片、残坩堝)	1990年代(銭幣2001-2p28)
30山東莒県 莒故城	斉明刀残陶范		莒冶□		1979(銭幣論文集3p83／同4p116)
31山東莒県 于家庄	斉明刀	1			1990(銭幣1994-4p72／通論p259表23)
32河南鄭州 崗杜M112	斉明刀	1残損		小型空首布、方足布	(文参1955-10p3)
33河南新安 五頭郷	斉明刀	21残損	莒冶□、平易(陽)冶褱化、弗、(無文)	燕明刀1	1995(銭幣1996-2p79／洛陽銭幣p101)
34江蘇連水 三里墩(墓葬)	斉明刀(小型)	約300	(無文)	五銖銭(銅器、陶器、玉器)	1965(考古1973-2／銭幣1993-3p66／通論p259表21丁型)

ない。二字以上としては「斉化」、「斉化共金」、「簓（莒）冶某」、「平陽冶宋」、「成白十」など地名と思われる文字を

鋳込んだものもある。

発行流通時期については、戦国後期、燕の楽毅が斉を占領した前二八四年から二七九年の五年間とする説が最も多

い。燕国の型式の刀銭が斉地で流通した理由を考えるとこの事件にどうしても行き着くのである。しかし型式の方を

重視すると、時期はこれより遡ることになる。石永士、王素芳両氏は背文三字や四字の斉明刀は燕明刀Ⅲ式に近く戦

国早期の斉国のものとしている(33)。また、呉栄曾氏は墓葬の年代から戦国晩期より早く燕軍入斉前の戦国中期の斉国貨

幣とし、張弛氏は戦国中期上段初、前三八五年前後に斉地の民間商人が尖首刀、燕明刀をまねて鋳造したものとして

いる(34)。一方、蘇兆慶氏は莒県莒故城出土の陶范を斉に滅ぼされる前の莒国のものとし、黄錫全氏も甲型と乙型の斉明

刀を推定前三四八〜三四三年滅亡以前の戦国中期の莒国貨幣としている(35)。

斉明刀の発行主体がどこであったか現在でも大きな問題となっている。戦国中期以前の貨幣と考える研究者は斉国

や莒国の貨幣と見なし燕国貨幣説はほとんどない。しかし、戦国後期の燕の斉国占領下の貨幣と考える場合、事はそ

れほど単純ではない。燕占領下の斉国貨幣とする立場と燕占領下の燕国貨幣とする立場が対立しているのである。表

一に見られるように出土地は斉の領域内が圧倒的に多い。また、背文の「斉」や「莒」「平陽」などは斉の領域や勢

力圏の地名あるいは国名と見なされ、これらが斉の領域内で鋳造されたことを示している(36)。これらのことから斉明刀

を斉国貨幣とする研究者は確かに多い。しかし一方、器形は弧背の燕明刀に類似しており斉大刀とは明らかに異なる

ことから、燕国貨幣と考える研究者も従来から存在する(37)。

ところで一九七九年以来、表一28、29のごとく山東莒県の莒故城から九一点もの大量の斉明刀陶范が出土し、平度

県即墨故城からも同様の陶范一点が発見されている。中には背文に「中」や「莒冶□」の文字のあるものもあった。

このことから、莒や即墨などの都市でこの種の斉明刀が鋳造された可能性が高くなった。汪慶正氏や呉振武、蔡運章氏らは「莒」字銘の斉明刀を燕が莒を包囲した時にその地で鋳造された斉国貨幣とし、黄錫全氏や周祥氏も一部の斉明刀を燕占領下の斉国貨幣としている(38)。とりわけ汪慶正氏や王恩田、周祥、于中航・賀伝芬氏らは、斉が燕の貨幣を模倣した理由として、斉人が燕占領地区で貿易したり、必要物資を徴発するためであったとしている(39)。これに対して、朱活氏は陶范を燕が斉国占領時に莒地で鋳造、発行するために使用したものとした(40)。即墨出土陶范については、楊樹民氏は、最初は燕の楽毅が即墨で鋳造したものではないかとしていたが、後に斉が即墨で鋳造したものとしている(41)。陶范出土後もこのように意見は対立し、陶范の出土が発行主体を決定する決め手にはなっていない。

発行主体を特定する上で有力な手掛かりを与えるものとして注目されるのが貨幣の合金成分である。周衛栄氏は、表一4河北滄県肖家楼出土の燕明刀（甲型）と斉明刀（乙型）の形式、背文、そして合金成分を比較しながら斉明刀の発行主体について検討している(42)。まず、甲型も乙型も形の上では区別できず、背文の字形、写法、位置も同じである。また、合金成分も一般に銅が三〇～四〇％に対して鉛の方が五〇～六〇％と多く、錫が三％以内で極めて少ない点、両者の材質は同じ範疇に属する。臨淄斉故城出土の背文に「斉化」の銘がある斉明刀の合金成分も同じ傾向を有する。さらに、斉明刀は石家庄や燕下都からも出土している。周氏は以上の理由により、斉明刀は燕国の貨幣で燕が斉国を占領した時、軍需の必要から鋳造したもので、出土が集中している場所も燕の攻撃地点や軍事拠点であるとしている。

表一を見ると、斉明刀は確かに燕の領域よりも斉の領域で出土する例が多い。しかし、燕の領域でもかなりの出土例があり、しかも静海県で約五〇〇点、滄県で八七九二点など大量出土が見られる。これに比べるとは斉の領域では多くてせいぜい一〇〇点余りで、零細な出土が目立つ。また、斉明刀は燕明刀や燕国と関係の深い尖首刀を切去した

切首刀と一緒に出土する例があるが、斉大刀とともに出土する例は皆無である。このことからも、斉明刀が燕国と関係の深い貨幣であることは明らかであろう。さらに、上述のように、斉明刀に形態が近い弧背燕明刀の年代を戦国後期に近い時代に圧縮することが可能ならば、斉明刀が燕の斉国占領下に発行された燕国貨幣としても矛盾しない。ただし、弧背燕明刀や斉明刀の年代を考古学的に直接確定できる材料がいまだ存在しないため問題は残る。

(三) 方孔円銭

燕国の③方孔円銭には「明彡」、「明化」、「一化」の大中小三種類がある。以下述べるところについては典拠など詳細は第七章を参照されたい。「明彡」の第二字を「四」と読むのが一般的だが確定しているわけではない。この「明彡」には出土例はないが「明化」「一化」にはかなりあり、とくに後者には大量出土例がある。[43] この三種類の貨幣は、一般に燕王喜が都の薊を秦に陥れられて遼東に徙居した後（前二二六～二二二年）に発行されたものとされている。「明化」や「一化」は北京、すなわち燕都薊より東の地域で発見されることが多く、とくに「一化」はその傾向が顕著である。また「一化」は晩期の燕明刀や漢代以後の貨幣と一緒に出土することも多く、燕国最末期の貨幣と考えられる。「明化」も「一化」と一緒に出土することがあり、やはり戦国後期でも遅い時期の貨幣であろう。

この三種類の燕国円銭は、斉の賹化銭と異なり燕明刀に代わって発行された新式貨幣とする点で意見は一致している。朱活氏の言うように、少なくとも「明化」や「一化」は燕国の国力衰亡にともなって、燕明刀の重量を減じて燕明刀に代わって発行された最末期の貨幣であろう。

(四) 方足布

方足布は一般に三晋諸国で鋳造発行されたとされる貨幣であるが、その中に燕国の方足布とされるものが含まれる。早くに王毓銓氏は、晩期布の「纕坪」銘のものを出土地から燕地の襄平で鋳造されたものとし、鄭家相氏も銘文に見える地名、出土地、貨幣の形式などから「益昌」「纕坪」「坪陰」「匋陽」および「右昜亲㔽」銘のものを燕の方足布としている。[44] 陳鉄卿氏は、燕の方足布の特色として細腰、長足、背文の「左」「右」字などを挙げ、「益昌」「坪陰」「安陽」「匋陽」「纕坪」「[illegible]」「右明新冶」銘のものを燕のものとしている。[45] その後も、何人かの研究者が燕国方足布の同定を試みている。何琳儀氏は銘文の地名考証から、「陽安（匋陽）」「纕坪」「坪陰」「広昌（益昌）」「韓号」「宜平」「右明司鑼」を燕の方足布としている。[46] 黄錫全氏は燕の方足布の特色として陳氏の基準に聳肩を加え、「陽安（匋陽）」「平陰（坪陰）」「平陽」「纕平（纕坪）」「宜平」「悦昌（益昌）」「韓刀（[illegible]、韓号）」「辛城（新城）」「右明辝強」など燕の方足布の範囲を拡大している。[47] この他、梁暁景氏などは「安陽邑」銘の方足布も燕国貨幣としている。[48]

以上のものについて出土状況を見ると、「纕坪」「匋陽」「益昌」はほとんどひとまとまりに出土し、「坪陰」も以上のいずれかと一緒に出土することが多い。「益昌」は山西、「匋陽」は河南出土などの例もあるが、以上の四種の方足布のほとんどは河北、遼寧、内蒙古、吉林など燕の領域内かその周辺で出土している。とくに「纕坪」「匋陽」「益昌」の三種は晩期の燕明刀と一緒に出土しており、「匋陽」などは燕下都の戦国後期墓からの大量出土が認められる。[49] したがって以上の四種の方足布は燕のものと考えて問題ないであろう。また「右明新冶」も他国の方足布に例のない銘文、形式であり、出土地からも燕の貨幣としてよいであろう。[50] ただし、陳鉄卿氏の挙げる「安陽」や梁暁景氏の「安陽邑」が燕の方足布であるかどうかは確定できない。束腰、長足の「安陽」方足布は確かに河北、遼寧など燕の領域や周辺で多く出土しているが、山西や河南などでもかなりの出土例が見られる。上記四種のように極端な出土の片寄りがあるわけではない。

三　三晋貨幣

韓、魏、趙など戦国三晋諸国の貨幣の形態は極めて多様である。布銭では首部が空洞の空首布と平らな平首布がある。空首布には肩部の状態により平肩空首布、聳肩空首布、斜肩空首布の三種類に分類される。一方平首布は足部の状態により、橋形方足布、尖足布、方足布、円足布に分けられ、円足布に三円孔があるものは三孔布、首部上端左右に突起のあるものは鋭角布と称されている。円銭で確実なものは円孔円銭であり、刀銭には背部が真っ直ぐな直刀銭がある。以上を整理すると次のようになる。

①空首布：平肩空首布（図三1）、聳肩空首布、斜肩空首布

②平首布：a橋形方足布（橋形布）：釿布（図三2）、梁布（図三3）

b尖足布（図三4）

c方足布（小方足布）（図三5）

d円足布（図三6）

e三孔布（図三7）

f鋭角布（有耳布、異型布）（図三8）

③円孔円銭（図三9）

④直刀：円首直刀（図三10）、小直刀

図三1　平肩空首布「卜」

図三2　釿布「安邑一釿」

図三3　梁布「梁正尚当百寽」

図三4　尖足布「寿陰」

図三5　方足布「宅陽」

図三8　鋭角布「公」

図三6　円足布「離石」

図三7　三孔布「無終」

図三9　円孔円銭「垣」

図三10　直刀「白人」

(一) 空首布

①空首布は必ずしも戦国三晋諸国の貨幣とはされないが、三晋諸国で発行され流通した平首布の淵源になった貨幣と考えられるのでここで取り上げる。空首布についても第二章で諸説を詳細に紹介し性格について検討したので概略を述べるにとどめる。

一九九〇年に考古学的に年代が確定できる形で特大型の初期空首布が山西省曲沃県で出土したことにより、空首布の出現時期を推測できるようになった。この特大型空首布は春秋中期後段、前六世紀前半のものとされ、平肩、聳肩、斜肩の三種類の空首布はそれより後、春秋後期以後の貨幣であることがほぼ確実になったのである。

平肩空首布は大型、中型、小型の三種に分類されるのが普通である。大型と中型の銘文はほとんど単字であり、まま二字や四字のものがあるが、蔡運章氏らによると二一〇余種に達するという。鄭家相氏は数字、干支、名物、地名などに分類し、名物と地名に関して詳しく解説している。しかし、趙寧夫、汲津両氏は鄭氏が地名とした部分について工匠の姓名の一部を用いた炉の順番を示す記号ではないかとしている。四字のものには「市南少(小)化」[51]、「周南少(小)化」など「少(小)化」銘のものが数種類知られるが出土例はわずかである[52]。小型の銘文には「安臧」「東周」「安周」「邵文」「官考」「武」などがあり、「東周」は国名であるが他は地名とするか吉語とするかで意見は分かれている。聳肩空首布には大型と小型がある。黄錫全氏によると大型の銘文は一〇余種、小型は三〇余種あるとする。大型には数字や物名など単字のものが多く、「甘丹(邯鄲)」など地名もある。小型も単字から数文字のものが多いが、「□□□黄釿」「玄金」「百涅」「涅金」「甘丹」など貨幣の品質ないし地名を示すと思われるものもある。斜肩には中型(あるいは大型)と小型がある。中型は出土例として「三川釿」「盧氏」「武」の三種類が知られ、小型には「武安」「武采」「武」などがある。「三川」「盧氏」「武安」は地名と見なしてよいが、「武」は地名の略称か吉語かで意見が分かれている。

空首布も最初に特大型が現れ、しだいに縮小して大型から中型、小型になって行ったとされる。蔡運章氏らは特大型の平肩、聳肩空首布は春秋早中期、大型は春秋中、晩期かやや後の戦国早期まで、中型は春秋晩期から戦国早期、小型は戦国早期から晩期まで流通したとする。一方黄錫全氏は、特大型を春秋中期前後、大型は春秋中、晩期から戦国早期で、戦国中期まで使用されたものもあるとし、中型、小型は春秋晩期から戦国期とかなり幅を持たせている。

発行主体に関しては春秋諸国家とするのが一般的である。とくに大型平肩空首布については、鄭家相、朱活、蔡運章氏らは『国語』に見える周景王（前五四四〜五二〇年）が鋳造した「大銭」と見なしている。鄭家相氏などは、出土地と銘文の地名の考証から、大型平肩空首布は周、衛、宋、晋の鋳造、大型聳肩空首布は衛、晋の鋳造、そして中型、小型の平肩、斜肩空首布は周、衛、宋、鄭、晋の鋳造としている。その後の研究者も空首布の銘文の一部を地名と見なし、その地名の属する国家が鋳造したものと考えている。ただし黄錫全氏は、平肩空首布を春秋時代の周王室の貨幣とするが晋国の魏氏も同じであったとし、斜肩空首布は春秋時代晋国の韓氏、戦国韓国の貨幣とし、また聳肩空首布は多くは晋、衛両国のものであるが後に晋国趙氏が鋳造したものとしていて、必ずしもすべてを国家鋳造とはしていない。発行主体に関しては第二章で詳しく検討したが、空首布は春秋中期以後、黄河中流域の経済発展にともなって民間で鋳造された貨幣である可能性が高い。

(二) 平首布

a　橋形方足布

橋形方足布については第四章で詳細に検討したので細部は参照されたい。この種の貨幣は形態上は肩部が丸い円肩と平らな平肩（方肩）があるが、その性格を考える上で重要なのは銘文内容である。銘文からは大きく二つに分類することができ、「二釿」「一釿」「半釿」などの重量単位を表記する釿布と、最初に「梁」字があり最後に「当守」の字句がある梁布がある。釿布には「安邑」など地名が一九種知られるが、梁布の方は「梁夸釿五十当守」「梁夸釿百当守」「梁正尚百当守」「梁半尚二百当守」の四種類のみである。「充」「尚」字については釈読に異論がある。

釿布のうち「安邑」布は安邑に魏都が置かれた前三九五年（魏武侯二年）から魏が安邑を放棄する前二八六年の間に発行されたものとされ、他の釿布で文献史料から年代がある程度限定できるものは「陰晋」布（前三三二年以前）、「甫反」布（前二九〇年以前）くらいである。梁布は魏が大梁に遷都した以降の貨幣とすることで一致している。ただし、遷都の時期には前三六四年、前三六二年、前三三九年など異説がある。総じて釿布の発行が早く梁布が遅れるが、出土状況から両者は同時に流通していたようである。

橋形方足布は、その地名と出土地から戦国中期、後期の魏国貨幣として間違いない。とくに「安邑」布と梁布は国都発行であり、また圧倒的な多さの発行量から国家発行の貨幣と考えられる。魏国は戦国中期には大量の方足布を発行している。方足布は薄手で軽量であるが、橋形方足布の大型、中型は厚手で重量がある。なぜ魏国では別途にこのような重厚な貨幣を発行したのかが問題となる。注目されるのは梁布には当該貨幣が特定単位に対して何枚に相当するか換算率が表記されていることである。例えば「梁夸釿五十当守」布は「この梁の夸釿布五〇枚で一守に相当する」と読める。この換算率表記の目的として、この貨幣が対外貿易に使用するために発行されたとする考えがあり、相手国として釿の単位を用いない布銭流通地域との貿易、あるいは周や楚など特定の国との貿易に使用するためとする説などがある。一方その換算率は国内的な目的で設定されたとする説もある。朱活氏は戦国早期魏国で流通した守を単位とする包金無文銅貝との兌換率を表記したものとし、郭若愚氏は黄金との兌換率を示し梁布は黄金に対する補助貨幣であったとしている。梁布は一般流通貨幣とは異なる性格を有する貨幣である可能性があり、同時に流通した釿布も含めその性格を究明する必要がある。この点に関しては第四章で検討し、秦の攻勢下において魏が軍資金としての黄金を調達する目的で発行した兌換用貨幣ではないかと推定した。

b 尖足布とc方足布

尖足布と方足布は大量に出土し、例外なく地名が鋳込まれている。地名の種類については黄錫全氏によると尖足布は四〇種、方足布は一六〇種前後に達すると言う(52)。尖足布、方足布ともに一部に大型と小型があり、尖足布に方足布の要素のあるものを類方足布、円足布の要素があるものを類円足布に分類する研究者もいる。流通年代については戦国中期以後は確実と考えられるが、それ以前にどれほど遡れるかは明確ではない。地名と出土地から三晋諸国と両周、燕国など広い地域で流通した貨幣であることがわかる。地名の都市で鋳造された貨幣であるが、発行権は地名の都市が属する国家にあったとするのが一般的である。しかし、出土地から見て個別の貨幣は地名の所属国を越えて広く流通しているものもある。これらの貨幣は必ずしも国内貨幣とは言えず、都市が独自に発行したため国境を越えて流通した可能性もある。発行主体に関しては第五章で詳述した。

第五章では、文字の同定や地名の位置比定の問題も取り上げ、特定の貨幣について流通状況の特色とその規定要因について考えたが、ここでは概括的に流通範囲と流通力について考えたい。表二「尖足布・方足布国別出土回数表」は中華人民共和国成立後に公刊された報告で目睹しえたものに基づいて作成したものである。出土地の戦国時代における所属国は、郭沫若編『中国史稿地図集』(地図出版社、一九七九年)の「戦国時期黄河中下游地区(前二九一年)」の境界によった。戦国期の諸国の境域は極めて変動が大きく、韓、魏の部分にはかなり出入りがあると思われるが、一

表二　方足布・尖足布国別出土回数表

	出土国 地名	韓（含東周）	魏	趙	燕	（計）
方足布	安陽	12	16	18	24	70
	平陽	7	11	16	16	50
	梁邑	7	11	14	13	45
	宅陽	5	10	13	10	38
	藺	6	11	11	8	36
	貝丘	5	5	10	9	29
	襄垣	4	4	10	8	26
	曾邑	5	4	9	7	25
	長子	4	5	11	4	24
	中都	4	5	8	6	23
	皮氏	2	3	8	9	22
	尋氏	2	2	9	7	20
	蒲子	4	3	7	4	18
	北屈	3	3	7	5	18
	馬雍	2	2	6	7	17
	平陰	2	5	6	2（2）	15（2）
	匋陽		1		14	15
	纕坪				14	14
	坪陰		1		12	13
尖足布	茲氏（半）	2		12	14	28
	晋陽（半）		1	10	13	24
	平州		2	11	8	21
	大陰			9	10	19
	平周			9	7	16
	武安			4	11	15
	武平			6	8	14

（平陰の（2）は図がなく坪陰と区別できない例の回数）

表三　方足布出土数量表

出土地 地名	鄭州（韓）	浮山（韓）	襄城（魏）	翼城（魏）	黎城（趙）	陽高（趙）	霊寿（趙）	灤南（燕）	鉄嶺（燕）	庄河（燕）	（計）
安陽	951		200-	120	474	4720	396	18	178	19	7076-
纕坪									1668	1121	2789
宅陽	80	86		25	95	1900	42	3	13	1	2245
平陽	151	172	100-	55	90	1320	100	21	72	1	2082-
梁邑	142	3		22	77	875	46	8	34	4	1211
襄垣	57	49		15	44	397	11	2	23	4	602
貝丘	24	34		11	29	266	3	2	8		377
長子	23	35		12	22	207	4		7		310
匋陽								8	212	46	266
坪陰									144	22	166
藺	36	39		14	38	2			14	1	144
益昌						2			29	4	35

応の目安として利用できるであろう。方足布については三晋のものは一七回以上、燕は一三回以上、尖足布は一四回以上を表示した。

まず方足布から見ていくと、出土回数は燕や趙が多い。これは韓地内の出土回数が一四回、魏地が二一回に対して、燕地が二八回、趙地が二四回と多いことによる。しかし出土が偶然に左右されるとしても、方足布の流通範囲が従来考えられていたよりは北方に広がっていることを示している。

出土回数の多い方足布、すなわち四五回以上の「安陽」「平陽」「梁邑」は燕や趙に多いが、韓や魏でもそれなりの出土例が見られる。これら三種の方足布は、広い地域にわたってかなり強力な流通力があったことがわかる。表三「方足布出土数量表」は特定の場所から大量出土した方足布を列挙したものであるが、三晋のものでは「安陽」がとりわけ多く「宅陽」「平陽」「梁邑」が続く。やはり出土回数が多い方足布が大量に流通しており、それらの流通力の大きさが確認できる。「平陽」布については、朱華氏によるとこの方足布は山西省出土の方足布の五分の一を占め、とくに汾河中下流域から広く出土していることから臨汾が鋳造地で趙国貨幣ではないかとしている。(53)「襄垣」以下の方足布の出土数量はかなり少なくなるが、表二の「方足布・尖足布国別出土回数」を見ると「匋陽」「纕坪」「坪陰」を除いて各地域で同じ程度の出土例が見られる。方足布は一般的に言って、地名の所属国を越えて三晋、燕の広い地域にわたって流通していたことが改めて確認できる。

一方、「匋陽」「纕坪」「坪陰」はほとんど燕地のみで出土している。表三によると、この三種は方足布としてはかなりの出土数が見られるが、三晋地域の大量出土例の中には含まれない。前節でも述べたが、これらの方足布は燕で発行され燕国内で流通した国内貨幣と考えられる。

「安陽」布は形態上二種類に分けられる。一種は束腰、長足で燕の方足布の特徴を具えており、もう一種は三晋方足布と区別できない。しかし、この「安陽」布は両種とも燕、三晋いずれの地域でも出土が見られ、流通範囲に限定性はうかがえない。束腰の「安陽」布は燕地で発行された可能性があるが、発行地や発行状況が不明のため燕地発行の他の方足布と異なりなぜこのような広い流通力を持つことになったか現在のところ明らかにしがたい。

表二によると「長子」「蒲子」は趙地に多く、「貝丘」「襄垣」「皮氏」「尋氏」「馬雍」は趙地と燕地に多い。長子、襄垣はもと韓の上党郡に属したがのち趙地となっている。蒲子、皮氏は山西省南部で魏地とされ、尋氏は河南鞏県あたりとされるが、ともに趙や燕と遠く離れている。地名考証に誤りがなければ、これらの貨幣の流通力の強さを示していることになる。

尖足布の方は方足布に比べてさらに趙、燕への片寄りが大きい。これは従来より尖足布が趙地で鋳造された貨幣とされていることと合致する。(54) 尖足布の地名は趙地のものが多いが、燕地に出土回数が多いのは趙国と燕国の経済関係の緊密さを示している可能性がある。

d　円足布

黄錫全氏は円足の平首布を類円足布と円首円肩円足布に分類している。(55) 類円足布は正面と背面の縦線が尖足布と類似するもので、「茲氏（半）」「大陰」「邪半」「晋陽」「陽曲（陽人）」「平匋（平周）」「北茲」「[illegible]」などを挙げているが、「藺」や「于」も追加する必要がある。(56) 円首円肩円足布は「藺」「離石」の二種類のみで大型と小型があり、正面に地名を大書し首部は素面で尖足布とは異なる。胡振祺氏は、円足布の地名「晋陽」「茲氏」「離石」「藺」などは趙国の属邑で出土地も趙国境内であり、趙国で鋳造され国内で流通した貨幣としている。(57) 以上に挙げた地名もみな趙地の地名であり、出土地も趙地かその周辺に片寄っている。(58) 円足布は趙地で鋳造発行された貨幣としてよいであろう。とくに「藺」「離石」布は両地が秦に占領される前二八一年以前に発行されたものとされている。

円首円肩円足布で注目されるのは、中山国都の平山霊寿故城と韓国都の新鄭鄭韓故城から鋳造用の鋳型が発見されていることである。(59) 前者から「藺」円足布石范と円足布背面范が出土しており、後者からは二度にわたって「藺」「離石」大円足布陶范が大量に発見されている。「藺」や「離石」は山西省離石附近に比定されていることから、なぜこのように遠く隔たった地で鋳型が発見されたか問題となる。模造説が有力であるが、それだけでは説明できないところがある。この件は第五章で検討したので参照されたい。

e　三孔布

三孔布には大型と小型の二種あり、大型の背面には「一両」、小型には「十二朱」の重量表記がある。正面には三一種の地名が知られている。それぞれの発見例は極めて少なく、多くて一〇点であり一点しか知られていないものも多い。(60) また大部分が伝世品であり出土例は数例しかない。(61)

三孔布は、古くは戦国末に秦が占領地で発行したものとされていたが、裘錫圭氏の詳細な地名考証による戦国晩期趙国発行説(62)が出されて以来、趙国説が有力になってきている。しかし、今に至るまで確かな出土例が少ないため、地名考証に基づく推論が相変わらず盛んである。

その後、趙国説に対して新たに中山国説も出されている。汪慶正氏は、地名考証と三孔布が大小二等制の貨幣であることから前四世紀の中山国の貨幣とし、楊科氏もこの説を承けて戦国中期（前三一七〜二九六年）に中山国が趙国の影響下に鋳造したものとしている。(63) また周祥氏も中山国の貨幣とし、円足布の方は趙が中山国を占領した後に発行したものとしているようである。(64) 一方趙国説にもバラエティーが出てきている。張弛氏は、地名考証に基づいて、趙が戦国晩期（前二四四〜二二二年）に秦に追いつめられた後に領域の東半分で鋳造したものとしている。(65) 一方劉森氏は、背文の「両」や「朱」の単位は諸国で広く用いられて使用国を限定する根拠にならないこと、地名二八種中一八種は中山国の地名だが他は趙国の地名であることから、前二九六年に趙が中山国を滅ぼした後に鋳造した趙国貨幣とする。(66) また発行主体については数量が少なく国家か私人の商人私鋳か不明としている。何琳儀氏は、全三一種の地名のうち三〇種の地名比定を行って地名分布図を作成し、それが趙国滅亡前二七年間の趙の領域に収まると見なして三孔布を戦国末の趙国貨幣としている。(67) しかし、郭若愚氏は二三種の地名考証を改めて行い、その分布地は中牟を中心とする趙地と見なし、趙献侯が中牟に都を置いた戦国早期（前四二四〜三八六年）に遡るものとしている。(68)

このような趙国説優勢の中で、近年では黄錫全氏がそれに疑義を唱えている。(69) 三一種の地名のうち位置が確定しているのは二〇余種で残りの地名に魏地が含まれている可能性があり、前四〇八年か前四〇六年に魏が中山国を滅ぼした後の魏国貨幣の可能性や、中山国復国後の中山国貨幣の可能性も棄てきれないとしている。

三孔布の年代について、現在のところ戦国前期から戦国末期までにわたる大きな食い違いが出てきているのは年代が確定できる材料が未発見なためである。そして、地名考証にも残された文献資料の欠乏と信頼性、同名異地の可能性など多くの問題があり、地名比定に恣意性が入り込む余地が大きいことも原因と思われる。円足布についても年代の確定できる材料はないが、角が丸くなっているのは通用の便を考えての変化と考えられ、角のある方足布や尖足布より発行開始の時代が下るものであろう。形態の類似する円足布は趙地の貨幣であり、三孔布は穴を空けて加工が加えられている点円足布より後のものとしてよく、何琳儀氏の説のごとく戦国末の趙国貨幣の可能性が高い。

中国の研究者は三孔布の発行国にこだわっているが、関野雄氏は別の観点からその性格について論じている。(70) 関野氏は三孔布には地名、すなわち都市名が例外なく記されていることから、他の布銭と同様に都市の商人が発行に当たっていたと考える。そして当時知られていた一五の地名の比定を詳細に行い、分布地域が河北省南部からやや北よりの限定された地域（燕南、趙北）に当たるとする。この地域は戦国末期ころ様々な貨幣が入り乱れて流通し、しかも貨幣の信用低下が進行していた地域で、このような事態に対処するためこの地域の新興諸都市が協力して新たに三孔布を発行することになったであろうとしている。

三孔布は円足布と同様、発見例が極めて少ない点一般流通貨幣というよりは特殊な貨幣である可能性がある。秦の使用した「両」や「朱」の重量単位が表記されていることから、戦国末、秦の趙に対する圧力が強まる中、趙の諸都市が秦に対して何らかの対応をするために発行した貨幣ではなかろうか。

f　鋭角布

鋭角布には小型と大型の二種があり、小型には「公」「垂」の文字、大型には「盧氏百涅」「百涅」「舟百涅」「亳百涅」などの文字が鋳込まれている。「百涅」については「金涅」や「涅金」「百涅」「金化」と読む研究者もいる。[71]「盧氏」や「舟（周、兪、渝等の釈もある）」「亳」は地名として異存はないが、他は地名説の他に吉語説や貨幣名説がある。ただし地名の読み方や位置の比定は必ずしも一致しているわけではない。出土地の明確なものの増加にしたがい鋳造地が議論されるようになり魏国説と韓国説が対立している。

劉荷英氏は、魏の領域と見なされる表四2河南省鶴壁市で出土した四八七〇枚の貨幣の中に三五三七枚の「公」字鋭角布が含まれていたこと、他の出土貨幣もみな魏国貨幣であったこと、「垂」字鋭角布も魏国貨幣と見られること、さらに「公」字鋭角布の他の出土地も魏の領域であることなどから魏国貨幣としている。[72]呉栄曾氏も地名考証や出土地から「公」「垂（魏）」字とも魏国貨幣としている。[73]一方、汪慶正氏は韓国貨幣と見なして最も早い平首方足布とし、梁暁景氏は韓国貨幣であるが戦国早中期に三晋、両周に広く流通したとしている。(74)また何琳儀氏は大型の「百涅」字を百通、百盈の意味と解して吉語とするが、「盧氏」「舟」「公」「垂」などはみな韓の地名とし、出土地点もみな韓の領域と見なして、鋭角布を橋形方足布より後、方足布より前の戦国中期の韓国貨幣としている。(75)最近では陳隆文氏も韓国貨幣とし、「涅金」とは法定の流通貨幣を指すとしている。(76)

ところが黄錫全氏は大型を戦国中期以前の韓国貨幣とするが、小型は一般に魏国内から出土しているとして戦国後期の魏国貨幣としている。(77)このような大型と小型では発行主体が異なるとする考えが近年目立つようになっている。孔徳銘氏らは小型鋭角布の「公」「垂」字とも吉語であり戦国中期魏国河内の地方貨幣とする一方、大型の「盧氏」「涅」は地名で戦国韓地、「渝」は魏の河内としており、常保平氏は大型は鄭国貨幣だが小型は魏国貨幣としている。(78)呉良宝氏も、大型は登封陽城出土陶器の鋭角布刻文から戦国早期韓国貨幣とし、小型はそれより後れるが発行国不明としている。(79)また周万海氏らは大型を韓国貨幣とするが、小型の「垂」「公」字は地名でなく吉語であり、韓、魏、趙三国交界地の河内地区から大部分が出土していることから三晋諸国が相互貿易を行うための共同鋳造貨幣であるとしている。(80)

韓都である新鄭鄭韓故城から「公」「百涅」字鋭角布陶范が出土したことにより、韓国貨幣とする研究者がいる。しかし、模造や他の要因から鋳型の出土地を本来の発行地と見なすことができるか問題である。表四「鋭角布出土地一覧表」を見ると、小型鋭角布は魏の貨幣である橋形方足布や「垣」字円銭と一緒に出土している例がかなり見られる。また出土地も魏地に片寄っている。このことから小型は魏国貨幣の可能性が高いであろう。しかし、大型は地名から韓国貨幣の可能性もあるが、魏地と考えられる商水県の銅器製作場遺跡からも「百涅」字鋭角布の鋳型が出土していることから（表四29）、すべての大型鋭角布を韓国貨幣と断定することもできない。鋭角布は韓国との関係から魏

表四　鋭角布出土地一覧表

出土地（河南省）	種別・数量	同出貨幣・数量	出土年（出典）
1 林県東南部	垂36、公 1	垣字円銭 1	1984（安陽鶴壁p58）
2 鶴壁・石林獅跑泉村	垂 1 、公3537	橋形布11、垣字円銭1180、方足布141	1981（安陽鶴壁p285）
3 湯陰・西崗墓	公 8		1982（安陽鶴壁p58）
4 淇県・城関楊庄	公60		1981（考与文85-1p112）
5 淇県・城関鎮東南	公 3		1987（銭幣89-1p38）
6 輝県・固囲村Ｍ 1	公 3		1950代（輝県p77）
7 輝県・古共城鋳鉄遺址	公 4		1988（華夏96-1p1）
8 輝県・古共国遺址	公 3		1994（安陽鶴壁p59）
9 輝県・高庄	公20		？（中原08-1p 4）
10輝県・西環路立交橋	公 4		1988（安陽鶴壁p59）
11衛輝市・孫杏村	公30		1980（安陽鶴壁p59）
12焦作	公数10		1992（安陽鶴壁p59）
13洛陽・東周王城糧倉遺址（62号）	公 8	中型空首布 5 、小型空首布52、方足布	1976（文物81-11p62）
14陝県・后川M2703	百浧		1957（銭幣97-2p9）
15鄭州・南関外	盧氏 1	1610余（平肩空首布、斜肩空首布、尖足布、方足布、燕刀）	1952（大系p1144）
16鄭州・回民中学Ｍ 8	垂	50余（橋形布、半両）	？（論文集 4 p65）
17鄭州市郊	盧氏百浧		1983（銭幣92-2p9）
18新鄭・北関	垂 2 、百浧 1	300前後（橋形布139、方足布84）	1973（集刊3p128）
19新鄭・三里崗蔡庄	公13		1985（考古89-12p114）
20新鄭・鄭韓故城月季	垂 1 、公 1	橋形布、方足布、二連布	2004（銭幣06-2p41）
21新鄭・鄭韓故城大呉楼	公陶范 7 、百浧陶范 3	藺、離石陶范	1992（華夏94-4p14）
22新鄭・鄭韓故城小高庄	公陶范 5	平肩空首布范、橋足布范、方足布范、直刀范	1997-98（論文集4p78）
23尉氏・洧川鎮	垂 2	橋形布36、方足布 2	1974（開封商丘p25）
24許昌・張潘	？ 2		1992（許昌漯河p34）
25許昌・楡倫	垂、公		2003（許昌漯河p35）
26許昌市区	？ 1		2003（許昌漯河p35）
27襄城・潁陽鎮～許昌	？1000余	方足布	1988（許昌漯河p34）
28郾城・召陵故城	公多数		1993（許昌漯河p435）
29商水・化河郷寧格村	百浧 1 、百浧范 3		1994（安陽鶴壁p64）

国で鋳造発行された特殊な貨幣と考えられるが、文字の釈読も未確定でどのような目的で発行されたかは不明である。ともかく、戦国中期を中心に魏国で流通した貨幣や空首布との伴出関係があることから、鋭角布は戦国中期には出現していたと考えられる。

(三) 円銭

三晋地域の発行とされる③円銭としては円孔のものと方孔のものがあるが、方孔で確かなものはない。円孔円銭としては、「共」「共屯赤金」「共少半釿」「垣」「桼（長、垂）垣一釿」「藺」「離石」「安臧」「襄陰（済陰、畢陰）」「東周」「西周」などが挙げられる。これらの貨幣については第七章で詳述したので、ここでは概略を記す。

古くは円孔円銭が方孔円銭に先行するものとされたが、考古学的出土例の増加により流通年代が推定できるようになり、両者は戦国中期には並行して出現したものと考えられる。三晋の円孔円銭のうち、圧倒的に発見例が多いのは「共」字円銭と「垣」字円銭である。「共」は河南省輝県、「垣」は山西省垣曲県附近の魏地に比定され魏国貨幣とするのが一般的である。問題はこの両種の貨幣が魏国でなぜ大量に流通していたかである。王勉編『安陽鶴壁銭幣発現与研究』（中華書局、二〇〇三年）では、「垣」字は城邑の意味、「共」字は共同所有の意味の吉語であって地名ではないとし、これらは三晋諸国が相互貿易を行うために共同で鋳造発行した特殊な貨幣としている。しかし、両者の流通範囲は魏国にかなり限定されており、方足布などと異なり魏国国家が国内で特定の目的のもとに発行した特殊な貨幣の可能性がある。

「桼垣一釿」は地名や書体、「釿」の重量単位から、「襄陰」は地名から魏国貨幣とされる。「安臧」は吉語とされるのが一般的で出土地から周王畿の貨幣とされ、「東周」と「西周」は周が分裂してできた東周公国、西周公国の貨幣とされる。「藺」「離石」は地名から趙地の貨幣と考えられるが出土例は皆無であり、数も少ない。円孔円銭は戦国時代に経済の発達した魏国か周王畿で出現し流通した貨幣であろう。

三晋地域や周王畿の方孔円銭として知られるのは「周化」と「東周」のみである。[81] ともに出土例はなく孤例であり真偽不明である。

(四) 直刀

④直刀には円首か斜首で内曲刃のものと方首直背で小ぶりな小直刀と呼ばれるものが存在する。前者の円首直刀には大小があるがそれほど差はない。「王刀」「甘丹」「甘丹刀」「成(城)」「成(城)刀」「成(城)白」「白」「白刀」「白人刀」「藺」などの銘がある。「刀」の釈読には他に「化」「匕」「人」などがある。「王」は王氏、「甘丹」は邯鄲、「白」「白人」は柏人、そして「藺」などは地名とされ、その比定地から戦国中期以後の趙国貨幣とされている。出土地は河北を中心に遼寧、内蒙古、山西、河南に広がり、尖足布や方足布と同様に国境を越えて流通している。

「城」「城化」「城白」をみな柏人発行と見なす考えもあるが、[82]「成(城)白」については地名と見なさない考えも存在する。「成(城)白」刀は中山国都霊寿故城から一五〇一枚も出土し、石范も発見されている。[83] したがってこの直刀は中山国都で鋳造発行されたものと考えられ、「成(城)白」を地名とするには抵抗が存在する。汪慶正氏は「成旦」すなわち「城旦」と解して刑徒を使用する貨幣鋳造機構を指すとし、陳応祺氏は「成帛」と釈し、実物貨幣である成帛に転換できることを意味しているとする。[84] 一方、裘錫圭氏は「成伯(覇)」と釈して国家の強盛を表示しているとし、黄錫全氏も支持している。[85]「成(城)白」刀の出土は中山国都やその近辺で見られ、かなり流通が限定された貨幣のようである。[86]

小直刀に関しては「晋陽新刀」「晋陽刀」「晋刀」「晋半」の四種あるが、後二者の「晋」は「晋陽」の略と考えられるから地名は一種である。「晋陽」は一般に山西太原市西南の趙地とされるが、汪慶正氏は山西西南部の魏の晋陽としている。(87) またこの字を「言陽」「圁陽」と読んで陝西神木県東とする説もある。(88) この字と同じ地名は橋形方足布にも見え、第四章で論じたように魏国貨幣の可能性がある。しかし、出土例がほとんどなくどのような性質の貨幣か明らかにしがたい。

四　楚国貨幣

楚国の貨幣には金、銀、青銅の三種類がそろっている。金質貨幣には文字の刻印された金版が七種類ほど知られ、切断して使用された秤量貨幣とされている。このような金版は楚国以外確認されていない。銀質貨幣は布銭で確かな出土は一ヶ所のみで文字はない。楚の金版と一緒に出土していることから一般に楚国の貨幣とされている。青銅貨幣には宝貝の形態をした貝貨、首部に円孔のある縦長の方足布、そして長方形の銅銭牌と呼ばれる貨幣が一般に楚国の貨幣とされている。楚貝貨には一二種ほど銘文が確認されている。縦長の方足布は有孔方足布、楚布とも呼ばれ大小二種類存在する。銅銭牌には大中小三種類が知られている。

①金版：「郢爰」（図四1）、「陳爰」（図四2）、「専鍰」、「鄗爰」、「酓」、「盧金」（図四3）、「垂丘」など

②銀布幣（銀鏟幣）（図四4）

③貝貨（楚貝貨、蟻鼻銭、鬼臉銭）：「咒」（図四5）、「[illegible]」（図四6）、「金」、「忻」、「行」、「君」、「匋」、「貝」、「三」、「[illegible]」、「[illegible]」、「[illegible]」

④有孔方足布（有孔布、楚布、楚釿布、燕尾布）：大布（楚大布）「殊布当折」（図四7）、小布（連布）「四布当折」

⑤銅銭牌：「良金一朱」、「良金二朱」、「良金四朱」（図四8）

（一）金版

楚の①金版は七種類ほど知られているが、出土例が圧倒的に多いのは「郢爰」の刻印が押されたものである。この「郢爰」が楚の国都郢で刻印し発行されたとする点には異論はない。しかし、その発行時期については意見が分かれている。加藤繁氏はこの金版が主として寿春近辺から出土することから、前二七八年の東遷後の戦国末五、六〇年間に発行されたものとしている。[89] これに対して関野雄氏は、湖南長沙附近から「郢爰」等の銘を持つ泥版が出土していることから、楚が東遷する前に金版が用いられたと推測している。[90] 中国でも東遷後とする説もあるがむしろそれ以前とする説の方が多い。安志敏氏は、湖北江陵県の出土例があることから東遷以前にすでに「郢爰」が出現していたとしている。[91] また、朱活氏は春秋後期に発行が開始され東遷後に発展したとしており、その後張沢松氏や黄徳馨、呉興漢、趙徳馨氏なども春秋後期出現説を取っている。[92]

朱活氏によると、この種の金版は安徽、江蘇、河南、湖北、浙江、山東、陝西の七省で出土しており、とりわけ安徽、江蘇に出土例が目立つとする。[93] また、趙徳馨氏は八省六四の県、市から金版が出土しているとし、出土分布図を作成している。[94] これによるとやはり分布は安徽、江蘇に集中している。ただし、報告されたものはほんの一例にすぎないようである。呉興漢氏によると安徽省だけでも二〇の県、市で四一ヶ所の出土例があり、陳爾俊氏は江蘇省だけで二五の県、市において五五ヶ所の出土例があるとしている。[95] したがって正確な出土分布は確認できないが、楚の領域の東部に出土例が多いことは動かないであろう。

図四 1　金版「郢爰」

図四 2　金版「陳爰」

図四 4　銀布幣

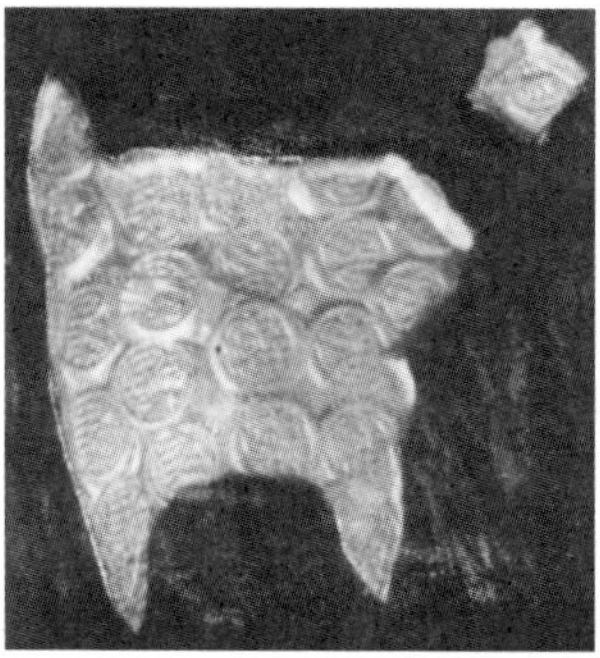

図四 3　金版「盧金」

図四 5　貝貨「咒」

図四 6　貝貨「[illegible]」

図四 7　有孔方足布（大布）

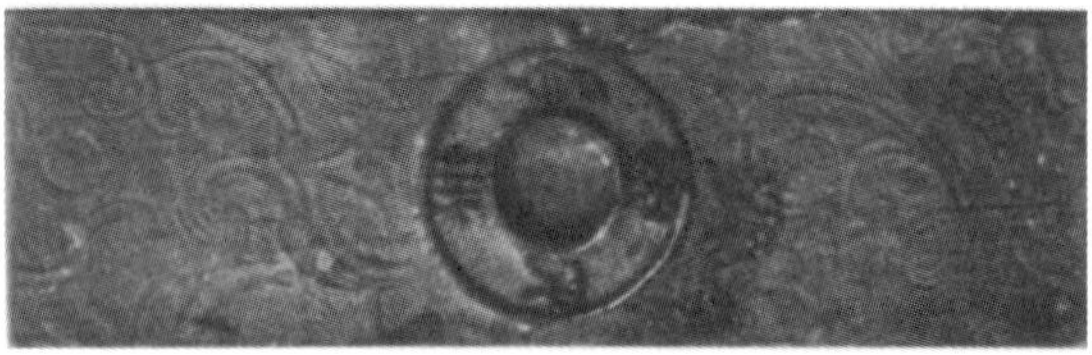

図四 8　銅銭牌「良金四朱」

このような出土の片寄りに関して、黄徳馨氏は東遷前の国都があった湖北省に出土が少ない理由を問題にしている。[96]まず、楚に対する戦勝国が国外に持ち出した可能性、東遷後に安徽に持ち運ばれた可能性、そして墓に埋葬する習慣がなかったことなどを挙げている。黄金の実体貨幣としての価値の高さから考えてこのような理由は十分考えられ、湖北省の出土例が少ないことが東遷以前に「郢爰」が流通していなかったとする証拠にはならないであろう。なお、「郢爰」刻印用の用具が山東省嶧県、安徽省寿県、河南省息県の三ヶ所で発見されている。[97]このうち息県発見のものは春秋末期まで遡るとされているが確証はない。現在のところ、「郢爰」の発行が春秋晩期にまで遡るかどうか直接の証拠はない。ただし、その出土分布は後述の楚貝貨の分布とよく似た傾向を示している。両者に本位貨幣と補助貨幣のような関係があったとすると、楚貝貨と同様に戦国後期を中心に流通した貨幣と見なすことできる。

「郢爰」の「爰」字の解釈も意見が分かれている。一般に重量単位とされるが、林巳奈夫氏は文字の比較に基づいて「称」と読み、目方を称って使う黄金だからこのように命名されたとしており、安志敏氏もこの説に従っている。[98]しかし、「爰」を重量単位とする説も根強く、朱活氏などは楚の黄金の名称としながらも、一爰は一枚の金版の重量で二四八・三五七ｇから二六六・七ｇの間の重さであろうとし、郭仁成氏は一つの刻印が一爰（一五・六ｇ）を代表しているとする。[99]朱氏の説などは、裁断前の一枚の金版の重量がかなり一定していることからの推定に過ぎず、またそれを守に対する一級上の単位とした点も問題である。[100]この他、孫華氏のように「爰」は交換流通の黄金を意味する「爰金」の省称で、「郢爰」は郢都鋳造の貨幣であることを示すとする説がある。[101]また、趙徳馨氏は「爯（称）」と読み、黄金の質や量が良好であることを示す用語か楚人の氏族記号に由来するのではないかとしており、[102]解釈は定まっていない。

「陳爰」は一般にもと陳国の都であった陳（河南淮陽県）が楚の領土となった後にその地で発行されたものとされて

いる。発行時期については意見が分かれている。一般には陳が楚都であった時（前二七八～二五四年）とする説が有力であるが、戴亜東氏は逆に陳以外に都した時に都市として独自に発行したものとしている。[103] 確かに楚が陳に都した時にはその地は郢と呼ばれ「郢爰」が発行されていたはずであり、戴氏の説の方が説得力がある。その後も趙徳馨氏や黄錫全氏などが「陳爰」は陳が楚都であった前か後に発行された貨幣としているが、[104] 陳が楚都であった前なのか後なのかが問題となる。黄徳馨氏は戦国前期から陳への東遷までの間に大量発行されたと考えている。[105] その出土地は湖北大冶県、随州と襄樊の間、河南扶溝県、襄城県、安徽寿県、臨泉県、山東費県、陝西咸陽市などである。[106] どちらかと言えば東遷後の楚の領域に片寄っており、寿春遷都後に発行された可能性が高いであろう。

楚の都市のいくつかが金版を発行していたらしいことは、以下の各種の地名を有する金版の出土によっても確認される。「専鍰」は一九〇三年に安徽寿県出土のものが知られていたがその後河南扶溝県、山東日照県でも出土し、また湖北随州と襄樊の間でも発見されたと伝えられている。[107] 「専」は「鄟」で春秋時代には魯の附庸であったが後に魯に滅ぼされ、魯が楚に滅ぼされるとともに楚の邑になったとされる。[108] 位置は曲阜附近とされるが不明で、山東郯城県東北とする説もある。この他、「郙」と呼んで河南上蔡県西南とする説や「傅陽」と同地で山東棘庄市と江蘇沛県一帯とする説もあるがはっきりしない。[109]

「鄗爰」は一九七四年に河南扶溝県古城村から「郢爰」など大量の金版と一緒に初めて発見されたが、その後安徽寿県からも出土したとされる。[110] 「鄗」は楚の地名とされ、黄錫全氏は「酈」（河南内郷東北）、「櫟」（河南禹県か新蔡故城西北）、「歴」（安徽和県西）と読む説を挙げ、自らはその位置は楚の北境の可能性が大きいとし、「棘」と読んで河南と安徽の交界の永陳県西北、淮陽県の東ではないかとしている。[111] この発行地も確定しがたい。

「盧金」は一九七九年に安徽寿県城南花園村から大塊四点と小塊一点が「郢爰」や無印の金版、金餅とともに出土した(112)。「盧」字については黄金の品質を示すとの説もあるが(113)、一般に地名と考えられている。「盧」は春秋時のもと盧戎国で湖北襄城西南に位置するとする説が多いが(114)、安徽盧江県西とする説や「覃」と読んで山東郯城県附近とする説、「鹽」と読んで江蘇塩城県西北とする説もある(115)。この種の金版は一ヶ所からしか出土しておらず、分布傾向から発行地を推定することはできない。

「[卣+少]」字金版は安徽寿県、河南扶溝県、襄城県から出土している(116)。古くはこの字は「潁」と読まれていたが、その後朱活氏は「鼒（蔡）」と読んで下蔡（安徽寿県北鳳台県）としており、黄徳馨、趙徳馨氏が従っている(117)。一方、何琳儀氏は「少貞（鼎）」の二字に分け「瑣釘」と解して瑣地（安徽霍邱県）の金版の意味としており、黄錫全氏もそれに従っている(118)。この金版も意見が分かれているが地名とすることでは一致しており、出土地から東遷後に発行されたものであろう。

なお、河南襄城県からは「郢爰」「陳爰」「[卣+少]」字金版や金餅、馬蹄金とともに「垂丘」と「允」字金版が一片ずつ出土している(119)。蔡運章氏は「垂丘」を山東曹県北に比定するが、黄錫全氏は「羕陵」と読んで河南汝水流域としている(120)。後者は地名かどうか不明である。

以上、楚の金版について個別に見てきたが、刻印されている文字のほとんどが発行地の地名と考えられる。各種金版の中で「郢爰」のみが圧倒的に出土数量が多く、流通範囲も極めて広いことが注目される。「郢爰」が楚の国都で発行されたものであることを考え合わせると、それが実質的な統一貨幣であったと見なすことができるであろう。趙徳馨氏も、出土が楚の領域全体にわたり、他の種類の金版をともなって出土する場合でも圧倒的多数を占めていることから全国的な貨幣であったとする(121)。そして、他の各種金版は都市を領有した貴族に鋳造権があったのに対して、「郢爰」金版の鋳造権は楚の王室にあり、中央の機構で作られたとしている。国都以外の地方都市の金版発行については、黄徳馨氏はやや異なる理解をしている。[122] 地方発行の各種金版の出現は、貿易がとくに盛んないくつかの県では貨幣需要が大きく中央だけでは対応できなくなったため地方に発行を許した結果だとしている。楚は東遷により都市の発達し経済活動の活発な地域に国家の中心を移すことになり、後述の楚貝貨と同様に貨幣発行に対して多様な対応を迫られた可能性が高いと考えられる。

(二) 銀布幣

②銀質の布幣は銀鏟幣、銀空首布とも呼ばれ、河南扶溝県古城村から出土した一八点が知られるだけである。[123] 空首布のような形態をしているが身部は長方形で空首のものは一点のみで他はすべて実首である。黄錫全氏によると、鋳造発行地は楚国以外に鄭国、韓国説があるという。[124] 発行時期は春秋中期から戦国初期とされ異論は存在しない。[125] しかし埋蔵時期は漢初とされ、同時に「郢爰」「陳爰」「鄗爰」「郘」字金版や馬蹄金も出土しており楚国のものと考えられるが、戦国初期に遡るものが一緒に埋蔵されたとは考えられない。また器形も空首布とはかなり異なり実首のものがほとんどである。銀布幣はほとんど孤例であり、一般流通貨幣ではなく特殊な用途のために作成された可能性がある。

(三) 貝貨

楚の③貝貨は従来、鋳込まれた字形から蟻鼻銭あるいは鬼瞼銭と呼ばれてきたが、それらは楚貝貨の一部を指すに過ぎず適切な呼称ではない。楚貝貨は現在のところ鋳込まれた文字が一二種類知られている。詳細は第六章で論じたのでここでは概略を記す。

楚貝貨の出土数量は一五万点に達するが、そのうち「咒」字貝化は九四パーセント近くになり実質的に国家の統一貨幣であったと見なすことができる。しかし、「咒」字をどのように釈読するかについては大きく意見が分かれている。趙徳馨氏は従来の説を貨幣の名称説、重量説、価値説、地名説の四つに大きく分類しているが、重量説と価値説の可能性は少ないとしている。現在支持の多いのは貨幣名称説で、「貝」字あるいは「巽」字とする説である。どちらかに確定しているわけではないが地名である可能性は低いであろう。

この種の貨幣の出現時期についても意見は分かれている。春秋初期から戦国後期まで大きく分かれ決していない。考古学的には、年代の推定できる墓葬からの出土により戦国後期には流通していたことは確かであるが、それより以前どこまで遡れるか不明である。「咒」字貝貨の出土分布（頁三二一）を見ると、湖北、湖南、河南南部、安徽、江蘇、山東南部、浙江の広い地域に広がっており、とりわけ河南東南部、安徽北部、江蘇西部と南部に集中している。この地域は、楚国晩期の国都が置かれた河南淮陽県（陳）や安徽寿県（寿春）を含む地域である。これに対して楚の本来の領域であり東遷前に国都が置かれた江陵県を含む湖北や湖南北部の出土は少ない。この地域は楚の東遷後は秦に占領されており秦の半両銭など秦の貨幣が流通したと考えられる。したがって東遷前に「咒」字貝化は存在していても流通は多くはなく発行の時期もそれほど遡らないであろう。「咒」字貝化の本格的な流通は楚の東遷以後と考えてよい。楚は秦に追われて都市の発達し経済が活況を呈する地域の真っ直中に遷都することになった結果、新たな経済状況に対応するため大量の貨幣を発行する必要に迫られたと考えられる。

「咒」字貝化に次いで出土数量が多いのは「夅朱」字貝化であるが、全体から見ると四パーセント余りである。他の貝貨の発見例はさらに零細である。「夅朱」字貝化についても釈読は分かれているが、この文字の下部は「朱」であり一種の計量単位と見なしてよいように思われる。その他の貝貨の文字の読み方にはあまり分岐はないが意味については統一性がない。楚貝貨の文字には楚金版と異なり地名と確定できるものがなく、発行に都市が関わった形跡は認められない。

楚貝貨は一般に実物貨幣である宝貝から転化した貨幣と考えられている。しかし、宝貝が一般流通貨幣であったかは問題であり、貴重な財富や呪物として贈与交換や装飾に用いられた可能性が高い。楚の領域の墓葬からは、春秋時代まで装飾に用いられた大孔式宝貝は発見されているが贈与交換用の小孔式宝貝は確認されていない。楚国では宝貝を財富として贈与交換に用いる習慣がなかったと考えられる。しかし、楚貝貨には小孔があり贈与交換用の宝貝を模したものである。楚は、殷周時代以来中原の支配者層間で盛行した贈与交換用の宝貝を戦国後期になって貨幣の形式として選び取ったものと考えられる。したがって楚貝貨は極めて観念的に創造された貨幣であり、この点からも国家の統一貨幣であったことが裏付けられる。発行地を明示しない多様な貝貨が発行されたのも、国家が都市の発達し経済活動が盛んな地域に遷都したため多様な対応を迫られた結果であろう。

(四) 有孔方足布

有孔の方足布には大型の「殊布当忻」と小型の「四布当忻」の二種が存在する。後者は足部で二つが繋がっているため連布とも称される。四枚で大型一枚に相当するとされる。その出土例は極めて少ない。両者は一般に楚国貨幣とされるが、鄭韓故城から陶范が発見されたことにより戦国後期の韓国貨幣とする説もある。[126] また古くから秦末の項梁の鋳造とする説があり、[127] 出土地から春秋晩期から戦国早期の宋国貨幣とする説や越国貨幣とする説もある。[128]

楚国説でもいつどのような目的で発行されたものか意見が分かれている。趙徳馨氏は、戦国前期に楚国北辺の三晋諸国、とくに韓、魏と交易するために鋳造された貨幣とする。[129] これに対して黄錫全氏は出土地や字体から戦国中期以後楚国東部境域で流通した貨幣とし、朱活氏は戦国中晩期の地方的な貨幣で、地方政権か封君が鋳造したものとしている。[130] 丘光明氏も戦国中晩期の地方的な貨幣とするが、楚が韓、魏の布幣流通地区と交易するために作った貨幣としている。[131] また呉興漢氏は楚が東遷後に旆（沛？）地で金版の補助貨幣として発行したものとし、劉正民氏らも戦国晩期に用いられた貨幣としている。[132]

鋳造発行国を考える場合、陶范が鄭韓故城から出土していることが問題となる。しかし、同時に出土した陶范も、他国の貨幣を模造するためのものであった可能性が高く、この場合も出土地に従って韓国貨幣と見なす必要はない。そして、表五「有孔方足布出土地一覧表」に見られるように22安徽固鎮県でも陶范が発見されている。同じく表五を見ると出土は河南東部、安徽北部、山東南部および浙江北部に集中している。前者は楚の東遷後に国都が置かれた淮陽（陳）と寿県（寿春）の東北に広がる地域である。また後者の浙江北部への楚の勢力の拡大も戦国後期になってからと考えられる。[133] このことから、この種の貨幣は東遷後の楚国貨幣の可能性が高いであろう。また合金成分比が汪昌橋氏らの言う第二類（楚国中後期）の楚貝貨（蟻鼻銭）に近いことからも、[134] この種の貨幣は東遷後の楚国貨幣として間違いないであろう。ただし、その分布が金版や楚貝貨とは異なりかなり限定的である点、特定の地域で流通した特殊な貨幣と思われる。

大型の銘文の釈読についても問題が多い。第一字をいかなる文字に当てるか様々であるが、意味については大きく分けて地名とする説とそうでないとする説がある。地名説としては、上述の呉興漢氏や冀和氏などのように「沛」（江蘇沛県）とする説、[135] 郭若愚氏のように「杜」（河南商丘市東南杜集）とする説などがある。[136] その他の説としては、「大」「高」「長」「模」「母」などの意味に取り貨幣の形態あるいは性格を示すとする説があり確定していない。[137] 第二字の読み方も「布」「幣」「銭」「化」など様々であるが、貨幣に対する呼称とする点では一致している。大型の背面の「十

表五　有孔方足布出土地一覧表

出　土　地	種別・数量	同出貨幣・数量	出土年（出典）
1 湖北陽新・国和郷	大布 1		1983（楚国貨幣p256）
2 河南新鄭・鄭韓故城	大布陶范 3、小布陶范 4	（鋳銅遺址、遺物）	1984（銭幣91-2）
3 河南柘城・北関旧城湖	大布 1	楚貝貨、（銅鏃）	1991（開封商丘p416）
4 河南永城・北魚山東南	大布 4		1950代（銭幣1991-2p56）
5 河南永城・魚山村	大布100余(64)		1985（中原87-1p26,開封商丘p416）
6 安徽阜陽	大布？零星		（銭幣90-2p71）
7 安徽阜陽市	大布24		（銭幣94-3p9）
8 安徽渦陽・竜山	大布60余		1957（銭幣95-2p24）
9 安徽利辛	大布？零星		（銭幣90-2p71）
10安徽蒙城	大布？零星		（銭幣90-2p71）
11安徽碭山	大布		？（貨幣史p40）
12安徽蕭県	大布		？（貨幣史p40）
13安徽淮北・相山	大布 2		1975（文物研究5p274）
14安徽淮北市	大布 2		1974（銭幣95-2p24）
15安徽濉渓	大布 8		1974（銭幣95-2p24）
16安徽宿県・邱園村	大布 7		1971（銭幣95-2p24,中原96-2p77）
17安徽宿県・固鎮	大布 4		1958（楚国貨幣p256）
18安徽宿県	大布11		？（銭幣94-3p9）
19安徽宿県・符離集	大布？		？（通論p371）
20安徽固鎮	大布12		1968（銭幣95-2p24）
21安徽固鎮	大布		？（銭幣95-2p24）
22安徽固鎮	大布陶范		1993（論文集3p173）
23安徽蚌埠市	大布 6		1968（銭幣95-2p24）
24安徽蚌埠市	大布残片		？（論文集3p173）
25安徽滁州市	小布 1		1978（銭幣95-2p24）
26安徽滁州市	大布 1		？（銭幣94-3p9）
27江蘇沛県・栖山公社	大布		1977（集刊2p106）
28江蘇徐州・高皇廟	大布 2		1956-58（大系1p1144）
29江蘇徐州・北洞山	大布 2		1956-58（大系1p1144）
30江蘇丹陽・練湖農場	大布35		1957（古銭新探p204）
31山東鄒県・紀王城	大布		？（銭幣95-2p24）
32山東蒼山	大布		？（銭幣95-2p24）
33山東臨沂・西義堂公社	大布 2		1950代（古銭新探p204）
34山東臨沭西南	大布数10		1960（考古85-11p1041）
35浙江湖州市城区	大布16	橋形布（陝一釿）	2002（銭幣04-2p37）
36浙江臨安	大布		？（銭幣92-2p60）
37浙江余杭（臨平）	大布 2		1950代（古銭新探p204）
38浙江余杭・呉山鎮	大布300余		1969（銭幣95-2p24）
39浙江余杭・獐山河港内	大布 3		1973（銭幣95-2p24）
40浙江余杭・泮板鎮	大布20余		1989（通論p371）
41浙江余杭・余杭鎮	大布10以上		？（通論p371）
42浙江紹興・西施山	大布？	（越国鋳銅遺址）	1959（銭幣92-2p60）
43浙江仙居・横渓	大布 2	楚貝貨16、（銅件）	1985（銭幣02-2p28）
44陝西咸陽・長陵車站	大布 1	戦国貨幣11種140、（銅器280）	1962（考古74-p16）

貨」についても、一〇枚の楚貝貨（蟻鼻銭）、七枚の楚貝貨（蟻鼻銭）、一〇枚の小型布など意見が分かれている。[138]

銘文で注目されるのは、大型、小型ともに見える「当忻」の文字である。これは魏の橋形方足布の梁布に見える「当守」と同様に兌換関係を示していると考えられる。上述のように、趙徳馨氏や丘光明氏などは、この種の貨幣の「忻」を「釿」と釈して楚が三晋諸国、とくに韓、魏と交易するために鋳造した特殊な貨幣としている。郭若愚氏も楚国の杜地で鋳造された韓、魏など釿布流通地区と貿易するための専用貨幣とし、汪慶正氏も最初の二字を「杕戔」と読んで四方流通の銭布の意味に解し楚が韓との接壌地域で三晋地区と貿易を進めるために発行した特定貨幣としている。[139] また、汪昌橋氏らは楚が東遷後に領土を拡大した地区や辺境の刀布流通地区との貿易を強化するために発行した大額面の貨幣としている。[140] 以上のように一般に「当忻」を「当釿」と釈読するのが普通である。しかし、劉宗漢氏は「当忻」を「重斤」と読んで「釿」と関連づけず、韓の商人が楚国と貿易するための秤量貨幣としている。[141] この他「忻」を「十」に釈し一〇枚の楚貝貨に兌換できることを示すとの説、「忻」字貝化のことで背面の「七貨」はその兌換関係を示すとの説、さらに「十化」に釈して十化金に相当するとの説もある。[142]

以上のように、この種の貨幣の性格についても解釈は極めて多岐に分かれ定論といったものは存在しない。しかし、この種の貨幣の出土地は東遷後の楚国領域内の特定地域に限られ、国外との交易に用いられたとは考えられない。また兌換に関わる「忻」字も特殊であり「釿」と解してよいか疑問である。「忻」字貝貨の流通量から考えて、それに対して発行された大額面の貨幣とは考えがたいが、背文の「七貨」もしくは「十貨」から楚貝貨との関係で発行された地域限定的な貨幣であることは十分考えられる。

(五) 銅銭牌

長方形の銅片の中央に円孔円銭形が鋳込まれたいわゆる銅銭牌は古くから知られていたが、一九八〇年代になって湖北省の東端の限られた地域から相継いで発見された。みな陶罐内に納めて埋蔵されたもので、大冶県、陽新県、蘄春県の三ヶ所から銅器や楚貝貨、特殊布幣などとともに「良金一朱」、「良金二朱」、「良金四朱」の文字のあるものが一枚から数枚、合計一八枚出土している。(143)

「良金」の読み方については「見(現)金」「見金」など意見が分かれているが、「金」を黄金と取り一朱、二朱、四朱の黄金との兌換関係を示すとする点では一致している。(144)発行時期については戦国前期から後期まで意見が分かれている。しかし楚貝貨が同出していることから戦国前期までは遡らないであろう。黄錫全氏は戦国中期前後の鄂東一帯で流通した特殊貨幣で、〈鄂君啓節〉の鄂君と関係があるのではないかとしている。(145)また蔡運章氏は、大冶銅緑山、江西瑞昌県銅嶺など豊富な産銅を背景に現地の富商あるいは地方当局が鋳造したものとしている。(146)銘に地名がなく、黄金との兌換関係のみ記されている点から国家の関与が考えられるが、出土地が極めて限定されていることから特殊な用途のために発行されたものと思われる。

(附) 越国貨幣

①戈幣(図五)・・特大型、大型、中型、小型

一九八六年以来、浙江紹興市の近辺から銅戈の形をした①戈幣と呼ばれる青銅製品が出土している。四ヶ所から四〇〇余枚発見され、特大型(長一二㎝以上)、大型、中型、小型(長八㎝)に分類されている。(147)陳浩氏は、墓葬出土でなく埋蔵品であること、大きさに等級があること、戈という実用兵器に淵源があることなどから、これらは明器でな

く、春秋末、戦国初期から戦国中期まで越地で用いられた越国貨幣であろうとしている(148)。ただし、薄くて実用的でない点や成分に錫が多い点問題もあるとしている。また、戴志強氏は春秋戦国の越国遺物であるが、貨幣説、実用兵器説、冥器説などがあり性質は決しがたいとし貨幣とは認めていない(149)。

出土地が極めて限定され文字もない点、貨幣かどうか疑問も残るが、陳氏の説のごとく貨幣の可能性も棄てきれない。春秋末、越王勾践時の越の勃興は、国策による商業、手工業の発展と北方地域との交易によるものと考えられ(150)、貨幣発行の必要性が高まっていたと考えられる。これまで越の貨幣が未発見であったことを考えると、越の国都であった紹興で発見されたこの種の青銅製品が越国貨幣である可能性は高いであろう。越は勾践が覇業をなした後山東半島の琅邪に遷都し、その後急速に衰退する。戈幣の出土が紹興に限定され、短期間しか使用されなかったことは(151)、この間の事情を反映していると考えられる。

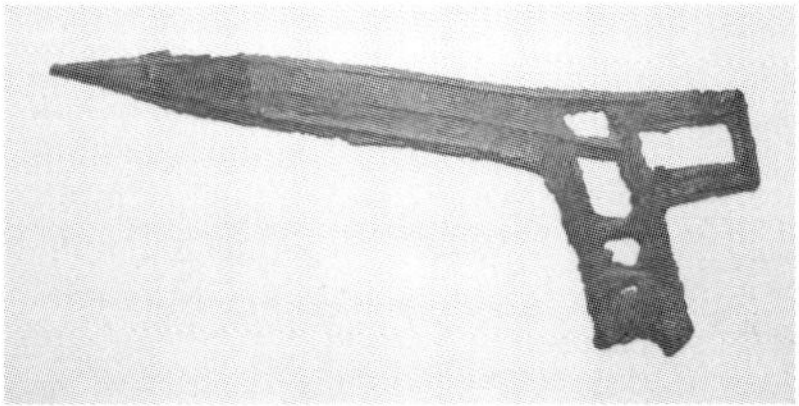

図五　戈幣

五　秦国貨幣

秦国では一般に円孔と方孔の二種類の円銭が鋳造発行されたとされる。円孔円銭としては「一珠重一両」の文字のある一両円銭と半睘銭が秦国のものとされるが疑問である。一両円銭には天秤の分銅とする説もあり、伝世品も含めて発見例は極めて少なく確かな出土例もほとんどないため貨幣とするには躊躇される。半睘銭も発見例は少なく確かな出土例もわずかである。洛陽北郊で出土したとされるが、蔡運章氏らは魏国貨幣としている(152)。したがって秦国には確かな円孔円銭は存在しないと考えてよい。ここでは確実に秦国貨幣と

図六１　半両銭

図六２　両甾銭

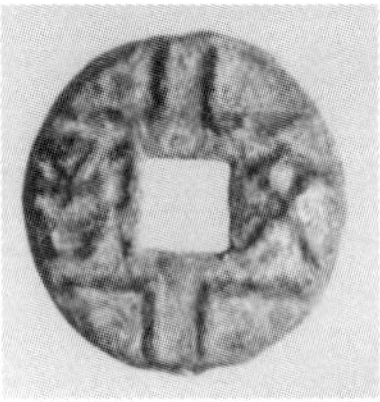
図六３　文信銭

見なされる方孔円銭のみを検討する。秦の方孔円銭としては以下の数種類が知られる。なお、秦国円銭については第七章で詳述したので、ここでは概略を記す。議論の典拠や詳細はそちらを参照していただきたい。

①方孔円銭：a半両銭（図六１）
b両甾銭（図六２）
c文信銭（図六３）、長安銭

（一）方孔円銭

a　半両銭

秦の半両銭は古くは秦の天下統一とともに初めて発行された貨幣とされていたが、一九五〇年代に四川郫県や昭化県の戦国晩期墓から半両銭が発見されたことにより、統一以前に遡ることが明らかになった。その後も半両銭は戦国期の墓葬から続々発見されており、現在のところ最も早い確実な出土例とされているのは、四川青川県郝家坪五〇号墓から出土したいわゆる青川七銭と呼ばれる七枚の半両銭である。この墓葬の年代は副葬されていた田律木牘の記述から秦昭王元年（前三〇六年）前後ではないかとされており、半両銭の始鋳はそれ以前に遡ることは確実になった。これによって、『史記』秦始皇本紀の秦恵文王二年（前三三六年）「初行銭」の記事が半両銭の発行と関係することが現実的となり、方孔円銭は戦国中期に円孔円銭と並行して秦国で独自に出現した可能性が大きくなった。

秦半両銭は出土数量の増加にともない流通の全期間を通じて大きさや重量のばらつきが大きいことが明瞭になってきた。このことから国家が独占的に鋳造、発行していたとは考えられず、私鋳が行われていたことを認めざるをえない。しかし、陝西長安県の首帕張堡などの大量出土の例を見るとほぼ半分が径二・七〜二・八㎝、重四〜五ｇと規格がそろっており何らかの統制が働いていたことがうかがえる。秦律『金布律』は選銭の禁止を規定しており、国家は貨幣の不均一を是認した上で統制しようとしている。

半両銭の出土分布を見ると、秦の本拠地である内史を中心に拡散するように四方に広がっている。この拡散方向はほぼ秦の軍事進出ルートに重なっている。蔣若是氏は、先秦半両銭の出土地は秦の対外戦争の戦略要地に集中しており、軍事に強く関わる貨幣であったとしている。半両銭はこの点からも国家的性格の強い統制される必要がある貨幣であったことが確認できる。ただし、河北や山東、そして長江中下流域など天下統一の最終段階で占領された地域では出土例は乏しく、天下統一後も国家の強い統制力のもとに流通していたとは考えられない。秦の統一後の貨幣流通は別途考える必要がある。

b　両甾銭

両甾銭の「両甾」は二甾すなわち十二銖＝半両に当たり、この貨幣は秦半両銭の変異形とされる。この貨幣には半両銭と異なり有郭のものもある。また河南南陽市附近からまとまって出土することから、蔡万進氏らは有郭のものは戦国晩期に韓国の南陽で鋳造発行されたもの、無郭のものも韓国の別の都市で発行された可能性があるとし、秦国貨幣とはしていない。しかし、包明軍氏は秦の特殊地方で流通した貨幣とし、劉紹明氏らは秦の南陽占領後、南陽郡が

設置されるまでの間に地方官が鋳造、発行したものとしている。(153)

両甾銭の出土例は確かに南陽周辺に多いが、戦国秦の領域である甘粛、陝西、四川でも出土し、しかも半両銭とともに出土していることは秦国貨幣であることを示している。南陽附近で多く発見されるのは、秦昭王一五年（前二九二年）に秦の白起が宛（南陽市）を陥落させた後か同三五年（前二七二年）に南陽郡を置いた時に新たな経済状況に対応するため、この地で独自に発行された地方的な貨幣であるからかもしれない。(154) 郭若愚氏は秦末の経済混乱期に半両銭に代わって発行されたものとするが、(155) なぜ南陽地域を中心に流通したのか説明できない。

c　文信銭、長安銭

秦国では、例外的に実力者が個人として貨幣を発行することがあった。文信銭と長安銭である。文信銭は「文信」の文字から秦の相邦文信侯呂不韋の鋳造、発行とされている。陝西西安市、咸陽市、河南洛陽市から出土しているが数はわずかである。(156) 洛陽市の漢河南県城遺跡からは石范が発見されており、呂不韋が洛陽に封ぜられた事実と一致する。

長安銭の「長安」とは始皇帝の弟、長安君とされる。『史記』秦始皇本紀によると、秦王政八年（前二三九年）に反乱を起こして趙の屯留で死んでいる。確実な出土例は、西安市北郊の戦国末期墓から文信銭とともに出土した一例のみである。

むすび

最後に国ごとの貨幣発行の特色とその流通状況について概観しておく。

斉国においては、戦国中期、威王、宣王期に黄金との兌換貨幣として斉大刀のうち五字・四字刀が初めて発行された。その後、戦国後期になると「斉大刀」三字刀と賹化銭が大量に発行されるようになり、実質的に国家発行の統一貨幣としての機能を果たした。問題は戦国中期に斉大刀に対応する一般流通貨幣が斉国で存在したかどうかである。無文銅貝をそれに充てる説があるがその可能性は低いであろう。また切首刀や斉明刀の可能性も残るが両者とも斉大刀との伴出関係はなく、また斉明刀は後期の燕国貨幣の可能性がありともに否定的にならざるをえない。五字・四字刀は黄金に兌換可能な貨幣として賞賜に用いられたかあるいは軍資金調達用の特殊貨幣にとどまり、戦国中期の斉国にはいまだ一般流通貨幣が出現していなかった可能性がある。

燕国では、戦国中期には出現する燕明刀を国家発行の統一貨幣とすることができる。燕国での統一貨幣出現が早いのは春秋後期以来のこの地域における尖首刀の流通と関係すると考えられる。また燕明刀はその出土地域から見て趙の北部でも流通したことがわかる。そして燕では戦国末期になると燕明刀に代わって重量を減らした「明化」や「一化」円銭が流通する。斉明刀の方は斉の貨幣とする説もあるが燕の占領下に発行された占領地貨幣であろう。燕の方足布は都市発行であるが三晋方足布とは異なり国内貨幣として流通している。一部の燕方足布の背面には「左」「右」の文字があり、国家鋳造の燕明刀にも同じ文字が見えるが、これはむしろ三晋諸国の県の武器製造機構に「左庫」「右庫」があるのと類似している。(157) 燕の方足布の鋳造は県の管理下にあったことが考えられ、ある程度官の規制を受けていた可能性がある。

三晋諸国では、戦国中期頃から都市名を有する都市発行の方足布が、その都市の所属国を越えて三晋や燕の地域で広く大量に流通した。尖足布もほぼ同時期頃から趙の都市で発行された貨幣で、趙地以外では韓地、魏地での流通はそれほどではないが燕地では広く流通している。上述の燕明刀の流通状況との対応関係が認められ、燕趙間には特別な経済関係が存在したことが推定される。円首や斜首の直刀のうち趙の都市発行のものも国境を越えて広く流通している。以上の方足布、尖足布そして直刀の一部は国家の規制を越えて流通した国際貨幣とも言うべきものであろう。三晋諸国ではこれら以外にも多種の貨幣が戦国中期以後発行されているが、みな特殊な目的のもとに国家もしくは民間で発行されたものである。橋形方足布は魏が軍資金調達のために発行したもので、「共」字、「垣」字円銭や鋭角布も魏の特殊貨幣と考えられる。円足布は趙の都市発行貨幣と見なされるが発行は限定的であり、三孔布も発行は限定的で戦国末に趙の都市が秦との関係で発行した特殊な貨幣であろう。

楚国では「郢爰」金版と「哭」字貝貨が同種の貨幣の中で圧倒的多数を占め、戦国後期において楚の統一貨幣の機能を果たしたと考えられる。金版は地方都市でも発行されているが流通量はわずかである。金版と楚貝貨の流通範囲はほぼ一致しており両者は本位貨幣と補助貨幣の関係にあったことが想定される。楚国ではこの他に銀布幣、有孔方足布（楚大布、連布）、銅銭牌が発行されているが、ともに地域限定的で特殊な目的で発行されたものと考えられる。最後に秦国では、戦国中期には半両銭の発行が開始され、軍事的な性格を持った秦の統一貨幣として国内や新占領地で広く流通した。秦ではこの他に両甾銭や文信銭、長安銭が知られるが、前者は新占領地で発行された地方貨幣と見なされ、後者も個人発行の特殊貨幣である。

春秋後期になると、黄河中流域の経済発展地域で民間商工業者が空首布の鋳造、発行を開始し、北方の晋北、燕地周辺でも北方民族が尖首刀を鋳造、発行するようになった。戦国時代に入ると、黄河中流域の経済発展はますます進展し、三晋諸国の各都市は個別に貨幣の発行を開始し、これらの諸国や北方の燕地では広域的な都市貨幣の流通が認められるようになった。ただし、三晋諸国家は貨幣流通を市場に委ねていただけではなかった。国家は特定の目的の貨幣を発行し市場に介入することもあった。一方、三晋地域の周辺諸国である斉、燕、楚、秦は戦国中期になると一斉に国家による統一貨幣の発行を開始した。一部、地方貨幣の発行を民間もしくは国家が行っている例が認められるが、国家の貨幣統制は維持されつづけた。戦国期の各国における貨幣流通は経済発展の地域的差違を反映しながら独自の展開が認められるのである。

注

（1）丁昌五・程紀中「山東青州発現一批截首刀和博山刀」（中国銭幣一九九〇—三）頁67。

（2）朱活「従山東出土的斉幣見斉国的商業和交通」（文物一九七二—五）頁55。

（3）出土地は山東寿光県、臨朐県（文物一九五九—一一、頁30）、招遠県・一六二枚（文物一九八〇—三、頁25、中国銭幣一九八七—三、頁13）、章丘市（考古与文物一九八〇—三、頁25）、青州市・三〇〇余枚（中国銭幣一九九〇—三、頁67）、即墨県（鄭家相『中国貨幣発展史』（一九五八）頁66）。

（4）黄錫全『先秦貨幣通論』（紫禁城出版社、二〇〇一）頁274。

（5）周祥「試論尖首刀」（中国銭幣二〇〇三—二）頁24。

（6）張弛「尖首刀若干問題初探」（中国銭幣論文集・第三輯（一九九八））頁72。また楊君、孫宏雷氏も両者の重量は接近しており、共同流通した等価の兌換貨幣としている（「中国古代損銭取銅的歴史考察」中国銭幣二〇〇五—二、頁25）。一方、呉良宝氏は類明刀の銅含有量と合わせるために切去したとしている（『中国東周時期金属貨幣研究』社会科学文献出版社、二〇〇五年、頁93）。

（7）鄭家相氏は春秋下期とし（注（3）鄭家相書、頁84）、関野雄氏は最初は戦国初期としていたが、後に春秋末期に改めている（「刀銭考補正」東洋文化研究所紀要四〇、一九六六、頁97）。その他、石永士・王素芳氏（「試論〝〓〟字刀化的幾个問題」考古与文物一九八三—六、頁79、また石永士・石磊『燕下都東周貨幣聚珍』（文物出版社、一九九六）頁179でも同じ）、韓嘉谷氏（「天津地区出土的刀幣」中国考古学会第五次年会論文集（一九八五）頁178）、陽光氏（「河北三河出土的窖蔵燕刀幣」文物春秋二〇〇四―三、頁66）なども春秋晩期としている。一方、朱活氏や黄錫全氏は戦国中期前半まで下げている（朱活「談山東臨淄斉故城出土的尖首刀化」考古与文物一九八〇―三、頁28、注（4）黄錫全書、頁237）。また陳麗鳳・張慧氏は戦国早期かやや後としている（「河北霊寿東城南村出土戦国窖蔵貨幣清理研究」文物春秋二〇〇〇―四、頁73）。

（8）注（7）石永士・王素芳論文、頁79。

（9）注（7）石永士・石磊書、頁179。この編年は石永士・王素芳「燕国貨幣的発現与研究」（中国銭幣論文集・第二輯、中国金融出版社、一九九二）に基づいているが未見。

（10）注（4）黄錫全書、頁237。

（11）樊祥憙・戴志強・周衛栄「燕国貨幣合金成分研究」（中国銭幣一九九七―二）頁4。

（12）河北省文物管理処「河北易県燕下都44号墓発掘報告」（考古一九七五―一）頁228。

（13）注（3）鄭家相書、頁83。鄭家相「燕刀面文〝明〟字問題」（文物参考資料一九五九―一一）頁36。注（7）韓嘉谷論文、頁178。

（14）陳夢家「西周銅器断代（二）」（考古学報一〇、一九五五）頁128、朱活「論秦始皇帝統一貨幣」（文物一九七四―八）頁18、同「釈の篇―兼談の刀背文ß字」（古文字研究一〇、一九八三）頁292、注（7）石永士・石磊書、頁80。曲英傑氏は匽字の変体とし、匽水を改称して垣水となったのもこの字の変遷から理解できるとしている（「説匽」考古与文物二〇〇〇―六、頁52）。

（15）張弛『中国刀幣滙考』（河北人民出版社、一九九七）頁34。汪慶正氏も「易」は燕文公遷都後の邑名であり燕国国名も代表しているとする（『中国歴代貨幣大系一　先秦貨幣』（上海人民出版社、一九八八）頁27。

（16）郭若愚「談談先秦銭幣的幾个問題」（中国銭幣一九九一―二）頁59。

（17）関野雄「刀銭考」（東洋文化研究所紀要三五、一九六五）頁33。

（18）注（4）黄錫全書、頁245。

（19）蔡運章「遠古刻画符号与中国文字的起源」（中原文物二〇〇一―四）頁30、陳隆文『春秋戦国貨幣地理研究』（人民出版社、二〇〇六）頁261。

（20）注（7）石永士・王素芳論文。両氏によると、Ⅰ、Ⅱ式ではすべて単字で種類も多くない。Ⅲ式では単字もあるが種類は多くなく、ほとんど二字、三字の組合せであり、そのすべてに「左」「右」「〓」の字が冠せられている。そして、それらの下の字は数字、干支、その他も文字となっている。Ⅳ式もほとんどⅢ式と同じであるが、「外盧」「大左」「大右」等が加わる。Ⅴ式はⅣ式と同じであるが、他に二字の組合せ文字が付け加わるとしている。

（21）注（7）石永士・石磊書、頁177。

（22）注（3）鄭家相書、頁164、王毓銓『我国古代貨幣的起源和発展』（科学出版社、一九五七）頁54。

（23）王献唐『中国古代貨幣通攷』上冊（斉魯書社、一九七九）頁172。

（24）李学勤「戦国題名概述」上（文物一九五九―七）頁54。注（7）朱活論文、頁28、注（14）朱活第二論文、頁300。

（25）注（7）石永士・王素芳論文、頁96。注（7）石永士・石磊書、頁178も同。

（26）注（4）黄錫全書、頁247。

（27）裘錫圭「戦国貨幣考（十二篇）」（北京大学学報一九七八―二）頁81。なお、関野雄氏は注（17）論文で早い時期に「中」と解している。

（28）江村治樹『春秋戦国秦漢時代出土文字資料の研究』（汲古書院、二〇〇〇）頁182。

（29）燕明刀陶范は燕下都の高陽村でまず発見され（考古一九六二―一・頁18）、その後郎井庄村の一〇号、三〇号製作場遺跡からも大量に出土している（注（7）石永士・石磊書、頁302）。また、中山国都の霊寿故城、斉都臨淄故城からも燕明刀の陶范が出土している（中国銭幣一九九五―二・頁12、中国銭幣二〇〇一―二・頁39）。しかし、河北省承徳県で発見されたのは石范であった（考古一九八七―三・頁196）。

（30）注（28）江村治樹書、頁179。

（31）周祥「斉明刀相関問題研究」（中国銭幣論文集・第四輯、二〇〇二）頁116、于中航・賀伝芬「論尖首型博山刀」（同上）頁129。

(32) 注(4)黄錫全書、頁262。
(33) 注(7)石永士・王素芳論文、頁100。朱活・蔡運章等『中国幣大辞典・先秦編』(中華書局、一九九五)頁575では石永士氏は戦国早中期としている。
(34) 呉栄曾「戦国墓出土銭幣及其断代問題」(中国銭幣論文集・第四輯(二〇〇二)頁68)、注(15)張弛書、頁127。
(35) 蘇兆慶「山東莒県出土刀幣陶范」(考古一九九四―五)頁468、注(4)黄錫全書、頁272。
(36) 「斉」はもちろん国名か斉の国都名であり、「莒」は莒国か斉国の莒地である。「平陽」については、裘錫圭、李家浩氏は平陽を山東新泰県西北の魯地か鄒県西三十里の邾地としており(「戦国平陽刀幣考」中国銭幣一九八八―二・頁35)、蔡運章、黄錫全氏は新泰県西北の東平陽としている(蔡運章等『洛陽銭幣発現与研究』〔中華書局、一九九八、頁101〕、注(4)黄錫全書、頁268)。ただし、蔡氏は「平陽」明刀を燕軍が斉国占領時に東平陽で鋳造した貨幣としている。
(37) 注(23)王献唐書、頁188、注(3)鄭家相書、頁164、注(17)関野雄論文、頁38、朱活「談山東済南出土的一批古代貨幣」(文物一九六五―一)頁41、注(7)韓嘉谷論文、頁178。
(38) 汪慶正「日本銀行及上海博物館所蔵博山刀考略」(中国銭幣一九八五―三)頁3、注(15)汪慶正書、頁27、呉振武「談新近公布的両枚戦国斉莒刀」(文物研究・第三期、一九八八)頁139、注(36)蔡運章書、頁103。黄錫全氏は丙型斉明刀を、周祥氏は乙型斉明刀を燕入斉時の斉国貨幣としている(注(4)黄錫全書、頁271、注(31)周祥論文、頁116)。
(39) 汪慶正、周祥は注(38)参照。王恩田「対三里墩出土斉小刀幣鋳行年代的討論」(中国銭幣一九九三―三)頁66、注(31)于中航・賀伝芬論文、頁127。
(40) 朱活「泰山之陰斉貨幣」(考古与文物一九九六―四)頁40。
(41) 楊樹民「山東平度市発現斉〝𝔍〟刀銭范」(中国銭幣一九九一―三)頁53、同「山東平度発現戦国〝𝔍〟刀銭范」(考古与文物一九九四―五)頁20。
(42) 周衛栄「再論〝斉〟明刀」(中国銭幣一九九六―二)頁13。
(43) 「明化」は吉林輯安、遼寧旅順、凌源、綏中、河南永城、許昌、洛陽、漯河、陝西西安、江蘇淮陰などから出土しているが数量は多くない。「一化」は吉林輯安、長白、遼寧旅順、大連、錦西、庄河、鉄嶺、凌源、遼陽、赤峰、林西、喀喇沁旗、河北灤平、青竜、陝西西安、甘粛武威、山東済南、河南安陽、洛陽、漯河など広い地域から出土しているが、遼寧庄河市大営鎮から二一四五点（文物一九九四―六、頁79）、桂雲郷から二二〇〇点（文物一九九四―六、頁77）、赤峰新窩鋪村から二三二五点（考古一九八四―二、頁139）、鉄嶺新台子鎮から一二七〇六点（考古一九九〇―二、頁314）など遼寧省での大量出土が目立つ。

(44)　注（22）王毓銓書、頁48、70、注（3）鄭家相書、頁105。

(45)　唐石父「陳鉄卿先生之古泉創解」（中国銭幣一九八三―三）頁20。

(46)　何琳儀「燕国布幣考」（中国銭幣一九九二―二）頁6（『古幣叢考』安徽大学出版社、二〇〇二、頁33再録）。

(47)　注（4）黄錫全書、頁166。

(48)　注（33）朱活・蔡運章編書、頁289。

(49)　河北省文物管理処「河北易県燕下都44号墓発掘報告」（考古一九七五―四）頁239。報告者は「安易」と解しているが「匋陽」と読まれている字である。

(50)　注（49）報告、頁239に易県出土と思われる例を挙げている。

(51)　呉振武氏は「少匕市南」と読んで「少匕」を「少曲」という地名（河南済源東北）と解している（「談戦国貨幣銘文中的〝曲〟字」中国銭幣一九九三―二、頁19）。

(52)　洛陽東周王城から「市南小化」「市左小化」「周南小化」「戊戈小化」が出土しているとされる（注（36）蔡運章書、頁33、蔡運章「談解放以来空首布資料的新発見」中国銭幣一九八三―三、頁9）。

(53)　朱華「試論方足平陽布」（中国銭幣一九八九―二）頁28。

(54)　注（3）鄭家相書、頁107、関野雄「新耒耜考」（東洋文化研究所紀要一九、一九五九）頁44。

(55)　注（4）黄錫全書、頁135。

(56)　注（7）石永士・石磊書、頁250、注（15）汪慶正書、頁348、図1068。

（57）胡振祺「再談三晋貨幣」（中国銭幣一九八四―一）頁70。

（58）山西陽高（晋陽、茲氏：文物一九六五―一、頁46）、繁峙（藺、離石：中国銭幣一九九〇―三、頁70）、原平（晋陽、陽人、離石：中国銭幣一九八四―一、頁70）、太谷（陽人：注（33）朱活・蔡運章書、頁367）、山陰（離石：中国銭幣一九九〇―三、頁70）、山西北部（藺：中国銭幣二〇〇五―二、頁3）、河北張家口（藺：注（4）黄錫全書、頁138）、蔚県（藺、離石：注（15）汪慶正書、頁1144）、易県燕下都（晋陽、茲氏、平周、藺、離石：注（7）石永士・石磊書、頁250）、平山霊寿故城（藺：注（4）黄錫全書、頁138）、霊寿（茲氏：考古学集刊二、頁83）、内蒙古涼城（茲氏：文物一九六五―四、頁57）、陝西子長（藺：注（15）汪慶正書、頁1144）。

（59）河南省文物考古研究所「河南新鄭発現的戦国銭范」（華夏考古一九九四―四）頁14、蔡全法・馬俊才「戦国時代韓国銭范及其鋳幣技術研究」（中原文物一九九六―二）頁77。

（60）関漢亭氏によると、「牟」10枚、「南行唐」6枚、「安陽」「下曲陽」各5枚、「北九門」「上専」各3枚、「封氏」「安陰」「平台」「上曲陽」「阿」「上艾」「鄤」各二枚で、他は各一枚となっている（「三孔布幣及其拓本流伝小考」中国銭幣一九九七―二）頁63。

（61）「陽鄤」（河北邢台：中国銭幣二〇〇五―二、頁3）、「宋子」（山西朔県：中国銭幣一九八八―一、頁6）、「無終」（山西晋南：注（33）朱活・蔡運章書、頁374）、「邙」（山西北部：中国銭幣二〇〇五―二、頁3）、「封氏」（封斯・河北趙県西北：中国銭幣一九九三―二、頁48）、「屯氏」（陝西神木：中原文物一九九三―四、頁42）、「侌」（陝西神木：注（4）黄錫全書、頁144）。

（62）注（27）裘錫圭論文、頁71。

（63）注（15）汪慶正書、頁20、楊科「也説三孔布的国別和時代」（中国銭幣一九八八―一）頁8。

（64）注（59）河南省文物考古研究所論文所引に周祥「円足布研究」（上海博物館集刊六）。

（65）張弛「三孔布考弁」（文物春秋一九九〇―四）頁41。

（66）劉森「関于三孔布的幾个問題」（中国銭幣一九九〇―三）頁3。

(67) 何琳儀「三孔布幣考」（中国銭幣一九九三―三）頁32（注（46）何琳儀書、頁157再録）。

(68) 郭若愚「三孔布幣面文字再考釈及其鋳造年代之探究」（中国銭幣一九九四―二）頁26。

(69) 注（4）黄錫全書、頁153。

(70) 関野雄「三孔布釈疑」（東京大学東洋文化研究所紀要四五、一九六八、『中国考古学論考』〔同成社、二〇〇五年〕所収、頁183）。

(71) 関野雄氏は「涅金」と読んで黒金、すなわち鉄のことと解して布銭は鉄製耕具から転化したとしている（「盧氏涅金考」『和田博士古稀記念東洋史論叢』講談社、一九六一、注（70）関野雄書所収、頁45））。

(72) 劉荷英「鶴壁出土戦国鋭角布」（中国銭幣一九八九―一）頁38。

(73) 呉栄曾「戦国布幣地名考釈三則」（中国銭幣一九九二―二）頁5。

(74) 注（15）汪慶正書、頁22。王氏は「百涅」を「金化」と呼んでいる。注（33）朱活・蔡運章書、頁255-258（梁暁景）。

(75) 何琳儀「鋭角布幣考」（中国銭幣一九九六―二）頁3（注（46）何琳儀書、頁81再録）。

(76) 陳隆文「鋭角布幣面文的釈読及其国属」（中原文物二〇〇六―四）頁39。唐友波氏も「金（釿）涅」は標準貨幣の意味としている（「山西稷山新出空首布与〝金涅〟新探」中国銭幣二〇〇〇―二、頁18）。

(77) 黄錫全「鋭角布国別漫議」（中国銭幣一九九一―二）頁9、注（4）黄錫全書、頁126では大型は韓国、小型は魏国あるいは衛国としている。

(78) 孔徳銘等「安陽銭幣発現与研究」（王勉編『安陽鶴壁銭幣発現与研究』中華書局、二〇〇三）頁63、常保平主編「許昌銭幣発現与研究」（秦叔華等編『許昌漯河銭幣発現与研究』中華書局、二〇〇五）頁38。

(79) 注（6）呉良宝書、頁169。

(80) 張長海等「鶴壁銭幣発現与研究」（王勉編『安陽鶴壁銭幣発現与研究』中華書局、二〇〇三）頁285。

(81) 注（22）王毓銓書、頁77は「東周」「周化」銘の方孔円銭を紹介し周地鋳造としている。

(82) 朱活「古銭」〝邯鄲〟与〝白人〟刀化（文物一九八一―三）頁96。

（83）河北省文物研究所「河北平山三汲古城調査与墓葬発掘」（考古学集刊五）頁157、陳応祺「中山国霊寿城址出土貨幣研究」（中国銭幣一九九五―二）頁14。
（84）注（15）汪慶正書、頁20、注（83）陳応祺論文、頁14。
（85）裘錫圭「談談〝成白〞刀」（中国銭幣論文集・第三輯（一九九八））頁92。
（86）中山国都以外では河北霊寿県東南城村（考古学集刊二、頁83）、新鄭城関郷白廟村東地（中原文物一九八八―二、頁11）で出土しているが、後者は一点のみである。
（87）注（15）汪慶正書、頁20。
（88）注（27）裘錫圭論文、頁79。
（89）加藤繁「郢爰考」（『支那経済史考証』上、東洋文庫、一九五二）頁25。
（90）関野雄「先秦貨幣雑考」（東洋文化研究所紀要二七、一九六二・頁74、注（70）関野雄書所収、頁55）。
（91）安志敏「金版与金餅―楚、漢金幣及其有関問題」（考古学報一九七三―二）頁71。
（92）朱活「楚金雑譚」（江漢考古一九八三―三、頁29）、張沢松「浅談〝郢爰〞出現的時代」（中国銭幣一九八九―二、頁71）、黄徳馨『楚爰金研究』（光明日報出版社、一九九一、頁21）、呉興漢「従考古発現論安徽古代貨幣文化的幾大特色」（中国銭幣一九九四―三、頁9）、趙徳馨『楚国的貨幣』（湖北教育出版社、一九九六、頁50）。
（93）朱活「古幣三談」（中国銭幣一九八三―二）頁11。
（94）注（92）趙徳馨書、頁148、149。この書に掲載以降の出土例として、河南長葛県官亭郷（中国銭幣二〇〇五―二、頁36）、信陽市長台関東北城陽城（鄭仁甲編『信陽駐馬店銭幣発現与研究』（中華書局、二〇〇一、頁47））、安徽大和県原墻鎮漢墓（中国銭幣二〇〇二―二、頁41）、江蘇大豊県劉庄鎮（中国銭幣二〇〇九―二、頁34）、浙江安吉県安城鎮故城（考古一九九五―一〇、頁95）がある。
（95）注（92）呉興漢論文、頁9、陳爾俊「江蘇出土的楚国郢爰」（考古一九九五―三）頁261。
（96）黄徳馨「湖北出土的爰金為什么这様少」（中国銭幣一九九六―三）頁33。

(97) 注（92）呉興漢論文、頁9。息県（中国銭幣一九八九―二、頁72）、寿県（同一九九五―二、彩色図版）。

(98) 林巳奈夫「戦国時代の重量単位」（史林五一―二、一九六八）頁116、注（91）安志敏論文、頁70。

(99) 注（92）朱活論文、頁34、郭仁成「論郢爰」（江漢考古一九八八―二）頁80。

(100) 林巳奈夫氏は銅器の銘文に基づいて一寽は一・三～一・一kgとしており（注（98）論文、頁119）、寽は爰より上の単位である。また氏の〈𢓊公左官壷〉（三代12・15）の銘の読み方も他の銅器銘文の体例とは合わない。

(101) 孫華「先秦貨幣雑考」（考古与文物一九九〇―二）頁50。黄徳馨氏も交易媒介の効能を具えていることを示す貨幣名称としている（注（92）書、頁61）。

(102) 注（92）趙徳馨書、頁90。

(103) 戴亜東「戦国的貨幣」（究索一九八二―四）頁110。

(104) 注（92）趙徳馨書、頁106、注（4）黄錫全書、頁350。

(105) 注（92）黄徳馨書、頁72。

(106) 湖北大冶県鄂王城（江漢考古一九八三―三、頁28）、随州と襄樊の間（注（92）趙徳馨書、頁129）、河南扶溝県古城村（文物一九八〇―一〇、頁62）、襄城県北宋庄（文物一九八六―一、頁88）、襄城漢代窖蔵（趙伏編『南陽平頂山銭幣発現与研究』（中華書局、二〇〇六）頁3）、安徽寿県城南一里橋（注（92）趙徳馨書、頁138）、臨泉県艾亭（考古一九七三―三、頁168）、山東費県城子村許国故城（文物一九八九―一二、頁85）、陝西咸陽市路家坡村（考古一九七三―三、頁166）。

(107) 安徽寿県城南二里橋（一里橋?）（注（93）朱活論文、頁10）、河南扶溝県（江漢考古一九九五―三、頁64）、山東日照県（江漢考古一九八五―三、頁69）、湖北随州と襄樊の間（注（92）趙徳馨書、頁129）。

(108) 注（92）朱活論文、頁29。

(109) 注（46）何琳儀書、頁231、注（4）黄錫全書、頁352。

(110) 河南扶溝県古城村（文物一九八〇―一〇、頁61）、安徽寿県東津公社花園大隊（文物一九八一―一二、頁87）。

(111) 注（4）黄錫全書、頁350。

(112) 涂書田「安徽省寿県出土一大批楚金幣」(文物一九八〇―一〇)頁67。
(113) 涂書田氏は「盧」を「炉」と釈し炉煉金質実足の意味にとり(注(112)論文、頁67)、孫華氏は「盧金」は「煉金」であり黄金の美称の意味の可能性が大きいとしている(注(101)論文、頁51)。
(114) 注(92)朱活論文、頁30など。
(115) 注(93)朱活論文、頁10、注(91)安志敏論文、頁61、注(4)黄錫全書、頁651。
(116) 安徽寿県城南二里橋(注(92)黄徳馨書、頁172)、河南扶溝県古城村(文物一九八〇―一〇、頁61)、襄城県北宋庄村(文物一九八六―一〇、頁87)。
(117) 注(93)朱活論文、頁10、注(92)黄徳馨書、頁73、注(92)趙徳馨書、頁109。
(118) 注(46)何琳儀書、頁233、注(4)黄錫全書、頁352。蔡運章氏も位置を安徽霍邱県東としている(「論商周時期的金属称量貨幣」(中原文物一九八七―三、頁64))。
(119) 襄城県北宋庄村(文物一九八六―一〇、頁87)。
(120) 注(33)朱活・蔡運章等書(蔡運章)、頁28、注(4)黄錫全書、頁351。
(121) 趙徳馨「楚国金幣流通地域的考察」(江漢考古一九八五―三)、頁66。
(122) 注(92)黄徳馨書、頁71。
(123) 河南省博物館・扶溝県文化館「河南扶溝古城村出土的楚金銀幣」(文物一九八〇―一〇)頁61。河南鞏県からも二点出土したとされるが詳細は不明である(趙伏編『南陽平頂山銭幣発現与研究』(中華書局、二〇〇六)頁7)。
(124) 注(4)黄錫全書、頁65。
(125) 注(123)河南省博物館・扶溝県文化館報告、頁61、注(93)朱活論文、頁10、注(52)蔡運章論文、頁11、趙新来「扶溝古城出土的金銀幣」(中国銭幣一九八三―三、頁40)、注(118)蔡運章論文、頁64、注(4)黄錫全書、頁65など。
(126) 李徳保、周長運両氏は鄭地の商人が楚国との貿易のために鋳造した称量貨幣としている(「河南新鄭〝韓都〟発現〝枎戔当忻〟陶范」江漢考古一九九三―一、頁95)。馬世之・蔡万進・李徳保「〝枎戔当忻〟布幣的国別与年代問題」(江漢考古一九九

四—二、頁71）、蔡全法・馬俊才「戦国時代韓国銭范及其鋳幣技術研究」（中原文物一九九六—二、頁77）。

（127）羅伯昭「秦楚之際及漢初貨幣概論」（泉幣一九四〇—二）。近年でも冀和氏はこの説を支持している（「〝項梁鋳大銭〟補論」中原文物二〇〇八—五、頁66）。

（128）晏昌貴、徐承泰両氏は貨幣の重量が春秋から戦国早期の三晋の一釿に相当し、出土範囲の淮北泗上は春秋戦国の宋国の範囲とする（「〝橅比堂忻〟布時代及国別之再探討」江漢考古一九九八—一、頁77）。曹錦炎氏はこの種の貨幣は楚本土では出土せず紹興の越国冶鋳遺址や越国勢力範囲で出土しているとする（「関于先秦貨幣銘文的若干問題—読《中国歴代貨幣大系・先秦貨幣》札記」中国銭幣一九九二—二、頁60）。

（129）注（92）趙徳馨書、頁246。

（130）黄錫全「〝橅比堂忻〟布応是楚幣」（中国銭幣一九九五—二）頁25、注（4）黄錫全書、頁371。朱活『古銭新探』（斉魯書社、一九八四）頁202。

（131）丘光明「貨幣与度量衡」（考古二〇〇一—五）頁73。

（132）注（91）呉興漢論文、頁9、劉正民等「商丘銭幣発現与研究」（賈元蘇編『開封商丘銭幣発現与研究』（中華書局、二〇〇三）頁416。

（133）第六章、頁324。

（134）汪昌橋・渭雄・呂長礼「楚銅貝合金成份的分析研究」（中国銭幣一九九五—二）頁11。

（135）注（127）冀和論文、頁66。

（136）郭若愚『先秦鋳幣文字考釈和弁偽』（上海書店出版社、二〇〇一）頁10。

（137）「橅」＝大（注（46）何琳儀書、頁230、劉宗漢「〝橅〟比堂忻布新考」中国銭幣一九九三—二、頁29）、「橅」＝模（模幣、法銭の意味）（唐友波「山西稷山新出空首布与〝金涅〟新探」中国銭幣二〇〇〇—二、頁18）、「橅」＝母（重銭、大銭）（黄錫全「楚幣新探」中国銭幣一九九四—二、頁10）、「橈」＝大（注（4）黄錫全書、頁371）、「橈」＝高、長（湯余恵「略論戦国文字形体研究中的幾个問題」古文字研究一五、頁9、注（128）曹錦炎論文、頁60）、「殊」＝大（李家浩「試論戦国時期楚国的貨幣」考古一九七三―三、頁192）、「旆」＝大（長条燕尾の大旗）（注（130）朱活書、頁202）。
（138）楚貝貨一〇枚に対応するとするのは注（137）李家浩論文、頁192、注（130）朱活書、頁202、注（15）汪慶正書、頁25、趙志清「永城県出土楚国布幣」（中原文物一九八七―一、頁26）、注（92）呉興漢論文、頁9、注（92）趙徳馨書、頁255、蔡運章「見金銭牌研究」（中国銭幣論文集・第三輯（一九九八）頁160）、楚貝貨一〇枚か半両銭一枚に対応するとするのは注（127）冀和論文、頁66、楚貝貨七枚に対応するとするのは注（137）劉宗漢論文、頁29、注（137）黄錫全論文、頁10、注（132）劉正民等論文、頁419、小型布一〇枚に対応するとするのは注（16）郭若愚論文、頁60。
（139）注（16）郭若愚論文、頁60、注（136）郭若愚書、頁10。注（15）汪慶正書、頁24。
（140）注（134）汪昌橋等論文、頁11。
（141）注（137）劉宗漢論文、頁29。
（142）順に単育辰「燕尾布〝折〟字考」（中国銭幣二〇〇八―二）頁9、注（132）劉正民等論文、頁416、王振華・郝福祥「王莽〝貨布〟造形及書法探源」（文物春秋二〇〇四―二）頁70。
（143）一九八二年・湖北大冶県金牛鎮竹林柯村（江漢考古一九八九―三、頁18）、一九八三年・陽新県国和郷蔡家祠西畈組（中国銭幣一九九〇―三、頁35）、一九八六年・蘄春県長石郷長石村（中国銭幣一九九〇―三、頁32）。
（144）「良金」と読む説が多いが、黄錫全氏は「見金」と読んで黄金と同一視すると解し（「楚銅銭〝見金〟応読〝見金〟」中国銭幣一九九九―二、頁6、注（4）書、頁379）、何琳儀氏は「見金」と読んで現金のこととし（注（46）書、頁235）、曲毅氏は限金と解している（「鄂東南出土銭幣考」中国銭幣一九九三―二、頁33）。また蔡運章氏も「見金」と読むが練金（上等の黄金）、顕金（代金、黄金と代換え可能）、現金（現銭、黄金に相当）の可能性があるとしている（「見金銭牌研究」中国銭幣論文集・第三輯（一九九八）頁151）。
（145）注（4）黄錫全書、頁383。
（146）注（144）蔡運章論文、頁151。
（147）辺光華「紹興発現越国青銅鋳幣―戈幣」（中国銭幣一九九六―四）頁9。

（148）陳浩「試論越国的倣戈青銅鋳幣」（中国銭幣一九九六―四）頁3。
（149）戴志強「江南行随筆三則―曹魏五銖、十国呉越鉛開元銭和早期青銅貨幣的考察」（中国銭幣一九九七―三）頁10。
（150）江村治樹「呉越の興亡」（日中文化研究・第七号、勉誠社、一九九五）頁119。
（151）曹錦炎氏によると戈幣の出土期間は一〇年を越えず、貨幣とすればその流通期間は非常に短いとしている（江村治樹「二〇〇四年、長江下游呉越文化調査旅行日誌」アジア流域文化論研究Ⅰ、二〇〇五）頁172）。
（152）注（36）蔡運章等書、頁94。
（153）包明軍「河南南陽市出土両甾銭」（中国銭幣一九九六―二）頁52、劉紹明等「南陽銭幣発現与研究」（趙伏編『南陽平頂山銭幣発現与研究』中華書局、二〇〇六）頁55。
（154）新しく置かれた南陽郡は南方から秦が韓、魏を攻撃する拠点になったと考えられるが秦の本拠地から遠く離れており独自の統治が行われた可能性がある。またこの地は経済都市の発達した地域に接しており経済的な対応も必要であったと考えられる。
（155）注（136）郭若愚書、頁70。
（156）陝西咸陽市前漢中晩期墓一枚（考古与文物叢刊三、一九八三、頁159）、西安北郊戦国末期墓一枚（中国銭幣一九九四―二、頁37）、河南洛陽市東郊韓魏故城三枚（注（36）蔡運章等書、頁94）。洛陽河南県城遺跡からは滑石范が出土している（注（36）蔡運章等書、頁99）。
（157）注（28）江村治樹書、頁335。

表二、表三資料出所一覧

【韓（含東周）】
河南鄭州西北（文参55-10 p15）：安陽、貝丘
河南洛陽東周王城（文物81-11 p62）：襄垣、藺、涅、平陽、貝丘2、安陽2

河南伊川（考古91-5p413）：安陽、梁邑、魯陽、藺、長子
河南鄭州南関外（考学73-1p89／大系1p1144）：茲氏／安陽、冶、魯陽、梁邑
河南新鄭北関（集刊三p128）布幣300前後：梁邑8、藺4、襄垣6、安陽31、馬雍、晁、中都3、屯留、邾、魯陽、午陽12、鋳、宅陽3、曾邑、陽邑、長安、蒲子、北屈
○河南鄭州西北郊（中原85-2p14）2065枚：安陽951、平陽151、平陰10、藺36、襄垣57、梁邑142、烏邑2、中都14、邾3、茲城2、周是、奇氏、陽邑、涅7、露、蒲子4、同是3、北屈2、高都、宅陽80、貝丘24、長子23、土匀、馬雍5、曾邑16、王氏6、晁6、尋氏12、皮氏11、泗陽、壤陰3、咎奴3、祁6、潁4、魯陽6、屯留2、鋳
河南新鄭鄭韓故城西城内（華夏91-2p13）：茲氏、平陽（多数）
○山西浮山城北（叢刊九p207）方足布561：邾5、王氏6、平陰2、涿、咎奴、土匀、豊析、貝□、?、平陽172、長子35、屯留6、露4、涅5、同是2、襄垣49、中都15、藺39、烏邑2、馬雍4、茲城4、祁2、皮氏11、北屈3、蒲子4、魯陽4、宅陽86、梁邑3、尋氏8、壤陰3、曾邑11、辛邑、鋳2、貝丘34
河南禹県褚河郷（同右p33）：安陽
河南鄭州南陽路（中原06-3p13）：梁邑、宅陽、平陽3、安陽2、藺、長子、北屈、晁
山西高平永禄村（銭幣98-2p76）：安陽
河南新鄭鄭韓故城東北部（銭幣06-2p41）：安陽3、平陽3、貝丘、中都、蒲子、曾邑、□邑
河南洛陽洛陽新区（銭幣07-2p29）：安陽
河南郟県長橋郷（南陽平頂山p359）：梁邑、宅陽、咎奴、安陽、平陽

【魏】

山西永済薛家崖村（文参55-8p44／大系1p1144）：安陽、梁邑、平陽／晋陽（尖足布）
河南偃城古召陵地方（文参57-9p80）：梁邑2

山西芮城城南黄河傍（文参58-6p64）：皮氏、北屈、蒲子、魯陽、宅陽、平陰、曾邑、堯、辛邑、鋳、貝丘、中都、藺、陽邑、襄垣、烏邑、馬雍、長子、屯留、同是、平陽、露、尋氏、邾、王氏、梁邑

○山西翼城隆化鎮上呉村（文物92-8p91）方足布324、尖足布1：平陽55、宅陽25、襄垣15、長子12、涅2、同是、屯留、咎奴、安陽120、藺14、平原、北箕、貝丘11、中都3、烏邑3、茲城2、祁2、土匀、陽邑、梁邑22、皮氏3、高都2、北屈、堯、蒲子、魯陽、尋氏9、穎5、曾邑3、馬雍3、涿2／平州（尖足布）

河南襄城潁陽郷（中原95-3p99）：安陽200余、平陽100余、平陰、梁邑、曾邑、皮氏、貝丘、北屈、襄垣、中都、藺、宅陽、馬雍

河南郾城召陵故城（許昌漯河p433）：安陽、平陽

河南郾城裴城（同右p435）：平州

河南許昌張潘郷許昌故城（同右p33）：安陽2

河南許昌楡林郷（同右p34）：貝丘、安陽、屯留

河南長葛城関鎮（同右p33）：安陽10、平陽7、藺

河南漯河地区（同右p435）：長子6、壌陰6、平陽5、安陽6、中都6、梁邑17、平陰6、北屈6、藺6、坪陰6、宅陽6、匋陽6

河南禹県崗馬村（同右p34）：梁邑

河南襄城潁橋回族鎮1（同右p35）：安陽、藺、中都、宅陽、梁邑

河南襄城潁橋回族鎮2（同右p35）：安陽26、平陽8、藺5、中都、宅陽4、梁邑4、垣4、高都、平陰、長子、貝丘

河南襄城潁橋鎮附近磚廠（同右p37）：安陽

河南襄城潁陽鎮と許昌県椹澗郷交界（同右p34）：平陽、安陽、宅陽、藺、魯陽、同氏（同是）、高都

河南襄城西北山頭店郷胡崗村（同右p35）：安陽17、平陽5、宅陽4、蒲子3、貝丘2、襄垣7、平陰5、梁邑3、同是

河南済源軹城（三門峡焦作p312）：長子、曾邑、穎、安陽、壌陰、宅陽、堯、藺

河南尉氏洧川鎮（開封商丘p25）：安陽2
河南平頂山（南陽平頂山p361）：梁邑、宅陽、安陽、平陽、屯留、藺、曾邑、銅是（同是）、子陽、王氏、侁、壌陰、涅、魯陽
河南葉県（同右p359）：藺

【趙】

内蒙包頭麻池郷（文物59-4p74）：安陽（石范）
山西原平武彦村（文物65-1p47）布幣2223：邯鄲3、大陰214、晋陽230、中陽12、平州345、霍人8、郛22、平周162、茲氏547、豖韋26、藺45、北茲20、商城96、新城34、西都10、寿陰12、陽化14、離石2、邪10、文陽28、商平、韋2、楡郷4、文□（以上尖足布のみ）
内蒙涼城市区西部（文物65-4p57）布幣400余：西都、離石、寿陰、晋陽、平州、茲氏、武平、武安、郛、藺、大陰、中陽、平周／壌陰、侁、平陽、戈邑、梁邑、貝丘、藺、皮氏、宅陽、襄垣、長子、曾邑、安陽、尋氏
山西祁県子洪鎮（文物72-4p58）：北屈、侁、梁邑、高都、蒲子、奇氏、魯陽、涿、貝丘、陽丘、文陽、祁、中都、烏邑、茲城、馬雍、平陽（最多）、露、長子、涅、同是、宅陽、屯留、土匀、鋳、郲、尋氏、箕陽、潁
山西屯留（文物84-12p91）布銭88：平陽37、長子、襄垣、尋邑、侁、中都、涅、陽邑、藺、馬雍、安陽11、宅陽、北屈、梁邑、高都、郲、貝丘／武平、平周、晋陽、茲氏、平州
山西朔県城北（文物87-6p7）：安陽、宅陽、梁邑、蒲子、豖韋
山西臨県永江郷窯頭村（文物94-4p82）：茲氏、藺、大陰、平州
○山西陽高天橋村（考古65-4p166）：晋陽97、西都、藺2、寿陰9、大陰38、平州33、平周90、中陽、郛9、豖韋4、商城8、茲氏105、武平30、武安22、北茲、韋、陽化2、楡即2／安陽1950＋2770（大型）、中都86、烏邑42、藺420、襄垣397、同是16、涅30、祁2、平陽1320、侁34、陽邑9、涿2、壌陰6、馬雍36、北屈35、梁邑625＋250（大型）、皮氏71、蒲子10、高都25、奇氏、屯留20、長子207、露20、平陰25、関?2、宅陽1900、魯陽40、貝丘266、土匀21、鋳15、曾邑145、台邑、周是5、辛邑2、郲32、

王氏37、尋氏98、木邑2、北箕3、貝邑、東周、長安、木□、益昌2、戈邑610

河北邯鄲周窯村墓（考古82-6 p602）：王氏、安陽、皮氏

河北臨城中羊泉村（考古90-8 p700）：安陽、平陽／平州、豕韋、茲氏

山西交城城北（叢刊三 p210）尖足布12、方足布44：晋陽2、茲氏3、平周、平州4、大陰／安陽19、藺3、平陽12、長子、宅陽4、梁邑2、襄垣、皮氏、北屈、曾邑

河北霊寿東城南村1（1979）（集刊二 p83）：陽化、茲氏、邯鄲、邪、中陽、郛陽、寿陰、離石、陽邑、武安、商城、楡即、平周、平州、韋、郛、晋陽、大陰、武平、藺、日／安陽、梁邑、戈邑、茲城、馬雍、平陽、郱、露、鋳、襄垣、尋氏、藺、涅、皮氏、魯陽、中邑、奇氏、屯留、陽邑、平陰、王氏、周是、堯、潁、高都、長子、北屈、宅陽、辛邑、壌陰、同是、尹陽、曾邑、土匀、中都、貝丘、咎奴、烏邑

河北邯鄲趙王城（集刊四 p186）：安陽

河北臨城南台村（考与文93-6 p34）：平陽、平周

○山西黎城城北（銭幣96-2 p44）：烏邑5、周是2、咎奴3、皮氏6、露3、郱7、涿2、中都15、北屈2、尋氏10、魯陽8、王氏7、蒲子2、涅4、曾邑11、木邑、土匀?5、高都7、堯7、辛邑2、同是6、陽邑、平陰6、馬雍4、長子22、茲城、貝丘29、襄垣44、藺38、宅陽95、梁邑67＋10（大型）、平陽90、安陽445

内蒙土黙特左旗哈索郷二十家村（銭幣96-2 p78）布幣29：晋陽4、藺、茲氏3、大陰、邯鄲2／平陽4、安陽8、梁邑3、戈邑2、貝丘

山西定襄城南（銭幣97-2 p49）尖足布30余：離石、茲氏、大陰、平州、商城、藺、平周、晋陽、陽化、西都、中陽、寿陰（以上尖足布）

河北蔚県南留庄白后（叢刊九 p21）尖足布67、方足布896：平周、武安、大陰、郛、茲氏、武平、平州、晋陽／安陽、戈邑、梁邑、尋氏、鋳、露、宅陽、茲城、襄垣、藺、平陽、蒲子、?、屯留、涅、高都、長子、祁、貝丘、曾邑

河南鶴壁石林郷獅跑泉村（中原01-3 p66）：宅陽14、長子4、平陽26、襄垣6、中都2、安陽45、藺5、蒲子、梁邑18、貝丘3、

平陰2、祁、皮氏2、魯陽、尋氏、王氏、茲城、烏邑、鋳、咎奴、曾邑3、屯留2、□邑
山西黎城城関（銭幣03-2 p43）方足布186：宅陽32、安陽23、平陽20、梁邑、襄垣、烏邑、長子、楡即、藺、皮氏、咎奴、平陰、同是、周是（唐是）、土匀、中都、露、潁（鄔）、兒、高都、魯陽、渝（涿）、涅、北屈、陽邑、尋氏（鄩）、辛邑、茲城（隰城）、蒲子、木邑、馬雍、王氏、曾邑
内蒙涼城崞県窯郷郭木匠溝村（論文集三p134）：安陽、戈邑（鉄范）、平陽
内蒙涼城地区（同右三p133）：安陽、戈邑、平陽、宅陽、藺、梁邑／邯鄲、平州、茲氏、武平
○河北霊寿東城南村2（1985）（文春00-4 p73）方足布629：邯鄲2、晋陽4／安陽396、平陽100、宅陽42、襄垣14、梁邑46、長子4、藺11、貝丘3、尋氏（鄩氏）、平陰2、皮氏2、曾邑、平原、中都、同是、北箕、戈邑2
河北邯鄲大北城西垣西（文春04-4 p35）：邯鄲、□陽、大陰、邪（邪山）

【燕】

遼寧朝陽七道嶺（文物62-3 p57／大系1 p1144）：安陽10余、坪陰、益昌（多数）、梁邑／武安（尖足布）
遼寧遼陽下麦窩村（文物80-4 p94）布幣4000余：大陰、茲氏、武安、武平、晋陽、邯鄲、郛、平州、平周、商城／平陽、匋陽（数十）、纕坪（絶対多数）、安陽（数十）、梁邑、尋氏、平陰?（数十）、皮氏、復邑?、長子、宅陽、襄垣、藺、中都、貝丘
河北灤平虎什哈・営坊（文物81-9 p93）：纕坪、匋陽、安陽、貝丘／武平、晋陽、平周、大陰、藺、陽化
河北易県燕下都1（1973.4）（文物82-8 p47）：安陽
河北玉田旧城内墓葬（文物92-6 p75）布幣14：平陽、纕坪
遼寧庄河桂雲花郷桂雲花村（文物94-6 p77）布幣1400：武安、晋陽／纕坪、坪陰、匋陽、益昌、安陽、皮氏、梁邑、平陽
遼寧庄河仙人洞鎮石堡村（文物94-6 p78）：纕坪（最多）、坪陰、匋陽、平陽、梁邑／晋陽
○遼寧庄河大営鎮四家子村（文物94-6 p78）：武安、大陰、藺、平州、晋陽、茲氏、中陽／纕坪1121、匋陽46、坪陰22、益昌4、安陽19、封化、平陽、襄垣4、宅陽2、梁邑4、藺、曾邑

河北易県燕下都2（1953）（考古62－1 p19）：茲氏

河北北京朝陽門外呼家楼（考古62－5 p254）布幣992：郛、商城、西都、武平、武安、晋陽、中陽、陽化、大陰、平州、平周、茲氏、邪、？／平陽、安陽、宅陽、陽邑、大陰、壌陰、乗邑、梆、彘、烏邑、曾邑、王氏、茲氏、皮氏、尋氏、平周、中都、高都、蒲子、長子、北屈、周是、屯留、馬雍、貝丘、襄垣、鋳、露、涅、藺

吉林輯安太王陵（考古64－2 p83）：匋陽、坪陰

河北徐水黄山以西（考古65－10 p540）：邯鄲、藺／安陽

河北易県燕下都M44（考古75－4 p236）布幣1220：武平12、武安10、晋陽26、茲氏29、茲釿、大陰11、平州36、郛2、藺6、陽化、榆即、襄城2、西都、于、平周8／安陽129、平陽72、陽邑2、梁邑17、襄垣15、藺10、長子4、中都3、平陰、梆、烏邑2、尋氏6、皮氏2、貝丘8、蒲子2、涅、宅陽16、屯留、馬雍、北屈、露、涿、中邸、茲城、曾邑、平□、匋陽329

河北易県（考古75－4 p239）：右明新冶

遼寧（内蒙古）敖漢旗四家子（考古76－5 p336）：安陽

遼寧（内蒙古）赤峰新窩鋪村（考古84－2 p136）方足布245、尖足布12：安陽3、平陽3、北屈、梁邑、坪陰、匋陽8、宅陽、纕坪68、益昌2／武安、茲氏、郛、晋陽

遼寧（内蒙古）赤峰当卜地新井村（考古84－2 p141）方足布68、尖足布5：匋陽、宅陽、安陽2、平陽、梁邑、烏邑（較多）、益昌、纕坪2、坪陰／大陰（較多）、平州（較多）、茲氏、郛

○河北灤南麻各庄（考古88－2 p176）方足布67、尖足布17：武安2、武平3、茲氏3、晋陽3、平周、平州2、西都／安陽18、平陽21、宅陽3、匋陽8、烏邑、襄垣2、皮氏、鋳、梁邑8、貝丘2、茲氏（類方足布）、曾邑

遼寧新金徐大屯郷北嵐村（考古90－2 p103）：晋陽、武安、茲氏、商城、武平、郛、大陰／平陽、宅陽、襄垣、尋氏、纕坪、匋陽、益昌、安陽、坪陰、梁邑、皮氏、藺、馬雍、曾邑

遼寧瓦坊店交流島郷鳳鳴島（考古90－2 p104）方足布12、尖足布2：榆即、纕坪？、安陽

○遼寧鉄嶺新台子鎮邱家台（考古92－4 p311）布幣2415：坪陰144、纕坪1668、匋陽212、益昌29、安陽24（束腰）＋154、平陽72、長

子7、尋氏4、屯留、耒邑、宅陽13、露、涅2、曾邑4、皮氏2、蒲子、鋳、高都2、王氏2、貝丘8、烏邑2、辛邑、輔氏、平陰、藺14、襄垣23、中都8、陽邑、梁邑34、北屈/晋陽25、大陰6、茲氏24、豕韋、楡即、韋2、郛2、武平12、武安14、北茲、陽化3、邢、新城2、分2、平周4、平州14、寿陽

河北石家庄市庄村（考学57-1 p91）：安陽、平陽、藺

遼寧凌源安杖子古城（考学96-2 p217）：貝丘、安陽7、平陽4、纕坪57、益昌、坪陰8

遼寧新金普蘭店鎮二道嶺張店土城（叢刊四 p75）：安陽

河北北京宣武区広安門内（銭幣09-2 p30）銭幣3万：中都、平陽、北屈、安陽、祁、貝丘、長子、茲城（隰城）、藺、烏邑、土匀、平原、襄垣、屯留、宅陽、涅、綸氏（侖氏）、尋氏?、露、鋳、馬雍、皮氏、奇氏、蒲子、合邑、高都、梁邑、魯陽、辛邑、安陽、平陰?、王氏、同是（唐氏）、祁（邾?）、王氏?、曾邑?/平陶、武平、武安、郛（守）、茲氏、晋陽、陽化（陽曲）、楡即、陽地

河北承徳高寺台鎮馬営村（文春93-4 p30）：平陽、坪陰、纕坪、益昌、匋陽4、安陽4

河北承徳上板城鎮漫子溝（文春93-4 p30）：坪陰、匋陽、纕坪

河北文安県城東（文春93-4 p93）：安陽5

河北豊寧大灘鎮留子号村（文春95-2 p86）布幣57：晋陽4、茲氏10、大陰、平州9、文陽2、郛、寿陰、商城/平陽、安陽7、貝丘、梁邑、尋氏、烏邑、郲、皮氏

＊以上の貨幣地名は著者の判断で統一した。（　）内地名は用いた報告記載の地名。〇印は表三に用いた資料

表一～表五および資料出所一覧略称一覧

文参：文物参考資料

考与文：考古与文物

中原：中原文物
華夏：華夏考古
文春：文物春秋
考学：考古学報
銭幣：中国銭幣
集刊：考古学集刊
叢刊：文物資料叢刊
論文集：中国銭幣論文集
五次年会：中国考古学会第五次年会（1985）
洛陽銭幣：洛陽銭幣発現与研究（中華書局、1998）
安陽鶴壁：安陽鶴壁銭幣発現与研究（中華書局、2003）
開封商丘：開封商丘銭幣発現与研究（中華書局、2003）
許昌漯河：許昌漯河銭幣発現与研究（中華書局、2005）
南陽平頂山：南陽平頂山銭幣発現与研究（中華書局、2006）
三門峡焦作：三門峡焦作銭幣発現与研究（中華書局、2006）
輝県：輝県発掘報告（科学出版社、1956）
貨幣史：中国貨幣史（彭信威、1958）
大系1：中国歴代貨幣大系一（汪慶正、上海人民出版社、1988）
楚国貨幣：楚国的貨幣（趙徳馨、1996）
通論：先秦貨幣通論（黄錫全、2001）

図版出所目録

図一3　中国銭幣一九八七—三、頁13、図一
図二2　中国銭幣二〇〇八—二、カラー図版（河北興隆二道河子出土）
図二4　中国銭幣二〇〇二—二、カラー図版、図2（山東淄博出土）
図三6　『中国山西歴代貨幣』（山西人民出版社、一九八九）頁48、5
図三7　同右、頁50、2
図四1　文物一九七二—一、図版捌
図四2　考古一九七三—三、図版拾—1
図四3　文物一九八〇—一〇、図版肆—3左
図四4　同右、頁65、図八
図四7　『先秦鋳幣文字考釈和弁偽』（上海書店出版社、二〇〇一）頁99、27
図四8　中国銭幣一九九〇—三、カラー図版
図六2　『先秦鋳幣文字考釈和弁偽』（上海書店出版社、二〇〇一）頁102、39
図六3　『洛陽銭幣発現与研究』（中華書局、一九九八）カラー図版参、1
他は著者写真

第二章　刀銭と布銭の生成と展開

はじめに

中国においては、工具の小刀の形をした刀銭、農具のスキの形をした布銭と呼ばれる青銅製品が各地で大量に発見されており、多い場合は一度に一万点を越える出土例さえある。(1)また、出土地がわからない伝世品も、各地の博物館や個人に相当数収蔵されている。(2)これらの青銅製品は一般に、先秦時代に流通した貨幣と認識されている。

しかし、その貨幣としての実態は文献史料には全くと言ってよいほど記載されていない。貨幣の発行主体、鋳造制度、流通情況などはもちろん、形態すら文献史料からはうかがうことはほとんどできないのである。『漢書』食貨志下は、中国における最古の財政史、貨幣史概論と言ってよい。そこには、周初に斉の太公が周のために方孔円銭を作ったとあり、また春秋時代後期には周景王が「大銭」を鋳造したとされ、その文字は「宝貨」で、孔があって周郭のある貨幣であったとされている。(3)しかし、春秋以前に有孔の円銭が鋳造された証拠はない。また「宝貨」の文字のある貨幣の発見例もなく、この記述は全く実態を反映していないと言ってよい。

だが、刀銭、布銭に関する記録が文献史料に全く残っていないわけではない。『管子』軽重乙篇、国蓄篇、地数編、揆度篇などには「刀布」、「刀幣」などの語句が見え、これらは貨幣と解されている。(4)これらの語句は、管仲が斉の桓公の問に答えた言葉の中に見え、これが事実ならば春秋時代の中頃には、「刀」や「布」といった貨幣が少なくとも斉国で存在していたことになる。しかし、『管子』の成立は戦国以後とされているので、これも春秋時代の斉国の実態を反映したものではないであろう(5)。

「刀」や「布」の語は、この他に『墨子』や『荀子』に見える。『墨子』経説下篇には「買は刀糴相い賈を為し、刀軽ければ則ち糴貴うとからず、刀重ければ則ち糴易からず、王刀に変無く、糴に変有り、歳に糴を変ずれば則ち歳に刀を変ずること、子を鬻ぐが若し」とあり、「刀」が確かに購買力のある貨幣として機能している。また、『荀子』富国篇には「今の世は而わち然らず。刀布の斂を厚くし以て之が財を奪い、田野の税を重くして以て之が食を奪い、関市の征を苛しくして以てその事を難くす」とあり、王覇篇には「刀布の斂を省き」の語句が見える。さらに、栄辱篇には「刀布を余し、囷窌を有ち、然のごとくして衣には敢えて絲帛有らず」とあり、「刀布」が徴税の手段や財貨として貨幣の機能を有していたことがうかがえる。『墨子』や『荀子』は戦国末から漢初に成立していたと考えられるので、少なくとも戦国時代末には「刀」や「布」と称される貨幣が流通していたことは確かである。また、『史記』平準書の論讃には「農工商交易の道通じて、亀貝金銭刀布の幣興る」とある。司馬遷の頃まで、「刀布」が流通に係わる貨幣と認識されていたことは間違いないであろう。

しかし、以上の文献史料にみえる「刀」や「布」が、先秦時代の青銅製のいわゆる刀銭や布銭を指しているかどうかはそれほど明確ではなく、実物貨幣としての青銅刀や布匹を指している可能性も残る(6)。しかし、これも王莽の実施した貨幣制度を見れば可能性は低いであろう。王莽は『周礼』にもとづいた復古的政策を実行したが、貨幣制度も例外ではない。『漢書』食貨志下によると、王莽は青銅の方孔円銭の他に、様々な種類の刀銭や布銭を発行している。刀銭は小刀形をした「契刀五百」の銘のある契刀、「一刀直五千」の銘のある錯刀を発行した。また、布銭としては

「貨布」の銘のあるものの他、大小十種類の布銭を発行しており、みな「布」の文字を含む銘がある。(7) そして、これらの刀銭、布銭は現在すべて実物を確認することができる。王莽の布銭は、先秦時代のいわゆる刀銭、布銭とされるものとよく似ている。しかも、それらが「刀」や「布」と称されているのである。王莽の時代まで、先秦時代における青銅製の刀銭、布銭の形態が記憶されていたことは明らかである。

また、先秦時代のいわゆる刀銭、布銭は大量に出土し、しかも埋蔵物として発見される例がほとんどである。これらは、陶罐や木箱（痕跡が残っているだけだが）に数百、数千、場合によっては万を越える数量が納められて地中に埋蔵された形で発見されることが多い。これは、漢代以降の銅銭がやはり陶罐などに入れられて埋蔵銭として発見される例が多い点と同じである。この点からみても、先秦時代のいわゆる刀銭、布銭を一般に認められているように貨幣と見なして問題ないであろう。(8)

以下、大量に発見されているいわゆる刀銭、布銭を貨幣として考察の対象とする。刀銭、布銭を取り上げる第一の理由は、これらが中国における青銅貨幣として初期の段階のものであり、青銅貨幣の生成と展開を全体として通観する上で欠かせない点である。(9) そして第二の理由は、その形態、銘文において極めて多様性に富み特殊な存在である点である。刀銭の範疇に入れられているものは、現在のところ、その形態により尖首刀（図2）、明刀（または易刀、匽刀、燕刀。図4、5）、斉大刀（または古刀、斉刀。図7）、直刀（または円首刀。図6）に分類されている。尖首刀はさらに針首刀（または鋭鋒刀）、切首刀（または截首刀、剪首刀、切頭尖首刀。図3）、小直刀などに区分され、銘文の差異を考慮すると刀銭はさらに複雑な様相を呈する。また、布幣の方は大きく首部がソケット状の空首布（または鏟布）と首部が平らな平首布に分類されるが、それぞれの形態はさらに細分化されている。空首布は肩部の形態によって、平肩（図10）、聳肩（または尖肩。図11）、斜肩（または削肩。図12）に分類される。平首布はさらに複雑で、足部の形態により、

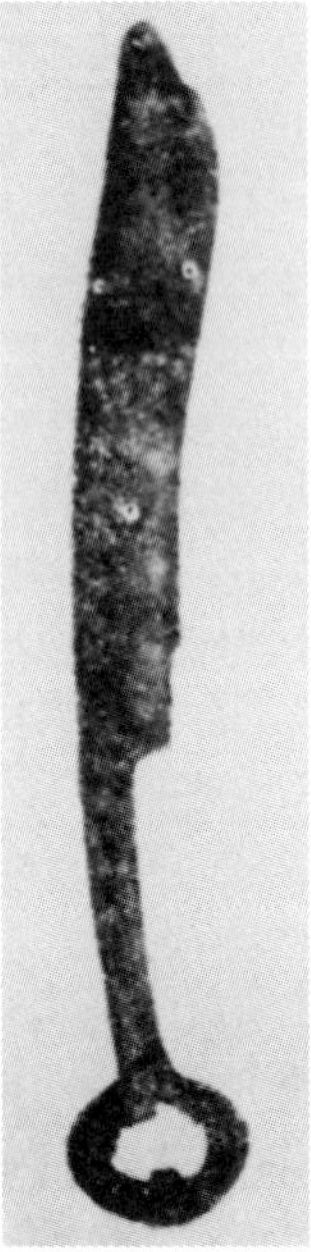

図 1　銅削刀

図 2　尖首刀「上」

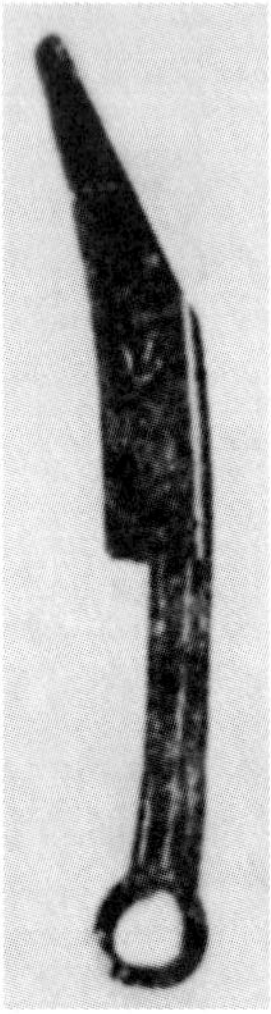

図 3　切首刀「六」

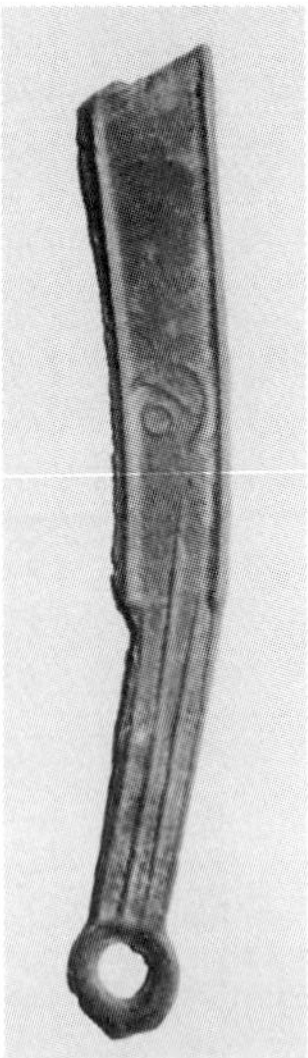

図 4　前期燕明刀「明」

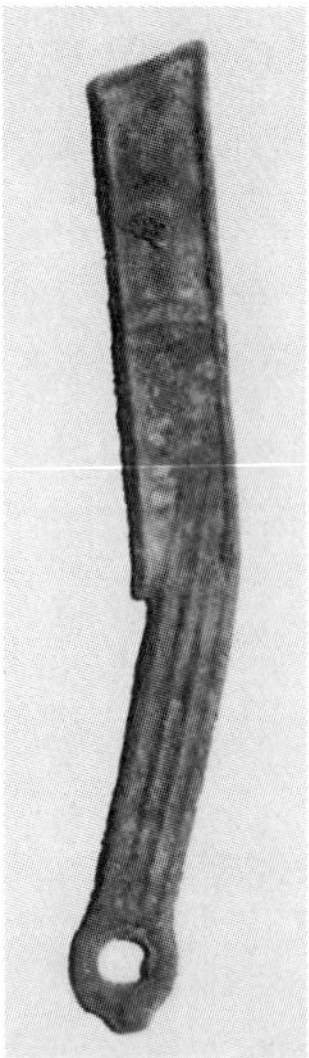

図 5　後期燕明刀「明」

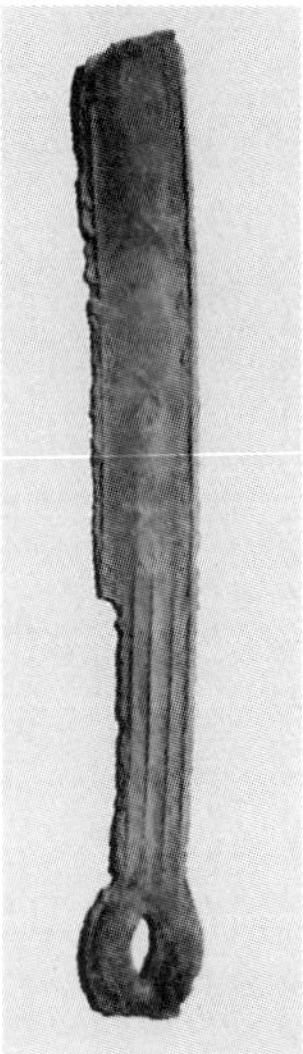

図 6　直刀「白人」

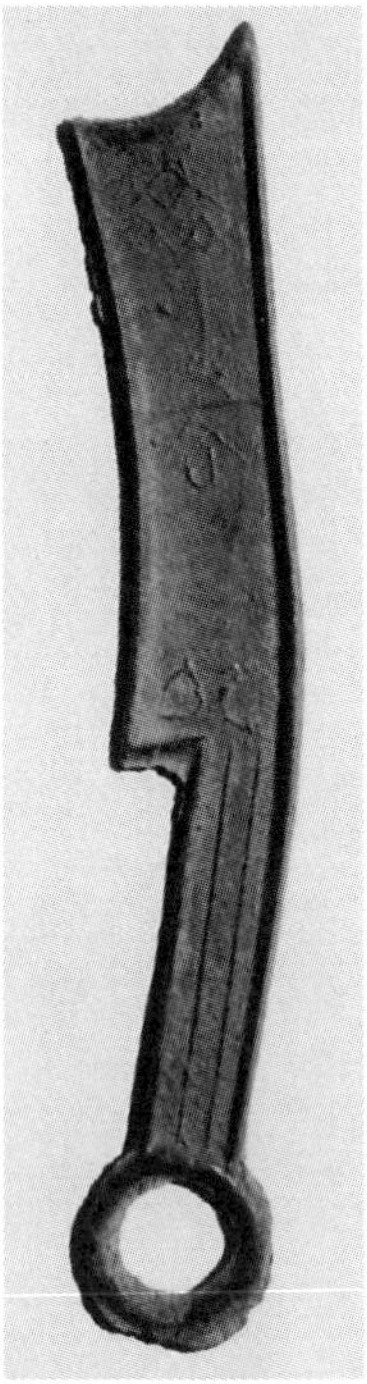

図 7　斉大刀「斉大刀」

図8　銅鏟

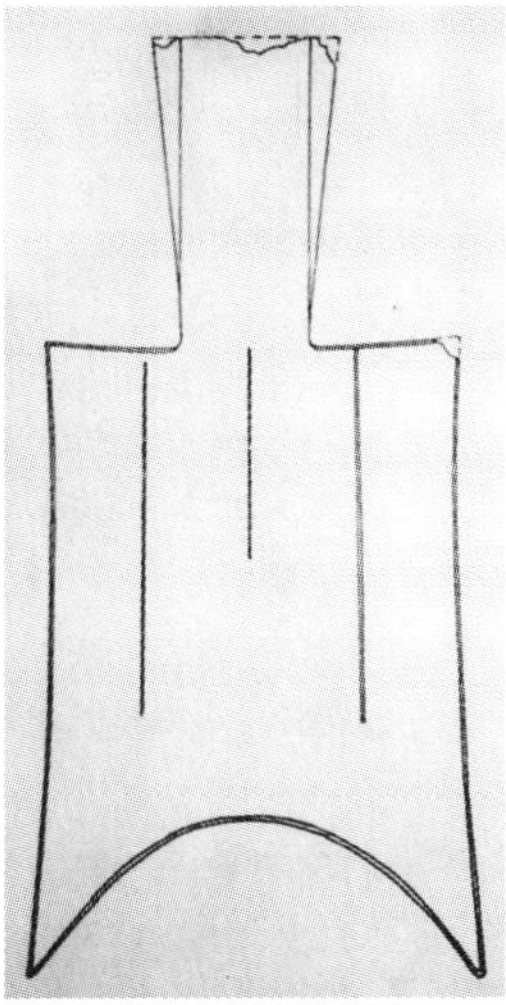

図9　特大型平肩空首布

図10　中型平肩空首布「市中小化」

図11　大型聳肩空首布「十」

図12　小型斜肩空首布「武安」

図13　橋形方足布「梁夸釿五十当守」

図14　尖足布「寿陰」

図15　方足布「梁邑」

図16　円足布「離石」

図17　鋭角布「公」

橋形方足布（または橋形布、弧襠方足布。図13）、尖足布（図14）、方足布（または小方足布、平襠方足布。図15）、円足布（図16）、鋭角布（または鋭角方足布。図17）、有孔方足布（また楚大布、小布、楚釿布）に分けられ、円足布に三つの孔が空いているものは三孔布と称される。そして、布銭においても銘文を考慮に入れると刀銭以上の多様性が認められる。

　このような多様性は青銅貨幣としては特異であり、その後の中国や世界史的に見ても例がない。中国の初期の青銅貨幣がなぜこのような多様性を有するのか極めて興味深い問題を含んでいるように思われる。そこで、貨幣の形態が貨幣の発行主体と使用者のあり方との関係の中で、どのように生成されなぜ多様な展開が生じるのかその要因について考えてみたい。

一　刀銭、布銭の流通時期

上述のように、刀銭、布銭の実態を示す文献史料はほとんど皆無と言ってよい。したがって、その実態は出土した り伝世してきた実物資料から直接考えざるをえない。そのためには、まず基礎作業として、それぞれの形態の貨幣が いつごろ出現し、流通時期はいつごろであったのか年代を確定しておく必要がある。以下、刀銭と布銭それぞれにつ いて検討していく。

（一）刀銭の起源と流通時期

尖首刀

刀銭には様々な形態があるが、どのような形態の刀銭が最初に現れるのか、中国の貨幣研究においては大きな問題となっている。刀銭の起源に関しては、斉大刀（斉刀、図7）を先とするか尖首刀（図2）を先とするかで大きく二つの考え方に整理できる[10]。

古くから優勢なのは斉大刀起源説である。王献唐氏は早くに斉大刀は周の東斉に始まり、莒、燕、趙が模倣して独自の刀銭（明刀、直刀）を製作したとしている[11]。斉大刀起源説を明確な根拠を示しながら主張したのは王毓銓氏である[12]。王氏は斉大刀を古刀と称するが、文献史料による銘文の考証にもとづいて、まず古刀を斉の桓公以前の建国時に製造されたものであり、西周時代にも遡りうるものとする。これに対して尖首刀は、第一に全体に薄い作りなのは晩期の貨幣の様相を示しており、先端が尖り、刀環が扁平なのも元の工具の形と全く似ていない。第二に尖首刀には確かに古拙な文字があるが古刀にもある。第三に尖首刀には地名らしき文字があるのも戦国時代に下る証拠であるとする。そして、明刀と同坑から出土していることも時代が下ることを示しているとしている。その後、朱活氏は、斉大刀の年代を王毓銓氏ほど古くはしないが、尖首刀は斉大刀の影響を受けて出現したものとしている。[13]

これに対して、尖首刀起源説を早くから唱えているのは鄭家相氏である。[14]鄭氏は、実物兵器である古刀（王毓銓氏の古刀とは異なる）と尖首刀が、同じ黄河下流域の郭地から出土していることから、尖首刀は古刀の形制を改進して製造された春秋上期の古い貨幣とする。そして、斉の桓公が覇者となり郭地に進出した後、尖首刀を改進して斉大刀を製作したとしている。鄭氏のような尖首刀起源説は、その後新しい考古学上の発見もあり、しだいに優勢になってきている。張弛氏は、次の三つの根拠を挙げて尖首刀起源説を主張している。[15]まず第一は、尖首刀を起源と考えれば、マルクスが貨幣起源論において貨幣が遊牧民族の発展にともない出現するとしているのと対応すること。尖首刀が発見される河北中北部地域は遊牧業の発達した戎族や狄族の集住地で、尖首刀の祖型と考えられ遊牧民の日常工具である凹刃削刀も多く出土している。第二に、考古学における類型学的観点から言っても、尖首刀は直接凹刃削刀に起源すると考えられること。初期の尖首刀は刃部が無郭で形態も削刀に類似し、多くは無銘で銘文があっても比較的簡単で古拙である。これに対して斉大刀には高い外郭があり、銘文も成熟していて、形態上も削刀とはかけ離れている。第三に尖首刀の流通範囲から言っても、尖首刀が斉大刀より早いこと。尖首刀の発祥地である燕地とその近隣地区（河北中北部）からは斉大刀は発見されないが、晩期の尖首刀は斉地で発見され、尖首刀が斉大刀の影響を受けて出現したとは考えられないとする。

その後、黄錫全氏は、尖首刀の来源については、北方の相当数の墓葬や遺跡から類似の削刀の発見があり一定の基礎があるが、斉大刀には現在類似の様式のものを見出しがたいとする。[16]しかし、これは出土がないのか、突発的に出現したのか不明であるとし、両者の関係については判断を保留している。ちなみに黄氏は、時代的には尖首刀の方が斉大刀より早いとしており、尖首刀起源説に立っている。

最初に述べたように、春秋時代に関しては、文献史料には刀銭についての確かな記述は存在しない。したがって、文献史料と安易に結びつけるのは避けなければならない。刀銭は考古資料であるので、その先後関係を考古学的に決めていかなければならない。しかし、後述のように、尖首刀に関しては考古学的に年代を決める材料が出てきているが、斉大刀に関してはすべて埋蔵や遺跡からの出土で、年代を確定できる材料はないと言ってよい。そうすると、類型学的な判断による他はない。張弛氏の第二の根拠にあるように、確かに尖首刀（図2）は北方遊牧民の凹刃削刀（図1）に近く、斉大刀（図7）よりも実用器に近い。また、初期の尖首刀の刃部に郭がなく実用器に近いのに対して、斉大刀の周囲にすべて顕著な外郭があり、貨幣の初期の形態から時間的に相当はなれていることを思わせる。例えば、後述のように空首布から平首布が生成してきたと考えられるが、最初に出現する空首布には周郭はなく後発の平首布には一般に周郭がある。また、時代が後になって出現する円銭には無郭のものと有郭のものがあるが、有郭のものは後発の傾向がある。[17] 前漢の半両銭も無郭であるが、武帝の時に五銖銭の発行とともに、貨幣の縁を削り取ることを防ぐために外郭が設けられた。[18] この他、初期の尖首刀とされる大型で無銘のものの刀首部は直線的であるが、時代が下る小型のものは凹状になるとされる。[19] 斉大刀の首部はすべて顕著な凹状になっており、やはり時代が下ることを思わせる。刀銭起源に関する、確実な考古学的な材料はないが、以上により斉大刀よりは尖首刀が最初に出現したとする蓋然性の方が高いであろう。

では、尖首刀はいつごろ出現し、いつごろまで流通したのであろうか。この点に関しても様々な考えが出されている。まず、上述のように王毓銓氏は尖首刀が明刀と同じ埋蔵坑から出土することから、戦国期のものとしている。[20] これに対して、鄭家相氏は春秋上期としているが明確な根拠を示しているわけではない[21]。朱活氏は、明刀の上限を戦国中期前半かやや早い時期とし、初期の明刀に近い形態と文字を有する尖首刀はそれより遅くはなく、上限は春秋戦国の際ではないかとしている[22]。また、石永士、王素芳両氏は、尖首刀をⅠ式からⅤ式に編年し、Ⅴ式尖首刀は初期の明刀と形式が同じで、明刀は尖首刀から発展して次第に変化したものとする[23]。そして、春秋中期のものと見なす平肩空首布の銘文とⅢ、Ⅳ式尖首刀の銘文の多くが同じことから、この時期の尖首刀を春秋中期とする。Ⅱ式は、そこから遡らせて春秋早期と中期の交とすれば、Ⅰ式は春秋早期とすることができるとする。石、王両氏は、鄭家相氏と同じく、尖首刀を春秋前期に遡る古い起源をもつ貨幣とするのである。しかし、この考え方は、基準とする平肩空首布の年代によって規定され、検討の余地があるであろう。なお、両氏はⅤ式明刀との関係から春秋中、晩期の際とし、尖首刀を春秋時代の貨幣と考えている。一方、汪慶正氏は、確かな証拠はないが、易刀（明刀）との関係から見て前四世紀ころのもので、前五世紀には遡らないとし、王毓銓氏に近い年代を考えている[24]。

八〇年代までは、尖首刀の起源については春秋と戦国に分かれ、確定できる根拠が欠けていたが、北京市延慶県の山戎墓から尖首刀が発見されてから情況は一変する[25]。尖首刀の年代が考古学的に推定できるようになったのである。報告によると、玉皇廟墓地と葫蘆溝墓地の晩期墓から少量の尖首刀が出土したとあり、この晩期墓は春秋晩期か春秋戦国の際とされている。また、その尖首刀の形態はやはり晩期のⅢ式銅削と類似しており、尖首刀は山戎文化の日常必須の生産工具であった青銅削刀から起源した可能性があるとしている。その後も、尖首刀は幾例か年代が推定できる形で出土している。一九八九年には、河北省容城県羅河村で土砂採取時に、砂層中から銅戈三点、銅帯鉤一点、玉柱形器四点、陶器、鹿角斧などとともに二〇〇余枚の尖首刀が発見された[26]。銅戈の一点には「燕侯載之萃鋸」の銘があり、燕侯載は燕成侯（王）、在位前四六五～四四九年に当てられており、尖首刀も近い時代のものとされている。

この他、河北省平山県の中山国霊寿故城の鮮虞族の春秋、戦国早期および晩段の遺跡や墓葬内からも尖首刀が出土しているとされている。(27)

九〇年代になると、以上の材料を踏まえて、より詳細な編年が行われるようになる。張弛氏は、尖首刀について鋳造主体を基準に五つの型に分け、それぞれの型の内部で編年を行っている。(28)乙型は燕国の尖首刀とし三式に分け、Ⅱ式は上述の燕成侯の銅戈と同時に出土していることから、戦国早期上段、前四七五～四三一年とする。そして、これを基準に遡らせてⅠ式を春秋晩期の際とし、甲型原始尖首刀の上限はその前の春秋中期に推定されるとする。一方、Ⅲ式は下って戦国早期下段、前四三一～三九五年とする。丙型の狄尖首刀も三式に分けるが、平山県の鮮虞、中山の春秋晩期、戦国早期の遺跡から出土していること、また同遺跡からは春秋晩期晋国の聳肩尖足空首布が出土していること、さらに鮮虞と晋国に関わる文献史料から春秋晩期上段（前五五〇年前後）から戦国早期（前四〇六年、魏による中山国滅亡）のものとする。丁型は山戎尖首刀、針首刀としやはり三式に分ける。乙型燕尖首刀との関係から、戦国早期上段末（前四三〇年前後）から早期下段（前三九五年前後）の比較的短い期間の鋳造と考える。そして、戊型の斉国尖首刀は二式に分け、乙型燕尖首刀Ⅲ式と形式が類似していることから戦国早期下段（前四三一～三九五年）から戦国中期上段初年（前三九〇年前後）としている。このように細かく編年できるか問題であるが、張弛氏は尖首刀の流通期間は地域、国族により異なるが、春秋中期から戦国前期頃まで比較的長期にわたり流通したものと考えている。

一方、王紀潔氏は尖首刀を甲系統（粗大）と乙系統（精緻）に分け、展開の系統と編年を行っている。(29)甲系統A型は戎狄系統の尖首刀とし、前述の霊寿故城の一、二号居住遺跡の調査を根拠に春秋中期偏晩から戦国早期のものとし、乙系統は燕文化系統の尖首刀とし、容城県出土の燕成侯銅戈を基準に戦国早期以後としている。なお、甲系統は戦国早期以後も張家口地区に地域を限定してB型として鋳造されていたとする。王氏の分類は張弛氏とは異なるが、年代観は大体一致している。

その後、黄錫全氏は五型十一式に分類し鋳造主体の分別と編年を行っている。[30] まず、甲型（弧背大型）Ⅱ、Ⅲ式の銘文の中に白狄に係わる国名を示すと考えられるものがあり、それらの諸国が晋に滅ぼされる前に鋳造したもので文献史料から春秋中期と推定されるとする。そうするとⅠ式原始刀は春秋中期かやや早い時期のものとなり、尖首刀の起源はこの時期となる。乙型（弧背中型）は霊寿故城の戦国早期早段の鮮虞中山墓葬から主に出土する。この型は霊寿故城の墓葬の年代や、やはり燕侯載戈の年代から戦国早期早段とする。丙型（弧背小型）Ⅱ式は戦国早期晩段の中山墓から出土しており、この型は中山国が滅亡する前四〇六年以前の中山国で鋳造されたものとする。丁型の針首刀は、張家口あるいは承徳の限られた地域で出土する。丙型尖首刀と同出土の例があり、戦国早期晩段か中期前段に張家口一帯の狄人が中山国の滅国に際して逃れて鋳造したものかも知れないとする。戊型は特殊な小型の尖首刀で、山西北部にわずかに出土し、趙国内の少数民族狄人が戦国中晩期に鋳造したものとする。また燕国の明刀に類した尖首刀を類明刀とし、明刀鋳造前の燕国早期の刀銭とする。そして、燕の明刀との関係から鋳造年代を戦国早期後段か中期前段のものとしている。

近年、周祥氏は三型十二式に分類して尖首刀の年代の検討を行っている。[31] 甲型、乙型は弧背系で幅広のもの、丙型は直背系で細長のものとし、甲型と乙型は刀首の形状で区別し、直線状を甲型、内に窪むものを乙型としている。そして、それぞれの型と式の年代は、出土した河北平山県の墓葬の年代によって確定できるとし、甲型のⅡ式は春秋中期でⅠ式はそれより早く、乙型Ⅰ式は春秋晩期、丙型Ⅰ式は戦国早期晩段とし、それぞれのⅡ式、Ⅲ式以下はそれより時代が下るとしている。したがって、周氏によると尖首刀は春秋中期以前に出現することになる。

黄氏の甲型、乙型、丙型、周氏の甲型、乙型（Ⅳ式の針首刀は除く）のいわゆる尖首刀は春秋中期から戦国前期に収まっており、張弛氏、王紀潔氏の年代観と一致する。この一致は、新たな考古資料の出現が大きいであろう。前述の尖首刀が出土した延慶県の山戎墓の年代についてであるが、三ヶ所の山戎墓地から出土した中原系の青銅器は、明らかに春秋後期から戦国前期に収まるものである。[32]同山戎墓地から出土したⅢ式削刀よりさらに尖首刀に近い形式の削刀が河北灤平県虎什哈炮台山の山戎墓から出土しているが、[33]この墓葬を含む墓群は春秋末、戦国初年とされている。この点年代観に齟齬はなく尖首刀の年代は報告書の判断に間違いないであろう。容城県羅河村の砂層中から出土した尖首刀と燕侯載戈の関係には問題がある。この銅戈の器影は未見であるが、伝世の燕侯載戈は戦国初年まで遡り得ない。[34]尖首刀の流通は全体に引き下げる必要があるかも知れない。霊寿故城の尖首刀を出土した遺跡の情況もよくわからないが、現在尖首刀の年代が確認できる遺跡はみな春秋後期から戦国前期に収まっており、尖首刀がこの時期に流通していたことは確実であろう。しかし、その出現の時期については考古学的な決め手はなく、春秋中期まで遡らせることができるかは疑問である。黄氏は、一部の銘文を白狄族の国名とし、その文献上の滅亡年から年代を決定しているが、銘文を地名、国名としうるかには疑問が残る。

その他の刀銭

問題の多い尖首刀に多くの紙面を費やしてきたが、ここで刀銭全体の年代について整理しておこう。まず、春秋後期には尖首刀が存在することは間違いないであろう。形態上、尖首刀から明刀が出現することは現在では学界で共通認識となっている。そうすると明刀の出現は尖首刀より遅れることになり、戦国に入ってからではないかと考えられる。[35]斉大刀の起源は不明であるが、形態上尖首刀より後れることは確かであり、流通時期はやはり戦国期に入ってからであろう。[36]直刀については戦国中期以後、明刀の影響のもとに鋳造されたとする見方にほとんど異論は存在しない。

(二) 布銭の起源と流通時期

空首布

布銭の起源については刀銭ほど面倒はない。空首布が最初に出現し、平首布はそれより後れることは一般的な認識になっている。空首布がいかなる農具から起源したかについては様々な意見があるがここではふれない[37]。

空首布は肩部の形態によって大きく三つの類型に分けられる。肩部が平らな平肩空首布（図10）、肩部が上方に尖った聳肩空首布（図11）、肩部が下方に下がった斜肩空首布（図12）である。ただし、これらの類型の前段階として原始布を設定することがかなり一般的である[38]。しかし、この原始布とされるものには確かな出土品はなく、またほとんど実用農具と区別できない。これをそのまま貨幣とするには躊躇されるため、上掲の三類型についてどの類型が最初に出現し、それぞれの類型が流通した時期はいつ頃か検討したい。

従来の説では、三類型に時間的先後関係を考えないのが一般的である。まず、王毓銓氏は年代について明言していないが、原始布を殷末にも出現するとしていることから、空首布（三類形を甲型、乙型、丙型と名付けている）もかなり早く西周時代に遡ると考えているのではないかと思われる[39]。朱活氏は、三類型をⅡ型（平肩弧足）、Ⅲ型（聳肩尖足）、Ⅳ型（削肩弧足、すなわち斜肩）と称し、それぞれの型ごとに大、小によりそれぞれⅠ式、Ⅱ式と名付けている[40]。そして、Ⅱ型Ⅰ式（大型平肩）を『国語』の周景王の「大銭」と見なして春秋中期とし、Ⅲ型、Ⅳ型のⅠ式（大型）も同じ頃と考えているようである。一方、それぞれの型のⅡ式（小型）はそれよりやや後の時代で、戦国に下るものがあるとしている。また焦智勤氏は、聳肩尖足空首布を衛国鋳造のものと晋国鋳造のものに分け、衛国のものが早く春秋早期に出現し、晋国のものは春秋晩期に下るとする[41]。一方、平肩弧足型と斜肩弧足型の空首布は、春秋早期に中原諸国が周王畿の原始大布を模倣して鋳造したものとしている。焦氏によると、三類型はみな春秋早期に出現した貨幣ということになる。

以上は、三類型に年代差を考えない説であるが、汪慶正氏は聳肩尖足空首布を早期平肩弧足空首布（大型、中型平肩空首布）と同時期かやや早いかも知れないとしている。[42] 汪氏も、早期平肩弧足空首布を周景王の鋳造とするが、年代は春秋後期から戦国早期のものとしているから、聳肩空首布は春秋中期に遡る可能性がある。この他、斜肩空首布を平肩、聳肩空首布より年代が下るとする説もある。鄭家相氏は、空首布を大型、中型、小型に分類し、大型の平肩橋足空首布（弧足を橋足と表現）をやはり『国語』に見える周景王の「大銭」とみなし、大型の聳肩尖足空首布（大型のみ設定）とともに春秋上期とし、中型の平肩、斜肩橋足空首布（大型なし）、小型の平肩、斜肩橋足空首布をそれより下る春秋下期としている。[43] 斜肩空首布を遅くする見方は後述の蔡運章氏らも同じである。

ところで、以上のような三類型を中心とした考え方に対して、一九九〇年になると、山西省曲沃県で新しい発見があり、布銭の展開過程を根本的に見直す必要が出てきた。趙雲峰氏の報告によると、曲沃県曲村の東部で、従来の平肩空首布より大型で、肩部がやや上がった「弧足平肩微聳空首布」（図9）が二枚出土したのである。[44] これらの空首布が出土した小穴は大きな灰坑に切られており、灰坑から出土した陶片は春秋中期後段か中晩期の交とされている。空首布の出土した小穴はこれより早く、空首布の年代は春秋中期後段、前六世紀前半と見なされている。そして趙氏は、この空首布がさらに聳肩、尖足になったものが尖足聳肩空首布で、肩部が平らになったものが平肩弧足空首布であるとし、聳肩空首布と平肩空首布は同じ来源を有する貨幣としている。[45] なお、一九八二年には、山西省新絳県の橋郷宋村で曲村のものとよく似た特大型空首布が二点採集され、一九九五年に報告されている。[46] ともに首部が欠けてそれぞれ残高一一・八cm、一二・九cmとされ、微聳肩だが足部の繰り込みはやや浅い。この手の特大型は上海博物館でも収蔵されており[47]、また一九九七年には河南新鄭市の鄭韓故城東城内鄭国祭祀遺跡区域附近から春秋中期とされる特大型平肩空首布陶范（銭長一四㎝）も発見されていて[48]、曲村出土のものは孤例ではない。

この報告の発表後、この曲村出土や宋村採集の微聳肩空首布を布銭展開の系譜の中に組み込むことが通例となっている。蔡運章氏らは、平肩空首布を特大型、大型、中型、小型に、斜肩空首布を中型、小型に、そして聳肩空首布を特大型、大型、中型、小型、異型というように細かく分類している[49]。ここでは曲村出土のものを特大型平肩空首布とし、宋村採集の特大型聳肩空首布とともに春秋早、中期に鋳造されたものとしている。そして、大型空首布は春秋中、晩期かやや遅い時期の鋳造で、戦国早期にも旧銭として流通し、中型空首布は春秋晩期から戦国早期、小型空首布は戦国早期から中期の鋳造で旧銭としては戦国晩期まで流通したとしている。また、黄錫全氏も蔡氏らと同じ様な分類をしているが、年代観は微妙に異なる[50]。曲村と宋村のものを蔡氏らと同様に特大型空首布としているが、年代は春秋中期前後としている。また大型空首布には平肩、聳肩のものに斜肩を加えて春秋中、晩期から戦国早期のものとし、あるものは戦国中期まで使用されていたとする。この年代は「三川」や「盧氏」の地名のある斜肩空首布や「邯鄲」銘の聳肩空首布を晋がこれらの地を奪った後に鋳造したものと考え、文献史料上の年代から推定されたものである。中、小型空首布については春秋晩期から戦国期とかなり幅を持たせている。

以上、各類型の年代についての諸説を通観してきたが、早くには大型のものを春秋時代の早い時期に設定する考えがあるが、近年では春秋中期とする説が目立つようである。蔡運章氏や黄錫全氏は、その有力な根拠として洛陽中州路一〇五号墓から出土した陶豆内に刻まれた空首布の図案を挙げている[51]。この墓葬はもとの報告書では東周第二期に分類され、第二期と第三期は暫定的に春秋中期、晩期に設定されている。しかし、第二期と第三期には交錯現象が存在するとされ、それほど確定的なものではない。縦の三線があり確かに大型平肩空首布に似ているが、曲村出土の特大型と見なすこともできる。中州路一〇五号墓の空首布図案はそれほど確実な証拠とはなり得ないのである。また、黄錫全氏は斜肩空首布を地名から春秋中期としているが、確実に地名を有する貨幣は一般に戦国期に入ってからであり、また晋がこれらの地を奪取してすぐに鋳造したと考える必要もない。蔡運章氏らは斜肩空首布の大型を中型に分類しているように、形態上も大型平肩、聳肩空首布とは時代が下るものであろう。前段階に当たる鄭韓故城出土の特大型空首布陶范が春秋中期、曲村出土の特大型空首布が春秋中期後段ならば、大型平肩、聳肩空首布を春秋後期とするのが妥当なところではなかろうか。

また平肩空首布は墓葬から出土し、ある程度流通時期を考古学的に推定できるようになってきているが、春秋後期を遡る墓葬からの発見はない。趙振華氏の報告によると、洛陽東周王城近辺のいくつかの墓葬から平肩空首布が出土している(52)。すなわち、大型空首布は春秋晩期、戦国早期の墓葬から、中型空首布は春秋晩期、戦国早期、中期の墓葬から、そして小型空首布は戦国早期、中期、晩期の墓葬から出土している。また、聳肩空首布で年代の確定できるものは、山西省侯馬市の晋国遺跡出土のものであり、陶范や陶范芯なども出土している(53)。この晋国遺跡は晋の国都が新田に置かれた時のものであり、出土遺物も春秋後期から戦国前期におさまる。聳肩空首布も考古学的に確実なものは春秋後期以後のものである。

現在のところ、大型平肩、聳肩空首布の確実な流通時期は春秋後期であり、これは初期の刀銭である尖首刀とほぼ時を同じくしているといえる。ただ特大型平肩や特大型微聳肩空首布を初期の空首布とすれば、刀銭に比して布銭の方がやや先行するかも知れない。

平首布

平首布の流通時期については戦国時代とすることがほぼ一般に認められている。しかし、平首布内の各類型を時間的にどのように位置づけるかについては意見が分かれている。橋形方足布は従来、魏の大梁遷都と関係づけて戦国中期とするのが一般的であったが、近年では銘文の考証から戦国前期に遡らせる考え方も出てきている。[54] しかし、これは考古学的な証拠があるわけではなく、戦国中期に流通していたことは確かとしても、どこまで時間的に遡れるかは不明である。尖足布、方足布も出現の絶対年代が確定できる考古学的な材料があるわけではない。そこで、それぞれの貨幣の出土情況、とくに伴出関係から流通時期を推測しておきたい。

まず、橋形方足布と方足布との間には確かに伴出関係が存在する。[55] また、尖足布、方足布ともに晩期の燕明刀と一緒に出土することも多く、秦の半両銭が混入している場合もある。[56] 尖足布、方足布の出土数の絶対的多さは他の貨幣より新しい貨幣であることを感じさせ、戦国後期には広く流通していた貨幣であることは確かであろう。次に、空首布との伴出関係であるが、空首布の中型、小型との伴出関係は存在するが、[57] 現在のところ大型との伴出関係は報告されていない。上述のように、大型空首布は春秋後期を中心に戦国前期まで流通しており、方足布が春秋期まで遡れないことが確認されるとともに戦国前期まで遡れるかが問題となる。黄錫全氏は、尖足布については聳肩空首布からの形態変化の情況から戦国早、中期とし、方足布については両周の分裂年や一部銘文の地名の地が発行国に領有された年代から戦国中、晩期としている。[58] 尖足布と方足布の先後関係は確定しがたいが、両者とも戦国中期頃には確実に出現していたのではなかろうか。

その他の平首布についても確定的なことは言えないが、第一章で述べたように戦国中期以後の貨幣と考えられる。また三孔鋭角布は戦国中期に流通した貨幣や空首布と一緒に出土することから戦国中期には出現していたであろう。また三孔布は鋳込まれた地名の分布状況から戦国末期の貨幣、円足布は発行地が秦に占領される前二八一年以前の貨幣と見なされる。楚国の方足布と考えられる有孔方足布は、出土分布から前二七八年の楚の東遷以後の貨幣であろう。

二　刀銭、布銭の流通範囲

(一) 刀銭の流通範囲と発行主体

尖首刀

流通範囲に関しても、刀銭の中で問題が多いのは尖首刀である。まず、王毓銓氏は、尖首刀の出土地が限定されていることから、燕国長城以南の特殊な貨幣とする。[59] ただし、発行主体に関しては材料不足として論じていない。また、銘文に趙国地名「藺」字のものがあるとし、趙地鋳造の可能性もあるが孤例に過ぎず断定出来ないとしている。これに対して、鄭家相氏は、河北省の河間、保定出土の尖首刀を出土地と銘文から春秋上期、黄河下游の郭地鋳造のものとしている。[60] すなわち、「〓化」の文字のあるものの「〓」を「聊」と釈して郭の地名とし、「北」「丘」「城」と釈する文字も地名で郭地に属するとする。後述のように、尖首刀の文字を地名と解することができるか問題であり、尖首刀が春秋時代の郭国で鋳造されたものかは疑問である。

朱活氏は、出土地が燕南、趙北のかなり限定された地域に限られ、燕の明刀の出土地の広がりとは比すべくもないことに注目する。[61] そして、北京付近の燕都や燕下都からの鋳造用鋳型の発見もないところから、燕国政府鋳造の法定貨幣ではなく、燕国境内の一地方民族が商業上の必要から鋳造したものとする。そして、この一地方民族については、貨幣の銘文から推測している。すなわち、「〓」を「竹」と釈して孤竹族、「〓」を「㠱」字として㠱族、「〓」を

「魚」字として漁族と関係があるとし、出土地はこれらの民族の活動範囲内となるとする。また、出土地域は戎族や狄族の居住地でもあり、尖首刀は山戎とも密接な関係があるとしている。尖首刀の一部の文字を地名あるいは国族名とするのは問題であるが、上述のように尖首刀が山戎墓地から出土していることから見て注目される考え方である。ところで一方、この考え方に対して、石永士、王素芳両氏は真っ向から反論している。[62] 両氏は、王献唐氏が尖首刀を「燕国初鋳の制」と見なしているのが正しいとするのである。その根拠として、一部少数が山東や河北平山で出土しているいる他はみな燕国境内で出土していること、燕国官方の承認がないと河北中部での大量出土はありえないこと、そしてそれが一地方民族の鋳幣ならばなぜ燕国幣制の影響を受けて燕国刀銭の形式に適応して行ったのか説明できないことなどを挙げている。また、汪慶正氏も尖首刀は燕国境域内での出土が中心であり、燕国の最も早い時期の刀銭であるとしている。[63]

以上のごとく、尖首刀の発行主体に関しては、燕国境内の少数民族が民間で鋳造したとする説と、燕の国家が鋳造したとする説が真っ向から対立することになったが、その後出土例の増加にともなって、新しい考え方が出されるようになる。それは、尖首刀を燕の国家鋳造のものと戎や狄などの民族の鋳造のものと区別する考え方である。このような考え方を最初に出したのはもともと燕国刀銭説に立っていた石永士、王素芳両氏のようであるが、より詳細な検討を行ったのは上述のように張弛氏である。[64] 張氏は、出土地の違いによる形態の相違から尖首刀を甲型、乙型、丙型、丁型、戊型の五類型に分けた。甲型は銅削刀から尖首刀への過渡型であり燕国の鋳造か現在確定できないが、乙型は燕地からの大量出土と燕下都遺跡出土の陶范から燕国における最初の青銅貨幣とする。丙型は河北省の平山県、藁城県の春秋晩期から戦国早期の鮮虞や狄族の中山国遺跡および墓葬内から出土する尖首刀であり、鮮虞や中山国が鋳造したもので狄尖首刀と称している。また、丁型は刀首が鋭く尖り、針のような先端の針首刀を含むものであり、燕国境内やその周辺に散居していた山戎が鋳造したもので、山戎尖首刀と称している。一方、戊型は斉国で出土する尖首刀で、斉国鋳造の斉尖首刀としている。

王紀潔氏も、すでに述べたように尖首刀を出土地により二つの系統に分類している(65)。古代戎狄族の活動範囲である燕山南北地帯や大行東麓地域から出土のものを甲系統（戎狄系統）とし、山戎族の鋳造したものでその金融活動の産物と見なす。一方、河北中部、東北部の燕国統治区域内出土のものを乙系統（燕文化系統）とし、山戎族の貨幣形式の影響のもとに燕国が最初に鋳造した尖首刀としている。

最近の周祥氏の考えでは、これも先に述べたように甲型、乙型、丙型の三類型に分類するが、最初に出現する甲型（刀首直線状）は北狄の活動地区で出土し、乙型（刀首弧線状）の方は山戎の活動範囲に出土するとしている(66)。そして、尖首刀は北方民族の実用工具である銅削刀に起源すると見なされることから、遊牧、半遊牧のこれら民族が鋳造したものと考えている。ただし、上の王氏と同様、北狄や山戎民族がどのような鋳造、発行形態をとっていたかについては踏み込んだ検討は行われていない。

黄錫全氏は、張弛氏と同様尖首刀を甲型、乙型、丙型、丁型、戊型の五類型に分けるが、尖首刀をすべて鮮虞、中山刀とし、燕国鋳造のものは含まないとする(67)。ただし、形態上燕国初期の明刀とほとんど区別できないが、表面に「明」字がなく背面に尖首刀と同じような文字があるものを類明刀型とし、燕明刀の初期の形態としている（頁237）。さて、流通時期のところで述べたことと重なるが、貨幣の発行主体を中心に黄氏の考えを改めて見ておきたい。尖首刀の甲型のうちⅡ、Ⅲ式は平山県霊寿故城の春秋晩期鮮虞族遺跡内から出土し、銘文「[illegible]」や「[illegible]」は河北省藁城県附近にあった白狄族の肥国や鼓国を指し、その他の銘文の指す地点も白狄族の活動地域に収まり白狄の肥、鼓、仇由、鮮虞諸国の鋳造に疑いないとする。Ⅰ式については白狄族鋳造とは断定できないが、北方遊牧民族のものに違いないとしている。乙型は、霊寿故城戦国前期前段の鮮虞中山墓から主に出土し、白狄鮮虞の中山国の鋳造とする。丙型のⅡ式は戦国早期晩段の鮮虞中山墓から出土し、この型も中山国鋳造であることは疑いないとする。ただし、乙型よりはやや時代が下るが、中山国が魏に滅ぼされる前四〇六年よりは遅くないとする。丁型は針首刀で河北張家口あるいは承徳で限定して出土する。この型は張家口一帯の狄人が鋳造したもので、魏による中山国滅亡後、狄人の一部がこの地に逃れて鋳造したものかも知れないとする。最後に戊型は多く山西北部から出土し、小型で尖首部の異常に長い特殊な尖首刀である。この型のものは、戦国中晩期に趙国境内の狄人が鋳造したものとしている。

注目されるのは、黄氏は、尖首刀について燕の国家鋳造のものを含まないとするが、白狄族の小国や中山国の国家鋳造貨幣と狄族が民間で鋳造した貨幣を含むものと考えている点である。尖首刀に関しては、燕国鋳造か狄族国家鋳造かという問題の他に、国家鋳造貨幣なのかあるいは民間鋳造の貨幣なのか、その発行主体についてはいまだ明確な回答が出されていないのである。この問題を解決するには、貨幣の流通時期や時代背景、流通範囲、さらに銘文の性格などから総合的に考えて行く必要がある。この点は、中国最初の青銅貨幣の特質の問題に係わり、その後の貨幣の展開との関連でも重大な問題を含んでいるので節を改めて検討したい。ここでは、先にその他の刀銭について検討しておく。

その他の刀銭

他の種類の刀銭の流通範囲と発行主体については尖首刀ほど問題は複雑ではない。表面が「」「」字の明刀は、その出土地が燕国の領域を中心に広がり（地図1「刀銭出土分布図」参照）、燕国の貨幣として問題はない。ただし、第一章で述べたように、表面のいわゆる「明」字については古くから何を意味するのか議論の対象となっている。今日

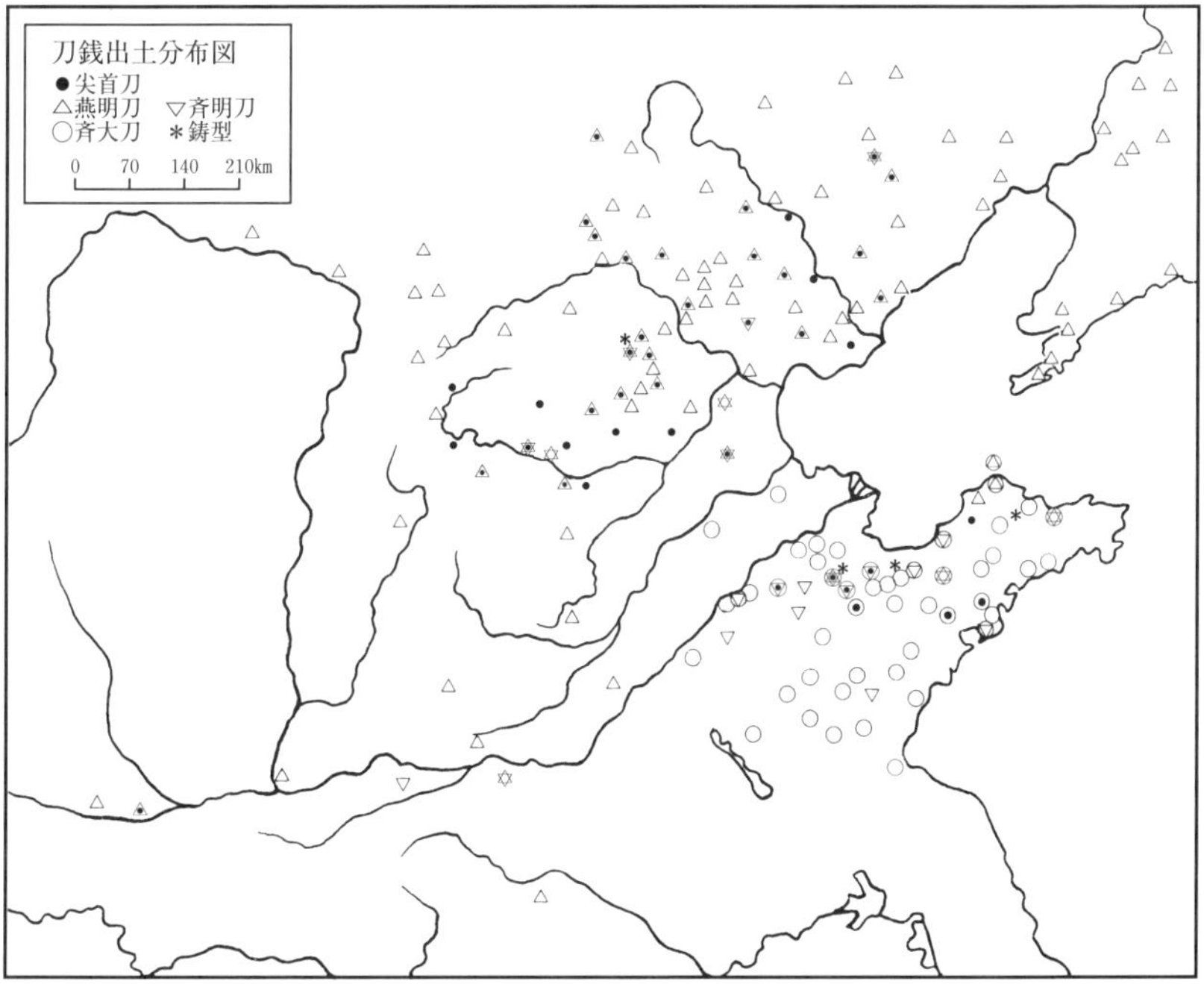

地図1　刀銭出土分布図

では「明」や「匽」と読むのが有力であるが、「明」字が燕の国名と関わる文字とする共通認識ができつつある。この種の貨幣が燕国の国名を表記した統一貨幣とみなせることは背面の文字からも推定できる。背面の「左」「右」「中」「外」などの文字については様々な解釈が出されているが、これらはみな燕国の官営製造機構を指す可能性がある。(68) 明刀の背面の文字は最初は尖首刀と同じものが多いが、ある時期から「左」「右」「中」「外」などの文字に統一される。このことは燕国において貨幣統制が進行し、国家による鋳銭機構の統制と整備が完成した段階を示していると考えられる。

明刀に関して中国で最も大きな問題となっているのは、第一章で触れた斉明刀の問題である。燕国の明刀の「明」字は上述のように「〓」「〓」のように曲線で構成されているが、この種の明刀は「月」の筆画の一部が屈折している。

そして、器形は燕の初期の明刀と同じであるが、出土地は斉の領域内が圧倒的に多い（地図1「刀銭出土分布図」参照）。また背面に「斉」「莒」「平陽」など斉の領域内や勢力圏の地名が鋳込まれている場合がある。このことから、この種の明刀は燕国貨幣説と斉国貨幣説に大きく分かれている。(69) 燕国貨幣説のほとんどは、前二八四年から五年間、燕が斉のほとんどの領土を占領した期間に本国の明刀をまねて占領地で発行したものとしている。ところが、近年斉の有力な都市であり、燕に降伏しなかった莒故城や即墨故城でこの種の明刀の陶范が発見され(70)、斉国刀説が有利になったように思われた。しかし、それは必ずしも決め手になっているわけではない。一方、周衛栄氏は刀銭の合金成分の分析結果等を利用したかなり有力な説を出している。(71) 周氏は、河北省滄県肖家楼出土のこの種の明刀と同じ形式の燕明刀の合金成分は、ともに鉛が多く錫が極端に少ない同じ材質に属し、臨淄故城出土の「斉化」銘のものも同じ傾向を示すとする。またこの種の明刀は石家荘や燕の下都など燕の領域内でも出土しており、燕が斉を占領した時に軍需の必要から鋳造したもので、出土地も燕の攻撃地点や軍事拠点に集中しているとしている。周氏の言うようにこの種の明刀は燕国と関係の深い貨幣である可能性が高いが、発行主体がどこにあったか第一章で述べたように確定的なことは言えない。

斉大刀は、その名のとおり斉国貨幣として問題はなく、現在に至るまで斉の領域内のみから出土している（地図1「刀銭出土分布図」参照）。表面の銘文は現在、「節墨之大刀」「節墨大刀」「安陽之大刀」「簟大刀」「斉近邦蔵大刀」「斉之大刀」「斉大刀」（図7）の七種類が知られている。銘文中の節墨、安陽、簟、斉は地名あるいは国名と考えられる。斉大刀は上述のごとく戦国期の田斉の貨幣と考えられるので、このうち節墨は即墨とみなしてよく、簟については莒と見なす説が多いが安陽は確定できない。(72) しかし、これらは斉の地方都市と考えて問題ないであろう。問題は「斉」字を有する刀銭であり、「斉」が国都臨淄を指すのか、あるいは国名かという問題である。出土例を見てみると、「斉大刀」三字刀が圧倒的に多い[73]。また、戦国も遅い時期に出現すると考えられる賹化円銭のみと出土する例があり、合金成分も他の刀銭よりも鉛の割合が多く時代の下る貨幣と考えられる。さらに、臨淄故城からは陶范も発見されており、この段階になると斉刀は国家の統一貨幣となっていた可能性がある。「斉之大刀」四字刀は、他の地方都市貨幣と同様、国都が都市として鋳造した貨幣であり、「斉大刀」三字刀は国家として発行した貨幣と見なしてよいのではなかろうか。ただし、「斉大刀」三字刀は問題ないとしても、「即墨之大刀」「安陽之大刀」「斉之大刀」など五字・四字刀を単純に民間都市発行としてよいか問題がある。第三章で推定したように国家が民間から軍資金を調達するために発行したか、発行させた特殊な貨幣である可能性がある。なお「斉迈邦張大刀」については様々な意見が出されており、議論は定まっていない[74]。

最後に直刀についてふれておく。直刀には正面に「甘丹（刀）」「白人（刀）」「王刀」「城」「成白」「藺」の銘文のあるものが知られる。「甘丹」は邯鄲、「白人」は柏人で趙の地名であり都市発行と考えられるが、他の文字については確定的なことは言えない。「成白」は中山国都の霊寿故城から大量に出土し、陶范や石范も出土し、そこに鋳造工場が存在したことは明らかであり、中山国の貨幣と考えられる[75]。ただし、「成白」の意味については意見が分かれ、地名、国名かあるいは別の意味か不明であり、発行主体も確定できない[76]。

（二）布銭の流通範囲と発行主体

空首布

まず、最初に出現する布銭と考えられる空首布から検討する。上述のごとく、河南省新鄭市鄭韓故城から特大型平肩空首布陶范、山西省曲沃県の曲村と絳県宋村からは微聳肩の特大型空首布が発見され、ともに初期の空首布と考えられている。これらの空首布は尖足でなく弧足であり、むしろ河南洛陽を中心に多数出土している平肩弧足空首布に近い形態をしている。ところで、黄錫全氏は河南省嵩県附近で特大型の空首布が出土したことを報告している。(77) 微聳肩であるが足部の繰り込みが大きく、首部も長くどちらかと言えば山西省や河南省北部で出土する聳肩尖足空首布に近い。特大型の空首布がどこで出現し、どのように広がって行き、発行主体がどこにあったか、事例も少なく現在のところ明らかにしがたい。

大型、中型、小型の空首布については、これまで様々な意見が出されている。王毓銓氏は、空首布の出土地は陝西、山西、河南の各省にわたり、これは地名とも対応しており出土地は鋳造地と一致するとしている。(78) しかし、発行主体についての言及はない。鄭家相氏は、出土地と地名の考証から、大型平肩空首布は周、衛、鄭、宋、晋の諸国の鋳造、大型聳肩空首布は衛、晋の一部の狭い地域の鋳造、そして中型、小型の平肩、斜肩空首布は周、衛、宋、鄭、晋などの諸国の鋳造で、斜肩空首布は晋地で始まるとしている。(79)『国語』の周景王の「大銭」を周地の空首布としていることから、空首布を国家鋳造の貨幣と考えているようであるが、発行主体に関する踏み込んだ検討はされていない。

朱活氏は、発行主体に関してもう少し自覚的に考えている。(80) 平肩、聳肩弧足空首布（Ⅱ型、Ⅳ型）は洛陽を中心とする黄河両岸一帯の周王畿の地で出土し、地名を勘案すると周を中心とした晋、鄭、衛、宋の貨幣とする。とくに、平肩空首布のⅠ式は周景王の「大銭」であることは間違いなく、政府の命令で鋳造されたものと明言している（頁37）。一方、聳肩空首布は晋旧彊内や河南省汲県で出土するが、とくに晋国国都で陶范や大量の范芯が出土していることは晋国統治者が貨幣鋳造権を重視していた現れとしている。朱活氏は、尖首刀とは異なり、空首布は国家の鋳造と考えているようである。

汪慶正氏も国家鋳造説に立っている。(81) 王氏はまず、早期平肩弧足空首布（大型、中型平肩空首布）のうち「市南少化」

など「市」字を有する四字のものを東周政府設置の市司の鋳造と考える。そして、一字のものは数字、干支、天時、地利、人和などを用いて排列順序を示したもので、四字の「市×少化」が省略された、やはり東周王畿の市司が鋳造したものとする。ただし、「邯鄲」「王氏」「郝釿」「沇釿」等明らかな地名を有するものもあり、これらの地は周王畿ではなく晋に属する地名としている。また、晩期平肩空首布の「東周」銘のものは東周公国（前三六七〜二四九年）の鋳造、「官市」銘のものも東周公国の市司鋳造貨幣とする。聳肩尖足空首布については山西、河北の晋国地区の鋳造、斜肩弧足空首布は洛陽地区出土だが東周王畿の市司鋳造ではなく、地名から春秋時代は晋、戦国時代は韓に属する貨幣としている。

焦智勤氏は、聳肩尖足空首布について、上述のように弧襠のものと平直襠のものに分類し、弧襠のものが最初に出現したと考える[82]。そして、弧襠のものの出土地からこの種の空首布を衛国のものとする。衛国はもと殷王朝の所在地であり、その高度な文化、経済を基盤に春秋時代には商品経済が発達し、衛国境内でこの種の空首布が民間で鋳造されるようになったとする。焦氏は最初の空首布は商業、貿易に用いるために民間の手工業者や商人が鋳造を開始したと考えているようである。ただし、平直襠のものは晋国貨幣とし、晋が衛地に進出、占領したのち、衛国の貨幣の形態を採用して鋳造したものとしている。

最近では、蔡運章氏らは空首布の鋳造権が統治者にあったことを明確に主張している[83]。まず、平肩空首布の鋳造地域について、出土地は東周王畿を中心に東西一三〇km、南北一〇〇kmの範囲内に収まり、銘文の地名はほとんど洛陽附近とすることができ、東周王畿の貨幣である。斜肩空首布も出土地と地名から春秋中期に晋国の勢力が黄河以南に進出して鋳造したもの、聳肩空首布は衛、晋を中心とした貨幣としている。鋳造権については、周王室および晋、衛、韓の諸国公（侯）室の手にあり、空首布はこれら国家の王室、公室の統一した管理の下に鋳造されたものとしている。

そして、その理由として、まず『国語』の周景王のいわゆる「大銭」は大型平肩空首布であり、斉の桓公や楚の荘王など列国の君主も文献から貨幣鋳造権を掌握していたと考えられること、次に貨幣鋳造遺跡が晋の新田故城や洛陽東周王城など当時の諸侯国の都城にあり一介の卿士や商工業者が掌握できる規模でないこと、第三に春秋時代の商工業はまだ国家の手に握られていたことなどを挙げている。なお、黄錫全氏も、各類型の空首布の鋳造諸国について、蔡運章氏らと同様、出土地と銘文の地名から推測しているが、その特色は鋳造に晋国の有力な世族、韓氏、魏氏、趙氏の三家が関与しているとする点である(84)。すなわち、平肩弧足空首布は春秋時代の周王室の貨幣とするが、魏氏の貨幣も同じ形態であった可能性があるとする。ただし、小型布のⅡ式は周が分裂した後、韓の影響を受けて作ったものとする。斜肩弧足空首布の方は春秋時代晋国の韓氏、戦国時代の韓国の貨幣、また聳肩尖足空首布は多くは晋、衛両国のものであるが、後に晋国趙氏が鋳造したものとしている。ただし、なぜ晋国の三氏のみが貨幣鋳造に係わったのか、発行主体の踏み込んだ検討はされていない。

以上、焦智勤氏を除き、多くの研究者が銘文の地名から発行主体を推測している。特に著しいのは鄭家相氏で、空首布の銘文に紀数類、紀干支類、紀名物類の他に紀地類を設け、かなりの数の銘文に対して地名考証を行っている。空首布の銘文には確かに地名と見なしてよいものもある。平肩空首布の「邯鄲」「王氏」「郙釿」「東周」などは地名あるいは国名であり、斜肩空首布の「三川釿」「盧氏」「武安」や聳肩空首布の「邯鄲」も地名であろう。しかし、銘文に確かに地名と考えられるものが見えるのは遅く出現する中型、小型の空首布で、早期の大型平肩、聳肩空首布の一字、二字銘を地名とすることができるか問題である。

趙寧夫、汲津両氏は、平肩弧足空首布の出土地は洛陽一帯の狭い地域であり、王畿内とその隣接地域で鋳造されたものと考える(85)。しかし、銘文の種類は鄭家相氏は一一七種、蔡運章氏らは一八〇種も挙げており、一字が一地名とすると、春秋中期の王畿、方円二、三百里の範囲内に百以上の鋳造所があることになり、いかにも不可思議である。したがって、銘文は貨幣鋳造のための炉の順番を代表している可能性があるとする。ただし、銘文には法則性を見出すことができず、炉の順番を明らかにすることはできない。あるいは工匠が自分の名前の一字を鋳込んで代号としたものかも知れないとしている。

大型平肩、聳肩空首布の銘文が地名でないとすると、発行主体はどこにあったのであろうか。蔡運章氏らは国家の王室、公室など統治者に鋳造権があったとするが、はたしてそうであろうか。先の尖首刀の場合と同様、改めて流通時期と時代背景、流通範囲そして銘文の性格などから考える必要があり、やはり節を改めて検討したい。

平首布

ところで、もう一つ問題となるのは、明らかに地名を有する貨幣をその地名の属する国家鋳造の貨幣とすることができるかということである。戦国時代になると、空首布はしだいに平首布に転化し、とくに尖足布や方足布は空首布とは比較にならないほど大量に出土し、広く流通していたことは明らかである。この尖足布や方足布にはすべて地名が鋳込まれているのである。その地名の種類は、鄭家相氏によると、尖足布は大型九種、小型三一種、方足布の方は七九種にものぼる(86)。最新の黄錫全氏の統計によると尖足布五〇余種、方足布一六〇種前後に達する(87)。この地名の種類は、鄭家相氏や黄錫全氏のように、類方足布、類円足布を尖足布の一種と考えるとさらに増加する(88)。

尖足布、方足布の出土地は広範囲であり、現在の河南、山西、河北、内蒙古、遼寧の各省にわたり（地図２「布銭出土分布図」参照）、銘文の地名からも韓、魏、趙の三晋諸国と燕国の領域内で鋳造されたことがわかる(89)。これらの貨幣の地名の所属国として、鄭家相氏は方足布について、周、魏、韓、趙、秦、宋、燕を挙げ、尖足布については趙を

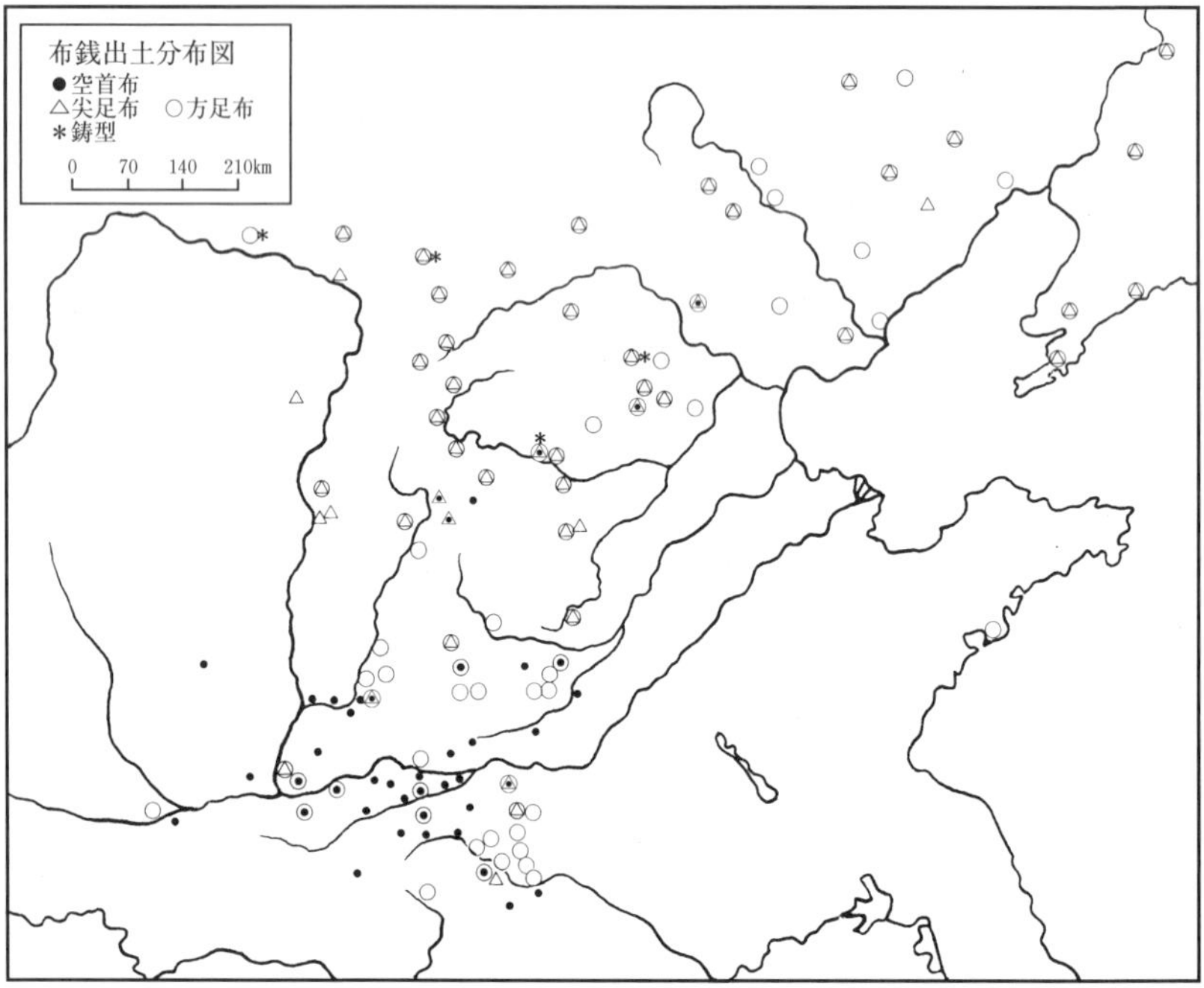

地図２　布銭出土分布図

挙げている（頁93、頁107）。一方、黄錫全氏も尖足布を趙国貨幣とするが、方足布については韓国二六種、趙国四七種、魏国二六種、両周八種、燕国一〇種、そして国が確定できないもの三〇余種としている（頁126）。このように、銘文の地名考証にもとづいて、その地名の所属国ごとに貨幣を分類するのが一般的であり、その所属国が鋳造したと考えられているようだが、これまで発行主体について厳密に検討されているわけではない。

　はたして、尖足布や方足布は国家が鋳造、発行したものであろうか。地名は文献上確定できるものはほとんど都市名であり、個々の都市が独自に鋳造、発行した可能性はないであろうか。この点については第五章でも論じているが、[90] 改めて整理して都市発行の可能性を確認しておきたい。

　まず第一に、尖足布、方足布の出土地域を見ると（地図2「布銭出土分布図」参照）、両者とも韓、魏、趙三晋諸国と燕国の領域内に収まるが、地名の所属国を越えて出土している。このことは、この種の貨幣が国家の統制を越えて、国境外で流通していることを示す。

第二に、方足布の形態は国家を越えて共通しており、個別の国家によって統制されていない。韓、魏、趙は一つの国家、晋国から分裂して成立した国であるが、戦国時代のこの種の貨幣が流通していた時代にはそれぞれ諸侯と認められ、独立した国家として存在していた。燕、斉、楚、秦の貨幣のように個別の国家ごとに国内を中心に流通した貨幣と見なすことができないのである。

第三に、大量出土の貨幣が必ずしも国都の地名を有するわけではない。たとえば、方足布では「襄平」「安陽」「平陽」「宅陽」などの銘を有するものが各地で大量に出土しているが、これらの都市は方足布が流通していた戦国中期、後期には国都ではない(91)。方足布、尖足布には斉国貨幣「斉大刀」三字刀のように圧倒的出土数を示す貨幣は見あたらず、国都鋳造と考えられる貨幣は特別な存在ではないのである。

第四に、同一地名貨幣の多様性である。まず形態の多様性であるが、同一地名であっても、大小、軽重、形状に差があり、国家や中央政府の統制の下に鋳造、発行された貨幣とは思われない。形状の差とは、橋形方足布、尖足布、方足布、円足布、直刀など類型が異なるにもかかわらず、同一地名のものが存在することである。たとえば、「藺」では尖足布、方足布、円足布、直刀、円銭など、ともに五種類の類型に見られる。他の地名の場合はこれほど多くはないが、二、三種類の類型に見られる例はかなり存在する。また地名の字形の多様性もかなり顕著である。たとえば、方足布「平陽」の「陽」字の旁「昜」の上部「日」の部分の書き方には大きく分けて⊟⋂▽△○など五種類ある。このような字形の多様性には区別の意識が働いており、発行主体の違いを示す可能性がある。この点も、地名を有する貨幣が国家の統制下にあったというよりは、民間で独自に鋳造された可能性を示すであろう。

第五に、尖足布や方足布ではないが、貨幣鋳造用の鋳型がその銘文の地名とは関係のない場所で相当数発見されている点である。中山国都霊寿故城や韓国国都鄭韓故城で「藺」や「離石」銘の円足布の鋳型が十数点から二百点近く出土している。これらの地名は趙国に属し、中山国や韓国とはなんら関係がない。なぜこのようなことが生じたか、信用度の高いこれらの貨幣が模造されたとする説があるが、藺や離石はある時期に秦に占領されており、都市の有力者が亡命あるいは移住して他所で鋳造した可能性が考えられる。これらの貨幣が国家で鋳造されていたならば、このようなことは起こりえないであろう。

以上、五点にわたり尖足布、方足布の特色について検討してきたが、この種の貨幣は都市が発行し、しかも都市の有力な民間商工業者が鋳造、発行した可能性が高いであろう。そうすると、他の類型の地名を有する貨幣も、同じ性格を有していると考えてよい。橋形方足布も地名の都市が発行したものであろう。ただし、第四章で述べるように、尖足布、方足布に比べて出土地域が限定されており、銘文から見ても特殊な目的に使用された貨幣と考えられる。その他、円足布、三孔布、鋭角布もみな地名が鋳込まれており、地名の都市鋳造、発行の貨幣と考えられる。しかし、これらも第一章で検討したように目的や地域が限定された特殊な貨幣であろう。円足布は趙国内の限られた少数の都市で発行された貨幣であるが発行目的は不明である。三孔布も地名から戦国末に趙国内の限られた都市で少数発行された特殊貨幣と考えられる。そして鋭角布の小型は出土地が限定していて魏国貨幣の可能性があるが、文字の釈読も確定できずやはり発行目的は不明である。

三　刀銭、布銭の性格

（一）刀銭の生成―尖首刀の発行主体

まず、検討を留保してきた尖首刀の発行主体について考える。尖首刀の確かな流通時期は、すでに論じてきたように春秋後期、大体前五五〇年から前四五〇年頃であり、本来の流通範囲は、地図3「尖首刀・空首布出土分布図」にあるように、河北省北部の燕国の所在地であるとともに戎や狄などの民族の居住地であった。この時代、この地域の状況がどのようであったか、文献史料にもとづいて見ていきたい。

最初に燕国の状況であるが、『春秋』や『左氏伝』には燕国に関する情報はきわめて零細である。燕の国内の状況がある程度わかるのは昭公三年から一二年にかけて散見する記事くらいである[92]。昭公三年（前五三九年）、燕簡公（北燕伯款）は寵愛する人物を取り立て諸大夫を排除しようとしたが、反撃をくらって簡公は斉に亡命せざるをえなくなる。斉は簡公を本国に送り帰そうとして軍隊を動員するが、逆に燕の大夫たちの賄を受けて目的を果たさず撤退する。その後も斉は簡公の復帰を画策し、燕の一地方都市にその民衆の協力により送り込むが、その結末はどうなったか不明である。このことから、この時期、燕国では諸大夫の力がかなり強力で、君主の権力がそれほどでもなかったことがわかる。この他、燕に関する記事で目立つのは、斉の大夫の燕への亡命、追放の多さである[93]。逆の例はないが、斉の大夫と燕の大夫の間には何らかのつながりがあり、燕の大夫たちの独自の勢力基盤が存在したことを推定させる。

さて、『史記』燕召公世家では簡公は恵公となっており、恵公は寵姫の宋を立てようとしたため諸大夫と衝突して斉に亡命し、斉は晋と謀って復帰させようとするが恵公は燕に至って死亡したことになっている[94]。『左氏伝』とはかなり食い違い混乱がある。燕召公世家は、恵公より後の記述はほとんど君主の系譜と在位年数だけで構成されており、しかも『竹書紀年』と重なるところは明らかに食い違っている。春秋後期後半から戦国前期にかけて、燕召公世家では簡公、献公、孝公、成公、湣公、釐公、桓公、文公の順となっているが、『竹書紀年』では簡公、孝公、成公載、

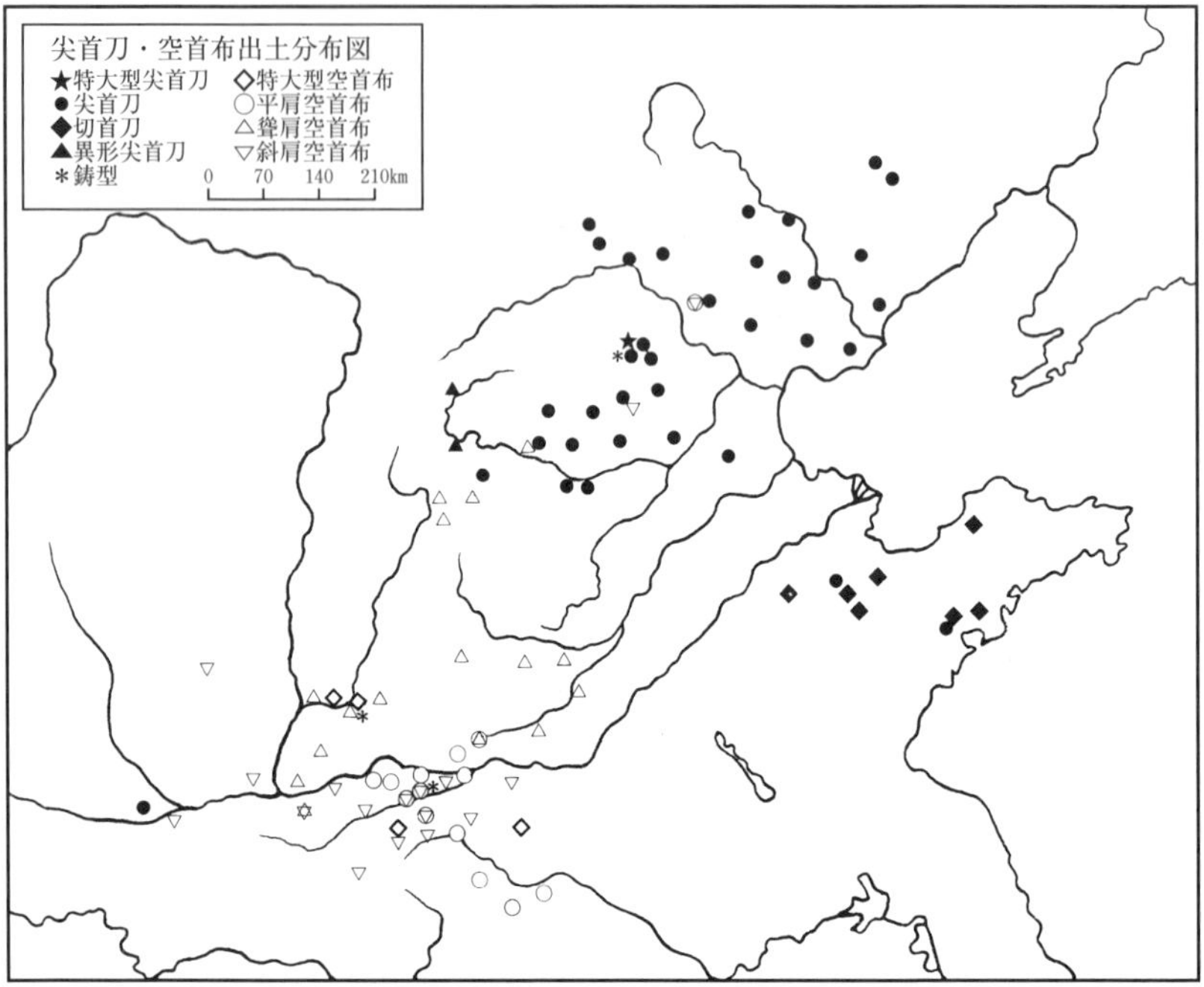

地図３　尖首刀・空首布出土分布図

文公、簡公となっている。[95] 燕の世系には明らかに混乱があり、君主権の不安定さが感じられる。

次にこの地域における戎や狄の動向を見てみたい。春秋中期には、山戎や北戎、狄や北狄による諸侯国に対する攻勢が顕著である。早くは『左氏伝』桓公六年（前七〇六年）に北戎が斉を攻撃した記事が見えるが、その後『春秋』荘公三〇年（前六六四年）には斉の桓公が魯とともに燕を救うため山戎を攻撃した記事がある。[96] 燕は山戎の脅威にさらされていたようで、『史記』斉太公世家には、斉の桓公二三年、「山戎、燕を伐ち、燕急を斉に告ぐ。斉桓公、燕を救い、遂に山戎を伐ち、孤竹に至りて還る」とある。一方、この時期、狄や北狄の方は河北省南部、河南省北部にあった邢や衛を攻撃して滅亡に追い込み、斉の桓公は両国を別の場所に再建させている。[97] この後も狄の攻勢は止まず、『春秋』経文や『左氏伝』によると、文公一〇年（前六一七年）までに魯、温、衛、晋、鄭、斉、宋などの諸国が攻撃にさらされている[98]。しかし、それ以後は晋を中心として狄に対する反撃が始まるようである。『左氏伝』昭公一二年（前五三〇年）には晋の荀呉が狄族の国、肥を滅ぼし、二二年（前五二〇年）には鼓を滅ぼしている。肥や鼓は河北省石家荘あたりにあった国である。しかし、春秋末にはこのあたりに狄の別種、鮮虞族の中山国が存在しており[99]、狄の勢力が一掃されたわけではない。

燕の領域における山戎や北戎のその後の動向は文献上不明であるが、考古学的にはある程度推測することができる。宮本一夫氏は、河北省北部から遼寧省東部にかけての墓葬の特色を検討し、前五世紀前半には燕の領域は灤河下流域まで達していたことは確かとするが、張家口一帯は燕との関係は深いがまだ狄の支配下にあったとする[100]。また、河北省灤平県、遼寧省凌源県の墓葬には北方青銅器文化の特色をわずかに持続させているが、大半の埋葬様式は燕山以南の特色を有しているとする。すなわち、遼寧省の大凌河流域までは燕の直接支配下にないが、燕への同化傾向が見られるとするのである。そして、前四世紀後半になって、青銅武器の銘文によると中央集権機構の萌芽が見られ、ようやく前三世紀代、昭王の時期になって強力な王権が成立するとしている。宮本氏は、前五世紀前半までは燕の支配領域は狭く、支配権も十分確立していなかったと考えているようである。このような状況を考えると、春秋後期になっても、燕国周辺には山戎や北戎の勢力が強固に残っていたことが想像される。このことも燕の君主権の不安定さの要因になり、統一した貨幣を発行できるような状況ではなかったと思われる。

次に、尖首刀に鋳込まれた文字についても検討しておこう。朱活氏によると、尖首刀の文字は八三種あり、紀数、干支、天象、五行、地名あるいは国族名、象形、吉語と美称が含まれるとする[101]。そして、地名あるいは国族名以外は鋳造に係わる順序か日期を記したものとしている。

多くの研究者は尖首刀の文字の中には地名、国名が含まれるものと考えている。王毓銓氏は「藺」一字を挙げるだけであるが、鄭家相氏は〓（卯＝聊）、)(（北＝攝北）、◇（丘＝牡丘）、□（城＝邑の通称、聊攝の鋳造）、中（中人＝中山）などを地名として挙げている。[102] 一方朱活氏は、すでにふれたように〓（竹＝孤竹）、〓（貝）、〓（魚＝漁）を挙げ、黄錫全氏は〓（肥）、〓（鼓）の他、〓（九＝仇由）、〓（游＝仇由）、□（房＝房子）、〓（瞑＝鶏沢）、壬（任）、〓（力＝櫪）、〓（勺＝勺梁）など多数挙げている。[103] これらははたして地名あるいは国名なのであろうか。

まず、一括出土遺物で文字ごとの数量のとくに多いものだけを順に列挙すると以下のごとくになる。[104]

1遼寧省凌源県修杖子大隊（計六二七枚、文字三三種）：〓一八五枚、〓一七八枚、〓一一六枚、〓一一三枚、〓一〇一枚、〓五六枚

2河北省易県燕下都軍営村（計一八四五枚、文字一五五種）：〓九七枚、〓六九枚、上五七枚、〓五六枚、〓五六枚、工三七枚、〓三三枚、)(二九枚、〓二四枚、己〓二一枚

3河北省楽亭県（計九八枚、文字三二種）：〓二〇枚、六・一七枚、上一〇枚、壬七枚

4山西省盂県城東（計一九四枚、文字六〇余種）：×二三枚、〓二四枚、〓一四枚、〓一二枚、〓一〇枚、上八枚

5山東省臨淄故城石橋村（計八〇枚、文字一七種）：〓二五枚、〓一五枚、上一〇枚

6山東省青州市郊某村（計九二枚、文字二六種）：六・一七枚、〓一一枚、非五枚

以上の中でこれまで地名、国名とされてきた文字は〓、〓くらいで、しかも全体としては数量は多くない。この他の地名、国名とされてきた文字の数量は極めて少数である。むしろ多いのは〓（六）、)(（八）などの数字と己、〓（己）（干支）、上（指示語）、〓（匕）（化＝貨）[105]など地名、国名とされてこなかった文字である。国家が国名で発行したならば、大量に出土しても不思議ではない。尖首刀の文字は地名、国名でない可能性が高いであろう。朱活氏の言うように大型平肩空首布と同様、鋳造に係わる記号か鋳造者の略号である可能性がある。このように多様な記号を統轄

する文字がなく、強力な国家権力の存在が推定できない点から、尖首刀は民間で鋳造された貨幣と考えてよいのではなかろうか。すなわち、最初の刀銭である尖首刀は権力の空白地に民間の商業活動の中から出現した貨幣と考えられる。日常用いられた削刀の形態が貨幣として選択されたことは、この種の貨幣が具体的な実物貨幣から生成したことを示していると同時に、権力の裏付けなしに生成したことを示しているのではなかろうか。貨幣の使用者にとっても共通した具体性が貨幣に対して必要であったと考えられる。

では、この種の貨幣の実体としての発行主体はどこにあったのであろうか。先に紹介したように、張弛氏は、燕下都からの尖首刀の大量の出土とその鋳型の出土によって、燕国が鋳造したものがあったことを主張している。燕下都出土の尖首刀の鋳型を見てみると、燕明刀に極めて近い形態をしており、初期の尖首刀ではない(106)。尖首刀は北方系遊牧民族の銅削刀を起源としていることや山戎墓地から出土していることから、狄や戎などが発行主体であった可能性がある。なぜ彼らが貨幣を発行する必要があったのかが問題となるが、現在のところ十分な手がかりはない。

(二)　刀銭の展開過程

以上のように、尖首刀は、燕の国家権力の脆弱性を念頭に置くと民間の鋳造であった可能性が高く、戎や狄など北方系の民族が商業活動の必要から生み出したのではないかと考えられる。このような尖首刀は、次第に勢力を増してくる燕国に受け継がれる。黄錫全氏の類明刀、張弛氏の乙型尖首刀や王紀潔氏の乙系統尖首刀などは、尖首刀と燕明刀を結びつける位置にある。燕明刀に共通する「明」字は燕の国名を示すと考えられ、燕の国家による鋳造、発行貨幣として間違いないであろう。燕明刀の燕の領域を中心とした大量出土や燕下都でその鋳型がしばしば発見されること、さらに背面の銘文の性質から考えて、強力な国家権力のもとに発行されたことが推測される。

斉地で多く発見される斉明刀も燕明刀から分岐したものであろう。共通して「明」字がある点、燕の国家鋳造と考えられるが、背面に「斉」や「莒」「平陽」など斉の都市名があるものがあり、その性格については確定しがたいところがある。直刀は燕明刀より後れて出現することから、燕明刀の影響下に鋳造されたものであろう。趙国の地名のあるものは趙の都市で鋳造されたものである。中山国都で大量に出土し、鋳型の出土例もある「成白」直刀は中山国鋳造と考えられるが、国家の鋳造か都市の鋳造か明らかにしがたい。

斉の領域内だけで出土する斉大刀は斉国の貨幣として問題ないが、その形態上の起源については不明である。ただ最初は斉の有力な都市で発行された特殊目的の貨幣であったが、しだいに斉の国都で鋳造された「斉大刀」三字刀が国家の統一貨幣としての位置を占めるようになったと考えられる。

以上、刀銭の展開過程を整理してきたが、それを図示すると以下のようになる。

〈春秋後期〉　　〈戦国時代〉
尖首刀（戎狄民間鋳造）→燕明刀（燕国家鋳造）
　　斉明刀（燕国家鋳造、一部斉都市鋳造?）
　　直刀（趙都市鋳造、中山国鋳造は民間か国家か不明）
　　斉大刀（斉国家統制下都市鋳造→斉国家鋳造）

（三）布銭の生成—空首布の発行主体

上述のように、最も多く発見されている大型平肩空首布の確かな流通時期は春秋後期であり、聳肩空首布もほぼ並行した時代の貨幣であろう。斜肩空首布の方はやや後れて出現する。地図3「尖首刀・空首布出土分布図」にあるように、平肩空首布は洛陽を中心とするかなり狭い範囲で出土しており、流通範囲も限定されていたと考えられる。聳肩空首布は晋国のかなり広い範囲で出土し、東は大行山脈を越えて河南省北部にまで及ぶ。斜肩空首布は洛陽を中心とした地域から西方、陝西省内まで平肩空首布に比べてかなり広く分布している。

ここでは、空首布のなかでも最初に広く流通していた大型平肩空首布と聳肩空首布の発行主体について改めて検討する。まず、鋳込まれた文字についてであるが、蔡運章氏らによると、大型平肩空首布の文字は近年では二一〇余種類に達するという[107]。ほとんどが一字で一部二字のものもあるが、上述のように鄭家相氏や朱活氏はかなりの数の文字を地名として考証を行い、その鋳造地を周を中心として周りの諸国に相当広く広げている[108]。しかし、平肩空首布の出土地は極めて狭小で周の領域に限定されると言ってもよい。鄭氏や朱氏の地名考証の結果は出土範囲と対応しないのである。そこで、蔡運章氏らは文字の大多数は鋳造地名ではないとし、周王畿内に同定できるものだけを地名としている[109]。蔡氏らの考証によると、周、成、明、留、甘、京、亳、郲の八文字だけが地名と言うことになる。これは全体から見れば極めて少数であり、あえて地名としなくてもよいのではなかろうか。

聳肩空首布の文字については、黄錫全氏によると大型聳肩弧襠空首布で一〇余種、小型聳肩平襠空首布で三〇余種になるという。朱活氏は大多数は文字が無く地名もまれであるとしているが、黄錫全氏は多くは地名であるとしている[110]。「甘丹（邯鄲）」など確かに地名もあるが、大部分を占める一字の銘文は確定できない。大型平肩空首布と同様、鋳造地名ではない可能性が高いであろう。先にふれた趙甯夫、汲津両氏の考えのように、炉の番号かあるいは鋳造に携わった工匠の名前の略号ではなかろうか。

次に、大型平肩空首布と聳肩空首布が流通した春秋後期の周と晋の状況を見てみよう。この時期の周や晋の状況は、『左氏伝』など文献によりかなり詳しく知ることができる。まず、周についてはこの時期より前から王権はかなり不安定でしばしば内乱が発生しているが、この時期には大規模で長期にわたる王子朝の乱が起こっている。『左氏伝』によると、昭公二二年（前五二〇年）に周景王が崩ずると、その王子の一人、王子朝が王位継承権を主張して反乱を起こした。[111] 王族や周の卿士だけでなく、「百工」と称される工匠や周の諸都市をも巻き込み、さらには晋や楚、鄭の介入も招き長期にわたる内乱に発展した。王子朝を中心とした内乱は、昭公二六年（前五一六年）に彼が敗北して楚国に逃亡することによりひとまず収束するが、その後も王子朝の余党の策動は続き、王室が安定するのは定公八年（前五〇二年）のことである。[112] しかもそれは周の卿士の働きによってであり周王はすでに当事者能力を失っている。王子朝の乱は、その一派の策動をも含めると実に一八年間も続いたことになる。

その後の周王室の状況は不明であるが、『史記』周本紀によると、周の定王二八年（前四四一年）に王が崩じ長男が即位するとすぐ次男に殺され、その次男が即位すると末弟に殺されるという、やはり王位継承権をめぐる内乱が続発している。[113] 春秋後期の周王室は王位をめぐり常に不安定な状況にあり、卿士たちがその動向を左右する傾向があった。このような状況のなかで周王や周王室に国家として貨幣を発行する実力があったとは思われない。『国語』周語の周景王が「大銭」を鋳造した話は疑わしいが、それに卿士である単穆公が反対したとあるのは一面の真実を伝えているのかも知れない。

次に晋についても、君主権の弱体化は同様である。覇者となった文公の死後、大夫の趙盾が実権を握り、その後も卿大夫たちの権力掌握は続き、晋の覇業も卿大夫たちによって担われる。『史記』晋世家には、晋昭公が亡くなった時（前五二六年）、「六卿彊く、公室卑し」と記され、先の周の王子朝の乱の時には「晋六卿、王室の乱を平らげ、敬王を立つ」とある。六卿とは韓、趙、魏、范、中行、智氏の六つの有力な大夫の家である。また、頃公一二年（前五一四年）には、六卿は公族を滅ぼしてその邑を奪って県とし、自分の子を県大夫としており、「晋益々弱く、六卿皆大なり」と記されている[114]。このような卿大夫の専権はますます著しくなり、前四五三年の韓、魏、趙による実質的な晋の分割に行き着くのである。春秋後期、晋においても国家あるいは公室による統一的な貨幣の発行は考えがたいであろう。

以上のごとく、周においても晋においても国家権力の弱体化のもとでの大量の貨幣の発行は考えがたいとすると、誰が空首布の鋳造、発行を行ったのであろうか。やはり、尖首刀と同様に民間での鋳造が考えられる。先にふれた王子朝の乱の時、周では「百工」が対立する勢力の間に介在して内乱の帰趨を握っている点に注目される。『左氏伝』によると、この「百工」は「職秩を喪いし者」となっており、もはや国家の拘束から外れた手工業者たちである。この場合の「百工」は単なる失業者ではなく、国内において相応の実力を有した存在であったと考えられる。国家に所属する手工業者たちが内乱に関与する例はその後、衛でもあり[115]、国家に単に従属するのではなく自己主張する存在になりつつあった。春秋中期以後、『左氏伝』には周や鄭、衛などの諸国では商人の活動も記されており、この地域における商人や手工業者たちの動向が注目される[116]。

平肩空首布は本章末尾の「空首布出土地出典一覧」によると周王城やその周辺から多く出土しており、また鋳型の発見もある。この種の空首布は周王城の民間の商人や手工業者が鋳造、発行したものではなかろうか。また、聳肩空首布の鋳型は晋の国都新田とされる侯馬晋国遺跡から発見されており、空首布の陶芯の出土は十万点にものぼる。これらも新田の商人、手工業者が交易の必要から鋳造、発行した可能性がある。ただし、彼らが独立した民間の商工業者なのか、あるいは公室または六卿に属した商工業者なのかは、遺跡自体からは明らかにしがたいとされている[117]。公室や国家に属した可能性は低いであろうが、晋の商工業者の存在形態については今後の課題である。

（四）布銭の展開過程

空首布も、尖首刀と同じく民間で交易の必要から鋳造された貨幣であった可能性が高い。これも鏟形農具という具体的な実物貨幣を起源としていると考えられる点で、尖首刀の起源と同様の状況が存在したと思われる。平肩空首布はしだいに小型化するとともに、「甘丹（邯鄲）」「王氏」「東周」など明らかに地名、国名と見なすことができるものが出現する。しかし、聳肩空首布の方は「甘丹（邯鄲）」以外、確実な地名と考えられるものはない。後れて出現する斜肩空首布の「盧氏」「三川」などは地名と考えられるが、「武安」「武采」「武」など意見の分かれる文字もある(118)。空首布の文字はいまだ固定した意味が賦与されるまでに至っていない。これに対して空首布から転化した平首布の方は、文字は基本的に地名を表示しており、個別の都市で鋳造されたと考えてよい。その中、尖足布や方足布は国境を越えて流通した一般流通貨幣としてよいが、他の類別の平首布は目的や地域が限定された特殊貨幣と考えられる。

以上の布銭の展開過程を図示すると以下のようになる。

〈春秋後期〉
平肩空首布（周王畿民間鋳造→各国都市鋳造）
聳肩空首布（晋都新田民間鋳造？）
斜肩空首布（晋都市鋳造）

〈戦国時代〉（平首布）
→方足布（三晋都市、一部燕都市鋳造）
→尖足布（趙都市鋳造）
橋形方足布（魏国家統制下都市鋳造）
円足布（趙都市鋳造・特殊）
鋭角布（魏都市鋳造・特殊）
三孔布（趙都市鋳造・特殊）

むすび

中国における最初の青銅貨幣である尖首刀と空首布は、国家でなく民間による鋳造、発行である可能性が高い。まず、第一にこれらの貨幣には国号など共通した統一的な文字もなく文字の種類は極めて多様であり、特定の文字の貨幣が排他的に流通していた形跡もない。第二に、これらの貨幣の出土、流通地域には強力な国家権力が不在であり、むしろ権力の空白地域と言ってもよい。そして第三に、これらの貨幣は実物貨幣の系譜を引き、権力を背景にせずに生成した可能性が高いことである。すなわち、初期のこれらの貨幣は実物の工具、農具に極めて近い形態を有しており、後のこの種の貨幣の展開から見ても形態は具体的で抽象化は進んでおらず、民間での受容を容易にしたと考えられるのである。

しかし、後の刀銭と布銭の展開過程には明らかに分岐が見られる。刀銭の流通地域では国家による統一貨幣が生成する。一部、趙の領域では直刀のように都市の民間鋳造と考えられるものも存在するが、燕の領域では明刀、斉の領域では「斉大刀」三字刀のような、国家による統一貨幣が支配的となる。これに対して、布銭流通地域では国家の関与が想定される特殊貨幣が一部存在するが、都市における民間鋳造が一貫して行われている。燕では一部方足布が鋳造されているが[119]、明刀の鋳造量が圧倒的に多い。尖足布、方足布をはじめとする平首布はほとんど三晋諸国の地名が鋳込まれており、出土地は一部燕の領域にも及ぶが三晋諸国の領域が中心であり、三晋諸国の都市で鋳造、発行されたものと考えられる。

この刀銭と布銭の分岐は何に由来するのであろうか。注目されるのは、平首布の地名や出土地が戦国時代に都市の発達した三晋地域と重なる点である[120]。戦国時代における都市の発達は、都市遺跡、考古遺物、文献史料から山西省中部、南部、河北省南部、そして河南省北部、中部から東部、山東省西部にかけての韓、魏、趙の領域に集中している。この地域の都市の発達は春秋中期以後の社会変動と密接に関係していると考えられ、布銭の生成と展開も都市の発達と連動していると見なされる。布銭は、洛陽を中心とする地域で、都市の経済を担った商人や手工業者によって商業、交易の必要から生み出され、三晋地域の都市の発達と都市間交易の活発化にともなって広く普及して行ったと考えられる。

しかし一方、刀銭の生成と発行主体については不明な部分が多い。最初の刀銭である尖首刀の流通地域は都市の発達が見られない地域である。尖首刀は戎や狄など北方系民族が漢民族との交易の必要から生み出した可能性があるが、なぜ燕の領域やその周辺地域だけで生み出されたのかは不明である。刀銭の流通地域である燕や斉の領域は、戦国時代になっても広範な都市の発達は見られない地域であり、都市の未発達により逆に強力な国家権力が発達する地域である。この地域では都市による貨幣鋳造、発行には限界があり、貨幣は国家権力によって次第に掌握されて行ったものと考えられる。

注

（1）刀銭の一種である明刀については、河北省承徳県の双峰寺鎮、老西営村の戦国から漢代にかけての遺跡内の長方形土坑から、埋蔵の形で二〇二kg、一一九三三枚の出土例が報告されている（文物春秋一九九三—四、頁31）。末尾の「燕明刀出土地出典一覧」のように刀銭、布銭とも数千枚の出土はそれほど珍しいことではない。

（2）日本では実見したものだけでも、日本銀行貨幣博物館を始め、東京国立博物館、住友泉屋博古館、東海銀行（現三菱東京

ＵＦＪ銀行）貨幣博物館など博物館、美術館、および東京大学、南山大学などの大学など収蔵例は多い。海外では、イギリスで調査したが、大英博物館貨幣部、アシュモリアン美術館、フィツウィリアム美術館が収蔵していた。しかし、収蔵していても展示していないところが多く、中国でも上海博物館や北京の人民銀行貨幣博物館以外、大規模な展示はあまり見られない。博物館、美術館すらこのような状態であるので、個人の収蔵品も含めると、どれだけ未公開の先秦青銅貨幣が存在するのか検討もつかない。

（3）『漢書』食貨志下の記述は、『国語』周語下にもとづくと考えられるが、周語下には「大銭」の形態に関する記述はない。

（4）『管子』軽重乙篇には「黄金刀布者、民之通貨也」とあり、国蓄篇には「黄金刀幣民之通施也」とある。また同じく国蓄篇に「（先王）以珠玉為上幣、以黄金為中幣、以刀布為下幣」ともあり、地数篇にもほぼ同じ文言がある。さらに揆度篇には「五穀者民之司命也、刀幣者溝瀆也、号令者徐疾也」とある。

（5）王毓銓氏は、『国語』斉語に管子の言として「小罪讁以金分」とある「金分」を「金化」の誤りとして、「金化」を金属刀化、すなわち青銅刀幣のこととしている（『我国古代貨幣的起源和発展』科学出版社、一九五七）。しかし、これは斉桓公の頃に斉国に刀幣が存在したとの前提での解釈であるが、後述のごとくこの前提はかなり疑問である。

（6）葉世昌氏は、戦国古籍中で「布」字を鏟形銅鋳幣と確定できるのは『管子』軽重篇と『荀子』に見える例だけで、他の古籍では確定できないとしている（「鏟形銅鋳幣在戦国時即已称〝布〟」中国銭幣二〇〇二―二、頁26）。

（7）『漢書』食貨志下には、「布貨十品」として、大布、次布、弟布、壮布、中布、差布、厚布、幼布、么布、小布が列挙され、それぞれの尺度、重量、銭文が記されている。

（8）璜佩飾や銅戈と同じ形態の青銅製品を巴蜀や越国の貨幣とする説があるが、まだ評価が定まっていないため、ここでは考察の対処としない。黄錫全『先秦貨幣通論』（紫禁城出版社、二〇〇一）、頁400ならびに頁395参照。

（9）宝貝（子安貝）を象った青銅製品は殷代末に現れ最初の金属貨幣とする説がある。春秋時代に大量に出土するが、ほとんど大型墓の副葬品であり、民間に流通した貨幣かどうかは疑わしい。第六章参照。

（10）張弛氏はひとり孫敬明氏が斉刀、尖首刀共同起源説を唱えているとしているが、未見であり、詳細は不明である（張弛

『中国刀幣滙考』河北人民出版社、一九九七、頁21)。
(11) 王献唐『中国古代貨幣通攷』上冊(斉魯書社、一九七九)頁198、出版説明によると成稿は一九四六年。
(12) 注(5)王毓銓書、頁57。
(13) 朱活「談山東済南出土的一批古代貨幣―兼論春秋戦国時期有関斉国鋳幣的幾箇問題」(文物一九六五―一)頁41。『古銭新探』(斉魯書社、一九八四)頁100、再録。なお朱氏は、『管子』の記述にもとづいて、斉大刀とは断定しないが、斉の桓公の時代に金属貨幣の鋳造が開始された可能性を強調している。
(14) 鄭家相『中国古代貨幣発展史』(生活・読書・新知三聯書店、一九五八)頁64。
(15) 注(10)張弛書、頁21。この見解は、すでに「尖首刀若干問題初探」(中国銭幣一九九三―二)頁6で示されている。
(16) 注(8)黄錫全書、頁199。
(17) 黄錫全氏によると、最初に出現するとする魏国の円孔円銭は無郭であるが、戦国後期の斉国や燕国の方孔円銭はみな有郭である(注(8)書、頁313)。
(18) 『史記』平準書に「有司言、三銖銭軽、易姦詐、乃更請諸郡国鋳五銖銭、周郭其下、令不可磨取鋊焉」とある。
(19) 黄錫全氏は首刃の形状は最初は斜坡状で、中間で内凹状になり、また斜波状になるとする(注(8)、頁208)。
(20) 注(5)王毓銓書、頁58。
(21) 注(14)鄭家相書、頁64。
(22) 朱活「談山東臨淄斉故城出土的尖首刀化―兼論有関尖首刀化的幾箇問題」(考古与文物一九八〇―三)頁28。注(13)朱活書、頁172、再録。
(23) 石永士、王素芳「〝尖首刀〟化的初歩研究」(考古与文物一九八七―一)頁89。同「燕国貨幣概述」(文物春秋一九九〇―二)頁46もほぼ同じである。
(24) 汪慶正主編『中国歴代貨幣大系一　先秦貨幣』(上海人民出版社、一九八八)、頁29。
(25) 北京市文物研究所山戎文化考古隊「北京延慶軍都山東周山戎部落墓地発掘紀略」(文物一九八九―八)頁17、北京市文物研究所編『軍都山墓地　玉皇廟（三）』（文物出版社、二〇〇七）頁1289。

(26) 孫継安「河北容城県発現四批燕国貨幣」（文物春秋一九九二—一）頁82。

(27) 陳応祺「中山国霊寿城出土貨幣研究」（中国銭幣一九九五—二）頁12。なお、早く霊寿故城の一号、二号居住遺跡（戦国早期）から尖首刀56枚が採集されているが（河北省文物研究所「河北平山三汲古城調査与墓葬発掘」考古学集刊五、一九八五、頁166）、あまり注目されていない。

(28) 注（10）張弛書、頁46～、頁114～。注（15）張弛論文にも同様の見解が示されている。

(29) 王紀潔「尖首刀分期研究」（北京文博一九九八—三）頁17。

(30) 注（8）黄錫全書、頁213、頁244。

(31) 周祥「試論尖首刀」（中国銭幣二〇〇三—二）頁21。

(32) 例えばＹＸＭ１：5.2144の銅豆、同2143の銅壺。報告書はＹＹＭ32：３の銅戈を春秋初期に遡るとしているようだが、早くても中期、あるいは後期の早い時期に下るかも知れない。

(33) 河北省文物研究所等「灤平県虎什哈炮台山山戎墓地的発現」（文物資料叢刊七、一九八三）、頁72図八銅削。

(34) 三代19・54、周存６・19。江村治樹『春秋戦国秦漢時代出土文字資料の研究』（汲古書院、二〇〇〇）頁174参照。

(35) 第一章で検討したように戦国中期頃とするのが妥当なところであろう。

(36) 第三章で検討したように戦国中期には出現していたと考えられる。

(37) 一般には鏟形農具（図８）を起源とするものが多いが、銭とする説と鎛とする説に分かれている。また白秦川氏のように、平肩空首布は耜（平刃、凹刃の鏟、すなわち銭）、聳肩空首布は二股に分かれた刃を持つ耒に来源し、それぞれ起源を異にするとする説もある（「聳肩尖足空首布起源于耒説」中国銭幣一九八九—一、頁３）。

(38) 原始布の称は、王毓銓氏が実用農具と空首布の間に、殷末にも遡る最初の布銭として、具体的な事例を挙げて設定したのに始まると考えられる（注（５）書、頁20）。鄭家相氏は古布と称しているが、王氏と大体同じ考えで時代は西周に設定している（注（14）書、頁31）。しかし以降の説はこれほど古くせず、朱活氏の「Ｉ型（原始空首布）」は西周晩期から春秋初期

（注（13）書、頁22）、汪慶正氏の「原始布」は西周晩期出現（注（24）、頁13）、黄錫全氏の「原始型布」も西周晩期出現としている（注（8）書、頁87）。
(39) 注（5）王毓銓書、頁22。
(40) 朱活「布銭新探―空首布銭的分類及有関問題」（注（13）書、頁22）。
(41) 焦智勤「聳肩尖足空首布考弁」（華夏考古一九九六―一）頁69。
(42) 注（24）汪慶正書、頁13。
(43) 注（14）鄭家相書、頁36。
(44) 趙雲鋒「記山西曲沃県出土的春秋布幣―兼談布幣的淵源問題」（中国銭幣一九九六―二）頁8。
(45) 趙氏は、曲村出土の微聳空首布（一五・〇～一五・二㎝）の前段階としてそれより大きい李佐賢『古銭匯』所載「特大型平肩平足微弧空首布」（一六・四㎝）を置いている。これは斜肩空首布に近く周地の鋳幣のはずであり、これが晋地の空首布に影響を与えた可能性を排除しないとしている（注（44）趙論文、頁12）。
(46) 王金平、范文謙「山西新絳、侯馬発現空首布」（中国銭幣一九九五―二）頁37。
(47) 注（24）汪慶正書、頁52、30―31。
(48) 馬俊才「新鄭〝鄭韓故城〟新出土東周銭范」（中国銭幣論文集、第四輯、二〇〇二）頁78。
(49) 蔡運章、李運興、趙振華、程永建、霍宏偉『洛陽銭幣発現与研究』（中華書局、一九九八）頁23。
(50) 注（8）黄錫全書、頁85、頁104。
(51) 中国科学院考古研究所編『洛陽中州路（西工段）』（科学出版社、一九五九）頁26、図十二5。
(52) 趙振華「河南洛陽新発現随葬銭幣的東周墓葬」（考古一九九一―六）頁511。
(53) 山西省考古研究所『侯馬鋳銅遺址　上』（文物出版社、一九九三）頁102。
(54) 何琳儀氏は橋形方足布の銘文の地名はおおむね戦国前期の魏国の境域に関わり、橋形方足布は魏国前期の貨幣の可能性があり、上限は戦国初年になるとしている（「橋形布幣考」『古幣叢考』安徽大学出版社、二〇〇二。初載は吉林大学学報一九九二—二)。注(8)黄錫全書、頁115もこの説にもとづき戦国前期魏国貨幣としている。
(55)山西省芮城県城南では、陶罐内の多数の方足布の中に混入していた(文物参考資料一九五八—六、頁64)。
(56)河南省鄭州市西北郊・戦国晩期崗杜一一二号墓(文物参考資料一九五五—一、頁15)、吉林省輯安県太王陵西側の陶罐中(考古一九六四—二、頁83)、河北省易県燕下都四四号墓(考古一九七五—四、頁237)、河北省灤平県虎什哈公社営坊大隊の陶罐中(文物一九八一—九、頁93)、河北省霊寿県東城南村の陶瓮中(考古学集刊二、一九八二、頁84)、内蒙古赤峰地区新窩鋪村の陶罐中(考古一九八四—二、頁139、半両、一化円銭含む)、河北省蔚県南留公社の陶罐中(文物資料叢刊九、一九八五、頁210)、河北省灤南県麻各荘の陶罐中(考古一九八八—二、頁176)、遼寧省鉄嶺市新台子鎮邱家台の陶罐中(考古一九九二—四、頁311、半両、一化など円銭も含む)等事例は多い。
(57)河南省鄭州市西北郊・戦国晩期崗杜一一二号墓から小型斜肩空首布とともに方足布が(文物参考資料一九五五—一〇、頁15)、洛陽市の澗河東岸七四〇廠(東周王城南城墻北)の戦国六二号糧倉の埋め土中から小型の平肩空首布、中型斜肩空首布とともに方足布が出土している(文物一九八一—一一、頁55)。
(58)注(8)黄錫全書、頁129、頁156。
(59)注(5)王毓銓書、頁63、頁65。
(60)注(14)鄭家相書、頁64、頁69。
(61)注(22)朱活論文、頁27、頁28。
(62)注(23)石永士、王素芳論文、頁90。また、両氏「燕国貨幣概述」(文物春秋一九九〇—二、頁46)でも基本的に変わらない。
(63)注(24)汪慶正書、頁29。
(64)張弛氏は、石永士、王素芳両氏が尖首刀を甲、乙、丙の三型に分類し、それぞれには特徴があり一国の鋳造とすることはできないと述べている(「尖首刀若干問題初探」中国銭幣一九九三—二、頁8)。しかし、両氏の論考「燕国貨幣的発現与研究」(中国銭幣論文集、第二輯、一九九二)は未見である。注(10)張弛書、頁46もほとんど同じ内容であり、以下の張氏の説も本書によっている。

(65) 注(29)王紀潔論文、頁19。

(66) 注(31)周祥論文、頁26。

(67) 注(8)黄錫全書、頁213。

(68) 注(34)江村治樹書、頁187。

(69) 第一章、頁38参照。

(70) 楊樹民「山東平度市発現斉〝刀〟刀銭范」(中国銭幣一九九一—三)頁53、蘇兆慶「山東莒県出土刀幣陶范」(考古一九九四—五)頁468、朱活「泰山之陰斉幣論」(考古与文物一九九六—四)頁40。

(71) 周衛栄「再論〝斉〟明刀」(中国銭幣一九九六—二)頁13。

(72) 「安陽」については朱活氏は三つの候補地を挙げている(注(13)論文、頁41)。注(13)朱活書、頁101再録。「節」を「譚」と読んで譚国とするの説があるが、裘錫圭氏は莒県に当てている(「戦国貨幣考(十二篇)」北京大学学報一九七八—二、頁80)。

(73) 第三章、頁188参照。

(74) 第三章、頁174以下参照。ほとんどが記念貨幣とし、田氏が斉を簒奪した時のもの、斉が燕を撃退して都に帰った時のものなど意見が分かれている。ただし、郭が断絶せず銭体全体を取り囲んでいる点、「斉大刀」三字刀と同じであり、時代が下る貨幣と思われる。

(75) 陳応祺氏は、一九六七年には霊寿故城から一〇〇〇余斤、一九八〇年には一五〇一枚の「成白」刀が出土し、また陶范、石范をともなう鋳造遺跡も発見されているとする(注(27)論文、頁14)。

(76) 注(8)黄錫全書、頁216に各説を紹介している。

(77) 注(8)黄錫全書、頁95。

(78) 注(5)王毓銓書、頁46。

(79) 注(14)鄭家相書、頁37。
(80) 注(40)朱活論文、頁35。
(81) 注(24)汪慶正書。頁14。
(82) 注(41)焦智勤論文、頁70。
(83) 注(49)蔡運章等書、頁46。
(84) 注(8)黄錫全書、頁97〜104。
(85) 趙寧夫、汲津「試論建国以来河南出土銭幣的学術価値」(中原文物一九八四―二)頁102。
(86) 注(14)鄭家相書、頁92〜106、頁109〜114。
(87) 注(8)黄錫全書、頁115、頁158。
(88) 注(14)鄭家相書、頁114、注(8)黄錫全書、頁135。以下、鄭氏、黄氏の引用は両書により、ページ数のみ記す。
(89) ただし、尖足布の出土地と地名は全体として北に片寄り、従来から言われているように趙国と関係が深い。
(90) 以下の論述における詳細な根拠データは第五章を参照のこと。
(91) 注(34)江村治樹書、頁221、表5参照。「梁邑」は魏都大梁の鋳造と考えられる。出土数は多いが他を圧するほどの数ではない。「平陽」は『史記』韓世家によると、前四九七〜三七五年の間、韓の国都であったが方足布流通以前となる。
(92) 『左氏伝』昭公三年「(九月)燕簡公多嬖寵、欲去諸大夫、而立其寵人、冬、燕大夫比以殺公之外嬖、公懼奔斉、書曰、北燕伯款出奔斉、罪之也」、昭公七年「(春王正月)癸巳斉侯次于虢、(中略)二月戊午、盟于濡上、燕人帰燕姫、賂以瑶罋玉櫝斝耳、不克而還」、昭公一二年「春、斉高偃納北燕伯款于唐、因其衆」。
(93) 『左氏伝』襄公九年:斉の叔孫還出奔、襄公二九年:斉の高止出奔、昭公三年:斉による盧蒲嫳追放、定公一〇年:晋の成何出奔、哀公一五年:斉の高無丕出奔。
(94) 『史記』燕召公世家「六年、恵公多寵姫、公欲去諸大夫而立寵姫宋、大夫共誅姫宋、恵公懼奔斉、四年斉高偃如晋、請共伐燕入其君、晋平公許与斉伐燕入恵公、恵公至燕而死」。

(95) 范祥雍編『古本竹書紀年輯校訂補』(新知識出版社、一九五六)。
(96) 『春秋』荘公三〇年「冬、公及斉侯遇于魯済、斉人伐山戎」、『左氏伝』同「冬遇于魯済、謀伐山戎也、以其病燕故也」とある。
(97) 『春秋』荘公三二年「狄伐邢」、閔公二年「十有二月、狄入衛」とあり、『左氏伝』閔公二年「僖之元年、斉桓公遷邢于夷儀、二年封衛于楚丘、邢遷如帰、衛国忘亡」とある。
(98) 僖公八年・晋、一〇年・温、一三年・衛、一六年・晋、二四年・鄭、三〇年・斉、三一年・衛、文公七年・魯、九年・斉、一〇年・宋など。
(99) 中山の名は『左氏伝』定公四年(前五〇六年)に見え、『史記』魏世家、六国年表によると文侯一七年(前四〇八年)に魏に一旦滅ぼされている。
(100) 宮本一夫『中国古代北疆史の考古学的研究』(中国書店、二〇〇〇)頁229。
(101) 注(22)朱活論文、頁26。注(13)朱活書、頁175。
(102) 注(5)王毓銓書、頁65。注(14)鄭家相書、頁69。
(103) 注(8)黄錫全書、頁211。
(104) 1考古与文物一九八〇—三・頁32、2考古与文物一九八七—一・頁82、3同・頁82、4中国銭幣一九九八—二・頁48、5考古与文物一九八〇—三・頁25、6中国銭幣一九九〇—三・頁67。
(105) 「匕」字については「化」とする説と「刀」とする説があるが、ともに地名とは考えられていない。
(106) 石永士・石磊『燕下都東周貨幣聚珍』(文物出版社、一九九六)、頁286、図二三三。黄錫全氏はこの種の尖首刀を類明刀とし、燕国初期の刀銭としている(注(8)頁237)。
(107) 注(49)蔡運章等書、頁29。
(108) 注(14)鄭家相書、頁42。注(40)朱活論文、頁24。
(109) 注(49)蔡運章等書、頁31。

(110) 注（40）朱活論文、頁29。注（8）黄錫全書、頁103。

(111) 『左氏伝』昭公二二年「丁巳、葬景王、王子朝因旧官百工之喪職秩者、与霊景之族以作乱、帥郊要餞之甲、以逐劉子、壬戌劉子奔揚、単子逆悼王于荘宮以帰」とある。

(112) 『春秋』経、昭公二六年「冬十月、天王入于成周、尹氏、召伯、毛伯以王子朝奔楚」、『左氏伝』昭公二九年「夏五月庚寅、王氏趙車（杜注：趙車子朝之余也）入于鄻以叛、陰不佞敗之」、定公六年「周儋翩率王子朝之徒因鄭人将以作乱于周」、定公七年「春二月、周儋翩入于儀栗、以叛」、定公八年「二月己丑、単子伐穀城、劉子伐儀栗、辛卯、単子伐簡城、劉子伐盂、以定王室」とある。

(113) 『史記』周本紀「定王崩、長子去疾立、是為哀王、哀王立三月弟叔襲殺哀王而自立、是為思王、思王立五月少弟嵬攻殺思王而自立、是為考王、此三王皆定王之子」とある。

(114) 『史記』晋世家「六卿欲弱公室、乃遂以法尽滅其族、而分其邑為十県、各令其子為大夫、晋益弱、六卿皆大」とある。

(115) 『左氏伝』哀公一七年（前四七八年）「（衛荘公）使匠久、公欲逐石圃、未及而難作、辛巳、石圃因匠氏攻公」、哀公二五年（前四七〇年）「（衛出公）使三匠久、公使優狡盟拳彌、而甚近信之、故褚師比、公孫彌牟、公文要、司寇亥、司徒期因三匠与拳彌作乱、皆執利兵、無者執斤」とある。

(116) 注（34）江村治樹書、頁14。

(117) 注（53）『侯馬鋳銅遺址　上』頁452によると、青銅貨幣鋳造遺跡を含む青銅器鋳造工場の所有者については論証できる直接の材料はなく、それが晋公室、また六卿あるいは三卿、また新興の商工業者に属したかは、新発見やさらなる研究による必要があるとしている。

(118) 地名とするのが一般であるが、蔡運章氏らは吉語としている（注（49）書、頁35、36）。

(119) 研究者によって異なるが五種類から九種類が燕方足布とされている（第一章参照）。

(120) 注（34）江村治樹書、頁367、第三部第三章「戦国時代の都市の性格」、江村治樹「秦漢帝国の形成と地域―とくに都市の視点から―」（日本秦漢史研究一一、二〇一一）頁81参照のこと。

図版出所目録

図1　銅削刀：文物資料叢刊七（一九八三）頁72、図八（通長一九・二㎝、河北灤平県砲台山山戎墓地M28）
図2　尖首刀（上）：著者写真（通長一四・六㎝）
図3　切首刀（六）：中国銭幣一九八七―三、頁13、図一（通長一三㎝余）
図4　前期燕明刀：著者写真（通長一四㎝）
図5　後期燕明刀：著者写真（通長一三・九㎝）
図6　直刀（白人）：著者写真（通長一四㎝）
図7　斉大刀（斉大刀）：著者写真（通長一八・二㎝）
図8　銅鏟：考古学報九（一九五五）図版参拾貳5（通長二二・四五㎝、河南安陽大司空村殷代遺址探溝2殷代堆積層）
図9　特大型平肩空首布：中国銭幣一九九六―二、頁8、図二（通長一三㎝、山西曲沃県曲村鎮）
図10　中型平肩空首布（市中小化）：汪慶正主編『中国歴代貨幣大系一　先秦貨幣』（上海人民出版社、一九八八）頁41、カラー図版・空首布49（通長九㎝）
図11　大型聳肩空首布（十）：汪慶正主編『中国歴代貨幣大系一　先秦貨幣』（上海人民出版社、一九八八）頁41、カラー図版・空首布697（通長一五㎝）
図12　小型斜肩空首布（武安）：汪慶正主編『中国歴代貨幣大系一　先秦貨幣』（上海人民出版社、一九八八）頁41、カラー図版・空首布592（通長七・五㎝）
図13　橋形方足布（梁夸釿五十当寽）：汪慶正主編『中国歴代貨幣大系一　先秦貨幣』（上海人民出版社、一九八八）頁42、カラー図版・釿布1337（通長六㎝）
図14　尖足布（寿陰）：著者写真（通長五・六㎝）
図15　方足布（梁邑）：著者写真（通長四・五㎝）

図16　円足布（離石）：汪慶正主編『中国歴代貨幣大系一　先秦貨幣』（上海人民出版社、一九八八）頁42、カラー図版・円足布2433（通長五・五㎝）

図17　鋭角布（公）：著者写真（通長四・七㎝）

尖首刀出土地出典一覧　★特大型、無印・尖首刀、◆切首刀、▲異型、＊鋳型

1遼寧喀左：『中国刀幣匯考』p113（遼寧金融・銭幣専輯12、13期）（1991年・中三家郷50余枚）／2遼寧凌源：考古与文物1980-3p32（1974年・修杖子窖蔵943枚）、中国銭幣2001-2p8（1999年・三十家子村窖蔵明刀80余枚、針首刀Ⅰ式3枚）／3遼東：考古与文物1980-3p25／

4河北青龍：文物春秋1989-4p91（1984年・宋丈子庄窖蔵布幣刀幣30余kg、尖首刀数枚完全）／5河北撫寧：中国銭幣1997-2p54（東周村窖蔵5kg）／6河北承徳：考古与文物1980-3p25／文物春秋1993-4p31（岔溝村4枚保存）／7河北灤平：文物春秋1990-2p46（砲台山山戎墓地1400枚中尖首刀含む）／8河北興隆：文物1985-6p89（1979年・瀝水溝窖蔵刀幣5000余枚中5枚）、中国銭幣2008-2p3（2007年・県西部二道河子窖蔵Ⅱ式14枚）／9河北遷西：中国銭幣2000-2p21（1994年・老県城窖蔵1000余枚）／10河北遵化：文物1992-11p10（1986年・上峪村窖蔵刀幣16kg）／11河北楽亭：考古与文物1980-3p25（1975年・高常村7.4斤、完全127枚）／12河北唐山：中国銭幣2009-2p13（2007年・市郊外窖蔵391枚、切断96枚）13河北宝坻：考古1991-7p582（1980年・牛首口村M9、25枚）／14河北延慶：文物1989-8p28、33（1985年・葫蘆溝、玉皇廟少量）、中国銭幣論文集四（2002）p94、『軍都山墓地　玉皇廟（三）』p1289（玉皇廟M164、172、380）、中国銭幣2007-2p8（軍都山山戎墓地（葫芦溝））、中国銭幣1990-3p37、文物春秋1990-2p46（1978年・辛庄堡村窖蔵30kg、2700枚、1350枚整理）、北京文博1998-3p17（1985年・軍都山墓葬少量）、中国銭幣2001-2p8（1999年・県城西北五里坡窖蔵200余枚）、中国銭幣2009-2p13（1999年・県城西北、類明刀相似15枚）／13河北北京：中国銭幣2008-2p3（2006年・門頭溝馬刨泉10余枚）、15河北懐來：考古与文物1987-1p82（収集8枚）、中国銭幣2005-2p10（境内原始刀5枚発見）／16河北張家口（または熱河）：考古与文物1980-3p25、考古与文物1987-1p82（19枚）、中国銭幣1993-2p6（集中発見）、中国銭幣論文集四（1998）p94（1979年・白廟村東周墓地2枚）／17河北宣化：中国銭幣2008-2p3

（2002年・趙川郷韓家溝窖蔵針首刀多数）／18河北新城：考古与文物1987-1 p82、『先秦貨幣通論』 p200（高碑店1枚）／19河北涞水：文物春秋1991-1 p90（1986年・西武泉村窖蔵1枚、明刀61枚）／20河北易県：中国銭幣2001-2 p8（県北★1枚）、考古与文物1987-1 p82（12枚）、考古与文物1980-3 p27（1966年・燕下都東沈村刀幣13651枚中2枚）、考古与文物1987-1 p82（1970年・燕下都郎井村明刀中8枚）、考古与文物1980-3 p26（1966年・燕下都郎井村刀幣6830枚中16枚）、考古与文物1987-1 p82（1973年・燕下都高陌村明刀中1枚）、考古与文物1987-1 p83（1978年・燕下都軍営村1845枚）、考古与文物1987-1 p83（燕下都遺址内7枚）、中国銭幣1993-2 p6（1987年・燕下都軍営村窖蔵141市斤）、『燕下都東周貨幣聚珍』 p286（1996年・燕下都郎井村東＊）／21河北滄県：考古1973-1 p35（1960年・肖家楼1枚、明刀10339枚）／22河北河間：中国銭幣1987-3 p17／23河北河間保定と聊城の間：『中国貨幣発展史』 p66／24河北容城：考古1993-3 p236（1981年・南陽村遺址200余枚）、考古1994-5 p471（1985年・南陽磚廠100余枚）、文物春秋1992-1 p81（1989年・羅河村燕刀幣200余枚）／25河北満城：考古与文物1987-1 p82（3枚）、考古与文物1980-3 p25（1965年29枚）／26河北唐県：考古与文物1987-1 p82（1枚）／27河北阜平：中国銭幣2001-2 p8（2000年・霊寿南営附近窖蔵38枚）／28河北安国：考古与文物1987-1 p82（10枚）／29河北新楽：中国銭幣2001-2 p8（2000年・新安鋪村窖蔵30枚）／

30河北藁城：中国銭幣1987-3 p17（1982年・北楼村窖蔵92枚）／31河北石家庄市：考古与文物1987-1 p82（3枚）、『中国歴代貨幣大系一』 p1144（1955年・市郊漢常山城遺址貨幣1000余枚中にあり）／32河北平山：考古与文物1980-3 p25（1973年・三汲公社刀幣7756枚中1枚）、考古与文物1987-1 p83（霊寿故城少数）、文物春秋1990-2 p46（霊寿故城M8502貨幣1400枚中に含む）、中国銭幣1993-2 p6（鮮虞・中山聚居地遺址聳肩空首布中にあり）、考古学集刊五（1987） p166（1977年・古霊寿城一、二号居住遺址56枚、中国銭幣1995-2 p12（霊寿城址内鮮虞族春秋晩期遺址））／

33山西定襄：中国銭幣1997-2 p48▲（1996年・城南窖蔵30余枚）／34山西盂県：中国銭幣1998-2 p48（1996年・城東300枚？）／

35山西代県？：中国銭幣2003-2 p13▲（1999年・県北）／36山西興県？（または内蒙古清水河）：中国銭幣2003-2 p13▲（2001年・橋岔灘河辺窖蔵刀幣中1枚）／

37山東章邱：考古与文物1980-3 p25◆／38山東臨淄故城：考古与文物1980-3 p25（1975年・東石橋村80枚現存）／39山東寿光：文物1959-11 p30（呂村◆）、考古与文物1980-3 p25（方首村◆3枚）／40山東臨朐：考古与文物1987-1 p82／41山東青州市：中国銭幣1990-3 p67（1988年・市郊◆300余枚、斉明刀11枚）、『先秦貨幣通論』p204（「山東金融研究」銭幣専輯1987）（1961年・五里堡1枚、明刀6枚）／42山東膠県：考古与文物1987-1 p82／43山東即墨：考古与文物1980-3 p25◆、『中国貨幣発展史』p66◆／44山東招遠：文物1972-5 p56（1956年・曲侯屯◆163枚）、中国銭幣1987-3 p13（1956-60年・◆330余枚）／45山東某地：中国銭幣1990-3 p67◆／

46陝西咸陽：考古1974-1 p16（1962年・長陵車站南窖蔵貨幣中1枚）／

47内蒙古托古托：中国銭幣2003-2 p40（伝黄河辺出土「西□□」1）／

空首布出土地出典一覧

◇特大型、○平肩、△聳肩、▽斜肩、＊陶範

1河北北京：『古銭新探』p35（1957年・広智門外5、6枚○▽）／2河北保定：『古銭新探』p35（1963年・▽1枚）／3河北平山：中国銭幣1995-2 p12（霊寿故城西北外△46枚）／

4山西寿陽：『中国山西歴代貨幣』p8（1959年・上湖村△60余枚）、考古1996-3 p83（1978年・上湖村東面△19枚？）／5山西太原：『中国山西歴代貨幣』p9（1988年・墓葬△10枚）／6山西楡次：『三秦貨幣』p35（1984年・猫児嶺墓葬△5枚）／7山西長子：中国銭幣2004-2 p11（『山西長子大墓』文物出版社、2001）（戦国初期墓△）、8山西翼城：『中国山西歴代貨幣』p9（1972年△23枚）／9山西曲沃：中国銭幣1996-2 p8（1990年・曲沃鎮東◇2枚）／10山西侯馬：文物1960-8・9 p13（1959年・牛村古城南東周遺址△11枚、内范多数）、『侯馬鋳銅遺址』（晋国遺址HPVⅡ、HPⅢ、HPXV、XXⅡT688H158、XXⅡT675H229、XXⅡT612H32、XXⅡT552H176△）（晋国遺址XXⅡT557F30△、T557F373、T557F431、XXⅡT667H431、XXⅡT687H442△＊）（晋国遺址XXⅡT680H305、XXⅡT679H398、XXⅡT209H213、XXⅡT61H170、XXⅡT679H398、XXⅡT658H272、XXⅡT657H617△陶芯）、中国銭幣1983-1 p28（1960年・牛村東周遺址△）、中国銭幣1983-3 p10（1957-58年・西北庄東周遺址△）、中国銭幣1994-2 p55（火車站東南△200枚以上）、中国銭幣1995-2 p37（1986年・薬材公司△28枚現存）、『中国山西歴代貨幣』p13△177枚、『三晋貨幣』p151（1959-64年・牛村古城址南冶煉遺址△170枚）、『先秦貨幣通論』p95（窖蔵△1枚）、『古銭新探』p30、p34（1963年・新田故城△、1957-58年・上馬村南△30余枚）／11山西新絳：中国銭幣1995-2 p38（1982年・宋村採集◇2枚）／

12山西稷山：中国銭幣1997−2ｐ44（1995年・蔡村郷楊村磚廠窖蔵△549枚）、『中国山西歴代貨幣』ｐ187表、中国銭幣1984−2（1981年・呉城村△23枚）／13山西聞喜：中国銭幣1993−2ｐ49（1992年・聞喜と夏県交界収集△）、『中国山西歴代貨幣』ｐ187表（1965年・李店舗窖蔵△400枚）／14山西芮城：『洛陽銭幣発現与研究』ｐ63表（窖蔵△50枚）／15河南安陽：中国銭幣1983−3ｐ10（△数100枚）、華夏考古1996−1ｐ64（1994年・北郊と洪河屯村△14枚）／16河南林県：華夏考古1996−1ｐ65（1950年代△４枚）／17河南浚県：華夏考古1996−1ｐ66、『安陽鶴壁銭幣発現与研究』ｐ277（1974年・小艾庄遺址窖蔵△100余枚）／18河南汲県：『山彪鎮与琉璃閣』（1935年・山彪鎮Ｍ１△674枚）／19河南焦作：『三門峡焦作銭幣発現与研究』ｐ303（収集○▽）、20河南沁陽：『三門峡焦作銭幣発現与研究』ｐ303（1973年・尚虎村○）、21河南鞏県：『洛陽銭幣発現与研究』ｐ186（1975年窖蔵○４枚）／22河南孟津：考古1974−1ｐ８（解放前・后海資村○72枚）、文物資料叢刊九（1985）ｐ158（1974年・劉家觜村窖蔵○336枚）／23河南洛陽：『洛陽中州路（西工段）』ｐ26（1953年・中州路Ｍ105・○刻画）、考古1974−1ｐ14（1966年・金谷園村付近○１枚）、中国銭幣1983−3ｐ９、文物資料叢刊九（1985）ｐ154（1974年・西工十五廠窖蔵（東周王城東北角）○1516枚▽367枚）、文物1981−11ｐ62（1976年・東周王城澗河東岸七四○廠戦国糧倉○52枚、▽５枚、平首布９枚、円銭48枚）、中国銭幣1983−3ｐ９（1982年・洛陽地区収集○200余枚）、文物1992−3ｐ92（1986年・西工区唐宮西路北側市建公司福利区内墓葬○４枚）、文物1999−9ｐ29（金谷園小学住宅楼西漢墓○１枚、▽２枚）、文物2002−9ｐ93（2001年・史家屯村窖蔵○31枚、▽11枚、円銭60枚）、考古1987−8ｐ717（唐宮路定鼎路交会処西南隅Ｃ１Ｍ389○▽各１枚、東周王城金谷園路西側洛陽駅南制冷機械廠Ｍ49○１枚、東周王城中州路西工段南側33工区Ｍ3110○２枚、東周王城中州路西工段南側111工区Ｍ026○１枚、唐宮路東段北側34工区Ｍ11○２枚、周公路南側37工区Ｍ１○１枚、東周王城中州路西工段南側111工区Ｍ014○７枚）、考古1991−6ｐ513（1984−88年、東周王城内八一路北端唐宮路北側Ｃ１Ｍ2547○９枚、八一路北端唐宮路北側Ｃ１Ｍ2430○２枚、八一路北端唐宮路北側Ｃ１Ｍ2549○５枚、東周王城澗河以西中州路北側Ｃ４Ｍ327○２枚、東周王城澗河以西孫旗屯東北1.5華里天津路東側Ｃ４Ｍ100○３枚）、『洛陽銭幣発現与研究』ｐ23（1954年・東周王城西工区小屯村北Ｈ465○４枚、1954年・西工区小屯村北Ｔ433Ｆ13Ａ○１枚、1950年代・周公廟東南1.5kmの九都路南側37工区Ｍ１○１枚、1984年・澗西区七里河村西中州路北側Ｇ４Ｍ32○２枚、1976年・瞿家屯○570枚、1985年・谷水鎮農家院内○84枚、1954年・西工小屯村○５枚、1991年・小屯村北建物基礎工事中発見○▽350枚、1995年・市郊○一批、1972年・

東站運来の黄雑銅中より選出○261枚、洛陽地区廃品公司倉庫選出○210枚）、中国銭幣1991-2 p76（1985年・西郊工農郷谷水鎮○80余枚）、文物1998-12 p87、中国銭幣1999-2 p77（1991年・西工区西北東澗溝村澗河東岸窖蔵○277枚、▽77枚）、中国銭幣2002-2 p37（1996年・西工東周王城遺址内墓葬○10枚、東周王城内東北部墓葬○1枚）、中原文物1998-3 p58（1995年・王城公園西門南500m市政府西家属院○＊2件）、考古学報1956-2（1962年・漢河南県城北城垣T4：1▽1枚）／考古学報2000-3 p359（1996年・凱旋路南97LM437○7枚）／考古与文物1999-3 p3（1984年・安楽郷聶湾村窖蔵○33枚）、考古与文物2003-4 p10（2000年・体育路中段路西C1M6767○▽各1枚）／24河南新安：考古1974-1 p12（1971年・牛丈村○401枚）／25河南伊川：考古1974-1 p8（1970年・富留店村窖蔵○455枚、▽149枚）、『洛陽銭幣発現与研究』p28（1996年・白元村西▽6枚）／26河南宜陽：中原文物1981-3 p10（1962年・韓城公社仟佰嶺村○19枚）、文物1986-10 p82（1980年・柳泉郷花庄村▽1789枚）、『洛陽銭幣発現与研究』（1986年・韓城郷王窯村▽279枚、1988年・韓城村▽11枚、1988年・韓城鎮宜陽故城内▽9枚、1995年・段村東北▽20枚）／27河南澠池：『洛陽銭幣発現与研究』p62（1984年・李家洼村○20枚）／28河南三門峡：文物1986-10 p86（1983年・戦国墓▽2枚）、『三門峡焦作銭幣発現与研究』p33（1984年・戦国墓▽12枚）／29河南霊宝：『洛陽銭幣発現与研究』p63（1992年△）、『中国貨幣発展史』p54▽／30河南鄭州：文物参考資料1955-10 p15（1954年・崗杜戦国晩期墓M112▽4枚、方足布3枚、刀布1枚）、中国銭幣1983-3 p9▽／31河南新鄭：中国銭幣論文集四（2002）p781、中国銭幣2004-2 p11（1997-98年・鄭韓故城鄭国祭祀遺址内◇＊陶范1件、范心26件）、32河南偃師：『洛陽銭幣発現与研究』p28（1996年・南蔡庄西▽4枚）／33河南登封：『洛陽銭幣発現与研究』p63（1989年窖蔵▽100枚）／34河南嵩県：『先秦貨幣通論』p94◇10余枚、『洛陽銭幣発現与研究』p28（1997年・田湖鎮于嶺村窖蔵▽110余枚）／35河南汝陽：文物1986-10 p86（1984年・戦国墓▽3枚）／36河南洛寧：文物1986-10 p86（1978年・東宋郷▽30枚）／37河南栾川：『洛陽銭幣発現与研究』p27（1973年・獅子廟郷羅村▽130余枚）／38河南臨汝（汝州市）：『洛陽銭幣発現与研究』p26（1972年・陵頭郷申坡村○50余枚、1976年・騎嶺郷范集村○100余枚、1992年・臨汝鎮古城村旁戦国墓○2枚、円銭2枚、1984年・文管会収集○138枚）、中原文物1982-2 p58、『洛陽銭幣発現与研究』p26（1974年・陵頭村北窖蔵○278枚）、文物1990-7 p96（1986年・寄料郷雷湾村○29枚）、中国銭幣1996-2 p37（1940年代・陵頭郷廟湾村南窖蔵○200余枚、1950年代・臨汝鎮○?、楊楼郷○?、奇料郷○?、紙坊郷○?、1983年・騎嶺郷山王寨村窖蔵○180枚）／『南陽平頂山銭幣発現与研究』p344（1992

年・臨汝鎮○90余枚）／39河南平頂山：『南陽平頂山銭幣発現与研究』p345（収集○、1992年・焦店郷郟山営村南窖蔵○80余枚）、40河南舞陽：中国銭幣1983-3 p14（収集○5枚）、『洛陽銭幣発現与研究』p61、『先秦貨幣通論』p109（1981年・保和郷○6枚）、『許昌漯河銭幣発現与研究』p426（2001年・城西？8枚）／41河南漯河：『許昌漯河銭幣発現与研究』p429（収集○▽）／42陝西大茘：中国銭幣2000-2 p78（1999年・歩昌郷上魯坡村▽2枚）／43陝西富県（鄜県）：『洛陽銭幣発現与研究』p57（1951年▽2枚）／44陝西西安：『先秦貨幣通論』p100、p112（郊区▽、1965年・史家村窖蔵▽4枚現存）／45浙江余杭：『古銭新探』（乾隆年間・余杭山中▽数10～100枚）／

燕明刀出土地出典一覧

○弧背式、□折背式、？型式不明、＊鋳型

1吉林集安：考古1964-2 p83（1956年・太王墳窖蔵貨幣8～9市斤、□、方足布、漢半両、五銖、王莽銭）／2内蒙古赤峰市：考古学報1979-2 p215（1963年・蜘蛛山遺址？3枚、一化1、秦半両3）、考古1984-2 p138（1979年・新窩鋪村戦国城址窖蔵□6枚、方足布254、尖足布12、半両1、一刀2325、当卜地郷新井村蘑菇山窖蔵○□107枚、方足布68、尖足布5、直刀1；郭家梁北戦国遺址窖蔵○□373枚、1981年・赤峰市○□）、中国銭幣1987-4 p69（1984年・敖漢旗敖吉郷刁家営子○□75枚）、中国銭幣1990-1 p55（○鉛明刀）、『先秦貨幣通論』p223（内蒙古金融研究・銭幣専刊1994-4）（山前郷黄安堡盆子窯村○□3000～4000枚）／3内蒙古敖漢旗：考古学報1956-1 p29？、考古1976-5 p335（1974年・四家子公社老虎山戦国秦漢遺址窖蔵50余斤○□）／4内蒙古寧城：考古1982-2 p155（1979年・黒城古城址□）、『中国歴代貨幣体系一』p1144（1956年・黒城子古城南門外、外羅城？少量、布幣）、『先秦貨幣通論』p225（内蒙古自治区歴代銭幣普査報告1997-6稿）（1978年・楡樹林子郷窖蔵？1000余枚）／5内蒙古涼城：文物1965-4（1959年・市区西部窖蔵400余枚中？数10枚、尖足布、方足布、円足布）、『先秦貨幣通論』p225（内蒙古金融研究・銭幣専刊1993-3）（1990年・双古城郷○□）、中国銭幣論文集三（1998）p136（郭木匠溝村戦国漢初遺址？、方足布）／6内蒙古包頭：『中国歴代貨幣大系一』p1144（1981年・麻池郷漢城遺址？、方足布、尖足布、直刀）、中国銭幣1990-4 p66、『先秦貨幣通論』p225、（1988年・火車站東側路南□15枚）／7内蒙古托克托：『先秦貨幣通論』p225（内蒙古金融研究・銭幣専刊1996-4）（1996年・古城郷古城村雲中古城○□115枚、尖足布、直刀）／

8遼寧西豊：文物1960-8・9（1956年・集善郷執中村?・2枚、一刀、半両、五銖）／9遼寧寛甸：文物資料叢刊三（1980）p125（1974年・双山子郷黎明村窖蔵○□200余枚）／10遼寧鉄嶺：考古1992-4 p310（1973年・新台子鎮邱家台漢初村落遺址窖蔵○□331枚、尖足布・方足布2415、秦漢半両130、一化12706）／11遼寧沈陽：文物春秋1990-2 p46?／12遼寧撫順：考古学報1956-1 p29（1941年窖蔵?・40kg）、考古1985-6 p522（1981年・海浪郷巳溝村南○66枚、□596枚）／13遼寧遼中：中国銭幣1983-3 p69、『先秦貨幣通論』p225（1982年・老官索呉家留子村窖蔵○□900余枚）／14遼寧本渓：中国銭幣論集四（2002）p65（張家堡子戦国晩期墓□）／15遼寧遼陽市：文物参考資料1955-12（1955年・三道壕西漢村落遺址?・4枚、一刀8、漢半両、五銖、貨泉）、文物1980-4 p94（1963年・城西黄泥洼郷頭台子村○8枚、□83枚；1964年・西北郊北園村□12枚；1964年・柳条寨郷大新庄村窖蔵70斤?、布幣、円銭；1965年・小北河郷沙嶺房村西運河内○8枚、□90枚）／16遼寧鞍山市：考古学報一○（1955）（1952年・羊草庄?・1100余枚）、考古1960-8（1960年・羊草庄?・3枚）／17遼寧東溝：文物資料叢刊三（1980）p125（合隆公社?）／18遼寧庄河：文物1994-6 p76（1987年・桂雲花村東窖蔵□多110枚、方足布1386、尖足布14、一化2200）／19遼寧瓦房店市：考古1990-2 p102（1984年・交流島郷鳳鳥島窖蔵○□120枚、尖足布2、方足布12、一化2280）／20遼寧新金：考古学報1956-1 p29（大嶺屯城○20余枚、貨泉2；貔子窩高麗寨□1枚、残14枚、一刀、半両、布泉）／21遼寧金県：考古与文物1983-6 p79?／22遼寧大連市：考古学報1956-1 p29（牧羊城○□14枚、明刀4、一刀2、半両7、五銖3、大泉五十1；営城子鞠家溝窖蔵□300枚）、考古1960-8 p12（1958年・営城子郷后牧城駅村墓葬M3?・3枚）、考古1990-2 p102（1979年・旅順口区三澗鎮蒋家村窖蔵○□400枚）、考古2002-10 p78（1960年・后牧城駅楼上戦国墓M3?）／23遼寧義県：考古学報1956-1 p29（瓦房店?、熊岳城?、大石橋盤竜山?、潘建台?）／24遼寧錦州市：文物参考資料1954-2 p92（1952年・西郊大泥洼?・200余枚；1952年・北八里営盤?・10余枚）、考古通訊1955-4 p32（1951年・市西大泥窪遺址○□200枚）／25遼寧錦西：考古学集刊二（1982）p93（1976年・邵集屯郷英房子村窖蔵○492枚、□198枚）／26遼寧朝陽：考古学報1956-1 p29（松樹嘴子?）、文物1962-3 p57（1961年・七道嶺塔山窖蔵□?、方足布、尖足布）／27遼寧凌源：文物1994-6 p82（1989年・劉杖子郷洼子店村窖蔵5kg○□50枚完整）、中国銭幣2001-2 p8（1999年・三十家子村窖蔵○80余枚、斉明刀5、針首刀3）／28遼寧建昌：文物1983-9 p67（1979年・玲瓏塔大隊后杖子□、尖足布）、中国銭幣論文集四（2002）p120（1980年・漢代后城子城址?、半両、五銖）／

29山西左雲‥文物参考資料1957-8（1950年・威魯郷戦国秦遺址?少量）、『先秦貨幣通論』p225（山西金融・銭幣専輯1988増刊）（?92枚、尖足布、方足布）／30山西右玉‥『先秦貨幣通論』p225（山西金融・銭幣専輯1988増刊）（梁家油坊?35枚、尖足布、方足布）／31山西渾源‥『先秦貨幣通論』p225（山西金融・銭幣専輯1988増刊）（1979年・大洼村?146枚、直刀）／32山西山陰‥『先秦貨幣通論』p225（山西金融・銭幣専輯1988増刊）（1950年・故駅村?9枚、尖足布、方足布）／33山西朔県‥『先秦貨幣通論』p225（山西金融・銭幣専輯1988増刊）（1975年・沙楞河?105枚、尖足布、方足布）／34山西原平‥文物1965-1 p46（1963年・武原村○718枚、□690枚、直刀450、布幣2223）／35山西盂県‥『先秦貨幣通論』p225（山西金融・銭幣専輯1988増刊）（1977年・南村?3枚、方足布、尖足布）／36山西交城‥『先秦貨幣通論』p225（山西金融・銭幣専輯1988増刊）（1986年窖蔵?38枚、尖足布）／37山西高平‥『先秦貨幣通論』p225（山西金融・銭幣専輯1988増刊）（1958年・箭頭村?2枚、方足布）、中国銭幣1998-2 p76（1978年・箭頭村刀幣1000余枚）、文物1996-6 p33（1995年・永禄村長平古戦場遺址永禄1号戸骨坑○□16枚）／38山西永済‥文物参考資料1955-8 p40、『先秦貨幣通論』p225（山西金融・銭幣専輯1988増刊）（1954年・薛家崖○1枚、尖足布、方足布）／39河北囲場‥文物1992-10 p95（1987年・克勃溝郷二道梁村窖蔵○□248枚）／40河北秦皇島‥文物春秋1990-2 p46?／41河北青竜‥文物春秋1990-2 p46?／42河北盧竜‥『先秦貨幣通論』p225（河北金融・銭幣専輯二・1996）（1982年・孟柳河郷鮑子溝○□一批、方足布、尖足布）／43河北撫寧‥文物春秋1990-2 p46?／44河北灤県‥文物春秋1990-2 p46?／45河北灤南‥考古1988-2 p179（1978年・麻各庄窖蔵○37枚、□160枚、鈍首刀2、尖足布17、方足布67）／46河北興隆‥文物1985-6 p89（1979年・陡子峪公社瀝水溝大隊窖蔵○253枚□2098枚、尖首刀）／47河北遵化‥文物春秋1990-2 p46?／48河北豊潤‥文物春秋1990-2 p46?／49河北唐山‥文物春秋1990-2 p46（賈格庄?）／50河北平泉‥文物春秋1990-2 p46?／51河北承徳‥考古学報1956-1 p29、文物1959-2 p73、『先秦貨幣通論』p225（1954年・八家子南台村窖蔵200斤○□4500枚、直刀3）、考古1987-3 p196（1962年・柳樹底郷羅家溝村遺址＊□石范1件）、文物春秋1989-4 p93（1981年・大郭林子郷窖蔵○□3100余枚）、文物春秋1993-4 p30（双峰寺鎮老営村漢代遺址○□1193枚・1962年・下板城鎮大丈子村滑石刀幣范＊○□歴年来数枚～10数枚・上谷郷大郭丈子村戦国漢代遺址窖蔵○□2734枚・五道河郷十一道河村窖蔵○□818枚）／52河北灤平‥考古学報1956-1 p29（1944年・張家溝窖蔵?100kg・窖蔵?約2000枚）、文物1981-9 p93（1979年・虎什哈公社営坊大隊窖蔵○□500余枚、直刀3、布幣54、一化280）／53河北豊寧‥文物春秋1990-2 p46、

『先秦貨幣通論』p225（1989年・大灘鎮留子号村窖蔵○12枚、直刀3、方足布、尖足布）／54河北沽源：文物春秋1990-2 p46?／55河北平谷：中国銭幣1990-3 p36（1970年・馬坊村○□・劉家河村○□・1974年・南独楽河郷娥眉山村○□）／56河北密雲：中国銭幣1990-3 p36（1970年・大城子郷后店村○□552枚）、中国銭幣2001-2 p8（1998年□50余枚）／57河北懐柔：中国銭幣1990-3 p36（1970年・城東北角居民区○□・城内服装廠○□・1965年・茶塢公社蘇峪口村戦国墓郡○□三批5kg・1959年・文教局院内?15枚・1973年・懐豊公路○□）／58河北順義：中国銭幣1990-3 p36（1963年・蘭家営村□2枚）／59河北通県：中国銭幣1990-3 p36（1965年・西門外楊庄西○□、1976年・楊庄鉄路南□）／60河北昌平：中国銭幣1990-3 p36（1976年・高崖口郷高崖口中学□）／61河北延慶：中国銭幣1990-3 p36（1970年・城関公社○□・千家店公社○□・花盆公社○□・1971年・県城内○□・永寧公社○□・1972年・大白老公社古城村○□・下屯公社下屯中学院内○□、1978年・永寧公社新華営村?、1983年・城関公社米家堡村?）、『先秦貨幣通論』p225（北京考古四十年）（1988年・康庄郷苗家堡村?232枚完整）／62河北北京市：中国銭幣1990-3 p36（1953年・海定区紫竹院内□4kg・1965年・房山区長溝村戦国墓○□・1966年・崇文区天壇公園内□1枚・1970年・西城区六鋪炕石油部后院○□・1971年・宣武区牛街○□・宣武区白紙坊○□・1972年・崇文区山澗口街東口橡彎八廠院内○□・宣武区条帚胡同28号韓家譚図書館院内○□・1974年・豊台区黄土崗公社大葆台村漢墓封土中○□・1975年・房山区董家村○□・1976年・海定区温泉公社東埠頭村□、1978年・海定区梁家園西山農場果樹三隊?・1983年・房山区南韓継村?、1990年・豊台区大井村○□）、中国銭幣2009-2 p30（2006年・宣武区広安門内窖蔵30000枚中□、方足布、尖足布、直刀）、『先秦貨幣通論』p225（1965年・豊台区長辛店南洛平村○□1.5kg・1985年・房山区石楼村窖蔵?400余kg・1988年・房山区霞雲嶺竜門台村○□400余枚）、考古1962-5 p254（1957年・朝陽区呼家楼○□2767枚、方足布・尖足布992、直刀117）、考古1991-11 p1046（1988年・房山区東営郷西営村窖蔵○35枚、□717枚）／63河北大興：中国銭幣1990-3 p36、『先秦貨幣通論』p225（1974年・紅星公社○□・1975年・青雲公社○□・1978年・旧宮村南牛場□30枚）／64河北三河：中国考古学会第五次年会論文集（1985）p178?700斤、文物春秋2004-3 p66（1993年・小唐回村西窖蔵○□331枚保存）／65河北宝坻：中国考古学会第五次年会論文集（1985）p178、『先秦貨幣通論』p225（1978年・歇馬台○729枚、斉明刀2）、考古学報2001-1 p111（1989年・石橋郷辛務屯村秦城遺址□13枚）／66河北天津市：考古1965-1、『先秦貨幣通論』p225（1959年・南郊巨葛庄?20余枚）、考古1965-2、『先秦貨幣通論』p225（1956-57年・東郊張貴庄墓葬□4枚・1960年・

北郊双口鎮?:)、文物参考資料1958-4、『先秦貨幣通論』p225（1957年・西郊八里台附近十八嶺遺址?:少量；南郊区中塘墓葬?:少量）／67河北静海：中国考古学会第五次年会論文集（1985）p178（西釣台?:2枚；王口〇500枚）／68河北文安：文物春秋1993-4 p93（1982年・劉么遺址遺址採集□4枚）／69河北滄県：考古1973-1 p35、中国考古学会第五次年会論文集（1985）p178（1960年・肖家楼村西北戦国遺址〇1546枚、斉明刀8793枚）／70河北赤城：文物春秋1990-2 p46?／71河北崇礼：文物春秋1990-2 p46?／72河北張家口：文物春秋1990-2 p46?／73河北宣化：文物春秋1990-2 p46?／74河北涿鹿：文物春秋1990-2 p46?／75河北懐来：考古与文物1983-6 p79（大古城遺址?:）／76河北蔚県：文物資料叢刊九（1985）p210（1978年・南留庄公社白后堡大隊窖蔵〇□1170枚、直刀52、方足布895、尖足布67）／77河北涞水：文物春秋1991-1 p90（1986年・西武泉村北窖蔵〇3枚□57枚、尖首刀1）／78河北易県：『先秦貨幣通論』p225（中国銭幣論文集一、『燕下都東周貨幣聚珍』）（1965-78年・燕下都高陌村5318枚、郎井村8054枚、東沈村13339枚、燕下都10号遺址・高陌村・郎井庄陶范＊）、考古1962-1 p10（1958年・燕下都常成堆□多数）、考古1962-5 p254（1957年・燕下都東固安村?:大量）、考古1975-4 p228（1965年・武陽台村五号遺址内M44〇□67枚、直刀2、尖足布147、方足布639）／79河北新城：文物春秋1990-2 p46?／80河北定興：文物春秋1990-2 p46?／81河北容城：文物春秋1992-1 p81、考古1994-5 p471（1976年・城関郷北城村窖蔵□100余枚；1985年・賈光郷東張楚村〇□203枚）、中国銭幣2001-2 p8（1998年・窖蔵〇30余枚）／82河北徐水：考古1965-10 p538（1953年・解村〇、直刀、尖足布、方足布）／83河北満城：中国銭幣2000-2 p21（1998年・柳佐鎮〇600～700枚、斉明刀含む）／84河北保定：文物春秋1990-2 p46?／85河北唐県：文物春秋1990-2 p46?／86河北霊寿：考古学集刊二（1982）p83（1979年・東城南村窖蔵貨幣676斤〇□582斤、方足布、尖足布、円足布）、文物春秋2000-4 p73（1985年・東城南村窖蔵〇□2503枚、小直刀400余、尖足布6、方足布629）／87河北平山：考古学集刊五（1987）p157（1977年・三汲古城内五号遺址窖蔵〇□374枚、直刀1548、一号二号遺址採集尖首刀56枚）、『中国歴代貨幣大系一』p1144（『古銭新探』）（1973年・三汲公社?:、直刀、尖首刀計7756枚）、中国銭幣1995-2 p12（三汲郷霊寿故城〇、1986年・三汲郷霊寿故城九号鋳銅遺址〇＊陶范、石范）／88河北石家庄市：文物1964-6 p60、『先秦貨幣通論』p225（1963年・東北郊漢代常山城址〇227枚、直刀71、尖首刀1）、考古与文物1983-6 p79（市庄?:）／89河北臨城：考古与文物1993-6（1990年・南台村臨邑古城採集〇1枚）／90河北邯鄲：『中国歴代貨幣大系一』p1144（1957～83年・市郊磚廠、趙王城、張王林区戦国窖蔵多批300余斤?:、直刀、方足布、尖足布）／

91山東平度県：『先秦貨幣通論』p225（山東金融研究・銭幣専輯1991）（1986年・古峴紛鎮大朱毛村窖蔵○□1000余枚：1990年？1枚）／92山東牟平市：『先秦貨幣通論』p225（山東金融研究・銭幣専輯一、二）（1984年・城関窖蔵○□300枚）／93山東長島：『先秦貨幣通論』p225（山東金融研究・銭幣専輯一、二）？／94山東蓬莱：『先秦貨幣通論』p225（山東金融研究・銭幣専輯一、二）？／95山東黄県：『先秦貨幣通論』p225（山東金融研究・銭幣専輯一、二）？／96山東淄博市：『先秦貨幣通論』p225（山東金融研究・銭幣専輯一、二）（1979年・斉都鎮譚家廟村東○61枚：1985年・斉都鎮河崖頭村西遺址○7枚）、中国銭幣2001-2 p39（2000年・臨淄故城北□＊陶范数10件）／

97河南濮陽：『南陽平頂山銭幣発現与研究』p7（1987年・西水坡遺址窖蔵？）／98河南焦作：『南陽平頂山銭幣発現与研究』p7？／99河南新安：中国銭幣1996-2 p79（1995年・五頭郷磚窯場□1枚、斉明刀20余）／100河南郾城：『許昌漯河銭幣発現与研究』p453（1976年・澧河沙場収集？、斉刀：1980年召陵磚廠で多次？6枚、直刀2）／101河南固始：『信陽駐馬店銭幣発現与研究』p33（1987年・張広廟漢代窖蔵□20枚前後）／

102陝西咸陽市：考古1974-1 p16（1962年・長陵車站□3枚、斉刀、布幣、蟻鼻銭、半両）／103陝西扶風：文物春秋1990-2 p46？／

104朝鮮寧辺：『先秦貨幣通論』p225（日本京城帝国大学文学会編『史学論叢』）（1924年・南薪峴面都館洞石室中？100余枚）／105朝鮮渭源：同上（1927-36年・崇正面竜淵洞○□1276枚）／106朝鮮昌城：同上（1932年・東倉面梨川洞？約50枚）／107朝鮮江界：同上（1935年・前川面仲岩洞？206枚：1937年・化京面吉多洞？4000余枚）／108朝鮮慈城郡：考古1962-7（1955年・西海里？数1000枚）／109朝鮮慈江道：考古1962-7（1955年？）／110朝鮮徳川郡：考古1962-7（1955年・青松里？、布幣）／

111日本沖縄県：人類学雑誌42-8（1927）（1923年・城岳貝塚□）、沖縄県立博物館紀要二三（1997）（1992年・島尻郡具志頭村洞穴内□）／

斉明刀出土地出典一覧

第一章の表一斉明刀出土地一覧表参照のこと。

斉大刀出土地出典一覧

第三章の斉大刀出土地出典一覧参照のこと。

尖足布・方足布出土地出典一覧

△尖足布、○方足布＊陶范

1吉林輯安：文物参考資料1956-2 p62（1956年・太王墳後辺東偏東北窖蔵○、明刀、半両、五銖、貨泉）、考古1964-2 p83（1956年・太王陵西側○、明刀、半両、五銖、貨泉）／2黒竜江：文物1976-7 p35（黒竜江流域△1枚）／3内蒙古包頭：文物1959-4 p73（1958年・麻池郷窩爾免壕戦国遺址○＊石范）／4内蒙古土黙特左旗：中国銭幣1996-2 p78（1980年・哈素郷二十家村北△11枚、○18枚）／5内蒙古托克托：『先秦貨幣通論』p196、225（内蒙古金融研究・銭幣専刊1996-4、1997年増刊（三、四合期））（1996年・古城村窖蔵△40余枚、明刀115、直刀）／6内蒙古涼城：文物1965-4 p57（1959年・市区西部窖蔵△○400余枚、円足布、明刀数10）、中国銭幣1996-3 p39（1989年・崞県窰郷郭石匠溝村○＊鉄范）／7内蒙古赤峰：考古1984-2 p139（新窩鋪村戦国居住址窖蔵△12枚、○245枚、半両1、一化2325、明刀6）、同p141（当卜地公社新井村南戦国古遺址窖蔵△5枚、○68枚、半両1、明刀107、直刀1）／8内蒙古敖漢旗：考古1976-5 p336（1974年・四家子公社老虎山村東○70余枚）

9遼寧鉄嶺：考古1992-4 p311（1973年・新台子鎮邱家台戦国漢初村落遺址窖蔵△○2415枚、明刀331、一化12706、半両130）／10遼寧遼陽：文物1980-4 p94（1961年・下麦窩村窖蔵△○4000余枚、一化400余）、文物春秋1990-2 p58○／11遼寧庄河：文物1994-6 p77（1987年・桂雲花村東窖蔵△14枚、○1386枚、刀幣110、円銭2200：1990年・仙人洞鎮石堡村窖蔵△○360枚、円銭624；1991年・大営鎮四家子村四河屯窖蔵△29枚、○1277枚、一化2145：明陽鎮明陽山村窖蔵16.5kg○、一化）／12遼寧瓦房店市（復県）：考古1990-2 p103（1984年・交流島郷大架山△2枚、○12枚、明刀120、一化2280）／13遼寧新金（普蘭店）：考古通訊1956-4 p48（『貔子窩』）（貔子窩高麗寨○6枚）、考古1990-2 p103（1976年・徐大屯郷北嵐村△○48斤）、文物春秋1997-2 p12（徐大屯郷侯家村△○、明刀、一化）／14遼寧錦州：中国銭幣1992-4 p38（1988年○）／15遼寧朝陽：文物1962-3 p57（1961年・七道嶺公社洪家溝窖蔵△○、刀幣10余斤）／16遼寧建昌：文物1983-9ｐ67（1979年・玲瓏塔公社后杖子△、明刀）／17遼寧凌源：考古学報1996-2ｐ217（1979年・安杖子古城△○）／18山西陽高：考古1965-4ｐ167（1963年・長城公社天橋村東北窖蔵△○102kg 10400枚）／19山西左雲：中国銭幣1989-2ｐ33（○88枚、△、刀幣）／20山西右玉：『先秦貨幣通論』ｐ225（山西金融・銭幣専輯1988増刊）（梁家油坊△○、明刀35）／21山西山陰：『我国古代貨幣的起源和発展』ｐ48△、考古1975-4ｐ239、『先秦貨幣通論』ｐ225（1950年・故駅村△○、明刀9）／22山西朔県：文物1987-6ｐ7（1982年・城北平朔露天煤砿生活区前漢初期墓M491△○10枚）、中国銭幣1989-2ｐ33（1975年・沙楞河△○18枚、刀幣：秋寺院△1枚、○16枚）／23山西代県：中国銭幣1989-2ｐ33（1979年・沱陽村△9枚、○52枚）／24山西原平：文物1965-1ｐ47（1963年・武彦村東水渠窖蔵64kg△2223枚、うち円足布10、明刀1730、直刀450、『中国山西歴代貨幣』△○）／25山西定襄：中国銭幣1989-2ｐ33（南関△○）、中国銭幣1997-2ｐ49（1958年・城南窖蔵△30余枚）／26山西盂県：中国銭幣1989-2ｐ33（1972年・洪塘村△○）、『先秦貨幣通論』ｐ225（1977年・南村△○、明刀3）／27山西太原：中国銭幣1983-1ｐ32（南郊△）、中国銭幣1984-1ｐ71△／28山西楡次：『先秦貨幣通論』ｐ190（文物季刊1997-3）（1995年・錦綸廠墓葬△12枚、明刀、直刀）／29山西臨県：文物1994-4ｐ82（1975年・永江郷窯頭村古城址△、直刀）、『中国山西歴代貨幣』ｐ43（1986年○）／30山西柳林：『先秦貨幣通論』ｐ134△／31山西離石：『中国銭幣大辞典・先秦編』ｐ360△／32山西交城：文物資料叢刊三（1980）ｐ210（1958年・城北△12枚、○44枚）、『中国山西歴代貨幣』ｐ17（1986年△）、『先秦貨幣通論』ｐ191、225（1980年・草酸廠△○：1986年△、明刀38）／33山西祁県：文物1972-4ｐ58、中国銭幣1989-2ｐ33（1961年・子洪鎮下王庄村西窖蔵○24.5kg 4613枚）／34山西黎城：中国銭幣1996-2ｐ44（1985年・県北県紙廠窖蔵○10kg）、中国銭幣2003-2ｐ43（城関○186枚）／35山西屯留：文物1984-12ｐ91（1978年△○88枚）／36山西長治：『中国山西歴代貨幣』ｐ33（1988年○）／37山西高平：『先秦貨幣通論』ｐ225（山西金融・銭幣専輯1988増刊）（1958年・箭頭村○、明刀2）、文物1996-6（1992年・永禄村○1枚、秦半両1）／38山西陵川：中国銭幣1989-2ｐ33（1964年○8枚）／39山西洪洞：中国銭幣1989-2ｐ33（1974年・師士村○578枚）／40山西浮山：文物資料叢刊九（1985）ｐ207（1979年・城北大邢村窖蔵○561枚）／41山西襄汾：中国銭幣1989-2ｐ33（1976年・小趙村○41枚）／42山西翼城：文物1992-8ｐ91（1982年・隆化鎮上呉村墓葬△1枚、○324枚、垣字円銭1、秦半両1）／43山西永済：文物参考資料1955-8ｐ44（1954年・薛家崖村○、明刀、半両）、『中国銭幣大辞典・先秦編』△○／44山西芮城：文物参考資料1958-6 p64（1956年・城南黄河傍土嶺上窖蔵464枚○、橋形方足布）／

45河北青龍：文物春秋1989-4 p91（西双山郷龍潭村窖蔵30余kg○20余枚、尖首刀、一化130余）／46河北灤南：考古1988-2 p179（1978年・麻各庄窖蔵△17枚、○67枚、明刀197、直刀2）／47河北昌黎：文物春秋1997-2 p17（1969年・邵念坨○）／48河北玉田：文物1992-6 p75、文物春秋1993-3 p90（1991年・旧城内鼓楼南街墓葬○14枚）／49河北隆化：『中国歴代貨幣大系一』p1144○13枚／50河北承徳：文物春秋1993-4 p30（高寺台鎮馬営村東南戦国漢代遺址○12枚保存、刀銭：上板城鎮漫子溝北戦国遺址○7枚保存）／51河北灤平：文物1981-9 p93（1979年・虎什哈公社営坊大隊窖蔵△○54枚、明刀500余、直刀3、一化280）／52河北豊寧：文物春秋1995-2 p86（1989年・大灘鎮留子号村窖蔵△○57枚）／53河北張家口：『先秦貨幣通論』p192（『古銭新探』）（1966年△92枚、○1730枚）／54河北懐来：文物参考資料1954-9（1950年代・大古城遺址○少量、刀幣）／55河北北京市：考古1962-5 p254（1957年・朝陽門外呼家楼戦国晩期遺址△○992枚、直刀117、明刀2884）、中国銭幣1990-3 p36（宣武区先農壇後窖蔵○6kg）、中国銭幣2007-2 p29（2006年・広安門外義利食品廠工地○1枚）、中国銭幣2009-2 p30（2006年・宣武区広安門内大街窖蔵30000枚、△○、明刀、直刀）／56河北蔚県：文物資料叢刊九（1985）p210（1978年・南留庄公社白堡后大隊窖蔵△67枚、○896枚、明刀1170、直刀52）／57河北新城：『中国歴代貨幣大系一』p1144（1965年○30枚）／58河北易県：考古1962-1 p19（1958年・燕下都城址△）、考古1975-4 p237（1965年・燕下都M44△147枚、○639枚、明刀67、直刀2、不明786）、文物1982-8 p47（1973年・燕下都二三号遺址○1枚）、考古1987-5 p426（1965年・燕下都第一三号遺址△○＊）、『燕下都東周貨幣聚珍』p180（郎井、高陌、東貫城、東沈村、北沈村、西沈村（XSH）、東斗城採集△○）／59河北徐水：考古1965-10 p540（1958年〜黄山以西瀑河東岸△○）／60河北雄県：『中国歴代貨幣大系一』p1144（1958年△○160枚）／61河北文安：文物春秋1993-4 p93（1982年・県城東部劉麻？遺址採集○5枚、明刀4）／62河北保定：『中国貨幣発展史』p111△、『中国銭幣大辞典・先秦編』p251○、『中国歴代貨幣大系一』p1144（1963年○、尖首刀、斜肩空首布）／63河北定県：『中国歴代貨幣大系一』p1144○71枚／64河北霊寿：考古学集刊二（1982）p83（1979年・東城南村窖蔵△○、円足布30余、明刀、直刀）、文物春秋2000-4 p74（1985年・東城村北窖蔵300kg△、○629枚）／65河北平山：中国銭幣1984-1（1984年・霊寿故城鋳銅作房五号遺址△＊石范）、『中国銭幣大辞典・先秦編』p248○／

66河北石家庄：考古学報1957-1 p91（1955年・市荘村南趙国遺址△1枚、○3枚、刀幣1）／67河北柏郷：文物1990-6 p68（1986年・東小京村西戦国墓△3枚）／68河北臨城：考古1990-8 p700（1987年・中羊泉村西戦国晩期墓△○9枚、直刀1）、考古与文物1993-6 p34（1990年・南台村臨城故城採集△○各1枚）／69河北邯鄲：考古1982-6 p602（1978年・工程公社周窯村東戦国墓○7枚）、考古学集刊四（1984）p186（1954年～趙王城西城zh33○、明刀2、直刀4）、文物春秋2004-4 p35（1998年・大北城西垣西側建設大街両側三ヶ所△10枚）、『中国歴代貨幣大系一』p1144（1957～83年多次各所300斤○、直刀）、同上p308△○／70河北磁県：考古1959-7 p354（1957年・講武城内採集△）／

71河南安陽：中国銭幣1993-2 p50（西郊15㎞○4000～5000枚）／72河南湯陰：『安陽鶴壁銭幣発現与研究』p81（1984年○11枚、橋形方足布1）／73河南鶴壁：中原文物2001-3 p66、『安陽鶴壁銭幣発現与研究』p63（1981年・石林郷獅跑泉村西窖蔵○141枚、橋形方足布11、鋭角布3538、垣字円銭1180）／74河南済源：『三門峡焦作銭幣発現与研究』p312（軹城○）／75河南洛陽：文物1981-11 p62（1976年・東周王城南城墻北戦国糧倉六二号遺址○、空首布、鋭角布）、中国銭幣2007-2 p30（2006年・洛南新区○1枚、橋形方足布4、垣字円銭2）／76河南伊川：『洛陽銭幣発現与研究』p82（1973年?・県城東南新城遺址内○1枚）、考古1991-5 p413（1986年・城関郷南附店磚瓦廠○48枚）／77河南三門峡：『三門峡焦作銭幣発現与研究』p312（1970年・三門峡西火車站○）、中原文物1981特刊p130（1979年・上村嶺南辺墓葬○）／78河南霊宝：『三門峡焦作銭幣発現与研究』p77○／79河南鄭州：文物参考資料1955-10 p13（1954年・西北郊崗杜戦国晩期墓M112○3枚、空首布4、斉明刀1）、考古学報1973-1 p89（1955年・南関外隴海馬路△）、中原文物1985-2 p14（1984年・西北郊溝趙郷窖蔵○2065枚）、中国銭幣論文集四（2002）p67（崗杜戦国末年墓M139○4枚）、中原文物2006-3 p13（2004年・南陽路南段西側戦国中晩期墓M44○11枚）／80河南新鄭：考古学集刊三（1983）p128（1973年・新鄭北関（鄭韓故城）窖蔵○300枚前後、鋭角布）、考古1989-12 p114（新鄭収集○31枚）、華夏考古1991-2 p13（1965年・鄭韓故城西城内地下冷蔵室遺跡△○29枚）、中国銭幣論文集四（2002）p78（1997年・鄭韓故城東城偏南○＊陶范）、中国銭幣2006-2 p41（2004年・鄭韓故城月季新城小区窖蔵○、橋形方足布、鋭角布、二連布）／81河南尉氏：『開封商丘銭幣発現与研究』p25（1974年・洧川鎮○2枚、橋形方足布36、鋭角布2）／82河南長葛：『許昌漯河銭幣発現与研究』p33（1980年・官亭郷白庄○70余枚、1985年・城関鎮辛庄村北○32枚）／83河南禹県：『許昌漯河銭幣発現与研究』p34（1987年・郭連郷韓楼村窖蔵○300余枚・;1997年崗馬村○1枚）／84河南許昌：『許昌漯河銭幣発現与研究』p33（1981年・張潘郷許昌古城○2枚、秦半両1；1994年・楡林郷古城遺址○3枚・;2003年・楡林郷楡林村西南8枚○、橋形方足布、鋭角布）／85河南臨潁：『許昌漯河銭幣発現与研究』p433（1997年・西某村100余枚○、橋形方足布）／86河南郾城：文物参考資料1957-9 p80（古召陵地方採集○2枚）、『許昌漯河銭幣発現与研究』p433（1965年・召陵古城西北白庄村○、橋形方足布数100・;1996年・召陵故城北溝李村20余枚○、橋形方足布・;1997年・召陵故城西林庄北地10余枚○、橋形方足布・;1998年・召陵故城西北白庄村東20余枚○、橋形方足布・;2000年・召陵故城北詹庄村100余枚○、橋形方足布）／87河南舞陽：『許昌漯河銭幣発現与研究』p433（1985年・簡城村北隅○8.5kg）／88河南郟県：『南陽平頂山銭幣発現与研究』p359（1968年・長橋郷○数1000枚）／89河南襄城：中原文物1995-3 p101（1992年・潁陽郷大河磚廠○500余枚）、『許昌漯河銭幣発現与研究』p35（1988年・潁陽鎮と許昌県交界地潁河旁○、鋭角布1000余・;2001年・潁橋回族鎮○50余枚・;2002年・潁橋回族鎮○80余枚；潁橋鎮附近磚廠○4枚・;2003年・山頭店郷胡崗村胡崗古城遺址○50余枚）／90河南平頂山：『南陽平頂山銭幣発現与研究』p361○／91河南葉県：『南陽平頂山銭幣発現与研究』p356（1992年△）／92河南南召：中国銭幣1991-3 p52、『南陽平頂山銭幣発現与研究』p47（1985年・雲陽鎮柿園村窖蔵○57枚）／

93山東青島：『中国歴代貨幣大系 一』p1144（文物1972-5）（1952年・市郊女姑口、市房管所三批出土○、斉刀、賹化銭、明刀）／

94陝西神木：『先秦貨幣通論』p195（陝西金融・銭幣研究1989-1）（1986年△一批）／95陝西咸陽：考古1974-1 p16（1962年・長陵車站南窖蔵戦国貨幣140枚中○1枚／

96朝鮮寧遠：『我国古代貨幣的起源和発展』p48（「史学論叢」京城帝国大学文学会）（寧遠温陽里○）／

第三章　斉大刀の性格

はじめに

春秋戦国時代の青銅貨幣は、その形態にもとづいて刀銭（刀幣）、布銭（布幣）、貝貨（貝幣）、円銭（圜銭）など大きく四種類に分類されている。このうち刀銭は、尖首刀から燕明刀、直刀に変化して行ったとされている。この変化は、第二章で述べたように形態上からも連続性を確認することができる。

しかし、斉国で鋳造、発行されたとされる斉大刀（または斉刀）については、刀銭の系譜の中にどのように位置づけるか問題が残されている。なんと言っても、斉大刀は大型で重量感がある。黄錫全氏によると(1)（以下の数値や形式は黄氏の書による）、一般の斉大刀の大型の通長は一七・九～一八・九cm、重量は四一～六四gもあって青銅貨幣中でも最重量の部類に入る。これに対して、一般的な尖首刀（甲、乙、丙型）の通長は一四～一七・七cm、重さは一一・六～二三・六gで一五g前後が多いと言う。燕明刀（甲、乙、丙型）はこれよりやや小ぶりになるが、通長一三・二～一四・四cm、重さ一三～二二gで尖首刀に準じた大きさ、重さである。直刀（成白、邯鄲、白人）の方は、通長一二・四～一四・五cm、重さ六・七～一五・三gで一〇～一二g前後のものが多い。尖首刀、燕明刀、直刀は大きさ重さが似通っているだけでなく、造りが薄い点も似ている。大きさは斉大刀とそれほど隔たっていないが、重量が軽いのはそのせいである。斉大刀は周囲に高い周郭があり、本体の厚さもある。また形態上も、斉大刀を刀銭の系譜の中に位置づけることを困難にしている。したがって、斉大刀は他の種別の刀銭とは異なった性質を持った貨幣の可能性がある。

一　斉大刀の形式と文字

斉大刀とされるものは、大型と小型の二種類存在するが、形式上はほぼ同じ形態をしている。大型のものの通長と重量は上記のとおりであるが、小型でも通長一五～一六㎝、重さ二三～四五gある。大型には「節酆之大刀」（図1）、「安陽之大刀」（図2）、「斉之大刀」（図3）、「簓大刀」（図4）、「斉近邦賑大刀」（図5）、「斉大刀」（図6）の六種類あるが、小型のものは「節酆大刀」（図7）一種のみである。ただし、「簓大刀」に関しては、出土のはっきりしない一例と断片一例が確認されているのみである。(2)

なお、斉大刀にはすべて、断面の上端が尖った凸型の明瞭な周郭があるのが特徴である。ただし、「節酆之大刀」、「安陽之大刀」、「斉之大刀」、「簓大刀」、「節酆大刀」の周郭は、背の部分の身と柄の間が断絶しているのに対して、「斉近邦賑大刀」、「斉大刀」の二種は連続しているという違いがある。研究者たちは、前者がもとの銅削刀の形態の名残を留めていると考え、後者に先行するものとするのが一般的である。

斉大刀の文字の釈読については、いくつか問題が存在する。斉大刀の最後の二字は、この種の貨幣の名称と考えられるが、その読み方にはいくつかの異説がある。黄錫全氏によると、宝化、円化、大化、去化、法化（貨）、大刀など様々あるが、「法化」と釈するのが一般的なようである。本書では、裘錫圭氏や呉振武氏の意見に従い「大刀」と

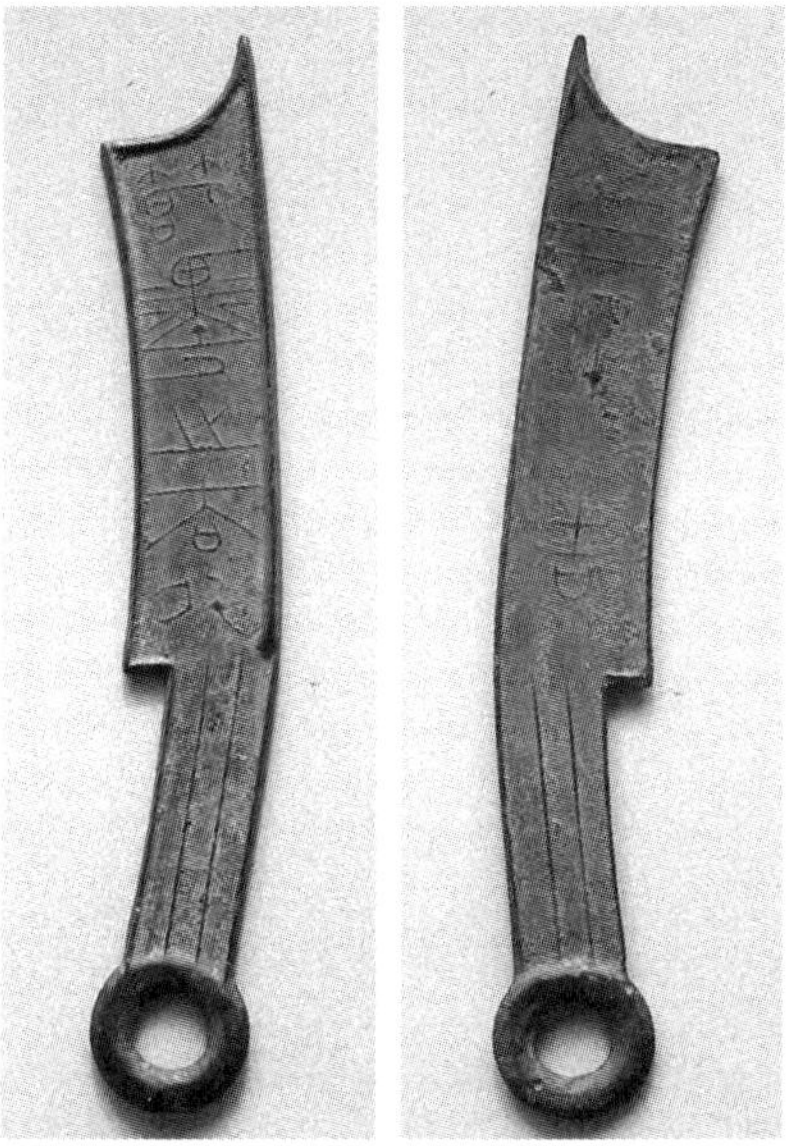

図 1　「節鄷之大刀」

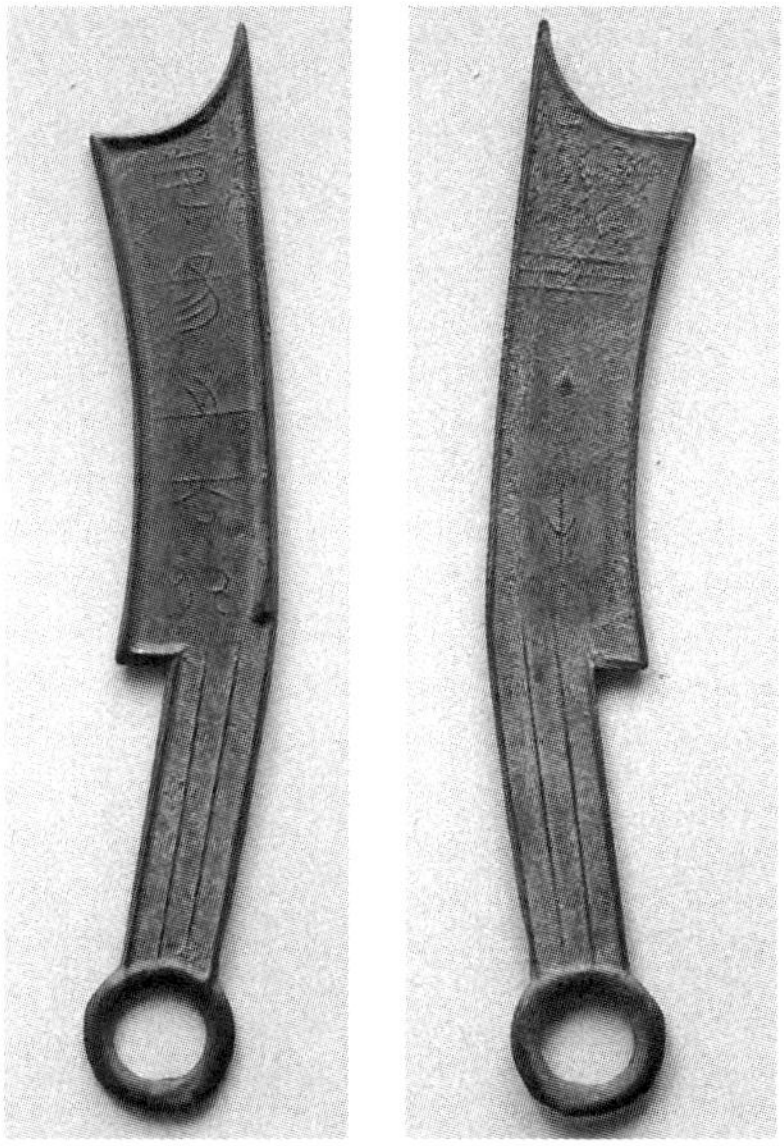

図 2　「安陽之大刀」

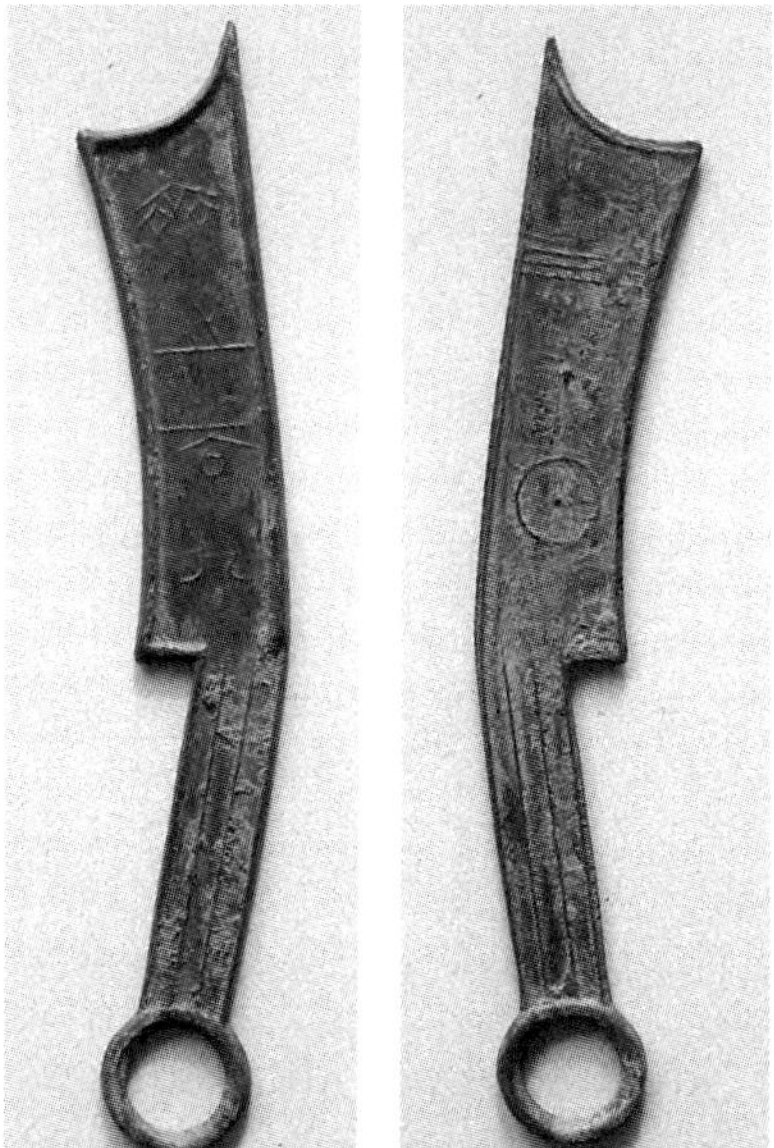

図 3　「斉之大刀」

図 4　「簓大刀」

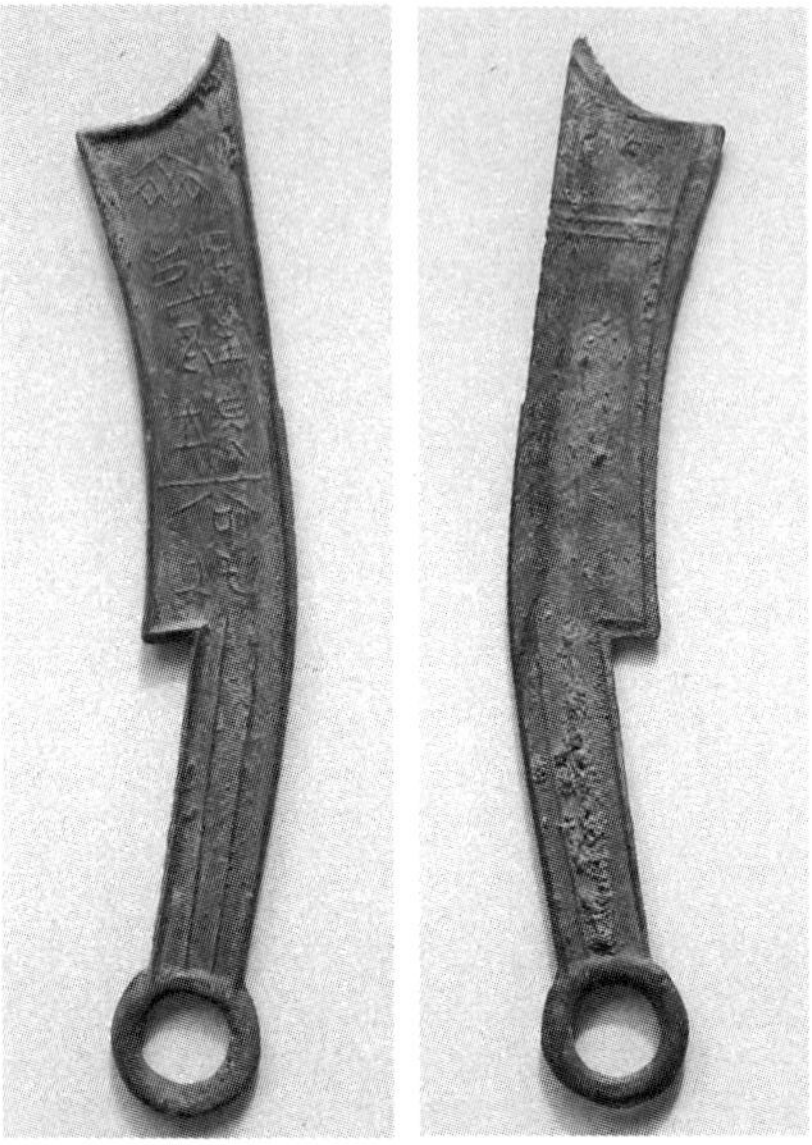

図 5　「斉逅邦蝪大刀」

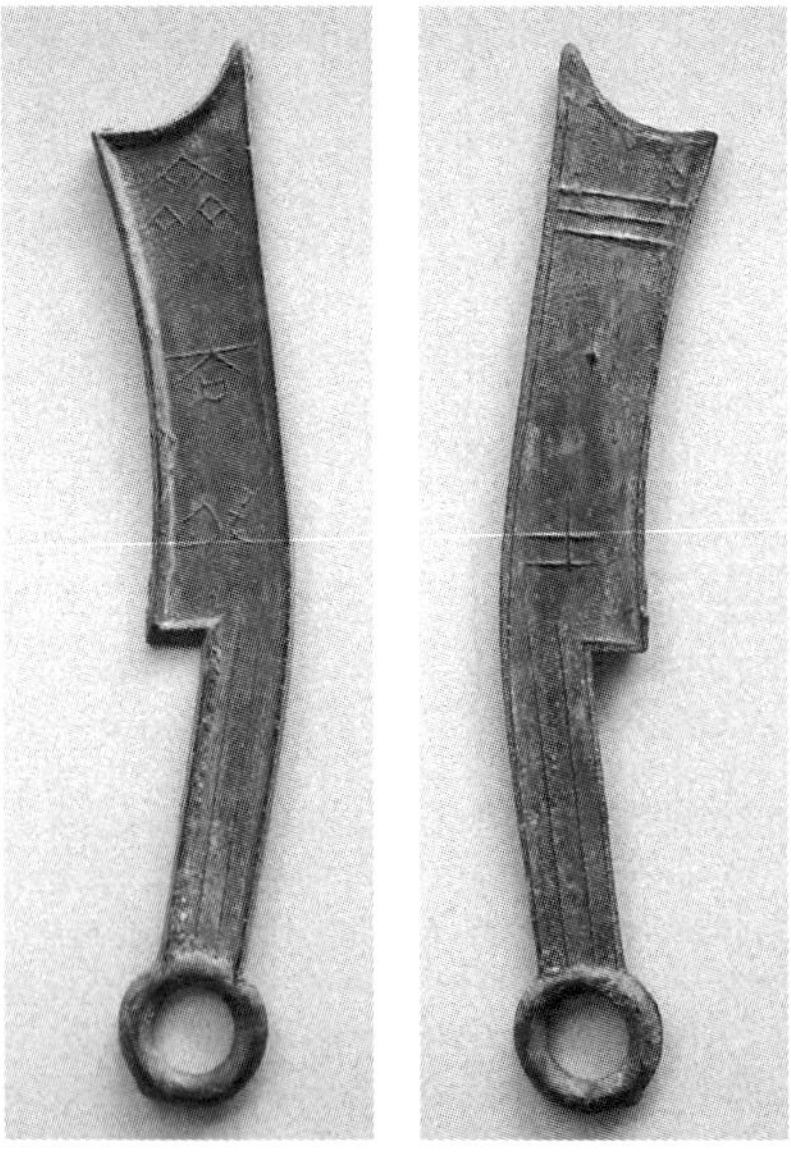

図 6　「斉大刀」

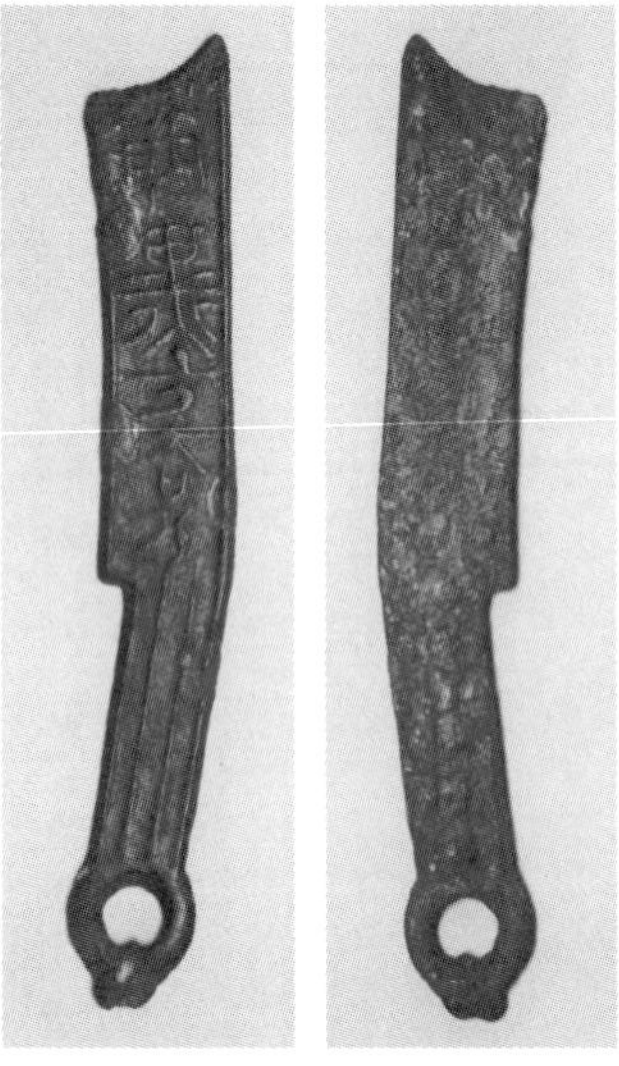

図 7　「節鄻大刀」

しておく。(3) いわゆる六字刀の「斉近邦蜄大刀」の第二字についても多くの異説がある。やはり、黄錫全氏によると、通、徙、赾、進、途、遅、建、造、返、近などの説がある。第二字、第三字を続けて「建邦」、「造邦」と読むのが一般的なようであるが、ここではとりあえず読み方の統一性を保つため、黄氏に従い「近邦」と呼んでおく。しかし、この二字の読み方によって、この六字刀の性格や年代の確定に影響が出てくるので、釈読には慎重であらねばならない。なお、以下の各説の紹介では読み方に分岐の多い六字刀と「節大刀」については、各論者の読み方を〔　〕で附記した。

　斉大刀の地名あるいは国名についても問題が存在する。「節酆」については、「即墨」と読んで山東省平度県東南の即墨故城とする点には異論はないが（以下「即墨」と表記する）、「安陽」の位置については文献史料に十分な証拠がなく確定できない。朱活氏は、斉の「安陽」の位置について三説あるとする。(4) 一は、『史記』六国年表の斉宣公四四年に見える「安陽」で、山東曹県東のもと魯邑。二は、『春秋』成公二年に見える「鞌」で、山東済南。そして三は、『後漢書』趙彦伝注に見える莒の五陽の一つの「安陽」で、莒県と済南の間にあり、『春秋』襄公二四年に莒国の南遷にともない斉の領有になったとする説である。近年は、三番目の莒地説が有力であり、孫敬明氏などは、「安陽」は〈陳純缶〉の銘文に見える「安陵」の別称であるとし、缶の出土地である膠南県の霊山衛一帯にその位置を想定している。(5)

　「節大刀」の第一字の釈読に関してはかなり意見が分かれている。一は、古くからある説で、鄭家相氏や王毓銓氏もそれに従っているが、「簟」と読んで斉桓公二年に滅ぼされた譚とし、位置を済南東南竜山鎮附近の城子崖とするもの。(6) 二は、裘錫圭氏の説で、「簷」と読んで莒に釈するもので、(7) 支持者が多い。三は、近年、李家浩氏が提起した説であり、「節」と読んで柜邑（山東膠南県北）の可能性が大きいとするもので、(8) 黄錫全氏が支持している。

「斉之大刀」、「斉近邦張大刀」、「斉大刀」の「斉」については、斉都臨淄あるいは斉国を指すとすることで一致している。

二　斉大刀の流通時期

(一) 従来の編年

斉大刀の鋳造発行あるいは流通時期については大きく分けて三種類の考え方がある。一は、すべて春秋時代あるいは春秋時代以前とする説であり、二は春秋呂斉のものと戦国田斉のものとに分かれるとする説、そして三はすべて戦国期のものとする説である。

丁福保『古銭大辞典』所引の『銭匯』などは、「斉近邦張大刀」〈斉建邦就去化〉の銘文を斉の建邦初就時の法化と解釈して太公九府の旧制と見なし、全体に春秋時代以前の貨幣と考えているようである。王毓銓氏も、「即墨之大刀」、小型「即墨大刀」〈大型より晩出〉、「安陽之大刀」、「簞大刀」〈簞（譚）邦〉を西周、春秋時の邦国の鋳造とし、「斉近邦張大刀」〈斉造邦長法化〉は斉桓公以前のもので、「斉之大刀」、「斉大刀」をそれ以後の鋳造としている。(9)

このような春秋あるいはそれ以前の古い貨幣とする説はあまり多くないが、二番目の呂斉と田斉に分かれるとする説はかなりあり、現在でも主流の説と言ってよい。しかし、その内容は研究者によっていくらか分岐がある。

まず最初に、このような説を唱えたのは鄭家相氏と思われる。(10)鄭氏は、「斉之大刀」を、斉桓公が聊城の郭地を併合し黄河下游の尖首刀の影響を受け改進作成したものであり、また管仲が古刀に倣いその制を改進し、尖首刀に法りその質を増厚して作成したものであるともしている。そして、「即墨之大刀」大型と小型の「即墨大刀」を二等制の貨幣として（小型は晩出）、斉桓公が即墨を滅ぼした後のもの、「安陽之大刀」を『春秋』襄公二四年に斉が莒を伐った後に鋳造したもの、「節大刀」（譚邦）を斉が譚を滅ぼした後に譚地で鋳造したものとし、ともに春秋呂斉の貨幣としている。しかし一方、「斉近邦張大刀」（斉造邦張夻化）を田斉建国の君主太公和が始鋳した記念貨幣、「斉大刀」を斉大刀中最も遅く出現した斉の統一貨幣とし、両者を田斉の貨幣と考えている。

朱活氏も基本的には鄭氏の考えに従っている。[11]「即墨之大刀」は斉霊公が萊を滅ぼした後（霊公一五年・前五六七年）とし、ともに春秋姜斉（呂斉）の貨幣としている。「安陽之大刀」は桓公時代より早くなく、あるいは斉荘公四年（前五五〇年）より早くないかも知れないの記念貨幣、「斉大刀」は戦国威王、宣王時期（前三七八〜三二四年）の斉国統一標準貨幣としている。小型の「即墨大刀」については、後に田氏が姜斉をまだ全取しない時に民間商賈が私鋳したものか、あるいは燕の楽毅に占領されなかった即墨が鋳造したものではないかとしている。[12]張光明氏の年代観も朱氏と変わらないが、「斉之大刀」を春秋初期の公鋳、「即墨之大刀」、「安陽之大刀」、「節大刀」（莒邦法化）を春秋期に斉がそれらの城邦を滅ぼした後の地方鋳造としている。[13]なお、張氏はその後さらに考えを発展させて、「即墨之大刀」を地方貴族の貨幣で、萊を滅ぼした晏弱の鋳造の可能性があり、「安陽之大刀」の鋳造にも類似の背景が存在したかも知れないとしている。[14]

孫敬明氏も、朱氏と同じく「斉之大刀」、「即墨之大刀」、「安陽之大刀」を春秋呂斉のものとするが、「斉大刀」は戦国威王、宣王期の統一貨幣とし、「節大刀」（莒邦法化）を燕の占領下に斉襄王が莒で即位した時に発行、「斉近邦張大刀」（斉返邦長法化）を燕が撤退した後に襄王が国都臨淄に復帰した時に発行した記念貨幣としている。[15]

近年の黄錫全氏の考えも鄭氏や朱氏の系譜を引くものである。[16]「斉之大刀」は斉霊公以前で、斉桓公後期の可能性が極めて高く、「即墨之大刀」、「安陽之大刀」も春秋後期の呂斉のものとする。ただし、「節大刀」と小型「即墨大刀」

は呂斉の康公〔前四〇四年〕から田斉桓公〔前三七五〜三五七年〕前後の戦国前中期、「斉大刀」は田斉威王〔前三五六〜三二一年〕時期、「斉近邦張大刀」は田斉湣王〔前三〇一〜二八四年〕時期で、斉が宋を滅ぼした時〔前二八六年〕の記念貨幣である可能性が高いとしている。

三番目の、斉大刀すべてを戦国貨幣とした最も古いものは、日本の奥平昌洪氏の説ではないかと思われる。[17] 奥平氏は、「斉近邦張大刀」〔斉造邦張法化〕を戦国初の斉侯田氏の開国貨幣とし、「斉大刀」は簡易化しているためそれより後鋳とする。また、「即墨之大刀」、「安陽之大刀」もみな田斉の貨幣とし、「斉之大刀」については明言はないが「斉大刀」の後に付しており、戦国貨幣と考えていると思われる。奥平氏は戦国貨幣とする十分な証拠を示していないが、関野雄氏は考古学的根拠にもとづいて戦国貨幣としている。[18] 関野氏は、斉大刀の形式的同一性により、すべての斉大刀を戦国初中期、ほぼ百年間の田斉の貨幣とし、銘文の字体から「斉近邦張大刀」〔斉建邦長法化〕から「斉之大刀」、「即墨之大刀」、「安陽之大刀」へと変遷し、最後に「斉大刀」が出現したとしている。

中国では彭信威氏の説が早い。[19] 彭氏は、「斉近邦張大刀」〔造邦刀〕を最も早い斉大刀とし、田斉の造邦時の可能性が大きく、「安陽之大刀」も田斉初年、前四世紀のものであり、「即墨之大刀」も燕軍が占領した時に鋳造された可能性が大きいとする。そして、「斉近邦張大刀」や「斉之大刀」が前で、「斉大刀」が後であるが、形制上の差異は何百年もの時間的間隔はないとしている。

その後に出された汪慶正氏の説も、一部呂斉貨幣を含むとするが、時間的には戦国貨幣説と言ってよい。[20] 汪氏は、「節大刀」〔莒邦大化〕を莒が斉の領有〔前四一二年〕になる以前の貨幣とし、「安陽之大刀」をそれ以後、「斉之大刀」を田斉開国〔前三七八年〕より前のもの、「斉近邦張大刀」〔斉造邦張大化〕を田斉開国の記念貨幣とする。そして、「即墨之大刀」の鋳造を威王九年〔前三四八年〕の即墨大夫の故事と関連させ、小型「即墨大刀」を燕占領下の斉国貨幣としている。

張弛氏は、斉大刀をすべて戦国田斉の貨幣とする。[21] 張氏は、小型「即墨大刀」と「節大刀」（莒邦大刀）を早期の斉大刀と見なし、両者の上限は田和が斉に代わって以後（斉康公一九年（前三八六年）、田和、諸侯となる）とする。そして、「斉之大刀」、「即墨之大刀」、「安陽之大刀」の鋳造発行年は斉威王即位の年（前三五六年）を越えず、九年（前三四八年）の即墨大夫と阿大夫の故事と関連があると考えている。「斉返邦張大刀」（斉返邦長大刀）については、斉襄王五年（前二七九年）の斉都臨淄に帰還時の記念貨幣とし、「斉大刀」もほぼ同年の貨幣であり、戦国晩期上段のものとしている。

しかし、于嘉芳氏の説では、すべての斉大刀を戦国後期の燕による斉占領に関わるものとし、極めて短い期間に発行された貨幣と見なしている。[22] 「即墨之大刀」、小型「即墨大刀」、「安陽之大刀」、「節大刀」（莒邦法化）を燕の占領下（前二八三年〜）に斉襄王が莒に居た時の発行、「斉返邦張大刀」（斉返邦張法化）は襄王が国に戻った時（前二七九年）の記念貨幣とする。そして、「斉之大刀」は襄王が国を回復して初鋳したもので、「斉大刀」の方は斉地をすべて回復した後、社会が安定してから鋳造した貨幣としている。

(二) 流通時期の推定

斉大刀の鋳造発行、あるいは流通時期に関しては、研究者によって極めて大きな隔たりがある。早くは春秋以前、遅くても斉桓公始鋳とし、戦国末まで長期にわたって流通したとするものから、于嘉芳氏のように戦国後期の短い期間に限定するものまである。このように研究者によって年代に大きな差異が出てきたのは、年代を推定できる材料がほとんどないからである。斉大刀の出土状況を見てみると、年代決定の手がかりとなる墓葬出土が皆無であり、確かな遺跡出土の例も存在せず[23]、すべて孤立した埋蔵貨幣として発見されている。それ故に、その文字の釈読による憶測が幅をきかすようになる。「斉近邦蜄大刀」の第二字、第三字を斉国の歴史に対応させ、斉国始封、斉桓公称覇、田斉開国、襄王復国などと関連づけ、これを基準として斉大刀全体を編年することは危険であろう。文献史料と関係づける前に、まず可能な限り考古学的な位置付けを試みる必要がある。

最初に行うべきことは、斉大刀の春秋戦国期の刀銭全体の中での形態上の位置づけである。しかし、この点は最初に述べたとおり悲観的にならざるを得ない。斉大刀と直接連続する形態の刀銭は発見されていないからである。尖首刀や燕明刀、直刀とは形態においても、大きさにおいても、どう見ても連続しない。これら年代がある程度確定されている刀銭との直接的な関連づけは困難である。

ただし、各種斉大刀の形態変化はそれほど大きくはないことに注目される。燕明刀は戦国初期から戦国末期まで長期にわたって流通した貨幣とされるが、時代によってある程度の形態変化を確認することができる[24]。しかし、斉大刀の方はほとんど変化が見られないことから、春秋時代から戦国時代にわたるほど長期に流通した貨幣とは考えられず、関野雄氏や張弛氏の言うように[25]、かなり短い期間に流通した貨幣ではないかと思われる。

斉大刀には明瞭な周郭があり、貨幣としてかなり様式化している。刀銭の原型とされる削刀とは形態上かけ離れていることは明らかである。従って、削刀から変化した痕跡が見られる尖首刀よりは後の鋳造発行と考えてよいであろう。尖首刀は春秋後期に出現したと見られることから[26]、斉大刀はそれより後、戦国時代に入ってから流通した貨幣である可能性が高い。

なお、斉大刀の流通を春秋時代に遡らせる根拠として、『管子』との関連性を強調する考え方が見られる。朱活氏などは、『管子』に斉国が「刀幣」を鋳造発行した記載、および斉桓公の時期に「荘山の金を鋳て幣を為った」という記事があることや、春秋戦国期の斉国経済の発展状況から推して、斉桓公時期に国都や重要な城邑で貨幣の鋳造が始まった可能性があるとしている(27)。しかし、彭信威氏はすでに、『管子』は決して管仲の著作ではなく、その中の貨幣に関する問題は田斉の状況を根拠にしている可能性があると述べている(28)。最も早く出現する空首布や尖首刀でも春秋後期を大きく遡らないと考えられ(29)、春秋中期の桓公の時代に刀銭の原型からかけ離れた形態の斉大刀が出現していたとは考えられない。やはり、『管子』の貨幣に関する記述は戦国時代に桓公や管仲に仮託されたものであろう。

次に、斉大刀の文字上の位置づけを試みる。この点に関しては、すでに孫敬明氏が斉大刀の個別の文字について、殷の甲骨文、西周から戦国までの金文、戦国陶文や印章の文字との字形比較を行っている(30)。斉大刀の「斉」字は甲骨文、西周金文、戦国陶文に近く、「之」字は戦国器銘と印文に似ていて、春秋金文とは異なる。「安」字のウ冠の書き方は西周金文、戦国陶文に見え、春秋金文には見えない。また、「斉近邦裖大刀」の「邦」字の「阝」偏は戦国晩期の斉陶文と似ており、「裖」字も戦国晩期の文字の典型的な特色とし、この種の斉大刀を戦国晩期と断定している。しかし、孫氏は、「之」字を含む「斉之大刀」、「即墨之大刀」、「安陽之大刀」を『管子』の記述との関係からみな春秋期の貨幣としており(31)、字形比較とはいささか矛盾するようである。

斉大刀の「之」字は春秋後期前半と考えられる斉器〈公孫窹壷〉(32)に字形が近く、ほぼ同じ時期の〈斉侯鑑〉(33)が「㞢」となっているのとは異なる。前者はタガネ彫りであり、後者は改まった均整な鋳銘である。一般に金文、陶文を問わず、「之」字は戦国に入ると斉大刀のような字形になるのが普通であるが(34)、タガネ彫りのようにやや簡略な文字では、春秋後期にすでにそのような字形が出現していたようである。

ところで、陶器に製造責任を示す印を押すのは、戦国期になってからのことと考えられており、そのような印文は戦国期の文字を比較する上で最適の材料と言える。高明編著『古陶文彙編』(35)によると、斉都臨淄故城出土の陶文「繇

図８　臨淄出土陶文「安」

図９　臨淄出土陶文「安」

図10　臨淄出土陶文「斉」

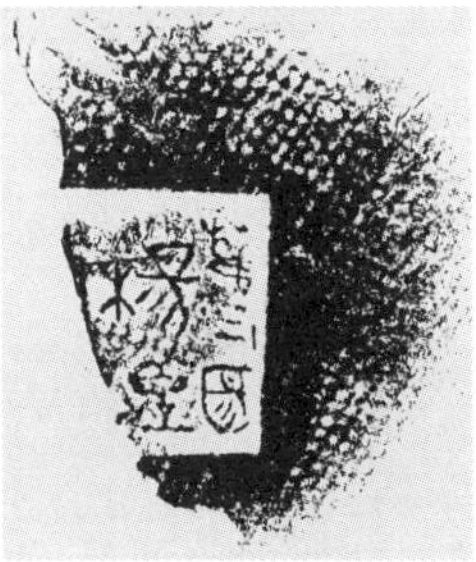

図11　臨淄出土陶文「昜」

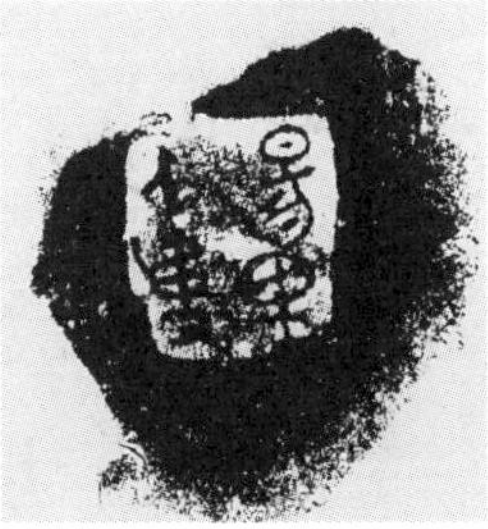

図12　臨淄出土陶文「昜」

図13　守陽戈「昜」

衟杏匋里安」（頁59、3・66）の「安」字（図８）は「安陽之大刀」の文字に近い。その他、「安」字の「女」字下に附随するL形の筆画の位置は多少異なるが、ウ冠の書き方が同じ文字がいくつか見られる（図９）[36]。また、「斉」字も「丘斉」銘の陶文に近い字形が多数見られるが（図10）[37]、上記の〈斉侯鑑〉の字形は縦画が長く異なる。

孫敬明氏は取り上げていないが、「昜」字についても近い字形が『古陶文彙編』にいくつか見られる。臨淄故城出土の頁120の3・311、3・313（図11）、頁121の3・314～3・316（図12）などの陶文はよく似ている。また、戦国期の銅戈の銘文にもよく似た字形がある。戦国後期の燕式戈である〈守陽戈〉[38]の「昜」字は（図13）、とくにその下部の書き方は同じである。この他、戦国前期の東方系と思われる銅戈の「昜」字にも同様の表現が見られ[39]、「安陽之大刀」の「昜」字は戦国期に特徴的なものと思われる。ただし、

「斉大刀」背面の「昜」字の字形は以上とは異なる。

以上のごとく、斉大刀の文字は、戦国期の、とくに斉国と関わりの深い文字との類似性が顕著に認められる。文字の上から、斉大刀のような字形が春秋期に遡らないとは断定できないが、上記の形態上の特色も加味した場合、斉大刀は戦国以後の貨幣である蓋然性が高いであろう。

斉大刀が戦国期の貨幣であるとすると、それぞれの種類の貨幣は戦国時代のどのような時期に位置づけられるであろうか。最初に述べたとおり、斉大刀は形態上、周郭の断、不断によって二つのグループに分けることができる。そして、一般に「斉大刀」や「斉近邦張大刀」などのように不断の方が時代が遅いとされている。このことは、「斉大刀」の出土数が圧倒的に多いこと（表1）、「斉大刀」は戦国後期に出現するとされる賹化銭との伴出関係が深いことや重量の対応関係、鉛の含有率の類似などからも証することができる。(40) 周衛栄氏の統計表によると、(41)「斉大刀」二七枚の鉛含有率は二七・一一〜四二・九六％、平均三八・〇五％、賹化銭一九枚は二六・九七〜四五・九四％、平均三五・〇四％であり、両者はかなり接近している。一方、「斉之大刀」二枚は、一七・〇一％、一九・一三％、「即墨之大刀」五枚は一一・二二〜一七・一三％、平均一四・八七％、「安陽之大刀」は一六・九四％である。「斉大刀」は、この三種の斉大刀と比べて鉛含有率がかなり高くなっている。青銅貨幣は鉛の含有率が増えるにしたがって時代が下る傾向がある点からも、「斉大刀」が時代が下るとされることと合致している。ただし、現在のところ「斉近邦張大刀」の合金成分分析の事例がなく、鉛含有率から「斉大刀」との関連性を検討することはできない。

「斉大刀」が戦国後期に出現するとしても、周郭中断の「斉之大刀」、「即墨之大刀」、「安陽之大刀」の方が、そこからどれだけ遡るものかは明らかにしがたい。互いに伴出関係があり、形態変化もそれほど大きくないことから考えて、田斉成立時（前三八六年、＊前三八八年）まで遡らせてよいか疑問である。大体、張弛氏の説のごとく、威王、宣

表１　斉大刀・賹化銭出土数量表　　（出土地の番号は斉大刀出土地出典一覧に対応）

種類／出土地	即墨之大刀	即墨大刀	安陽之大刀	斉之大刀	斉近邦蜄大刀	斉大刀	賹六化	賹四化	賹化	計
3 山東 東平陵城	1	1								2
4 陵県 将軍寨				1		1				2
5 長清 村庄						83				83
6 済南 五里牌坊	3		2	2		51	305	292	2	657
馬鞍山						1				1
趙家庄						79				79
7 平陵 王芽后庄	3					43				46
8 章丘 竜山鎮	1	1								2
9 明水 県政府	5		2	2		285	126	80	34	534
10歴城 邢村	3			2		87				92
神武大隊						5	41	40		86
11無棣 信陽城						17				17
12博興 陳戸田村	6		1	5		2				14
東田村	6		1	5		210	3	29		254
田家村東			1	1		99		4		105
陳戸喬子村			1	1		99				101
第二磚瓦廠	2					160				162
13高青 付家村	1	5		1		15				22
(不詳)	1			1	1	25				28
14淄博 臨淄故城						100				100

臨淄故城南仇村			1	2		47				50
臨淄故城張王村	1		1	3	1	36				42
臨淄故城灯籠村	1		1							2
臨淄区周村						2				2
臨淄区西関村南						11				11
臨淄区西関村北	2		1			2				5
臨淄区斉都三中						148				148
臨淄区闞貨村東						4				4
臨淄区張家庄						2				2
臨淄区于家墓地						1				1
臨淄区王青村						10				10
臨清区大場村						35				35
張店区南定		1				46				47
15桓台竜百村				2		3				5
16臨朐七賢村西	6									6
長溝村	1		1	87		98				187
大関橋西										40〜
青石崖村						?				?
付興村	5		1	3	1	217				227
北張王村					1					44
宿家庄						?				?
17広饒										140〜

18寿光 延慶寺村	6		16	13	4	315				354
王高村	2									2
沙阿村						1				1
東張村						1				1
王高					1	2				3
桑家営子				2		50	8	5		65
丁家店子	6		16	13	4	35				74
劉家集鎮				2						2
紀台村				1		2				3
后張村						1				1
19青州 東南河村	2		10	15	3	470				500
臧台故城						?				?
辛庄			1			5				6
李家庄			1	1		28				30
大交流村				?		57				100～
范王庄						?				?
20沂源			1			3				4
21昌楽 東上疃村						2				2
県城内	17									17
三廟村	?			?		?				13
東高営村	?									107
王家河洼	2			21						23
22濰坊 埠口郷						?				?
北宮橋下						?				?
東上圩河						4				4
23安丘 郚城遺址	1					63				64
24濰県 蛤蟆屯村	?					?				40～
李家侯孟						10				10
北馮村後						23				23

25昌邑 城関鎮	1									1
県境						6				6
26高密 竜且故城	?					?				29
（同上）				1		1				2
県城東郊						5				5
城陰故城				8		29				37
27平度	7			5	1	81				94
後滕家村						10				10
小馬場村						30～				30～
大城西村	2					16				18
張舎村						3				3
杜家村	1		1			21				23
門村郷						47				47
北温家村						13				200～
九甲村	2					16	1	1		20
洪蘭村						13				13
28莱州 小家村			4	1		76	77	37	2	197
29莱西										40
30莱陽 趙旺荘				?		?				100～
31栖霞 潘家庄	14		4	1	1	123				143
32蓬莱 劉家										2
劉溝										34
（不詳）					1					2
33長山島					1	1				2
35煙台 三十里堡						22～				22～
（不詳）						3～				3～
36牟平 劉家庄	1		1	3		94～	1	2		98～

東鄧格荘	?								?
37乳山 曲水村			4	5	1	172			182
38海陽 汪格庄村	29		40	46	3	1469			1587
39即墨 孟庄			1			16			17
毛家嶺 四村北						30〜			30〜
皐県古城	?		?						?
台上荘	?								?
40青島 女姑口	1					1	1	2	5
41嶗山 南庄村						397			397
44諸城 薛家庄						130〜			130〜
昌城村						1			1
馬家庄村						1			1
椁羅林子						40			40
董家庄子						23			23
繁化学校						1			1
県医院						1〜			1〜
侯家屯村						23			23
45五蓮 楼子村1						10			10
同2						6			6
北店村	4		1			5			10
46日照 竹園	3		1	5		188	107	15	319
后山前	1	1	4	1		10			17
尭王城	1			1		9			11
47沂南 銅井村						20			20
49莒県 庫山郷	?								?

王家坪						23～				23～
莒県故城			?		?					?
(不詳)	?				?	?				?
50莒南 鉄溝崖村	2		2	1	1	103				109
大店村	2			2		21				25
51臨沂 大城后村	60		55	66	8	1612				1801
糧食局	2		1			8				11
水田村						37				37
太平郷	1					9				10
故県村	2		1	1		59				63
崔庄村						9				9
硯台嶺村	2		1	1		28				32
52費県	1			1		3				5
53蒙陰 羅圏崖 1	3		3	4		140				150
同 2	4		1	4	1	124	5	5		144
54平邑 顓臾故城						30				30
55滕州 望冢公社					1	21				22
(不詳)					1	6				7
56江蘇 贛楡歴庄				?	?	?				40～
57宿遷 宿城						3				3
58洪沢 馬棚						13～				13～
59淮陰 城南	1									1
宋集						2				2
60河南 内黄石光			1							2
61林県 城北	1									1
総計	232～	9	185～	343～	36～	8526～	675	513	38	11416～

王時期（前三五八〜三二四年、＊田侯因斉元年・前三五六年、威宣王更元元年・前三三八〜三二〇年）が妥当なところであろうか（＊印年・平勢隆郎編著『新編　史記東周年表』（東京大学東洋文化研究所、一九九五）による。以下同）。

三　斉大刀の流通範囲と発行主体

地図1は、斉大刀の出土地を地図に落としたものである。北は山東無棣県、南は江蘇贛楡県、西は山東東平県、東は山東牟平県、乳山県に至る。地図1に入らないものとして、表1に見えるように南は江蘇淮南市周辺、西は河南、陝西にも及ぶが、これらの発見は孤立的で出土数も少なく特殊な事情が考えられる。総じて出土地は山東省内に収まり、戦国時代の斉の領域内と見なすことができる。戦国後期、前二五六年まで続いた魯国の領域に出土例があまりないことから考えても(42)、斉大刀が斉国の貨幣であることは間違いないであろう。

ところで、それらが斉国の貨幣であるとして、国家発行かそれとも地方都市発行かが問題となる。まず、「斉大刀」については、国家の統一貨幣と見なすことは、研究者の間でほぼ一致している。このことは、以下のいくつかの点からも確認できる。第一点として、銘文の「斉」字は都市名とも考えられるが、一般的には国名ととらえても問題はない。より踏み込んで言えば、この「斉」字は都市名ではありえない。「斉大刀」が賹化銭と重量、鉛含有率において対応関係にあり、両者は本位貨幣と補助貨幣の関係にあると見なされる。そして、賹化銭の「賹」字は地名ではないとされるから(43)、これに対応する「斉大刀」の「斉」字も地名とは考えられないのである。二点目は、その圧倒的な出土数量である。表1の統計によると、斉大刀出土総数九三三一枚以上のうち、「斉大刀」は八五二六枚以上を占め、これは全体の実に九一・三七％に達する(44)。この圧倒的流通量は、実質上、国家の統一貨幣として機能していたことを

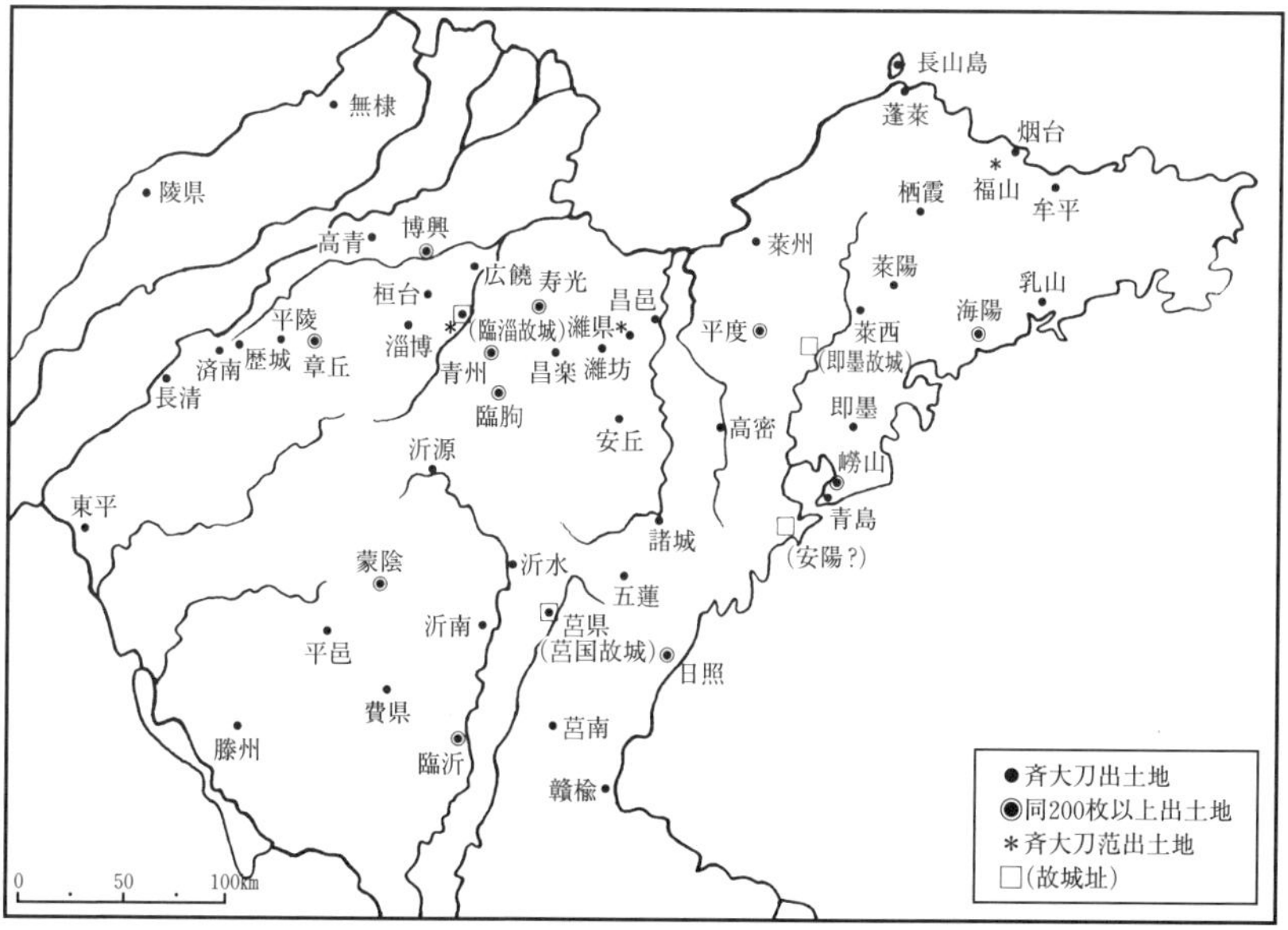

地図1　斉大刀出土地地図

物語っているであろう。三点目は、斉の国都臨淄故城からこの貨幣の陶製鋳型が多数出土していることである。[45]国都での大量の鋳造発行は、国家の関与を想定するに十分な根拠となろう。

なお、「斉近邦張大刀」については、第二、第三字を如何に読むとしても、斉国の記念貨幣としての表記と理解するのが一般的である。この種の貨幣も、国家の鋳造発行貨幣と見なしてよいであろう。表1のごとく、出土例は極めて少ないが、ある特定の事件を記念したものであれば、発行量は当然限定されたものとなろう。

問題は、周郭中断の「即墨之大刀」、「安陽之大刀」、「斉之大刀」、「節大刀」、とくに前三者の発行主体をどう考えるかである。朱活氏は、以上四者を桓公時に国都あるいは重要な城邑で鋳造が開始された可能性があるとするが、共通して「法化」(「大刀」のこと)と称していることに注目している。[46]「法化」は「標準」の意味があり、斉国政府が貨幣鋳造権を握っていたことは疑いないとする。張弛氏も、前三者は斉国中央と地方の主要な城邑で個別に鋳造されたものであるが、斉国政府はすでに正式に刀幣制度を確立しており、初歩的に貨幣鋳造権をコントロールしていたとしている。(47)

このような、地方で個別に鋳造発行されたとしても、貨幣鋳造権は国家にあったとする考え方に対して、「斉之大刀」は中央専鋳とするが、「即墨之大刀」、「安陽之大刀」や「節大刀」の方は地方独自の鋳造と見なす考えもある。前述のごとく、張光明氏らは、「即墨之大刀」は莱を滅ぼした地方貴族である晏弱が鋳造した可能性があり、「安陽之大刀」の鋳造にも類似の背景があったのではないかとしている。(48)

しかし、朱活氏も述べているように、斉大刀には「大刀」（あるいは「法化」）という共通した名称が鋳込まれている点、上位の統制が働いていたと見なすことができる。加えて、背面の鋳銘にも共通性が認められる。

まず、「即墨之大刀」、「安陽之大刀」、「斉之大刀」には、「斉大刀」や「斉返邦張大刀」と同様、共通して上部に三横画があり、真ん中に♦形の突起がある。これらについては解釈が分かれており、王献唐氏は背文の磨傷を防ぐための突起と見なしている。(49)しかし、何らかの意味のある文字と見るのが一般的で、三横画を三才や乾の卦と取り、♦を「丁」や「甲」など十干とする説もある。(50)また、陳介祺氏は二つまとめて「三十」と読み、「卜世三十」の義を取ったものと解している。(51)しかし、「三十」と読むにしても、それをどのような意味に取るかが問題である。彭信威氏は一刀を三〇銭とする説を引いているが、郭若愚氏は一枚の斉大刀幣が三〇枚の燕刀幣と兌換できることを示すとしている。(52)しかし、斉の領域内での燕明刀の出土例は極めて少なく、むしろ伴出関係にある賹化銭との関係が注目される。「斉大刀」の重量は「賹化」三〇枚前後の重さに相当し、「三十」は「賹化」三〇枚を表すのではないかと思われる。(53)ただし、「即墨之大刀」と「安陽之大刀」の重量は相対的に重く、賹化銭との対応関係は低い。「三十」の数字に合わせて後になって賹化銭が発行されたのであり、そもそも「三十」が何を意味するのか別途考察する必要がある。ともかく、共通した何らかの兌換率あるいは換算率を表示したものと考えられ、国家が法律によって規定していた可能性がある。

斉大刀の裏面には、「三十」の下に様々な記号が鋳込まれているのが普通である。王毓銓氏は、これら記号を貨幣を鋳造した爐の順番を示す、一種「急就篇」か「千字文」のような記号ではないかとしている。[54] 一方、朱活氏は、これらの記号は吉語や美称であり、当時の商業界の願望が込められた文字であるとする。[55] そして、これらの文字はやはり「千字文」のように順序を示す作用があり、鋳型の順番を記したものであるとしている。陶製鋳型にも記号が刻まれたものが発見されており、一部貨幣の記号と一致するものがある。楊魯安氏は、これを爐の順番を区別するもので、鋳造数量を検査するのに用いられたものとしている。[56] いずれにしても鋳造に係わる記号であろう。

それぞれの斉大刀で、どれだけの種類の記号があるのか集計してみると、「即墨之大刀」二七種類、「安陽之大刀」二二種類、「斉之大刀」一九種類、「斉大刀」一一三種類、そして「斉近邦張大刀」二三種類であった。[57] 表2は、「即墨之大刀」、「安陽之大刀」、「斉之大刀」の三種類の斉大刀の記号を中心に一覧表にしたものである。「闢封」、「安邦」、「大行」は「即墨之大刀」にしか見られないが、他は他の斉大刀にも見える。それぞれの斉大刀間で共通した記号が多く用いられており、しかも国家の統一貨幣とされる「斉大刀」の記号とも連続性があることは、これらの貨幣が国家の統制のもとに鋳造発行されていたことを予測させる。

この他、「即墨之大刀」、「安陽之大刀」、「斉之大刀」の三種類には流通範囲の共通性も認められる。地図2は、以上三種類の貨幣の出土地と鋳造発行推測地を線で結んだものである。「安陽」の位置については確定できないが、ここではとりあえず上掲の孫敬明氏らの説に従って、膠南県の霊山衛附近としておく。この地図によると、三種類の貨幣の出土地は全体に広がっていて、ある一種類の貨幣の出土が特定の地域に片寄ることはない。とくに、三種類がそ

表 2　斉大刀背面記号一覧表

	即墨之大刀	安陽之大刀	斉之大刀	斉 大 刀	斉近邦張大刀
闢封	○				
安邦	○				
大行（杏行）	○				
大昌（杏甘）	○	○	○	○	
大（杏）	○	○	○	○	
大				○	
行	○			○	
昌（甘）	○	○		○	
日（⊙）	○	○	○	○	○
日（◯）	○	○	○	○	○
日（⊖）				○	○
屮（ᛘ）	○	○	○	○	○
屮（ᛉ）		○	○	○	
屮（Ψ）				○	
卜（丿、卜）	○	○	○	○	○
卜（亻、1）	○	○	○	○	○
上（上、丄）	○	○	○	○	○
工	○	○	○	○	○
吉	○			○	○
土	○	○		○	
化（㐅、㐅）	○	○	○	○	○
化（𠃌、匕）	○	○	○?	○	○
化（乇）	○	○	○	○	
生（㞢、㞢）		○		○	
生（㞢）				○	
⺄	○		○		
司（司、司）	○			○	○
白	○?			○	
二		○	○	○	
八		○			
十	○	○	○	○	○
｜		○		○	○
ㄐ		○		○	

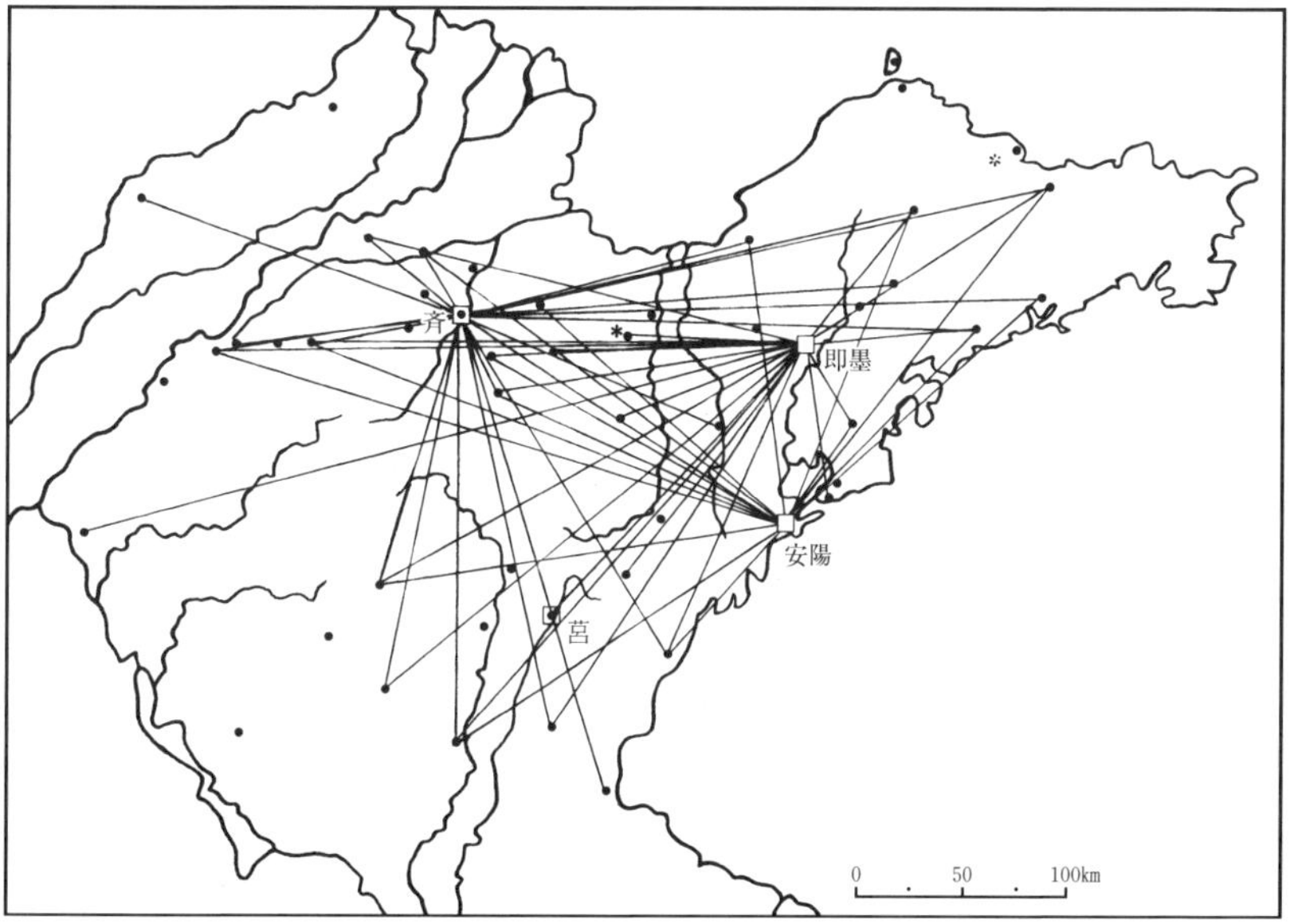

地図２　「即墨之大刀」「安陽之大刀」「斉之大刀」出土地・鋳造地関係地図

ろって出土している地点は、分布範囲を取り囲むように分布し、流通の均一性を示している。ただし、西部においては、「斉大刀」の分布範囲よりは狭くなっている点、斉の領域が西方に拡大する以前の状況を示しているようである。また、この三種類の貨幣に限って言えば、表１の総計では、その中のどれかが際立って出土数量が多いわけではない。三種類の貨幣は、いずれも同性質の貨幣であり、「斉之大刀」のみ独立して斉国の統一貨幣であったわけではないであろう。「斉之大刀」も、他の二種類と同様、都市として発行された上で、国家の統制下にあったと言うことであろう。

むすび

ではなぜ、「即墨之大刀」、「安陽之大刀」、「斉之大刀」のような三種類の大型貨幣がいきなり最初から発行されることになったのであろうか。「三十」という大きな額面に対応する別の種類の貨幣は存在しなかったのであろうか。この点に関しては、すでに朱活氏が賹化銭を手がかりに一つの考えを提示している。(58) すなわち、斉大刀も賹化銭もともに「化」（「刀」のこと）を称しており、両者は貝化と関係がある。そして、賹化銭の「賹」字は廿朋貝の意味であり、これは斉大刀初鋳時の貝化との比率を示し、一枚の斉大刀は廿朋の貝化に当たり、賹化銭一枚に等しい。さらに、斉大刀初鋳時にはすでに無文銅貝が流通しており、二枚の無文銅貝は十枚の海貝（子安貝、宝貝）に等しかったとし、一枚の斉大刀は四十枚の無文銅貝、海貝二百枚、すなわち貝化廿朋に相当したとしている。これによると、朱氏は、斉国では斉大刀に対して、小額面の無文銅貝が一般に流通していたと考えているのである。ただし、背面「三十」との関係にはふれておらず、この部分は背面保護の作用があるとしているのみである。(59)

張光明氏も、朱氏の以上の考えを承けて、斉大刀は大口の交易の決算に用いられたもので、民間の一般商品売買には貝幣が用いられたとし、斉大刀は大額面の支票（小切手）の性格を有する一種の貨幣であったとしている。(60) そしてさらに、この種の貨幣の機能は楚国の郢爰金版と同じようなものであったとも言っている。しかし、貝幣についてはこれ以上のことは述べられていない。

無文銅貝について、黄錫全氏は、春秋時代に大量に出土し、墓葬に副葬されたものは百から千にも上るとする。(61) そして、これらの銅貝は少量交易には数で計算し、大量交易では重量で計算され、その流通は春秋時代に頂点に達したが、戦国早期には衰弱するとしている。無文銅貝を貨幣とするには疑問が存在するし、(62) 斉大刀が流通していた戦国時代にはすでにあまり使用されなくなっていた可能性がある。そして、無文銅貝と同様に宝貝をモデルにした楚貝貨（蟻鼻銭）にも文字があるように、戦国時代に広く流通した貨幣には例外なく文字がある。たとえ貨幣であったとしても、戦国時代になっても文字のない無文銅貝が貨幣として流通していたとは到底考えられない。

では、「即墨之大刀」、「安陽之大刀」、「斉之大刀」など三種類の斉大刀が流通していた時期には、斉国では他にど

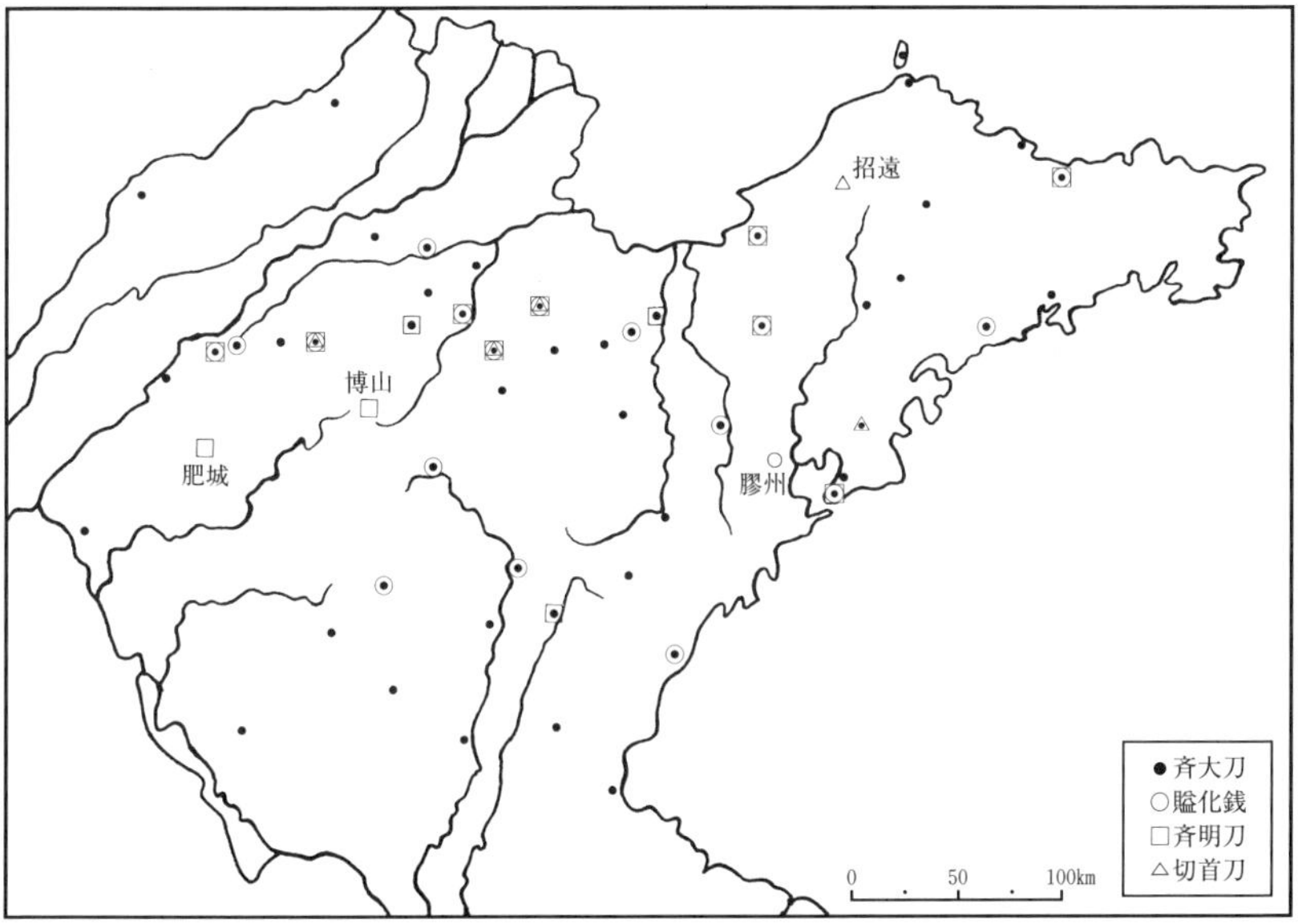

地図3　斉大刀と賹化銭・斉明刀・切首刀出土地地図

のような貨幣が流通していたのであろうか。まず考えられるのは、地図3に出土地を示した切首刀と斉明刀である。切首刀とは、尖首刀の先端部分が斜めに切断された貨幣のことで截首刀、切頭尖首刀とも呼ばれる。斉国の領域内のみから出土し、斉国で流通した貨幣と考えられるが、出土例は多くはない[63]。燕国やそれ以北で流通していた尖首刀が転用されたものと思われるが、斉国でなぜこのような貨幣が流通したか不明である。尖首刀は春秋後期を中心に戦国期まで流通しており、切首刀の流通は三種類の斉大刀の流通と重なっている可能性がある。いわゆる斉明刀とは、主として斉地で出土する「明」字が「ヨ」のように方折のものを指す。この種の貨幣の発行主体について燕国とするか斉国とするか意見が分かれているが、戦国期の燕国貨幣である可能性が高い[64]。

　切首刀や斉明刀は斉大刀と同時期に流通していた貨幣であることは確かである。しかし、斉明刀が斉大刀に対応して発行された貨幣である可能性は低い。かつ、切首刀や斉明刀が斉大刀とともに出土する例が一例もないことや、切首刀や斉明刀の出土数量が少なすぎることも問題である。両者は、単純な本位貨幣と補助貨幣の関係にあったのではないであろう。やはり、三種類の斉大刀は一般の貨幣とは異なる特殊な貨幣であった可能性がある。

斉大刀の特性を考える場合、注目されるのは、すでに汪慶正氏や張弛氏も指摘しているように、斉威王時における即墨大夫と阿大夫の故事である。『史記』田敬仲完世家によると、威王は即位すると（前三五八年、＊田侯因斉元年・前三五六年）、政治をすべて卿大夫に任せ、九年もの間統治を行わなかった。この間西方の諸侯に攻め込まれ続け、国内は治まらなかった。ところがある日突然、即墨大夫を呼び寄せてその治績を誉め、万戸の地に封じた。また、阿大夫も呼び出してその統治を叱責し、彼を誉め称えた側近と彼本人を煮殺した。そしてついに、兵を起こして趙、衛を伐ち魏を濁沢に敗った。魏の恵王は観城を返還して和解を求め、趙は奪った長城を返してきた。そのため斉国内は震撼して大いに治まり、諸侯はその後二十余年にわたって侵攻してこなかったとされる。

この話は、『史記』滑稽列伝では、斉威王は淳于髡の隠喩による諫めに発憤し、「諸県の令長七十二人を朝し、一人を賞し、一人を誅し、兵を奮いて出す。諸侯は振驚し皆斉に侵地を還し、威の行わるること三十六年」とある。これによると、この時斉国の全県の長官が召集され、彼らの面前で即墨と阿の長官の賞罰が行われたことになる。ここからは、斉威王が全地方官の治績を直接把握し、賞罰を明確にすることによって厳しく統制しようとする意図が読み取れる。

即墨や安陽、そして斉都での貨幣の発行も、このような中央の強い意志と統制のもとに行われたのではないかと考えられる。そして、特殊な大型の貨幣の発行は、斉威王の対外的攻勢とも密接に係わっていたのではなかろうか。すなわち、魏の橋形方足布と同様に軍資金の調達が目的であったのではなかろうか。「即墨之大刀」、「安陽之大刀」、「斉之大刀」など三種類の斉大刀の銅含有率は、切首刀や尖首刀、斉明刀などに比してかなり高く、それらは橋形方足布と同様に良質な貨幣である。[65] 斉威王による突然の大規模な軍事行動には莫大な軍資金が必要であったと考えられるが、また外交工作にも多大の出費が必要であった。上記の滑稽列伝によると、威王は趙に救援を求めるため、淳于髡に「黄金千溢、白璧十雙、車馬百駟」を持たせたとある。このことから考えて、斉大刀も橋形方足布と同様、黄金調達のために発行された貨幣であり、「三十」も黄金との換算率を示す数字である可能性がある。

ただし、斉大刀が最後の「斉大刀」の時期まで黄金調達の機能を果たし続けたとは思われない。小額面の賹化銭の発行とともに大額面の斉大刀は一般流通貨幣へと転化し、「斉大刀」の大量発行と流通がもたらされたと考えられる。なお、「節大刀」、小型「即墨大刀」については、出土例も少なく疑問点も多い。現在のところ、その性格と位置付けを明確にするには材料不足である。[66]

注

（1）黄錫全『先秦貨幣通論』（紫禁城出版社、二〇〇一）。

（2）完全な一点は、張光明氏によると、一九七八年に、山東青州附近で穆世友氏が入手したとする（山東省淄博市銭幣学会編『斉国貨幣研究』（斉魯書社、二〇〇三）「斉刀幣研究概論」頁6、図版八）。しかし、張弛氏の表（同氏『中国刀幣滙考』河北人民出版社、一九九七、頁132）では、山東金融研究・銭幣専刊二（一九九一）にもとづいて、一九八五年一一月に山東青州市、楊家庄郷、李家大隊で、「斉之大刀」、「斉大刀」とともに出土したことになっている。断片のみについては、朱活氏は、一九三〇年に山東章邱県、東平陵城西南で出土したとしている（「試談斉幣―談済南出土的斉幣兼論春秋戦国時期有関斉国鋳幣的幾箇問題」（『古銭新探』（斉魯書社、一九八四）頁104）。

（3）裘錫圭「戦国文字中的〝市〟」（考古学報一九八〇―三）頁287、呉振武「戦国貨幣銘文中的「刀」」（古文字研究一〇（一九八三））頁323。

（4）注（2）朱活論文、頁101。
（5）山東省銭幣学会編『斉幣図釈』（斉魯書社、一九九六）第一章総論（孫敬明）、頁14。『史記』田敬仲完世家には「明年（斉宣公四四年、前四一二年）、伐魯葛及安陵」とあるが、六国年表には「（斉宣公）四十四年伐魯莒及安陽」とあり、「安陵」と「安陽」との間には何らかの関連性があるようである。
（6）丁福保『古銭大辞典』（中華書局影印、一九八二）の引く『古化雑詠』に、平陵県境西南に古の鄟邦があり、斉桓公に滅せられた国で、春秋は譚に作るとある。
（7）裘錫圭「戦国貨幣考（十二篇）」（北京大学学報一九七八—二）頁80。
（8）李家浩「戦国鄶刀新考」（中国銭幣学会編『中国銭幣論文集　第三輯』中国金融出版社、一九九八）頁94。
（9）王毓銓『我国古代貨幣的起源和発展』（科学出版社、一九五七）頁49。
（10）鄭家相『中国古代貨幣発展史』（生活・読書・新知三聯書店、一九五八）頁65、74。
（11）注（2）朱活論文、頁102。
（12）朱活編『中国銭幣大辞典・先秦編』（中華書局、一九九五）頁390。
（13）張光明「由斉刀幣的出土論斉国商品経済的発展」（注（2）『斉国貨幣研究』頁129、現載は管子学刊一九九一—二）。
（14）注（5）『斉幣図釈』第三章（張光明、孫敬明、馮沂）、第三節、頁58。
（15）注（5）『斉幣図釈』第一章総論（孫敬明）、頁13。
（16）注（1）黄錫全書、頁299。
（17）奥平昌洪『東亜銭志』（歴史図書出版、一九七四、昭和一一年凡例）巻六、頁141。
（18）関野雄「刀銭考」（東洋文化研究所紀要三五、一九六五）頁48。同『中国考古学論攷』（同成社、二〇〇五）収録。
（19）彭信威『中国貨幣史』（上海人民出版社、一九五八初版）、頁49。
（20）汪慶正主編『中国歴代貨幣大系一　先秦貨幣』（上海人民出版社、一九八八）頁25。
（21）注（2）張弛書、頁67。

(22) 于嘉芳「斉刀幣始于戦国考」(注(13)『斉国貨幣研究』頁119、原載は管子学刊一九九七―一)。
(23) 朱活氏は、山東東平陵の春秋晩期遺跡から「即墨之大刀」と小型「即墨大刀」が出土したとし、編年の根拠としている(「論斉圜銭范兼談六字刀」(中国銭幣一九八八―一、頁3)、「斉魯及斉魯幣制」(考古与文物一九九〇―五、頁97))。しかし、張光明氏は、科学的発掘による地層証拠が欠乏しており、春秋晩期鋳行とするには慎重を期すべきだとし(「斉刀幣研究概論」(注(2)『斉国貨幣研究』頁41)、于嘉芳氏も、出典は不明で、明らかに収集品であり、朱氏は「莒邦」残刀と混同しているとしている(注(22)論文、頁119)。
(24) 石永士、石磊『燕下都東周貨幣聚珍』(文物出版社、一九九六)頁179では、燕明刀をⅠ～Ⅵ式に分類し、Ⅰ式は春秋後期、Ⅱ式は戦国早期前段、Ⅲ式は同後段、Ⅳ式は中期前段、Ⅴ式は同後段、Ⅵ式は戦国後期としている。ただし、燕明刀始鋳の時期は尖首刀との関係で戦国に入ってからと考えられる(第一章、頁32参照)。
(25) 注(18)関野論文、頁48。張弛氏は、斉大刀について、形制、銘文、重量、風格から時代差は大きくなく、各鋳造発行年代は相近いとし、このことは相互に混合流通していることからも証することができるとしている(注(2)張弛書、頁135)。
(26) 第二章、頁111参照。
(27) 注(2)朱活書、頁103。
(28) 注(19)彭信威書、頁51。
(29) 第二章、頁111、115参照。
(30) 注(5)『斉幣図釈』第一章総論(孫敬明)、第四節、頁19。
(31) 注(5)『斉幣図釈』第一章総論(孫敬明)、第三節、頁12。
(32) 本器は山東臨朐県の墓葬から出土し、銘文に見える公孫窹は、斉景公時代の公孫灶で、前五三九年に亡くなったとされている(斉文涛「概述近年来山東出土的商周青銅器」文物一九七二―五、頁13)。
(33) 一九五七年河南洛陽中州渠発見。『左伝』襄公一五年(前五五八年)、斉霊公が娘を周霊王に嫁がせた時に作ったものとされている(張剣「斉侯鑑銘文的新発現」文物一九七七―三、頁75)。

(34) 高明編著『古陶文彙編』(中華書局、一九九〇)、江村治樹『春秋戦国秦漢時代出土文字資料の研究』(汲古書院、二〇〇〇)第三部、第二章「戦国・秦漢簡牘文字字形表」参照。
(35) 注(34)高明編著、頁217:3・692。
(36) 注(34)高明編著、頁41:3・2、頁152:3・438、3・439、頁180:3・550など。
(37) 注(34)高明編著、頁197:3・615以下。
(38) 『殷周金文集成 第一七冊』(中華書局、一九九二)頁158。
(39) 注(38)『集成』・頁141〈□陽戈〉(旅順博物館蔵)、頁291、292〈成陽辛城戈〉二点(一点は山東出土)。『集成』はともに春秋後期のものとするが、蘭に内が直角に付いていることから戦国期に下るものであろう。
(40) 第七章、頁394参照。
(41) 周衛栄『中国古代銭幣合金成分研究』(中華書局、二〇〇四)頁20、表2212-2斉刀的合金成分。
(42) ただし、注(5)『斉幣図釈』第三章(張光明、孫敬明、馮沂)、第一節、頁47によると、翁樹培『古泉匯考』は山東滋陽県(今の兗州市)と曲阜から斉大刀が出土したと記しているとしている。
(43) 第七章、頁393参照。
(44) 注(5)『斉幣図釈』第三章(張光明、孫敬明、馮沂)、第一節、頁52の統計によると、総計八〇五五枚中、七三二〇枚、九〇・八%を占めるとしている。
(45) 王献唐「斉国鋳銭的三箇階段」(考古一九六三―一一)頁623、朱活「従山東出土的斉幣看斉国的商業和交通」(文物一九七二―五)頁56、張竜海、李剣、張継斌「談談斉国故城内鋳銭遺址出土的刀幣范」(中国銭幣一九八七―四)頁17、張竜海、李剣「山東斉国故城内新出土的刀幣銭范」(考古一九八八―一一)頁1054など。なお、山東青州市(益都県)、福山県からも「斉大刀」銭范が出土しているとされるが、詳細は不明である(注(2)朱活論文・頁101、朱活『古銭新譚』(山東大学出版社、一九九二)頁26、朱活「従山東出土的斉幣看斉国的商業和交通」文物一九七二―五・頁56)。
(46) 注(2)朱活論文、頁108。

(47) 注（2）張弛書、頁137。
(48) 注（5）『斉幣図釈』第三章（張光明、孫敬明、馮沂）、第三節、頁58、注（13）張光明論文、頁133。ただし、『斉幣図釈』第一章総論（孫敬明）頁27では、斉国貨幣の鋳造管理制度として、貨幣鋳造は地方都邑で行われていても、中央の統一コントロール下にあったとしている。
(49) 王献唐「斉国鋳銭的三個階段」（考古一九六三―一一）頁624、また同『中国古代貨幣通攷』上冊（斉魯書社、一九七九）頁195。注（12）朱活編書、頁389も保護の作用をしたとしている。
(50) 前者は馬昂『貨布文字攷』第一、葉2。後者は注（10）鄭家相書、頁77、劉森「先秦貨幣二題」二、斉刀背紋〝三〟考釈（中原文物一九九五―三）頁94。
(51) 注（6）『古銭大辞典』所引の『続銭匯』、『補録』、『泉説』などに引用。
(52) 注（19）彭信威書、頁51、郭若愚「談談先秦銭幣的幾箇問題」（中国銭幣一九九一―二）頁60。
(53) 注（34）江村治樹書、第二部、第一章、頁171。
(54) 注（9）王毓銓書、頁51。
(55) 朱活「三談斉幣―談山東海陽出土的斉国刀化兼論斉国鋳幣工芸及斉刀的購買力」『古銭新探』（斉魯書社、一九八四）頁122。
(56) 楊魯安「清陳介祺監拓〝斉法化〟范墨本概述」（中国銭幣一九八七―四）頁41。
(57) 「化」など表記が微妙に異なるもの、「上」「ト」などの反書は一種類と数えた。ちなみに、注（20）汪慶正書は、「即墨之大刀」一八種類、「安陽之大刀」一四種類、「斉之大刀」一〇種類、「斉返邦張大刀」一二種類、「斉大刀」五一種類と数えている。
(58) 注（55）朱活論文、頁130。
(59) 注（49）朱活編書、頁388。
(60) 張光明「斉刀幣不殉問題探略」（注（2）『斉国貨幣研究』頁144）、原載は山東金融研究（銭幣専刊）一九九一。斉大刀を大額面の支票（小切手）の性格を有する貨幣としたのは于嘉芳氏が最初である（「斉刀幣淵源初考」（注（2）『斉国貨幣研究』

頁108)、原載は山東金融研究（銭幣専刊二）一九八八)。

(61) 注（1）黄錫全書、頁62。

(62) 骨貝、石貝、玉貝、銅貝、金貝など倣製貝とされるものは、楚貝化と異なり文字はなく宝貝の形態をかなり忠実に模倣している。これらの倣製貝は貨幣ではなく装飾品と見なす説が多い（第六章、頁332参照)。

(63) 第二章、尖首刀出土地出典一覧参照。

(64) 第一章、頁40参照。

(65) 注（41）周衛栄書の合金成分分析表によると、三種斉大刀の銅含有率の平均は六九・八%、橋形方足布全部の平均は七四・五五%である。これに対して、斉地尖首刀二枚の平均五二・七%、斉明刀三枚の平均三六・七%、截首刀（切首刀）一枚五八・三六%である。

(66) 注（2）のごとく、「節大刀」の出土経緯は二点とも不明確であり、郭若愚氏は完品の方を偽物としている（「〝簟邦〟刀頭及〝簟邦法化〟刀弁偽」『先秦鋳幣文字考釈和弁偽』（上海書店出版社、二〇〇一）頁88)。小型「即墨大刀」については、ともに小型で粗悪な点に注目しながら異なった見解が出されている。王献唐氏は、戦国後期に斉が燕に占領された時、即墨が籠城中に発行した非常時の貨幣とし、汪慶正氏や劉鉄抓氏などが従っている（注（49）王献唐書、頁162、注（20）汪慶正書・頁28、劉鉄抓、于奉華「即墨法化之鋳行時間及鋳造技術」中国銭幣一九八九―一、頁13)。これに対して、朱活氏は、田氏が姜斉をいまだ完全に乗っ取る前に民間の商人が鋳造したものとし（注（12）朱活編書、頁391)、張弛氏は、民間商人による斉尖首刀、斉易刀（前三九〇年頃発行）や斉国削刀を基礎にして即墨で官方が鋳造した初期の斉大刀としている（注（2）張弛書、頁136)。しかし、朱活氏は一方では実体と名目が乖離した私鋳貨幣で、戦国末通貨膨張にともなって発行された劣幣ともしており、必ずしも断定はしていない（注（2）朱活論文、頁107)。表1のごとく小型「即墨大刀」の出土例は極めて少なく、また粗悪なものが多い点伝世品には偽物の混入が考えられ、解明には材料不足と言わざるをえない。

記 斉大刀の写真の掲載に関しては、泉屋博古館の廣川守氏、東京大学の小島浩之氏に便宜をはかっていただいた。

図版出所目録

図1～図3、図5、図6　泉屋博古館所蔵（廣川守氏撮）
図4　『斉幣図釈』頁433
図7　東京大学経済学図書館所蔵（江村治樹撮）
図8　『古陶文彙編』頁59、3・66
図9　同上、頁152、3・469
図10　同上、頁198、3・618
図11　同上、頁120、3・313
図12　同上、頁121、3・316
図13　『殷周金文集成　第一七冊』頁158

斉大刀出土地出典一覧

＊銭范

1陝西咸陽：『斉国貨幣研究』張光明「斉刀幣研究概論」p6、考古1974-1 p22（1964年秦都咸陽故城遺址（長陵車站南）窖蔵銅量、戦国貨幣140枚：橋形方足布3、秦半両3、殊布1、方足布1、斉大刀3、古刀（阿□）1、明刀2、尖首刀1、蟻鼻銭124）／2山東聊城：『斉国貨幣研究』p3（不詳、館蔵・3枚（斉之法化2、斉法化1））／3山東東平：考古与文物1990-5 p95（朱活）、『中国刀幣滙考』p134（陵城春秋晩期遺址・斉刀2（即墨之大刀1、即墨大刀1））／4山東陵県：山東銭幣通訊1991-2（張弛、黄錫全引用）（1979年土橋郷将軍寨遺址・斉刀2（斉之大刀1、斉大刀1））／5山東長清：文物1972-5 p55（朱活）（1971年城関公社村庄窖蔵・斉刀83（斉大刀））／6山東済南：文物1965-1 p37（1960年五里牌坊窖蔵・刀化59件（節鄟之法化3、安陽之法化2、斉之法化2、斉法化51）、円銭601件（賹六化305、賹四化292、賹化2、一刀2（うち1枚無文字））、1967年馬鞍山北辛庄西河崖・

斉刀（斉法化1、他不明）、中国銭幣2007−2 p33（1966年天橋区趙家庄西窖蔵1000余枚流出・三字刀79）／7山東平陵：文物1972−5 p55、『古銭新探』 p114（1966年王第后庄・斉刀46件（節墨之法化3、斉法化43）／8 山東章丘：『斉国貨幣研究』 p119、『斉幣図釈』 p13（1930年東平陵城西南・莒邦法化（残刀幣））、考古学集刊一一（1997）、 p154（1975年竜山鎮漢東平陵故城春秋遺址・即墨之法化1（残）、「化」字小刀（残）、小刀幣銭范3片）／9山東明水（章丘県明水鎮）：中国銭幣1994−2 p38、『斉国貨幣研究』（張光明） p3（1987年県政府大院内窖蔵・刀幣総数308（斉之法化2、即墨之法化5、安陽之法化2、斉法化285）、賹化243（賹化34、賹四化80、賹六化126））／10山東歴城：文物1972−5 p55（1966年邢村公社唐冶大隊窖蔵・91件、残片2件（節墨之法化3、斉之法化2、斉法化87、他に残刀柄2））、中国銭幣1983−1 p40（1970年港溝公社神武大隊窖蔵（重8市斤）・円銭82件（賹六化41、別1件残／賹四化40）、斉法化5件）／11山東無棣：考古1988−2 p108（1973年信陽郷（車里村）信陽城南端・斉法化17）／12山東博興：『中国刀幣滙考』 p129（1984年陳戸田村窖蔵・14枚（斉之大刀5、即墨之大刀6、安陽之大刀1、斉大刀2））、考古1984−11 p1039（1984年陳戸公社東田村東南窖蔵・計254枚、刀幣222（安陽之法化1、節墨之法化6、斉之法化5、斉法化210）、円銭32（賹四化29、賹六化3））、文物1984−10 p64（1983年陳戸公社田家村東・計105枚（安陽之法化1、斉之法化1、斉法化99（完全59）、賹四化4））、『中国刀幣滙考』 p129（1983年陳戸喬子村窖蔵・101枚（斉之大刀1、安陽之大刀1、斉大刀99））、考古与文物1985−1 p82（1984年第二磚瓦廠・計223枚（重24斤1両）発掘（斉法化2／3、節墨之法化2））／13山東高青：中国銭幣1989−1 p13（1980年高城鎮付家村窖蔵・20余枚（斉之法化1、即墨法化5、即墨之法化1、斉法化15））、『斉幣図釈』 p71（不詳・30余枚（斉之法化1、即墨之法化1、斉法化25、斉返邦長法化1、無文刀1））／14山東淄博：中国銭幣1987−4 p17（1986年臨淄区斉故城宮城東南角外・斉法化100）、（1986年臨淄区斉故城南南任（仇?）鎮南仇村・50枚（斉之法化2、安陽之法化1、斉法化47））、同上、考古1987−7 p665（1984年臨淄区斉故城北敬仲鎮張王村窖蔵・計40枚（斉之法化3、安陽之法化1、節鄤之法化1、斉建邦蜄法化1、斉法化36））、『斉幣図釈』 p71（1979年臨淄区斉皇城燈籠村・2枚（即墨之法化1、安陽之法化1））、（周村、館蔵・斉法化2）、同上、『斉国貨幣研究』 p156（1975年臨淄区斉都鎮西関村南・斉法化11）、（1984年臨淄区斉都鎮西関村北・5枚（即墨之法化2、安陽之法化1、斉法化2））、 p49（1986年臨淄区斉都三中・斉法化148）、『斉国貨幣研究』 p156（1978年臨淄区斉都鎮闞家村東・斉法化4）、（1979年臨淄区斉都鎮張家庄・斉法化2）、 p3（1965年臨淄区于家墓地戦国後期層・斉法化1）、『中国刀幣滙考』p128（1984年臨淄区俉台郷王青村遺址・斉大刀10）、（1991年臨清区孫娄鎮大楊村窖蔵・斉大刀35）、同上p129、『斉幣図釈』p71（1987年張店区南定文物商店蔵品・斉法化46、即墨法化1）、『斉幣図釈』p71（淄博、蔵品・8枚（斉之法化1、即墨之法化1、安陽之法化1、斉法化4、斉返邦長法化1））、中国銭幣1991-2 p34（辛店乙烯廠生活区漢墓・斉法化4）、中国銭幣1987-4 p17、考古1988-11 p1054（1972、82年臨淄区斉故城宮城南部安合村西南刀幣鋳銭遺址・＊斉法化陶范8）、『斉幣図釈』p114（臨淄区斉故城西関外大仏寺旧址刀幣鋳造遺址・＊斉法化陶范8）／15山東桓台：『中国刀幣滙考』p129（1985年侯庄龍百村遺址・斉大刀7）、『斉幣図釈』p71（1985年5枚（斉之法化2、斉法化3））／16山東臨朐：中国銭幣1987-3 p20（1981年七賢郷七賢村西窖蔵・即墨之法化6）、（1975年七賢郷長溝村窖蔵・182枚（斉之大刀87、即墨之大刀1、安陽之大刀1、斉大刀98））、（1972年大関郷西部窖蔵・刀幣総数40余）、（蒿山郷青石崖村・斉法化常に出土）、中国銭幣1997-2 p55（1991年沂山付興村窖蔵・22kg中230枚追回（残断20余）（斉建邦張法化1、節酆（墨）之法化5、安陽之法化1、斉之法化3、斉法化217））、『斉幣図釈』p113（県城東北宿家莊・斉刀幣范3件出土、斉刀幣も出土）／17山東広饒：『中国刀幣滙考』p134、『斉幣図釈』p71（窖蔵・数量140余枚、不詳）／18山東寿光：中国銭幣1987-3 p3（1986年寿光鎮（張建橋郷）延慶寺村窖蔵・計354枚（節酆之法化6、安陽之法化16、斉返邦張法化4、斉之法化13、斉法化315））／『中国刀幣滙考』p129（1986年寿光鎮南台頭村窖蔵・354枚（即墨之大刀6、安陽之大刀16、斉返邦長大刀4、斉之大刀13、斉大刀315）、中国銭幣1987-3 p20（孫敬明など）（王高郷王高村・即墨之法化2）、（城関鎮沙阿村・斉法化1）、（孫家集鎮東張村・斉法化1）、『斉幣図釈』p69（王高・3枚（斉法化2、斉返邦長法化1））、『斉幣図釈』p69、『斉国貨幣研究』p3（寒橋丁家店子木箱窖蔵・74枚（斉之法化13、即墨之法化6、安陽之法化16、斉法化35、斉返邦長法化4）、『中国刀幣滙考』p129（1987年文家郷桑家営子村窖蔵・52枚（斉之大刀2、斉大刀50）、賹六刀8、賹四刀5）、（1990年劉家集鎮東西小店鋪・斉之大刀2）、同上、『先秦貨幣通論』p279（1977年紀台郷紀台村・3枚（斉之大刀1、斉大刀2））、『先秦貨幣通論』p279（1978年后張村・斉大刀1）／19山東青州（益都）：中国銭幣1987-3 p3（1972年石溝河郷東南河村窖蔵・520枚（残断5）（節酆之法化2、安陽之法化10、斉之法化15、斉建邦張法化3、斉法化470）、中国銭幣1987-3 p20（何官郷臧台故城・斉法化?））、『斉幣図釈』p69、『斉国貨幣研究』p3（1983年辛庄・6枚（安陽之法化1、斉法化5）、同上、中国銭幣1987-3 p20（1985年楊家庄郷李家庄窖蔵・30枚（斉之法化1、安陽之法化1、斉法化28））、同上、『先秦貨幣通論』p279（1984年蘇文郷

（蘇間郷）大交流村西窖蔵・100余枚（斉法化57、斉之大刀？・）、『斉国貨幣研究』p3（1978年 郊区・莒邦法化1）、『古銭新譚』p26、『先秦貨幣通論』p301、中国銭幣1998-2 p3（1965年張孟郷前范村・＊陶范？・石膏范？（斉法化））、文物1965-1 p37朱活（1987年 范王庄・斉法化多）／20山東沂源・・『斉幣図釈』p71（4枚（安陽之法化1、斉法化3））／21山東昌楽・・中国銭幣1987-3 p20（1951年鄌郚郷？・東上疃村窖蔵・斉法化2）、（1982年県城内建築公司院里・即墨之法化17）、（1951年朱留郷三廟村窖蔵・13枚（斉之法化、節鄤之法化、斉法化）、（1974年平原郷東高営村・節鄤之法化など107）、（建国前後営丘故城一帯・不詳）、同上、『先秦貨幣通論』p279（1951年鄌郚郷（唐吾郷）王家河洼村・23枚（即墨之大刀2、斉之大刀21））／22山東濰坊・・中国銭幣1987-3 p20（1985年南郊埠口郷白浪河中・斉法化数枚）、（1985年北郊北宮橋下・斉法化数枚）、（1982年東郊東上圩河村・斉法化4）／23山東安丘・・中国銭幣1987-3 p20（1965-75年郚城郷郚城遺址・64枚（斉法化63、節鄤之法化1））、（黄旗堡郷紀国故城・不詳）、（孫孟郷？・李家古城村・不詳）、（孫孟郷昌安故城・不詳）／24山東濰県・・文物1972-5 p55（朱活）（＊斉刀范・不詳）、中国銭幣1987-3 p20（1982年車留庄郷蛤蟆屯村・40余枚（斉法化、節鄤之法化））、（清池郷李家侯孟村・斉法化10）、（1984年段家郷北馮村後・斉法化23）、『斉幣図釈』p70（1982年東上圩河・斉法化4）／25山東昌邑・・中国銭幣1987-3 p20（囲子郷古城村・不詳）、（1982年城関鎮・節鄤之法化1）、（竜池郷？・鄑邑故城・不詳）、（竜池郷東利漁村・不詳）、同上、『斉幣図釈』p70（県境・斉法化6）、『斉国貨幣研究』p3（南郊北部・不詳）／26山東高密・・中国銭幣1987-3 p20（1975年井溝郷竜且故城・29枚（斉法化、節鄤之法化）、同上（1980年・斉之大刀1、斉大刀1））、（1985年県城東郊・斉法化5）、考古与文物1991-3 p17（田庄郷劉家庄村南城陰城古城址・斉之法化8、斉法化29）／27山東平度・・文物1965-1 p37（朱活）（1958年窖蔵・94件（節鄤之法化7、斉建邦蹑法化1、斉之法化5、斉法化81）、中国銭幣1987-3 p20（1984年張戈庄郷後滕家村・斉法化10）、（1982年竜山郷小馬場村・斉法化30余）、（1978年南村古峴郷および亭口鎮で当地出土の斉刀幣収集・100余枚収集（斉之法化、斉法化、斉之化、斉返邦蹑法化の4種））、『斉幣図釈』p67（古峴鎮大城西村・18枚（即墨之法化2、斉法化16））、（1988年張舎郷張舎村霊潭湾窖蔵・斉法化3）、（1978年張家坊郷杜家村窖蔵・23枚（即墨之法化1、安陽之法化1、斉法化21））、（1985年南村・斉法化20）、同上、『中国刀幣滙考』p130（1985年門村郷銀行営業所窖蔵・斉法化47）、『斉幣図釈』p67、『斉国貨幣研究』p3、『先秦貨幣通論』p279、（1984年洪山郷北温家村・20余斤、200余枚（斉法化13、他不詳））、『中国刀幣滙考』p129（1978年南村鎮九甲村・18枚（即墨之大刀2、斉大刀16）、賹六刀1、賹四刀1）、（1978年南村鎮洪蘭村・斉大刀13）、『斉国貨幣研究』p149（張光明）（即墨故城・斉之化）／28山東萊州（掖県）：『斉幣図釈』p68、『先秦貨幣通論』p279（1963年梁郭郷小家村・81枚（斉之法化1、安陽之法化4、斉法化76）、賹刀2、賹四刀37、賹六刀77）／29山東萊西：『斉幣図釈』p67（40枚不詳）／30山東萊陽：『我国古代貨幣的起源和発展』p64（1786年昌陽城南趙旺荘・100余枚（斉之法化、斉法化））、『斉国貨幣研究』p3（不詳）／31山東栖霞：文物1980-2p63（朱活）（蛇窩（東南に発城＝漢代観陽城）・不詳）、文物1985-1p84、『先秦貨幣通論』p279（1982年観里公社潘家庄大隊村東（観礼郷潘家庄村）窖蔵・196枚（完整143）（節墨之法化14、安陽之法化4、斉之法化1、斉建邦張法化1、斉法化123））／32山東蓬萊：『斉幣図釈』p68（1974年全口劉家・2枚不詳）、同上、『中国刀幣滙考』p132（1980年劉溝（外溝？）窖蔵・34枚不詳）、（出土地不詳・2枚（斉返邦張法化1、無文刀1））／33山東長山島（長島）：『斉幣図釈』p67（2枚（斉法化1、斉返邦長法化1））／34山東福山：『斉幣図釈』p67（斉法化1）、文物1972-5p55（朱活）、中国銭幣1983-1p17（＊斉法化陶范、道光14年発見）／35山東煙台：『斉幣図釈』p278（1954年三十里堡・斉法化22？）、『中国刀幣滙考』p68（不詳、斉法化3？）、『斉国貨幣研究』p3（館蔵、不詳・36枚（斉之法化5、即墨之法化8、安陽之法化1、斉法化16、斉返邦張法化1、即墨法化2）／36山東牟平：中国銭幣1997-2p56（1993年莱山鎮劉家庄窖蔵・61枚完整、40余枚残損、圜銭3枚（賹四化2、賹六化1）、刀幣（節墨之法化1、安陽之法化1、斉之法化3、斉法化90余））、『斉幣図釈』p67（蔵品・23枚（即墨之法化1、斉法化22））、（1958年東鄧格荘・即墨之法化？）、『斉国貨幣研究』p3（不詳）／37山東乳山：文物1993-3p6（1958年曲水村・182枚（安陽之法化4、斉建邦長法化1、斉法化172、斉之法化5））／38山東海陽：文物1980-2p69（1972年小紀公社汪格庄大隊村西（小紀庄郷、汪格庄村）窖蔵・1800余枚、完整1587枚（節鄚（即墨）之法化29、安昜（陽）之法化40、斉之法化46、斉建邦張（長）法化3、斉法化1469））、文物1980-2p63（朱活）（1965年郭城公社西山村・不詳）、（1963年東村公社北城陽大隊・不詳）、（1972年里店公社経疃大隊・不詳）／39山東即墨：文物1965-1p37（朱活）（孟庄・17件（安陽之法化1、斉法化16））、考古1995-5p426（泊嵐郷毛家嶺四村北窖蔵・斉法化30余）、『我国古代貨幣的起源和発展』p64（清嘉慶六年県城東北皐県古城・即墨刀数10品、安陽刀も数品）、（清道光二年台上荘・即墨刀数10）／40山東青島：文物1972-5p55（朱活）（1968年市郊女姑口窖蔵・節墨之法化1、斉法化1、賹六化1、賹四化2）／41山東嶗山：考古1988-1p42、『斉幣図釈』p49（1971年李村鎮南庄村（今の青島李村鎮）窖蔵・2市斤（30余斤）、斉法化397（1940年代にも隣居で一罐銭幣出土、すべて錆びた砕塊））、『斉幣図釈』ｐ68、『斉国貨幣研究』ｐ3（不詳（収集?・館蔵）・6枚（斉之法化1、即墨之法化2、安陽之法化1、斉法化1、斉返邦長法化1））、『中国刀幣滙考』ｐ131（不詳、城陽廃品収購站収集・10余斤（即墨之大刀、斉大刀、賹四刀、賹六刀））／42山東膠県‥中国銭幣1987-3ｐ20（県城西南の計斤（また介根故城・不詳）／43山東膠南‥『斉国貨幣研究』ｐ3（里岔・不詳）、（隠珠・不詳）、（介根故城・不詳）／44山東諸城‥中国銭幣1987-3ｐ20（枳溝郷蒔家庄・斉法化計約130）、（昌城郷昌城村・斉法化1）、（城関鎮馬家庄村西・斉法化1）、（程戈庄郷桲羅林子村・斉法化40）、（1978年桃林郷董家庄子村西・斉法化23）、（繁化学校・斉法化1）、（相州郷・不詳）、（東武故城・不詳）、同上、『斉国貨幣研究』ｐ3（県医院（学校）・斉法化1（2?・））、考古1989-6ｐ523（1986年枳溝鎮侯家屯村窖蔵・斉法化23）／45山東五蓮‥中国銭幣1987-3ｐ20（1978年院西郷楼子村・斉法化10、1982年同・斉法化6）、（1978年管帥郷北店村窖蔵・10枚（安陽之法化1、節鄤之法化4、斉法化5））／46山東日照‥文物1980-2ｐ74（1979年両城公社竹園大隊・197枚（残断59）（即墨之法化3、安陽之法化1、斉之法化5、斉法化188）、圜銭122（賹四化15、重6ｇ、賹六化107、重9ｇ））、同上、『中国刀幣匯考』ｐ133（1979年城関公社后山前大隊（山削村?・）・斉建邦賑法化1、即墨法化1、即墨之法化1、安陽之法化4、斉之法化1、斉法化10）、『先秦貨幣通論』ｐ279（1965年尭王城遺址・両批計11枚（即墨之大刀1、斉之大刀1、斉大刀9）／47山東沂水‥『斉幣図釈』ｐ69、『先秦貨幣通論』ｐ279（県蔵品・33枚（斉之法化3、即墨之法化1、安陽之法化1、斉法化28）／48山東沂南‥『斉幣図釈』ｐ69、『先秦貨幣通論』ｐ279（県蔵品・斉法化3）、（1975年銅井村窖蔵・斉法化20）／49山東莒県‥『斉幣図釈』ｐ208（1990年庫山郷・即墨之法化）、同ｐ270（1963年王家坪・斉法化23?・）、『中国刀幣滙考』ｐ133（1975年莒県故城採集・斉返邦長法化?・、1982年同・安陽之法化?・）、中国銭幣2003-1ｐ37（1972年代莒県出土・即墨之法化、斉返邦賑法化、斉法化）、『斉国貨幣研究』ｐ3（1979年城関・不詳）、（1985年北崖三家庄・不詳）／50山東莒南‥文物1965-1ｐ37（朱活）、『先秦貨幣通論』ｐ279（1956年鉄溝崖村（劉庄郷鉄溝崖村）・斉刀109件、完全36、切断73（節鄤之法化2、安陽之法化2、斉建邦賑法化1、斉之法化1、斉法化103））、『中国刀幣滙考』ｐ133、中国銭幣2001-2ｐ28（清光緒年間莒県大店鎮大店村（現莒南県大店鎮）・25枚（斉之大刀2、即墨之大刀2、斉大刀21）、清光緒年発見）／51山東臨沂‥中国銭幣1992-2ｐ24（1989年大嶺郷大城后村東窖蔵・2000余枚、臨沂市博物館収蔵分計1801枚（斉建邦賑法化8、安陽之法化55、節鄤之法化60、斉之法化66、斉法化1612））、『斉幣図釈』ｐ68（1978年糧食局門外・11

枚（即墨之法化2、安陽之法化1、斉法化8））、同p69（1957年水田村・斉法化37）、（太平郷・10枚（即墨之法化1、斉法化9））、同上、『中国刀幣滙考』p131（1977年湯河郷故県村・63枚（斉之法化1、即墨之法化2、安陽之法化1、斉法化59））、（嶺石郷崔庄村・斉法化9）、『中国刀幣滙考』p131（1861年硯台嶺村（旧蘭山県）・32枚（斉之大刀1、即墨之大刀2、安陽之大刀1、斉大刀28））、『斉国貨幣研究』p3（臨沂市文物店収蔵・64枚（斉之法化1、即墨之法化2、斉法化6））／52山東費県：『斉幣図釈』p69（5枚（斉之法化1、即墨之法化1、斉法化3））／53山東蒙陰：文物資料叢刊三（1980）p211（1976年3月垜庄公社羅圏崖大隊窖蔵・刀幣148枚（他に残断刀幣10）、7.5kg（安陽之法化3、節墨之法化3、斉之法化4、斉法化140）、『斉幣図釈』p48、『中国刀幣滙考』p132（1976年6月垜庄郷羅圏崖村窖蔵・多く散失、文物部門収集刀幣136枚（斉之法化6、即墨之法化5、安陽之法化1、斉法化125、斉返邦長法化1、賹化銭10、あるいは134枚（斉之大刀4、即墨之大刀4、安陽之大刀1、斉返邦長大刀1、斉大刀124、賹六刀5、賹四刀5））／54山東平邑：『斉幣図釈』p69（1971年顓臾故城・斉法化30）／55山東滕州（滕県）：『斉国貨幣研究』p3（1973年望冢公社窖蔵・22枚（斉法化21、斉返邦㫖法化1））、（館蔵・不詳、7枚（斉法化6、斉返邦㫖法化1））／56江蘇贛楡：考古1997-10 p3（1995年歴庄郷河東尚庄村北・40余枚、大部分破砕（絶対多数は斉法化、少数は斉之法化、斉建邦長法化））／57江蘇宿遷：東南文化1991-6 p339（1953年宿城・斉法化3枚）／58江蘇洪沢：東南文化1991-6 p339（1971年朱垻郷馬棚村・斉法化13枚以上）／59江蘇淮陰市：東南文化1991-6 p339（1979年清浦区城南郷・即墨之法化1枚）、（1982年宋集青蓮岡遺址・斉法化2枚、漢五銖）／

60河南内黄：考古1988-10 p958（1987年亳城郷石光村・2枚（安陽之法化1、斉建陽始結信之法化1））／61河南林県：中国銭幣1996-2 p36張増午（1972年前後城北6㎞北陵陽村窖蔵・即墨之法化1（中国銭幣1997-2 p75、李展鵬は偽作とする））／62河南郾城：『許昌漯河銭幣発現与研究』p453（1972年沙河沙場・斉刀3枚）、（1976年澧河沙場4枚（斉刀、明刀））／

第四章　橋形方足布の性格

はじめに

春秋戦国時代の青銅貨幣は、刀銭（刀幣）、布銭（布幣）、貝貨（貝幣）、円銭（圜銭）の四種類に大きく分類されている。この中、刀銭や布銭は春秋後期には出現し、戦国時代には多様な展開が見られるが、大きな流れとして眺めると連続的な形態変化が認められる。しかし、刀銭の中の斉大刀（または斉刀）と布銭の中の橋形方足布は大型で厚手で重量もあり、全体の形態変化の中で特異なあり方をしている。斉大刀については第三章で検討したので、本章では残った橋形方足布について検討する。

第二章で述べたように、布銭は首部がソケット状の空首布から平らな平首布に展開したと考えられている。足部が太鼓橋のように抉れている橋形方足布は平首布の一種に分類されるが、多数流通した尖足布や方足布に比べて一般に大型であり、厚さもあって重量感がある。黄錫全氏によると、(1) 尖足布の大型（一釿布）は通長七・五～八・四cm、重さ一〇～一四gであるが、一般に見られる小型（半釿布）は通長四・六～五・六cm、重さ三・五～九g（五～六・五g前後が多い）である。また、方足布（小方足布）の方は、通長三・二～五・四cm（四・〇～四・五cm前後が多い）、重さ二・七～一四g（五～六g前後が多い）である。これに対して橋形方足布は、大型（二釿布）が通長五・六～六・八cm、重さ一七・五〜三一・五g、中型（一釿布）が通長四・六〜五・八㎝、重さ一〇・五〜一九・五g、小型（半釿布）が通長三・九〜四・八㎝、重さ六〜八・二gである。橋形方足布の小型は一般の方足布より小型であるが、重量があるのは厚手だからである。尖足布、方足布は、刀銭の尖首刀、燕明刀、直刀と同様に造りが薄くぺらぺらした感じの貨幣である。それに対して橋形方足布の大型、中型は、斉大刀と同様に厚手であり、大型や中型はずっしり重い。この点は、平首布に先行すると考えられる一般の空首布とも異なっている。一般に見られる平肩空首布（大型、中型）は通長八〜一〇㎝、重さ二一〜三七g（空首部去泥後重量一八〜三〇g）であり、橋形方足布の大型より大きく匹敵する重量がある。しかし、その首部を除いた本体部分の造りは薄く、尖足布、方足布に類似する。橋形方足布のような重量感のある厚手の平首布がなぜ出現するのか、布銭の系譜の中の位置づけを改めて考える必要がある。

一　橋形方足布の形式

橋形方足布全体の最新の様態については、黄錫全『先秦貨幣通論』(2)が要領よく整理して紹介しているので、まずこれによって形式を整理しておく（ここでは当面、貨幣の銘文は黄氏の釈文によっておく。なお、地名の釈読の相違については、末尾の「橋形方足布地名表」参照のこと）。

黄氏は、橋形方足布の地名は一九種確認できるとする。この他に「文安半釿」、「邶陽釿〼」があるが贋品としている。

形態は、「安邑二釿」（図1）のように肩部が丸い円肩のものと、「陰晋一釿」（図8）のように平らな平肩（方肩）のものに大きく分類することができる。しかし、それぞれの類型には足部の抉りが大きく浅い目のものが存在する。円

図1　安邑二釿

図2　安邑一釿

図3　安邑半釿

図4　梁夸(充)釿五十当守

図5　梁夸（充）釿百当守

図8　陰晋一釿

図6　梁整幣(正尚)百当守

図7　梁半幣(尚)二百当守

図9　蒲坂一釿

図10　梁（禾）二釿

図11　梁（禾）一釿

図14　虞（陝）一釿

図15　京（䍃）一釿

図12　晋陽二釿

図13　晋陽一釿

図17　共半釿

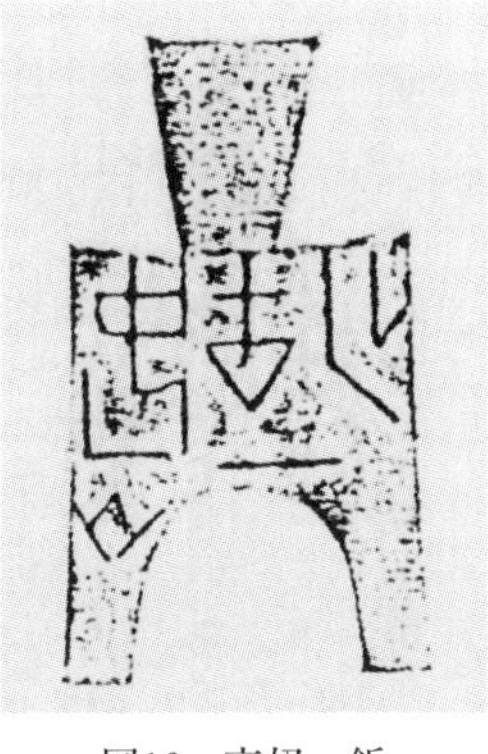

図16　高奴一釿

図18　分布

図19　安陰

肩では、「安邑半釿」（図3）、「梁整幣百当寽」（図6）、「梁半幣二百当寽」（図7）、「陜一釿」（図14）、「陜半釿」、「盧氏半釿」、「共半釿」（図17）、「安陰」（図19）、「鄩氏一釿」などの銘文のものである。また平肩では、「垣釿」、「高半釿」、「分布」（図18）、「槗釿」などである。また、首部に注目すると、逆台形のものと方形のものがある。方形のものは、「梁整幣百当寽」、「梁半幣二百当寽」、「分布」などで例は少ない。

銘文からも、大きく二つの類型に分類することができる。一つは、「二釿」、「一釿」、「半釿」というように重量単位を表記しているものである。また、このような表記がなくて地名のみのものもこの部類に含められ、この部類はまとめて〈釿布〉と呼ばれることがある。もう一つは、最初に「梁」の文字があり、最後に「当寽」の字句があるものである。これには「梁夸釿五十当寽」（図4）、「梁夸釿百当寽」（図5）、「梁整幣百当寽」（図6）、「梁半幣二百当寽」（図7）（「夸」字、「幣」字の釈読には異論が存在し決していない。注（38）参照）の四種類が知られており、「梁」字があるためまとめて〈梁布〉と呼ばれることが多い。この他、文字の向きが転倒している倒書か、正常な向きの正書であるか、あるいは両者の混合型かで区分される場合もある。

橋形方足布には、以上のように様々な形式が存在するが、それぞれの形式を年代的にどのように位置づけるかが問題となる。

二　橋形方足布の流通時期

（一）従来の編年

丁福保『古銭大辞典』(3)は、橋形方足布を虞夏の時代にまで遡る古い貨幣とする説を引いているが論外であろう。戦前に刊行された奥平昌洪『東亜銭志』[4]は、春秋時代に遡る貨幣と見なしている。しかし、鄭家相[5]、王毓銓[6]氏以後は、戦国時代の魏国を中心とする貨幣と見なすのが一般的である。鄭家相氏は、戦国中期の貨幣とし、多くは韓や魏に属し、ほとんどが魏で創始され韓に受け継がれたとしている。一方、王毓銓氏の方は、空首布の後に出現する中期布と位置付け、戦国中期の晩期布（尖足布、方足布）の前に置いている。したがって、中期布は春秋から戦国前期にかけて鋳造発行された貨幣ということになる。現在でも、王毓銓氏のように、橋形方足布を空首布と尖足布、方足布の間に置き、戦国前期を中心とした貨幣と見なすのが一般的である。

そこで、次に問題となるのは各種の形式の橋形方足布を、それぞれ年代上どのように位置付けるかである。朱活氏は、平首布をⅠ型からⅧ型に分類し、橋形方足布をⅢ型・早期方足平首布（方足大布と簡称）とし、Ⅳ型・晩期方足平首布（方足小布と簡称＝方足布のこと）の前に置いている。[7]個別の貨幣の年代については、「安邑」布と〈梁布〉を魏国早期の貨幣とし、「安邑」布は魏恵王九年（前三六二年）の大梁遷都以前の貨幣、〈梁布〉はそれ以後の貨幣としている。また、「陰晋」布については、秦恵文王六年（前三三二年）に陰晋が魏から秦に納められて寧秦と更名されたことから（『史記』秦本紀）、それ以前に鋳造発行された貨幣としている。さらに「禾半釿」布は陝西省華陰県岳家村の戦国初年の古城址附近から出土していることから、その鋳造発行は戦国早期あるいは初年に遡るとする。この他、「京」布や「潁」布は地名から鄭地の鋳造とし、戦国早期の鄭国始鋳の貨幣である可能性があるとする。朱活氏は、橋形方足布が戦国時代の早い時期に出現したと考えているようである。

汪慶正氏は、橋形方足布を平首釿布と称し、魏国鋳造の貨幣とするが、近隣の韓国鋳造のものの存在を排除するものではないとする。[8]その主要な流通時代は、朱活氏と同様に文献史料から前四世紀中としている。「安邑」布は魏武侯二年（前三九四年）、安邑に築城されてから（『史記』秦本紀）、魏恵王三一年（前三三九年）に大梁に遷都（『史記』魏世家）されるまでの間に安邑で鋳造された貨幣で、魏の平首釿布で最も早いものとする。「陰晋」布は朱活氏と同様の根拠で秦恵文王六年（前三三二年）以前のものとし、〈梁布〉は前三三九年の大梁遷都後に鋳造が開始されたとする。なお、「安陰」布を安邑の陰地鋳造とし、「安邑」布より軽薄であることから「安邑」布より晩い貨幣としている。

中国銭幣大辞典編纂委員会編（朱活主編）『中国銭幣大辞典・先秦編』（中華書局、一九九五年、頁208）は、ほとんどすべての橋形方足布を戦国早中期の貨幣としている。ただし、「文安半釿」布（頁209）のみ戦国中晩期としているが、根拠は示されていない。

郭若愚氏は、〈梁布〉を戦国中期に魏都大梁で鋳造された魏国新形式の貨幣とする。(9) 最初に「梁正尚（鍴）百当守」、「梁半尚（鍴）百当守」銘のものが発行されたが、しばらくして「梁新釿五十当守」、「梁新釿百当守」銘のものに改変されたとしている。一方「安邑」布の方は、安邑に魏の都が置かれた時にかつて鋳造された貨幣としている。ただし、別のところでは、「禾（魏）」釿布の形態は「安邑」布、〈梁布〉と同じで、その製造時間は当然同じであり、戦国中晩期の間であるとしている。(10)

黄錫全氏は、橋形方足布を戦国前期の魏国貨幣とする。(11) やはり、文献史料に基づいてその鋳造年代を推定している。「安邑」布の上限は魏武侯二年（前三九五年）、下限は大梁遷都の年であるが、『史記』魏世家によれば魏恵王三一年（前三三九年）、魏世家所引の『汲冢紀年』によれば梁恵成王九年（前三六二年）になるとする。〈梁布〉の方は大梁遷都以後とし、「陰晋」布も秦恵文王六年（前三三二年）以前として一般的見解に従っている。しかし、「禾」布は魏恵王一七年（前三五四年）以前、「言昜」（晋陽）布は魏襄王七年（前三一二年）以前の鋳造発行としている。この二つの貨幣の年代については、その銘文をどのように読むかによって見解が分かれることになる。

馬俊才氏は、新たに新鄭鄭韓故城で発見された「梁正尚（幣）百当守」布の陶范によって〈梁布〉の年代を推測している[12]。馬氏によると、陶范の年代は地層関係と同出の陶器の特徴から、絶対多数の陶范は戦国晩期前段に属し、個別のものは戦国晩期後段に属するとする。〈梁布〉の中、「梁充釿五十当寽」と「梁充釿百当寽」は形態上「安邑」布に近く、戦国中期早段の大梁遷都後に新たに鋳造発行された貨幣とする。これに対して、「梁正尚（幣）百当寽」布はそれより後、戦国晩期に魏国で発行された貨幣であるとしている。この点は、〈梁布〉の序列に関して、上述の郭若愚説とは完全に逆転している。近年、王勉編『安陽鶴壁銭幣発現与研究』[13]は「安邑」布を一般的見解に従い戦国早期としているが、「梁正幣百当寽」布の方を戦国晩期とするのは、馬氏の見解に従ったためであろう。

以上の年代的位置づけは、馬氏のように考古学的な根拠に基づくものもあるが、基本的には文献史料に基づいて個別の貨幣の年代を推測したものであり、橋形方足布全体に対する体系的な把握に至っていない。このような中で、成増耀氏のように、形式変化を踏まえて、特定の貨幣の年代的位置づけを試みた研究がある[14]。成氏は、一九九三年に陝西省韓城市城古村で出土した「梁半釿」布の年代的位置づけを行うためこの方法を採用している。成氏によると、橋形方足布は聳肩（平肩、方肩）が早く円肩が晩いとされ、無郭が早く有郭が晩いとされている。これを基準とすると、「梁」関係の橋形方足布の展開は、「梁半釿」、「梁一釿」が早く、「梁二釿」が晩くなる（これらは黄錫全氏の「禾」布に相当）。そして、その後〈梁布〉の中の「梁京釿」（梁京釿百当寽、梁京釿五十当寽）が現れ、これに「梁幣布」（梁正幣百当寽、梁半幣二百当寽）が続き、さらに「虞一釿」が続くとする。この系統づけは「梁」関係とみなす橋形方足布に限定されているが、注目すべき試みである。ただし、有郭のものが後出であることは、他の類型の青銅貨幣から見ても妥当であるが[15]、平肩が早いかどうかは一概には言えない。

ところで最近、賈元蘇編『開封商丘銭幣発現与研究[16]』が、形式を踏まえて橋形方足布の全体的な編年を行っている。本編書は、形式変化の過程を以下のように考え、銘文の書式を加味して個別の貨幣の編年を行っている（以下（　）

内は著者補足)。

[形式変化の過程]

1平首平肩弧足(17)→2縮頚(逆台形の首部)円肩浅弧襠(足部抉り浅)→3縮頚円肩深弧襠(足部抉り深)→4縮頚平肩深弧襠→5直頚円肩浅弧襠→6縮頚円肩深弧襠→7縮頚平肩平襠(方足布のことと考えられる)

[個別貨幣の編年](以下の数字は上記の形式変化に対応。著者附加)

魏文侯早期:2安邑半釿、虞半釿、共半釿/3安邑一釿、虞一釿(以上円肩、倒書、一般に周郭あり)

魏文侯中期:4梁半釿、晋陽半釿、梁一釿、晋陽一釿(以上平肩、倒書)

魏文侯後期:4陰晋半釿、陰晋一釿、甫反半釿、甫反一釿(以上平肩、正書)/高半釿、高安一釿(以上平肩、倒書あるいは倒書と正書混淆、過渡的)

魏武侯(前三九五~三七〇年):5〈梁布〉中の梁正幣、梁半幣(以上円肩、正書)

魏恵王初年(前三六八年前後):6二釿布の増鋳(安邑、少梁、晋陽)(円肩、倒書)

魏恵王大梁遷都後:6〈梁布〉中の梁新釿の増鋳(円肩、正書)

戦国中晩期:山陽(大、中、小型)(地名のみ、正中に竪線。方足布に類似)

本編書の形式編年は、橋形方足布のほとんどの類型に及び全面的ではあるが、形式変化の過程は必ずしも根拠のあるものではなく、従来の一般的な説に整合的でない部分がかなりある。まず、無郭から有郭への変化が全く無視されている。また、馬俊才氏が〈梁布〉について考古学的な根拠に基づいて提示した、「梁充釿」(梁新釿)布から「梁正幣」への展開が考慮されていない。また、円肩と平肩が交互に現れたり、倒書の二釿布が復古的に現れる理由について十分説得的に説明されているわけではない。年代の確定できるものを基準として、改めて形式編年を行う必要があろう。

（二）標準貨幣の設定

まず、文献史料によって、ある程度年代が確定できる橋形方足布を標準貨幣として設定しておく必要がある。なお、戦国時代の早い時期の年代については文献により矛盾が甚だしい。以下、＊を附した年号は、矛盾の解消に努めた平勢隆郎編著『新編史記東周年表』（東京大学出版会、一九九五年）によるものである。

一般に、「安邑」布（図1～3）は大梁に遷都するまでの魏都安邑で発行されたもの、〈梁布〉（図4～7）は大梁遷都後に大梁で発行されたものと見なされている。『史記』六国年表、魏世家に、魏武侯二年（前三九五年、＊前三九四年）に「安邑、王垣に城く」とあることから、「安邑」布はこれより後、安邑に魏の国都が置かれた時期に発行されたとされている。しかし、大梁遷都の時期については異説がある。魏世家には、恵王三一年（前三三九年）に「徙治大梁」とあるが、集解所引の『汲冢紀年』には「梁恵成王九年四月甲寅、徙都大梁也」となっている。恵成王九年は前三六二年（＊遡上踰年法では前三六一年）である。一方、『水経注』渠水注や、『漢書』高帝紀上、臣讃所引『汲郡古文』では、恵成王（恵王）六年（＊前三六四年）になっている。大梁遷都の時期は確定できないが、〈梁布〉は前三六四年、前三六二年、あるいは前三三九年以後の発行ということになる。

しかし、以上の見解は、「安邑」布、〈梁布〉ともに魏の国都で発行された貨幣と見なすことが前提となっている。〈梁布〉が大梁遷都後の貨幣とする点にはあまり問題はないと思われるが、「安邑」布は大梁遷都後には発行されなくなったのであろうか。『史記』魏世家によると、魏昭王六年（前二九〇年）に「秦に河東の地、方四百里を予う」とあり、秦本紀には秦昭襄王二一年（前二八六年）、「（司馬）錯、魏の河内を攻め、魏、安邑を献ず」とある。また六国年表にも、秦昭王一七年、「魏、河東の四百里を入る」とあり、同二一年「魏、安邑及び河内を納る」とある。魏の安邑を中心とする山西省南部の河東の地が完全に秦の領有に帰すのは、大梁遷都後大分たってからであり、魏が最終的に安邑を放棄するのは前二八六年である。「安邑」布の発行がこの年まで行われた可能性は棄てきれないであろう。

地図2「安邑布・梁布出土地」を見ると、確かに「安邑」布の出土地は、〈梁布〉に比べて安邑に近い西方に片寄っている。また、詳しい情況は不明であるが、「安邑」布は晋中、すなわち山西省内から数千枚発見されているという(18)。しかし、一方では〈梁布〉とともに出土する例も多く、両者の発行、流通に重なる時期があったと思われる。賈元蘇編書は、「安邑」二釿、一釿布の中で文字が正書で背面に「安」字を鋳込んだものを、大梁遷都後に旧都安邑で鋳造発行されたものとしている(19)。「安邑」布は、前三九五年から前二八六年までの間の時期にかなり長期にわたって発行され流通した貨幣ということになる。なお、「安邑」半釿布（図3）は、山西省夏県から一例のみ出土している(20)。この貨幣には周郭があり、足部の抉れが広く浅く、二釿布（図1）や一釿布（図2）より時代を下る貨幣と考えられる。

この他、ある程度年代を限定できるものに、「陰晋」布（図8）と「甫反」布（図9）がある。『史記』秦本紀には、秦恵文君六年（前三三二年）「魏、陰晋を納れ、陰晋は名を寧秦に更む」とあり、六国年表にも、秦恵文王六年「魏、陰晋を以て和を為し、命じて寧秦と曰う」とある。陰晋は前三三二年以後、魏の領有ではなくなり名称も変わるので、「陰晋」布はそれ以前の鋳造発行となる。「甫反」とは蒲坂のことであり、その地は山西省永済県とすることで一致している。『史記』魏世家では魏哀王一六年、秦本紀では秦昭襄王四年（前三〇三年）に秦に陥されているが、翌年に返還されている。そして、秦本紀の昭襄王一七年（前二九〇年）には「秦、垣を以て蒲坂・皮氏に為（易）う」とあることから、この時に蒲坂は秦の領有になったと考えられる。このことは、先にふれた河東の地が秦の領有に帰す年と一致しており、この貨幣はそれ以前の鋳造発行であろう。ところで、地図3「陰晋・蒲坂布出土地」を見ると、両貨幣ともに、確かに地名比定地近辺で出土している。しかし、遠く離れた東方でも出土していることから、魏の国都が東

表１　橋形方足布伴出遺跡貨幣数量表　　○印：数量不明

種類 ＼ 出土地	橋形方足布		円銭	鋭角布	方足布	合計
	釿布	梁布				
山西芮城	185				160	345
河南鶴壁獅跑泉村	3	6	1180	3538	143	4870
河南洛陽董村	261	322	118			701
河南鄭州回民中Ｍ７	○	○	○			80
河南新鄭北関	122	23		○	57＋	226
河南尉氏洧川鎮	21	15		2	2	40

（陝西咸陽、山西右玉、万栄、平陸、河南湯陰、洛陽、新鄭、許昌、鄢城で橋形方足布に方足布が伴出）

方に移ってからも流通しつづけたと考えられる。

以上から、倒書の「安邑」二釿、一釿布は比較的早く前四世紀前半の出現、正書の〈梁布〉はそれより後れ、前四世紀後半ということになろう。「陰晋」布と「甫反」布がどこまで遡れるか不明であるが、両貨幣が正書である点、「安邑」二釿、一釿布よりは晩く、〈梁布〉に近い時期の貨幣と思われる。

では、以上の貨幣は考古学的にどの程度年代を押さえることができるのであろうか。実は墓葬出土の例が少なくかなり困難である。「安邑」一釿布は河南鄭州市回民中学の墓葬から出土しているが、呉栄曾氏は副葬明器がなく年代確定は困難としている。[21] しかし、〈梁布〉についてはある程度手がかりがある。河南輝県固囲村一号墓からは、「梁正尚百当守」布が一八枚出土している。林巳奈夫氏によると、この墓葬は出土陶器から、前三五〇〜二五〇年の戦国中期のものとされている。[22] また、上述のように新鄭鄭韓故城出土の「梁正尚百当守」布の陶范は、地層関係と同出の陶器の特徴から、絶対多数の陶范は戦国晩期前段に属し、個別のものは戦国晩期後段に属するとされており、馬俊才氏はこの貨幣を戦国後期のものとしている。馬氏が言うように、「梁夸釿」布（図４、５）は形態上、「安邑」二釿、一釿布に近く、「梁正尚」布よりは早いであろう。「梁正尚」、「梁半尚」布（図６、７）のように首部が方形で、足部の抉りの浅いものは、時代が下るものと見なしてよいと思われる。

次に橋形方足布に伴出する他の種類の貨幣との関係を見ておこう。表1「橋形方足布伴出遺跡貨幣数量表」で、まず最初に気づくのは空首布との伴出関係が一例もない点である。このことは橋形方足布が戦国前期の早い時期に遡るものではなく中期を中心とした貨幣であることを示している。次に、注目されるのは、尖足布との伴出は見られないが、方足布とはある程度の伴出関係があることである。尖足布との関連が見られないことは、この貨幣が趙国との関係が稀薄なことを示している。地図1「橋形方足布出土地及び地名所在地」によっても、この貨幣は山西省中部以北や河北省からはほとんど出土しておらず、趙国ではあまり流通しなかったと考えられる。方足布は戦国後期を中心に流通した貨幣である。また、戦国中期に流通した円銭との伴出関係が見られることも、以上の情況と矛盾しない。したがって、橋形方足布は戦国中期から後期にかけて鋳造発行され、流通した貨幣と考えてよいであろう。この点は、上述の文献史料から推定した貨幣の年代とも矛盾しない。

以上によって、年代がある程度限定できる標準貨幣の展開過程を整理すると次のようになる。戦国中期前半（前四世紀前半）に遡る初期の標準貨幣としては円肩の「安邑」二釿布、一釿布が設定できる。平肩の「陰晋」布、「甫反」布はそれより後れ、中期中頃であろうか。中期後半（前四世紀後半）では〈梁布〉の中の「梁夸釿」布が設定できるが、形態は前半のものとほとんど変わらない。以上はともに首部が逆台形で足部の抉りが深い。しかし、戦国後期になると、「梁正尚」、「梁半尚」布のように首部が方形で足部の抉りの浅いものに変化する。「梁夸釿」布には周郭はないが、「梁正尚」には周郭があるものがあり、「梁半尚」にはほとんど周郭がある。この点、他の種類の貨幣においても周郭のあるものの出現が晩いことと対応している。

(三) 標準貨幣以外の貨幣の編年

次に、以上の標準貨幣の形式の展開を念頭において残りのものの編年を試みたい。まず、ある程度の出土が見られる、末尾「橋形方足布地名表」の5「梁」布（図10、11）、6「虞」布（図14）、7「晋陽」布（図12、13）、8「京」布（図15）について検討する。

5「梁」布については、地名の釈読と位置比定に関してかなり異説がある。「梁」と読んで魏都大梁（河南開封市）あるいは少梁（陝西韓城県）とする説がある。また、「禾」と読んで、『史記』魏世家の魏文侯一六年、魏恵王一七年に見える元里（陝西澄城県）とする説があり、「禾」を魏の古体字と見なして国名とする説がある。その他、「穎」と読んで穎故城（河南臨穎県）とする説もある。この貨幣の二釿布（図10）は円肩で一釿布（図11）、半釿布は平肩である。二釿布は足部の抉りはかなり大きいが、形態は「安邑」二釿、一釿布（図1、2）に近い。一釿布、半釿布の形態は「陰晋」布（図8）によく似ているが倒書である。この貨幣は、形態上早期の橋形方足布の可能性があり、この点は出土地からも推測することができる。地図4「四種橋形方足布出土地」によれば、黄河以西の出土がかなり目立ち、この貨幣の発行地が黄河以西の都市であった可能性が高い。『史記』秦本紀には、秦恵文君八年（前三三〇年）「魏、河西の地を納る」とあり、六国年表にも、秦恵文王八年、魏襄王五年に魏が河西の地と少梁を秦に与えた記事が見える。魏が領有した黄河以西の河西の地は前三三〇年以後秦の領有となるので、この貨幣はそれ以前の鋳造発行となる。しかし、発行地が少梁であるのか元里であるのかは決め手はない。この貨幣が、華陰県岳家村の戦国初年の古城址の城門下から出土したことから、鋳造発行の上限は戦国初年より遅くないとする説がある[(23)]が、出土情況が不明であり確証はない。

6「虞」布についても、「虞」と読んで山西平陸県北部とする説、「陝」と読んで晋南から河南三門峡一帯、あるいは河南三門峡、陝県一帯とする説、さらには「崤」と読んで殽（河南洛寧県西北）とする説などがある。張頷氏が詳密な論証によって「陝」と読む説を提示して以来、[24]近年は「陝」説が有力になりつつある。地図4によれば、出土地はすべて河東以東であり、魏の河東放棄以前の鋳造発行であることは確かであろうが、かなり後の時代まで鋳造発行されていたとしても問題はない。形態上も周郭があり、足部の抉れが広く浅い目のものがある点、時代が下るように思われる。

7「晋陽」布には、「晋陽」と読んで山西太原市西南とする説、山西虞郷とする説がある。この他、「圜陽」あるいは「言昜(陽)」、「圁陽」と読んで陝西神木県とする説や「音陽」と読んで沁陽(河南沁陽と武陟の間の沁陽故城)に当たるとする説などがある。山西太原説や陝西神木説は、地図4によると、その地理的位置がこの貨幣が出土している地域とはかなり隔たっていることから可能性は少ないであろう。また、第一字は尖足布に見られる「晋」字とは明らかに異なり「晋陽」と読むのは躊躇される。そうすると「音陽」説が残る。この説を称える郭若愚氏は、「音」と「沁」は同音通假字とするが、[25]字形は全く異なり強引に過ぎるように思われる。『史記』魏世家には、魏哀王一六年(前三〇二年、*前三〇三年)に「秦、我が蒲阪・陽晋・封陵を抜く」とあるが、六国年表の魏哀王一六年には「秦、我が蒲坂・晋陽・封陵を抜く」とある。魏世家の索隠所引の『紀年』は「晋陽・封谷」に作るとあり、魏世家の「陽晋」は「晋陽」の誤りであろう。正義所引の『括地志』はこの晋陽は蒲州虞郷県西三五里の晋陽故城としており、蒲坂にも近い地である。形態は円肩と平肩があり、円肩の二釿布(図12)は5「梁」布の二釿布(図10)とほとんど同じであり、平肩の一釿布(図13)、半釿布は「甫反」布(図9)によく似ているが倒書である。この貨幣の第一字が趙の尖足布の「晋」字とやや異なるのは、趙の「晋陽」と区別するためかも知れない。そうすると、この貨幣の鋳造発行は、魏の「晋陽」が秦に陥落させられた前三〇二年以前であり、始鋳の時期はかなり早い可能性がある。

8「京」布についても、いくつか異説がある。一般に「京」と読んで河南滎陽東南の故城とされるが、「缶」と読んで牧野（河南汲県）とする説、北繁陽（河南内黄県）とする説、「垂」と読んで山東曹県北とする説などがある。地図4によると、出土地は陝西、山西、河南、山東の広い地域にわたる。形態は平肩で正書であり、「陰晋」布（図8）、「甫反」布（図9）に近い。そうすると、早い時期の貨幣と考えられ、鋳造発行地も河西や河東の可能性が高い。従来の説は、河東の地放棄後の魏の領域となっており、いずれの説も疑問とすべきであろう。この貨幣の鋳造発行地は今後の課題である。

この他、事例は少ないが出土が確認できる橋形方足布に16「文安」布（図16）、18「共」布（図17）があり、近年になって確認されたものとして12「分布」布（図18）、20「安陰」布（図19）などがある。

16「文安」布の発行地は、地名の釈読によって、「文安」（河北文安県）、「高奴」（陝西延安市）、「高安」あるいは「京安」（山西夏県）、「亳」（河南偃師県）説など分かれている。形態は平肩で「陰晋」布（図8）、「甫反」布（図9）に近いが倒書であり、早期の貨幣と思われる。また、陝西蒲城県や華県から出土していることから、黄錫全氏の「高奴」説の可能性が出てくる。高奴はもと魏の上郡に属し、『史記』魏世家によると、魏襄王（＊襄哀王）七年（前三一二年）に「魏、尽く上郡を秦に入る」とあり、六国年表では、秦恵文王一〇年（前三二八年）「魏、上郡を納る」とあり、魏襄王七年（＊恵成王更元七年）にも同様の記事がある。この貨幣は、前三二八年ないし前三一二年以前の鋳造発行ということになり、形態上も矛盾しない。18「共」布の発行地については河南輝県とすることで異論はない。形態は円肩で周郭があり、足部の抉りが広く浅く、6「虞」布（図14）や「安邑」半釿布（図3）に近い。この貨幣は河東の地に近い山西襄汾県から出土している。この種の形態の貨幣の鋳造発行が前二九〇年の魏の河東放棄以前に遡ることを示している。

12「分布」布について、郭若愚氏は一九四七年に山西で約四〇枚の埋蔵が発見され、大部分上海に流入して収蔵家の手に帰したとしている。[26] 形態は平肩で足部の抉りが浅く広く首部が方形でやや特殊であり、銘文も表記法や字体も異例で偽品とする見方もある。[27] しかし、近年河南長葛県の鄢陵一帯で一〇〇枚前後発見されたと伝えられ、また郾城県でも二度にわたって出土している。[28] この発見を受けて、黄錫全氏はこの貨幣を改めて真品と見なし、「分布」とは発見地の近くを流れる汝水支流の汾水に関係する「汾陂」という地域名とする。[29] そして、その位置から魏国貨幣の可能性が高いが、文字の字体から楚国貨幣の可能性もあるとしている。「分布」を発行都市名でなく地域名とする点疑問が残るが、発見地や郾城県彭店郷で〈梁布〉や〈釿布〉と一緒に出土していることから考えても魏国貨幣の可能性が高いであろう。しかし、発行地は確定できない。20「安陰」布は一九八九年以後、河南襄城県で三度にわたって出土している。[30] かつては魏都安邑の北とされていたが、何琳儀氏は『漢書』地理志の陰安（河南南楽東南）、呉良宝氏は「鄢陰」と読んで河南鄢陵県北としている。[31] 出土地は魏地としてよいが発行地は確定できない。周郭があり、足部は抉りが深いが「梁正尚」「梁半尚」布に近いところがあり時代は降るものであろう。

三　橋形方足布の流通範囲と発行主体

(一) 流通範囲

前節に述べたように、地名の釈読に問題がなく、位置も確定できる橋形方足布は、末尾の「橋形方足布地名表」によると、1「安邑」布、2〈梁布〉、3「陰晋」布、4「甫反」布、18「共」布であり、7「晋陽」布、16「高奴」布もほぼ問題はないであろう。5「梁」布と6「虞」布については、有力な説が複数存在する。5は「禾」と釈読して、少梁とする説（陝西韓城県）と元里（陝西澄城県）とする説である。また、6は「虞」とする説（山西平陸県）と

「陝」とする説（河南陝県、三門峡市）である。これらは両論並記と言ったところであろうか。

「地名表」中で出土例がなく、資料として信頼度がやや落ちるが、地名の釈読と位置比定にあまり問題のない貨幣についてもふれておこう。10「盧氏」布の盧氏は斜肩空首布に見え、地は河南省盧氏県とされ、春秋は晋に属し戦国は韓に属したとされる。形態は円肩で周郭があり、足部の抉りが広く浅く、時代の下る18「共」布（図17）や6「虞」布（図14）に近い。盧氏は秦の領域に近く、かなり早く占領された可能性がある。『史記』六国年表によると、韓昭侯二四年（前三三五年、＊昭釐侯二四年・前三四〇年）に秦は盧氏の東、洛水下流にある宜陽を陥落させているので、盧氏の陥落はそれ以前であろう。形態と年代の関係から言って疑問の残る貨幣である。14「鄩氏」布の鄩氏は方足布に見え、「鄩氏」と読んで河南鞏県とする説が有力であるが、「泫氏」と読んで山西高平県とする説もある。[32]前者は韓地、後者は魏地とされる。半釿布の形態は、戦国後期の「梁半尚」布（図7）に非常に近く、両候補地とも地理的位置としては全く問題ない。黄錫全氏によると、最近二釿布が発見されたと言う。[33]形態は円肩で「安邑」二釿、一釿布（図1、2）や「梁夸釿」布（図4、5）に近く、問題はないであろう。15「山陽」布は山陽の地（河南修武県）の発行とする点でほぼ一致している。上述の賈元蘇編書のごとく、形態、銘文書式とも方足布に類似する部分が見られ、戦国後期の貨幣であろう。地理的位置も後期の魏の領域内であり問題はない。

11「涅」布は新鄭鄭韓故城から陶范として初めて出土したものであり、貨幣の実物は発見されていない。涅の地名は方足布に見え、山西武郷県とすることで一致している。[34]所属国については、韓、趙両説ある。馬俊才氏は、この陶范には実際に鋳造された形跡があるが、戯れの鋳造かどうかは今後検討する必要があるとしている。[35]

以上検討した地名を地図に落としたものが前にふれた地図1「橋形方足布出土地及び地名所在地」である。地名の分布傾向を見ると、魏国前期の領域である河西と河東の地（山西省南部と陝西省の黄河西岸地域）、そして後期の領域である国都大梁近辺（河南省の黄河を挟んだ南北）にまとまって見られる。とくに確定的な地名は、それぞれの時期の魏国の領域に収まる。次に、地図1によって、出土地の分布状況を見てみると、大体地名分布と同じような傾向を示す。確かに、地名分布よりはかなり広範囲であり、この貨幣の流通力を示しているが、出土の集中が顕著な部分はやはり魏国前期の領域と後期の領域に収まる。したがって、橋形方足布は戦国魏国の貨幣と見なして間違いないであろう。

（二）発行主体

表2「橋形方足布発見数量表」は末尾の「橋形方足布地名表」および「橋形方足布出土地出典一覧」にもとづいて、貨幣の地名の種別ごとに、出土数と収集数を集計したものである。参考のために汪慶正編『中国歴代貨幣大系一　先秦貨幣』の著録数も附記した。

この表を一目見て気づくことは、3以下の地名の貨幣に比べて、1「安邑」布と2「梁」布〈梁布〉の出土数量の圧倒的な多さである。とくに「安邑」布については、鄭家相氏がすでに一九五〇年代までに晋中（山西省）から数千枚出土したことを記している。(36)このことは、収集数や『大系』著録数が〈梁布〉よりかなり多いことから見ても信憑性が高いであろう。そして、ここで注目されるのは、この両者の地名が魏の国都名である点である。圧倒的な数量の発行は、この二種の貨幣が魏の国家発行の貨幣であることを思わせる。

そこで、この点についていくつかの側面からより突っ込んで検討してみたい。まず、国家との関連で注目されるのは〈梁布〉である。この種の貨幣が他の橋形方足布と異なるのは、銘文に換算率が表記されている点である。〈梁布〉の文字の釈読については多くの議論がなされてきた。最大の懸案は「全」字であったが、中山王墓から出土した銅壷の銘文によって「百」と読めることが明らかになり、この問題は氷解した。(37)現在では、四種の〈梁布〉銘文の一般的な解釈は以下のようになっている。

1「梁夸釿五十当寽」布（図4）.;この梁の夸釿布五〇枚で一寽に相当する。

2「梁夸釿百当寽」布（図5）.;この梁の夸釿布一〇〇枚で一寽に相当する。

3「梁正尚百当寽」布（図6）.;この梁の正尚布一〇〇枚で一寽に相当する。

4「梁半尚二百当寽」布（図7）.;この梁の半尚布二〇〇枚で一寽に相当する。

このように読むと、実際の貨幣の重量と一寽に相当する枚数はみごとに対応する。ただし、1、2の「夸」字や3、4の「尚」字については、まだ異論が存在し決着はついていない。[38] とは言え、それぞれの〈梁布〉には、当該貨幣と一寽との換算率が表記されているとする点については異論はない。

ところで、この換算率が何を意味するかについては、これまで様々な意見が出されてきた。まず、王毓銓氏は、〈梁布〉を魏国外あるいは釿の単位を用いない布銭流通地域で貿易するための特別な貨幣として位置づけた。[39] その後も、このように〈梁布〉が対外貿易のために発行されたとする説はいくつか出されている。蔡運章氏は、寽を国際重量単位で約一二八〇gとし、王毓銓氏の対外貿易貨幣とする説を支持している。[40] 成増耀氏などは貿易相手国を具体的

表2　橋形方足布発見数量表

種類＼数量	出土数	収集数	大系著録数
1安邑	1397＋ （＋数1000）	990＋	66
2梁	1528＋	10＋	39
3陰晋	7＋	0	6
4蒲坂	13＋	0	5
5梁（禾）	33＋	1＋	23
6虞（陝）	182＋	1	19
7晋陽	9＋	0	14
8京（鄐）	10＋	1	8
12分	145＋	0	4
14垂（垂）	1＋	0	3
17高奴（高安）	2	0	4
19共	3＋	0	2
20安陰	56＋	0	5

（枚数が数100とあるものは200として積算した）

に示している。[41] 釿は魏国の重量単位であり、寽が周の古い重量単位であることから、両種の重量単位が鋳込まれたのは、魏国が周と貿易を進めるためであり、「詔書布」と言ってもよく、周の名義の位置に取って代わり全国統一を目論んだものとした。最近でも、丘光明氏は、異なった重量単位あるいは貨幣単位の両地域間の商業交換の需要に対して使用するために、専門に鋳造された貨幣としている。[42]

この他、〈梁布〉を対外的な交易のために鋳造された貨幣とするものに、彭信威氏の説がある。[43] 彭氏は寽を単位とした国は楚国であり、楚国の金幣（金版）は爰、すなわち寽を単位としていたとする。そして、魏国は最初は、「五当寽」布（梁夸釿五十当寽）五枚を楚国金幣一爰に当てたが、後に「金当寽」布（梁夸釿百当寽）一枚を当て、さらに後に「梁正尚」布一枚あるいは「梁半尚」布二枚を当てたとしている。黄錫全氏もこの説に一部従い、寽は楚国の爰金あるいは白銀としている。[44] 最近では、賈元蘇編書が、やはりこの貨幣を諸侯国間の貿易に使用した貨幣と考え、楚国金幣一爰（西周以来の重量単位一寽に相当）との兌換比率が表記されているとしている。[45] たとえば、3「梁正尚百当寽」布は、一〇〇枚で楚金幣一寽の貨幣価値に等しいとする。そして、楚金幣一寽の重量は一四～一七gであるが、もし〈梁布〉と交換したならば、一四〇〇～一七〇〇gの重量の〈梁布〉と等しくなるとしている。

以上は換算率が対外的に設定されたものとする説であるが、国内的なものと考える説もある。朱活氏は、戦国早期魏国の重要な青銅貨幣の一種であり、寽を計算単位とする無文銅貝との兌換比率を示したものとしている。[46] そして、魏の一釿布は四、五枚の包金無文銅貝と兌換されたと考えた。また、郭若愚氏は、寽は銅の重量でなく黄金の重量であり、一四〇〇g前後の銅の価値が一寽の黄金（ただし一寽の黄金重量は不明）に相当したとする。[47] そして、〈梁布〉は補助貨幣であり、その価値は法律によって規定され、ただ国内の領域のみで流通使用された貨幣であると明言している。この他、黄盛璋氏は、釿はもと重量単位であったが、幣制の一釿の重量が紊乱したため、寽をもって固定計価単位とするために改めて〈梁布〉が発行されたとしている[48]。

〈梁布〉の性格については、以上のように様々な考え方があるが、成増耀氏や郭若愚氏が指摘しているように、換算率は国家が法律によって規定したものであろう。そうすると、〈梁布〉は国家が発行したか、あるいは国家が強く関与する形で発行された貨幣と言うことになる。それでは、〈梁布〉は対外貿易のために特別に発行された貨幣であろうか。地図1を見てみると、確かに山西省右玉県（枚数不明）や五台県（三枚）など趙の領域、山東省臨淄故城（五枚）のように斉の国都、また河南省南陽市（枚数不明）、社旗県（一〇〇枚近く）、方城県（一五〇枚）、泌陽（一枚）など戦国中期後半の楚あるいは秦の領域と考えられる地域からも出土している[49]。しかし、全体から見るとその出土数量は必ずしも多いとは言えない。出土地の分布は魏の領域内に集中し、しかも圧倒的多数が領域内から出土しているのである。〈梁布〉の兌換率は基本的に国内を対象として設定されたものであろう。

次に換算率は何を対象に設定されたのであろうか。朱活氏のように、無文銅貝が対象であったとはにわかには信じがたい。〈梁布〉が流通した戦国中期以後には、魏国でも地名を入れた各種の青銅貨幣が流通しており、無銘の銅貝が並行して流通していたとは考えられない。やはり、考えられるのは黄金との換算率である。戦国時代の前四、三世紀には、大量の取引に黄金が用いられたことは、すでに宇都宮清吉氏が指摘しているとおりである[50]。名目貨幣の性格の強い青銅貨幣と実体貨幣である黄金との換算率を決定するには、やはり国家の関与が必然であったであろう。

以上、〈梁布〉が国家と関係が深い貨幣であることを論じてきたが、この種の貨幣が「安邑」布と密接な関係にあったことはすでに指摘した。地図2を見てもわかるように、〈梁布〉と「安邑」布は一緒に出土する場合がかなり存在し同時流通を否定できない。加えて、「安邑」二釿、一釿布において〈梁布〉にも見られる「夸」字（あるいは充、新、重とも釈される）がタガネで刻されている場合があることが注目される[51]。このことは、すでに発行されていた「安邑」

二釿、一釿布を、新たに発行された〈梁布〉の中の「梁夸釿」布（図4、5）と同価値で流通させようとしたことを示している。逆に考えれば、「安邑」二釿、一釿布は黄金との兌換を想定して発行され、〈梁布〉はそれを継承したに過ぎないとも考えることができる。

では、「安邑」布以外の〈釿布〉はどのように考えられるであろうか。やはり、鋳造発行に国家が関与した可能性が考えられる。まず第一に注目されるのは、都市発行と考えられる尖足布や方足布に比べて地名の種類が極めて限定される点である。黄錫全氏によると、尖足布の地名は五〇余種、方足布の地名は一六〇種前後に上り、魏国の方足布は二六種とされている。[52] これに対して、橋形方足布の地名は一九種とされている。末尾の「橋形方足布地名表」によると二〇種であり、出土が確認でき、偽物の可能性がない確かなものは表2のごとく一三種に過ぎない。『史記』魏世家によると、魏国が安釐王（前二七六～二四三年）頃までに秦に奪われた県＝都市の数は、「山南、山北、河外、河内の大県数十、名都数百」となっている。この領域は、魏国前期の領域である河東の地と後期の大梁以西の領域にあたり、[53] 橋形方足布の地名比定地の多くを含む。この領域には経済力を有する大都市が少なくとも数十あったはずであるが、橋形方足布は限定された都市のみでしか発行されていないのである。橋形方足布は、広く都市一般で発行されたというよりも、特定の都市で選択的に発行された貨幣と言うことができる。この点、国家の関与が想定されるであろう。

第二は、都市発行と考えられる方足布との地名上の重なりが極めて少ない点である。5「梁」（禾）布、11「涅」布、14「鄩氏」布、それに16「高奴」（咎奴）布くらいが重複するに過ぎない。この点でも、国家が特別な都市を選抜してこの種の貨幣を発行させた可能性が考えられる。

第三に、〈梁布〉と〈釿布〉の合金成分の比率の問題である。周衛栄氏の分析表によると、〈梁布〉の「梁正幣百当守」布二二枚の銅含有率の平均は七三・二二％、「安邑」二釿、一釿布二三枚、「虞」布六枚、「穎」（禾）布五枚の〈釿布〉布三三枚の平均は七五・四四％であり、「安邑」二釿、一釿布だけを取り上げると七四・八二％である(54)。個別の貨幣にはある程度ばらつきはあるが、〈梁布〉と〈釿布〉との銅含有率の平均値の間にはほとんど開きはない。この点は、両種の橋形方足布の性格に同質性が存在することをうかがわせる。また、両種とも銅の含有率が高く、品質が維持されていることも国家の関与を思わせる。ちなみに、個別の都市で鋳造発行されたと考えられる尖足布の銅含有率の平均は、やはり周氏によると四六・七七％、方足布の方は六九・八二％である(55)。また、戦前の道野鶴松氏の報告の分析表によると、方足布の銅含有率の平均値は六七・三八％であり(56)、少し低くなっている。

以上、橋形方足布が全体として、鋳造発行に国家が関与したのではないかと思われる側面について言及してきた。「はじめに」でも強調したように、この種の貨幣が布銭の系列の中でも形態が大きく、厚手で重量がある点を考えると、やはり特別な貨幣であることが改めて了解される。橋形方足布は民間や都市が自由に鋳造発行した貨幣ではないであろう。

む　す　び

橋形方足布は、戦国中期、前四世紀初め頃より戦国後期にかけて、魏国において国家が鋳造発行に関与した貨幣と考えられる。とくに、大量に発見されている「安邑」二釿、一釿布と〈梁布〉は、国家が国都で直接鋳造発行を開始した貨幣として間違いないであろう。では、魏国では、都市発行の方足布と並行して、なぜこのような特殊な貨幣を国家が関与して鋳造発行する必要があったのであろうか。

『史記』魏世家や六国年表によると、戦国前期、魏国は文侯の時代に強盛になり、黄河の西側、河西の地に進出し、秦国を圧倒する勢いであった。六国年表によると、魏文侯六年（前四一四年、＊文侯一一年〔称侯一六年〕・前四二二年）と八年に魏は少梁（陝西省韓城県）に築城している。そして、一六年（前四〇九年、＊文侯三一年〔称侯二六年〕・前四一二年）にも秦を攻撃して臨晋（陝西省大茘県東）、元里（同省澄城県）に築城し、翌年にも秦を攻撃して鄭（陝西省華県）にまで至り、引き返して洛陰（同省大茘県南）、郃陽（同省合陽県）に築城している。

ところが、二四年（前四〇〇年、＊文侯三九年〔称侯三四年〕・前四〇四年）になると、秦は魏の河東の地に攻め込み、陽狐（山西省垣曲県）にまで至っている。また、三六年（前三八九年、＊文侯四六年〔称侯四一年〕・前三九七年）には秦が陰晋（陝西省華陰県）を侵略し、魏はしだいに劣勢となる。武侯の時代を経て、恵王、襄王時代（＊恵成王時代〔前三七〇～三一九年〕）になると魏は完全に守勢に立たされ、ついには前三三〇年の河西放棄となる。ちょうど、魏が「安邑」布を大量に鋳造発行し、ついで〈梁布〉の発行を開始する戦国中期は、魏が秦の攻勢をなんとか持ちこたえようとしている時期である。このような困難な時期に橋形方足布が大量に発行されたのは、魏が国家として、その発行によって軍資金を調達しようとしたためではないであろうか。とくに黄金と連動した兌換用名目貨を大量に発行したのではないかと考えられる。

地図1に見えるように、橋形方足布を発行した候補地とされる陝西省韓城県あるいは澄城県（「梁（禾）」布発行地）、そして華陰県（「陰晋」布発行地）は魏にとって黄河の外側の防衛拠点であり、山西省永済県西部（「蒲坂」布、「晋陽」布発行地）は黄河の内側の防衛拠点である。魏にとって、黄河は最大、最強の防御線であったと考えられ、このラインに沿った都市は特別な都市であったであろう。これらの都市には、軍資金調達のために、特殊な形態の橋形方足布の発行が国家により許可されたとは考えられないであろうか。橋形方足布の発行、流通地域は、上述のように戦国時代に都市が極めて発達した地域であった。[57]このような発達した都市には、富裕な商工業者が多数居住していたと考えられ、軍資金調達のための十分な受け皿が存在していたのである。

注

（1）黄錫全『先秦貨幣通論』（紫禁城出版社、二〇〇一）尖足布・頁133表一二、方足布・頁176表一六、橋形方足布・頁124表一一、空首布・頁89。
（2）注（1）黄錫全書、頁115。
（3）丁福保編『古銭大辞典』（中華民国二七年後叙、中華書局影印、一九八二）下編7葉以下。
（4）奥平昌洪『東亜銭志』（第一巻、昭和八年序、歴史図書出版影印、一九七四）巻四、頁611以下。
（5）鄭家相『中国古代貨幣発展史』（生活・読書・新知三聯書店、一九五八）頁117。
（6）王毓銓『我国古代貨幣的起源和発展』（科学出版社、一九五七）頁23、35。
（7）朱活『古銭新探』（斉魯書社、一九八四）「布銭続探―平首布銭的分類及有関問題」頁80。
（8）汪慶正『中国歴代貨幣大系一　先秦貨幣』（上海人民出版社、一九八八）頁17。
（9）郭若愚『先秦鋳幣文字考釈和弁偽』（上海書店出版社、二〇〇一）、「緒論」頁4。
（10）注（9）郭若愚書「戦国魏布文字考釈三則」頁10。
（11）注（1）黄錫全書、頁123。
（12）馬俊才「新鄭〝鄭韓故城〟新出土東周銭范」（中国銭幣学会編『中国銭幣論文集　第四輯』中国金融出版社、二〇〇二）頁84。
（13）王勉編『安陽鶴壁銭幣発現与研究』（中華書局、二〇〇三）、「鶴壁銭幣発現与研究」頁285。
（14）成増耀「韓城出土〝梁半釿〟布及背残陶范」（考古与文物一九九四―五）頁70。

(15) 尖首刀は無郭であるが、後出の燕明刀には周郭があり、空首布と方足布、尖足布との関係も同様である。また、戦国中期に出現する初期の円銭も全て無郭であるが、後期になると有郭のものが増加してくる。周郭をつけるのは、削り取った青銅屑で貨幣を偽造させないため、後から工夫された防止策と考えられる。
(16) 賈元蘇編『開封商丘銭幣発現与研究』(中華書局、二〇〇三)「開封銭幣発現与研究」頁34、第四節・戦国魏釿布的幣形演化序列及其分期。
(17) 注(5)鄭家相書、頁61が春秋末期、平首平肩橋足布、注(7)朱活書、頁51が平首布のⅠ型、平肩弧足平首布として取り上げている貨幣と考えられる。しかし、以後この類型の平首布を取り上げる研究はほとんどなく、一般に真物か疑問視されていると思われる。本論でも考察の対象としない。
(18) 注(5)鄭家相書、頁46、注(7)朱活書、頁51。
(19) 注(16)賈元蘇編書、頁34。
(20) 山西銭幣学会『中国山西歴代貨幣』(山西人民出版社、一九八九)、頁28図5。
(21) 呉栄曾「戦国墓出土銭幣及其断代問題」(中国銭幣学会編『中国銭幣論文集　第四輯』中国金融出版社、二〇〇二)頁66。
(22) 林巳奈夫『中国殷周時代の武器』(京都大学人文科学研究所、一九七二)頁5。
(23) 注(7)朱活書、頁79。
(24) 張頷『張頷学術文集』(中華書局、一九九五)頁116。
(25) 注(9)郭若愚書、「戦国魏幣文字三種考釈」頁5。
(26) 注(9)郭若愚書、「緒論」頁5。
(27) 呉良宝『中国東周時期金属貨幣研究』(社会科学文献出版社、二〇〇五)、頁159。
(28) 黄錫全「新見〝分布〟及有関問題」(中国銭幣二〇〇七—二)、頁3、秦叔華等編『許昌漯河銭幣発現与研究』(中華書局、二〇〇五)頁434。
(29) 注(28)黄錫全論文、頁5。

(30) 注(28)秦叔華等書、頁34。
(31) 何琳儀『古幣叢考』(安徽大学出版社、二〇〇二)頁180、注(27)呉良宝書、頁152。
(32) 第五章「尖足布・方足布地名表」頁300、注(1)黄錫全書、表16、頁181。
(33) 注(1)黄錫全書、頁122。
(34) 第五章「尖足布・方足布地名表」頁287、注(1)黄錫全書、表16、頁179。
(35) 注(12)馬俊才論文、頁86。
(36) 注(5)鄭家相書、頁46。
(37) 林巳奈夫氏は、早くに「全」を「百」と解する説を提示していたが(「戦国時代の重量単位」[史林五一—二、一九六八]頁116)、この説が正しいことは、中山王嚳墓から出土した銅円壷の銘文によって証明された(朱徳熙、裘錫圭「平山中山王墓銅器銘文的初歩研究」[文物一九七九—一]頁43)。
(38) 1、2の「夻」字については様々な意見が出されており、決着がついていない。「夻」と釈すのは注(5)鄭家相氏で「大」の意味としており、注(7)朱活氏、注(1)黄錫全氏もそれに従っている。注(6)王毓銓氏は「充」と釈し、充当の意味とする。蔡運章「夻的重量及相関問題」(中原文物一九八二—三、頁28)、黄盛璋「三晋銅器的国別、年代与相関制度問題」(古文字研究一七(一九八九)、頁40)はこれに従い、黄氏は次品の意味としている。郭若愚氏は「新」と釈して、梁地で鋳造された新釿布としている(「戦国梁布文字析義及有関問題初論」[中国銭幣一九八三—三]頁3)。郭氏は注(9)では、「辛」に釈し「新」の意味とし、注(13)王勉編書、注(16)賈元蘇編書はこれに従っている。注(8)汪慶正氏は「充」を「奇」と釈し、厚重、特好の意味とするが、あるいは「新」に釈す説もあるとする。この他、呉振武「説梁重釿布」(中国銭幣一九九一—二、頁21)、同「古文字中的借筆字」(古文字研究二〇(二〇〇〇)、頁313)は「重」に釈し、中国銭幣大辞典編纂委員会編(朱活主編)『中国銭幣大辞典・先秦編』(中華書局、一九九五)、注(27)呉良宝書(頁152)はこれに従っている。また、注(14)成増耀論文のように「京」と釈する説もある。3、4の第三字目の「尚」字についてもいくつかの説がある。注(5)鄭家相氏は幣名としているのみであるが、大きく「上」の意味とする説と「幣」の意味とする説に分かれる。早くは注（4）奥平昌洪氏が「上」としているが、中国では注（6）王毓銓氏が上等の意味に解したのに始まるようである。注（7）朱活氏、注（8）汪慶正氏がこれに従っている。最近では、「幣」と釈するのが一般的なようである。これは、彭信威『中国貨幣史』（上海人民出版社、一九八八、頁39。一九五八年初版）に始まるようである。早くに丘光明「試論戦国衡制」（考古一九八二―五、頁519）がこれに従っているが、最近では注（1）黄錫全氏、注（16）賈元蘇編書も皆これに従っている。

(39) 注（6）王毓銓書、頁36。

(40) 注（38）蔡運章論文、頁28。

(41) 注（14）成増耀論文、頁70。

(42) 丘光明「貨幣与度量衡」（考古二〇〇一―五）頁74。

(43) 注（38）彭信威書、頁40。

(44) 注（1）黄錫全書、頁119。

(45) 注（16）賈元蘇編書、頁27、頁32。

(46) 注（7）朱活書、頁57。

(47) 注（9）郭若愚書、頁18。

(48) 注（38）黄盛璋論文、頁40。

(49) 郭沫若主編『中国史稿地図集　上冊』（地図出版社、一九七九）頁21「戦国時期黄河中下游地区（前二九一年）」では河南舞陽県以北が魏、それより南が楚となっている。また下田誠『中国古代国家の形成と青銅兵器』（汲古書院、二〇〇八）第六章、頁179の銅兵器銘文から想定される領域地図の地図3（前三一八～二九六年）では葉県、舞陽県以東、以北が魏、それより以西、以南が秦となっている。

(50) 宇都宮清吉「西漢時代の都市」（『漢代社会経済史研究』弘文堂書房、一九五五）頁109。

(51) 注（38）中国銭幣大辞典編纂委員会編書（朱活主編）、頁210、211参照。

(52) 注（1）黄錫全書、頁129、頁158。

（53）江村治樹『春秋戦国秦漢時代出土文字資料の研究』（汲古書院、二〇〇〇）、頁379。
（54）周衛栄『中国古代銭幣合金成分研究』（中華書局、二〇〇四）、頁8～11。
（55）注（54）周衛栄書、頁6～8。
（56）道野鶴松「古代支那貨幣の化学的研究（第一報）」（『日本科学会誌』第五一帙第八号、一九三〇）の一一点、同第二報（同第五三帙第一号、一九三二）の三点の平均値。
（57）注（53）江村治樹書、第二部、第三章、江村治樹『戦国秦漢時代の都市と国家―考古学と文献史学からのアプローチ―』（白帝社アジア史選書七、二〇〇五）参照。

図版出所目録

図1安邑二釿、図2安邑一釿、図3安邑半釿、図8陰晋一釿、図9蒲坂一釿、図10梁（禾）二釿、図11梁（禾）一釿、図13晋陽一釿、図14虞（陜）一釿、図15京（啚）一釿、図17共半釿：以上、山西省銭幣学会編『中国山西歴代貨幣』（山西人民出版社、一九八九）頁27～31。

図4梁夸（充）釿五十当寽、図5梁夸（充）釿百当寽、図6梁整幣（正尚）百当寽、図18分布：以上、郭若愚編『先秦鋳幣文字考釈和弁偽』（上海書店出版社、二〇〇一）、頁96、97。

図7梁半幣（尚）二百当寽、図16高奴一釿：以上、賈元蘇編『開封商丘銭幣発現与研究』「開封銭幣発現与研究」（中華書局、二〇〇三）、頁44。

図12晋陽二釿：王毓銓『我国古代貨幣的起源和発展』（科学出版社、一九五七）、図版拾陸1。

図19安陰・秦叔華等編『許昌漯河銭幣発現与研究』（中華書局、二〇〇五）カラー図版、安陰二左。

橋形方足布地名表　（#：地名比定なし、（収集）は内数、＋は以上（数量不明））

地名釈文	種別	地名	所　在　地	城址	出土地・数量
1安邑	円肩	安邑	山西解州夏県北（東亜）、山西夏県（王）、夏県西北15里(鄭、大系、通論)、夏県西北(洛陽、先秦編)、夏県西魏国早期都城（何、呉）、夏県魏都(朱、華夏00-3)、夏県西北禹王城（山西、三晋）	禹王城	○陝西咸陽1、宝鶏(収集2)、山西高平1、夏県2＋、運城9＋、解県1、芮城187＋、山西数1000、河南安陽(収集1＋)、鶴壁5（収集2）、湯陰1、陝県1＋、新安1＋、洛陽218＋、鄭州4＋、新鄭1106(収集986)、尉氏20、通許207、長葛数100、臨潁1＋、郾城26＋、内郷2、山東清寧389、嘉祥3、湖北襄樊(収集1)
2梁	円肩	大梁	魏都大梁(王、鄭、中原82-3、大系、馬、古文字17、20、通論、開封、呉)、河南開封(朱、先秦編、華夏00-3、何、文04-4) 山西河南一帯(鶴壁) 陝西同州府韓城県(東亜)	大梁城址	○陝西咸陽2、河南安陽2＋(収集)、鶴壁6、淇県2(収集)、浚県1(収集)、輝県18、三門峡1＋、新安1＋、洛陽330＋、鄭州10＋、新鄭33＋(＊陶范)、通許
乘		少梁 (地名でない)	乘馬幣(古銭)		

					283、許昌1+、舞陽7+、郾城8+、方城150、南陽4+、社旗170、泌陽1、山東淄博2、済寧499、嘉祥2
3陰晋	平肩	陰晋	山西同州府華陰県東南(東亜)、華陰県東南(朱、先秦編、洛陽)、同東南5里(開封)、華県東南(王、華夏00-3)、華陰県東(通論、呉)、華陰(古銭、鄭、大系、何)、華陰西(三晋)、華陰岳鎮古城址(銭幣85-2)	陰晋故城	○陝西宜川1、山西運城2+、河南洛陽2+、新鄭2+
4甫反	平肩	蒲坂	山西蒲州府永済県東南(東亜)、永済東南(王、朱、洛陽、先秦編)、永済県西南蒲州鎮(山西)、永済蒲州鎮東南2里(呉)、永済県蒲州老城(三晋)、永済県虞郷一帯(銭幣85-2)、平陸県北(鄭) #舜都蒲坂(古銭)		○陝西呉堡1、宜川2、山西万栄1、運城2+、河南洛陽2+、通許1、長葛1+、山東済寧3
		蒲阪	山西永済県西南(大系)		
		蒲阪、蒲坂	山西永済県西南(何、通論)		
蒲坂		蒲坂	永済県北30里(華夏00-3)		
5梁	円肩、平肩	大梁 少梁	河南開封(王、洛陽、先秦編) #(考与文94-5) #(東亜)	大梁城址	○陝西志丹1、呉堡3、宜川2、韓城1、澄城2、華陰1、山西万栄1+、解県1+、夏県1+、運城2+、河南洛陽3+、通許5、新鄭2+、尉氏1、長葛1+、郾
禾(元、祁)		元里	陝西澄城南(何、通論)		
禾(魏)		魏(国名)	魏地(郭)		
穎		穎	方足布同、河南臨穎県西北25里穎故城(朱、華夏00-3)、#(鉄雲、鄭、集刊3)	穎故城	
木禾？			#上郡属県(呉)		

					城2、山東済寧4
6虞	円肩	虞	山西解州平陸県東北45里夏墟(東亜)、平陸県東北40里に古虞城(鄭)、平陸県境(朱、華夏00-3)、平陸北(中原04-4)、平陸東北(大系、洛陽)、#(古銭、王、中原81-3、考87-2、集刊3、考与文85-1、94-5、銭幣94-3、開封)	虞城古城	○陝西西安？50、山西侯馬1、運城1+、河南新安1+、洛陽30+、鄭州1+、新鄭2+、通許10、山東済寧85、浙江湖州1
陝		陝地域	晋南から河南三門峡一帯(鶴壁)		
		陝	河南三門峡(何、通論、呉)、陝県境(三晋)、陝県一帯(張)、山西平陸一帯(銭幣85-2、85-4)、#(銭幣04-2)		
崤		殽	河南洛寧西北60里(郭)		
7晋陽	円肩、平肩	晋陽	山西太原(王)、邑郷西太原境(華夏00-3)、虞郷県西(鄭、朱、開封)、蒲州虞郷県西35里(大系)、#(古銭、東亜、中原81-3、83-3、考87-2、考与文94-5、銭幣85-2)	晋陽故城	○陝西呉堡4、山西運城2+、河南洛陽1+、山東済寧2
音陽		音陽	河南沁陽武陟交の沁陽村故城(郭)	沁陽村故城	
		圁陽	陝西神木県西(三晋)		
言陽		圜陽	陝西神木(何、通論)		
			陝西神木東(呉)		
圜陽		圜陽	陝西神木(裘)		
圁陽			#(山西)		
言昜		圁陽	陝西神木東(洛陽、先秦編)		
8京	平肩	京	河南開封府滎陽県東南30里また伊水南洛陽西南(東亜)、滎陽東北(王)、滎陽東南21里に故城(鄭)、滎陽境(朱)、#(古銭、中原81-3、考与文94-5、開封)	京襄城	○陝西呉堡2、宜川1、山西運城1+、解県1、河南洛陽1+、通許1、長葛1+、山東済寧2
坶		牧(野)	河南汲県(何、通論)		

殺 垂		北繁陽	#(呉) 河南内黄県東北(古文字19) #（考87-2、大系) 山東曹県北(洛陽、先秦編)		
9 毳 垂 樇	平肩	毳 垂 郯	山西霍県東北(王、朱)、汾水近辺(鄭)、霍；唐代の東毳県(考与文94-5) また山東曹県北(先秦編) 河南開封東南陳留郷(何、通論)、偽(呉)		
10盧氏	円肩	盧氏	斜肩空首布同、河南盧氏(王、先秦編、何、通論、呉)、#(東亜、大系)		
11涅	円肩		方足布同、#(馬)		○河南新鄭(＊陶范)
12分 分布	平肩	汾 邠また汾陽 汾北 汾陂	汾北、山西寧郷の東、襄陵の西、太平の東北、韓平陽と隣(鄭)、陝西汾県(王)、汾水流域（先秦編) #(大系、何)、偽(呉) 陝西邠州三水県また山西汾州汾陽県(東亜) 山西寧郷東(先秦編) 河南汝水支流汾水の汾陂一帯(黄)		○山西40余？、河南長葛100前後、郾城5、
13重 垂	円肩	郵 垂 垂都 垂	衛地(古銭、東亜) 山東曹県北30里(王、通論)、曹県附近(何)、#(中原00-4、安陽) #(呉) 山東満沢北50里(朱)、#(鄭) 山東曹県北30里(大系)		○河南洛陽1＋
14鄠氏 郕氏 鄔氏 端氏	円肩	鄠氏 郕氏 泫氏	方足布同(鄭)、河南鞏県南58里(朱) 方足布同(東亜)、#(大系) 山西高平？(通論) 山西高平(何、呉) 韓地(古文字8)		

15山陽	円肩	山陽	河南修武西北か陝西山陽(王)、修武県西北35里(鄭)、懐慶府修武県西北35里大行山東南山陽故城また陝西商州山陽県治(東亜、古銭)、南山の通称(古銭)、焦作東南(大系)、焦作(何、通論)、焦作東(呉)、河南修武県西北(先秦編、開封)		
16文安 京安 亳 高安 高奴 高女	平肩	文安 京治安邑 亳 高安 高奴	また渤海郡文安県(先秦編)、#(考与文94-5) 山西夏県西北禹王城(考与文94-5) 河南偃師県西20里の景亳(鄭) 山西夏県西北(朱、先秦編、開封)、山西南部(何)、#(裘、大系) 陝西延安市東(通論) #(呉)	禹王城	○陝西蒲城 1、華県 1
17高	平肩	高安 高都 鄗また郊 高女の略	#(大系) 山西晋城県境(先秦編) 王官;山西聞喜県南附近(何、通論) #(呉)		
18共	円肩	共	鄭地(東亜)、共郡(鄭)、河南輝県治(古銭、王、銭幣87-3、大系、先秦編、何、通論)、輝県境(朱、三晋、開封、呉)、#(銭幣85-4、山西)	共城	○山西襄汾 3
19垣	平肩	垣	直隷長垣県東北25里(鄭)、河北長垣西北(王)、山西垣曲東南(朱、先秦編)、垣曲境(何、通論)、#(古銭)、偽(呉)		
20安陰 陰安 陭陰	円肩	安陰 陰安 鄢陰	安邑の北(鄭)、安邑の陰(大系)、#(古銭、東亜、朱) 河南南楽東南(何)、河南清豊と南楽の間(通論) 河南鄢陵東北(呉)		○河南襄城56

橋形方足布地名表出典略称一覧

文：文物
考：考古
中原：中原文物
考与文：考古与文物
華夏：華夏考古
銭幣：中国銭幣
集刊：考古学集刊
古文字：古文字研究
鉄雲：劉鶚『鉄雲臧貨』（中華書局、一九八六）
東亜：奥平昌洪『東亜銭志　第一巻』（歴史図書社、一九七四）
古銭：丁福保編『古銭大辞典』（中華書局、一九八二）
王：王毓銓『我国古代貨幣的起源和発展』（科学出版社、一九五七）
鄭：鄭家相『中国貨幣発展史』（三聯書店、一九五八）
裘：裘錫圭「戦国貨幣考（十二篇）」（北京大学学報一九七八—二）
朱：朱活『古銭新探』（斉魯書社、一九八四）
大系：汪慶正主編『中国歴代貨幣大系一　先秦貨幣』（上海人民出版社、一九八八）
山西：山西省銭幣学会編『中国山西歴代貨幣』（山西人民出版社、一九八九）
三晋：朱華『三晋貨幣—山西省出土刀布円銭叢考』（山西人民出版社、一九九四）
先秦編：中国銭幣大辞典編纂委員会編（朱活主編）『中国銭幣大辞典・先秦編』（中華書局、一九九五）
張：張頷『張頷学術文集』（中華書局、一九九五）

洛陽：蔡運章等『洛陽銭幣発現与研究』（中華書局、一九九八）

郭：郭若愚『先秦鋳幣文字考釈和弁偽』（上海書店出版社、二〇〇一）

通論：黄錫全『先秦貨幣通論』（紫禁城出版社、二〇〇一）

何：何琳儀『古幣叢考』（安徽大学出版社、二〇〇二）

馬：馬俊才「新鄭〝鄭韓故城〟新出土東周銭范」（中国銭幣学会編『中国銭幣論文集　第四輯』中国金融出版社、二〇〇二）

開封：賈元蘇編『開封商丘銭幣発現与研究』「開封銭幣発現与研究」（中華書局、二〇〇三）

鶴壁：王勉編『安陽鶴壁銭幣発現与研究』「鶴壁銭幣発現与研究」（中華書局、二〇〇三）

呉：呉良宝『中国東周時期金属貨幣研究』（社会科学文献出版社、二〇〇五）

黄：黄錫全「新見〝分布〟及有関問題」（中国銭幣二〇〇七—二）

橋形方足布出土地出典一覧

＊陶范

1陝西咸陽：『中国歴代貨幣大系一』p379～、考古1974-1 p22（1962年秦都咸陽故城遺址（長陵車站南）・窖蔵銅料、戦国貨幣140枚・橋形方足布3（安邑1、梁新釿1、梁正尚1）、秦半両3、殊布1、方足布1、斉法化刀3、明刀2、古刀1、尖首刀、蟻鼻銭124）／〔2陝西西安：中国銭幣1994-3 p66（西安出土と自称・橋形方足布（虞50前後））〕／3陝西呉堡：考古与文物1994-5 p70（張家墕郷辛家山村南・橋形方足布（梁3、甫反1、京2、晋陽4））／4陝西志丹：考古与文物1994-5 p70（橋形方足布（梁1））／5陝西宜川：考古与文物1994-5 p70（寿山郷薛家坪村・橋形方足布（梁2、陰晋1、甫反2、京1））／6陝西韓城：考古与文物1994-5 p70（1993年城古村南・橋形方足布（梁1、＊陶范1）／7陝西澄城：考古与文物1994-5 p70（1976年庄頭郷姫家河村東坡漢墓・橋形方足布（梁2））／8陝西蒲城：考古与文物1994-5 p70（城関鎮・橋形方足布（文安1））／9陝西華県：考古与文物1994-5 p70、中国銭幣1991-2 p38（1990年青銅甗内・橋形方足布（高安（文安）1））／10陝西華陰：考古1959-11 p605（1959年岳鎮戦国古城址城門底・橋形方足布（氶（梁）1））／〔11陝西宝鶏：文博1987-3 p77（収集・橋形方足布（安邑2））〕／

12山西右玉：『三晋貨幣』p151、『中国山西歴代貨幣』p187（梁家油坊計35枚・橋形方足布（円肩）、尖足布、方足布、明刀）／13山西五台：『三晋貨幣』p151、『中国山西歴代貨幣』p187（橋形方足布（円肩3））／14山西高平：『三晋貨幣』p151、『中国山西歴代貨幣』p187、中国銭幣1983-1 p28（1958年箭頭村・橋形方足布（安邑1）、明刀1）／15山西襄汾：『三晋貨幣』p151、『中国山西歴代貨幣』p187（1986年・橋形方足布（共2）、三孔布（無終））、『中国山西歴代貨幣』p31（橋形方足布（共1））／16山西侯馬：『三晋貨幣』p151、『中国山西歴代貨幣』p187（1982年・橋形方足布（円肩2））、『張頷学術文集』p116（1982年奴隷殉葬墓・橋形方足布2（虞1））／17山西万栄：中国銭幣1983-1 p28、『中国山西歴代貨幣』p187（1952年西解村3枚・橋形方足布（彔（梁）、甫反）、方足布）／18山西夏県：『中国歴代貨幣大系一』p1144（1960年代司馬村・橋形方足布（安邑）、『三晋貨幣』p151、『中国山西歴代貨幣』p187（1972年司馬村・橋形方足布（円肩1））、『中国山西歴代貨幣』p28（1988年・橋形方足布（安邑、彔（梁））、『三晋貨幣』p151は円肩10余）／19山西運城：『中国山西歴代貨幣』p28（1978年・橋形方足布（安邑、甫反、圁陽（晋陽）、陰晋、虒（虞）、□（京）、□（梁））、考古与文物1994-5 p70（1978年竜居公社彭村窖蔵2.85kg、中国銭幣1985-2 p26（1978年竜居公社西袁庄村5.7kg・橋形方足布（陝、彔（梁）、[illegible]（京）、陰晋、晋陽、甫反））、（1977年東槐樹凹村窖蔵・橋形方足布8（安邑））、考古与文物1992-1 p31、考古1995-5 p475（1989年東郭鎮界村西／橋形方足布（安邑7））／20山西解県：『中国歴代貨幣大系一』p383（橋形方足布（安邑1））、同p391（橋形方足布・□（梁）、同p406（橋形方足布・殺（京）1）／21山西芮城：文物参考資料1958-6 p64（1956年城南村陶罐窖蔵460余枚・橋形方足布（安邑）、方足布（平陽多））、『古銭新探』（1956年計20市斤（考古2001-5 p70は安邑10kg）・橋形方足布（安邑185）、方足布160）、『中国山西歴代貨幣』p27（1978年・橋形方足布（安邑））／22山西平陸：『三晋貨幣』p151（1990年大寨村窖蔵・橋形方足布2000余（円肩、平肩））／23山西：『先秦鋳幣文字考釈和弁偽』p5（発現一窖、大部上海に流入・橋形方足布（分布40余））、『古銭新探』p51、『中国古代貨幣発展史』p46（晋中新出土・橋形方足布（安邑数1000））、『中国銭幣大辞典・先秦編』p209（1986年晋南発見・橋形方足布（共1））、中国銭幣1983-1 p28（山西廃銅中発見・橋形方足布（梁1））、同上（山西収購・橋形方足布（京1））／

〔24河南安陽：『安陽鶴壁銭幣発現与研究』p81（安陽市博物館収集・橋形方足布（安邑、垂、梁新釿、梁正尚））〕／25河南鶴壁：『安陽鶴壁銭幣発現与研究』p285（1981年石林公社獅跑泉村西北、三陶罐窖蔵70kg、4870枚・橋形方足布（安邑3、梁正尚6）、

鋭角布3538（公3537、垂1）、方足布143、円銭（垣1180））、また中国銭幣1989-1 p38（同上4870枚・橋形方足布11、鋭角布（公3537、垂1）、方足布141（梁18）、円銭（垣1180））、〔『安陽鶴壁銭幣発現与研究』p285（鶴壁地区収集・橋形方足布（安邑2）〕／26河南湯陰：『安陽鶴壁銭幣発現与研究』p81（1986年出土・橋形方足布（安邑1）、方足布（安陽5、藺1、梁邑2、襄垣1、高都1、涅1）／27河南浚県：『安陽鶴壁銭幣発現与研究』p285（蔵品・橋形方足布（梁正幣1））／28河南淇県：『安陽鶴壁銭幣発現与研究』p285（蔵品・橋形方足布（梁正幣2））、〔考古与文物1985-1 p112（淇県城関廃物回収站で発見・橋形方足布（虞1、梁正尚1）、鋭角布（公））〕／29河南輝県：『輝県発掘報告』p77（1950年代固囲村M1墓葬・橋形方足布（梁正幣18）、鋭角布（公、墓道））／30河南新安：『中国銭幣大辞典・先秦編』p222（橋形方足布（安邑、㢘（虞）、梁重釿）／31河南陝県：『中国歴代貨幣大系一』p1144（1957年三里橋戦国灰坑、後川戦国中期墓M2703・橋形方足布（安邑）、銅貝）／32河南三門峡市：『中国歴代貨幣大系一』p1144（上村嶺戦国墓二批・橋形方足布（梁新釿））／33河南洛陽：『洛陽銭幣発現与研究』p83、中原文物1981-3 p10（1958年安楽公社董村鋳造遺跡?・橋形方足布583（甫反、陰晋、言陽、垂、梁以上17、安邑217、虞27、梁正幣322）、円銭118（垣116、共1、安臧1））、考古与文物1994-5 p70（1950年宜洛鉄路線東村洛河南隋唐故城東南・橋形方足布582（梁正尚、梁半尚、梁夸釿、泉、虞）、円銭（垣125、共2、安臧1））、『中国歴代貨幣大系一』p385～（1958年・橋形方足布（安邑、□（梁）、梁正尚、晋陽、虞、殽（京）、陰晋、甫反））、中国銭幣2007-2 p30（2006年洛南新区王圪垱中石油大学学生公寓・橋形方足布（梁正尚4）、方足布（安陽1）、円銭（垣2））／34河南鄭州：中国銭幣論文集四（呉栄曾）p66、中原文物2000-4 p21（回民中学戦国魏墓91M8、50余枚・橋形方足布（梁充化金、梁正尚）、鋭角布（垂）、半両銭）、（回民中学戦国魏墓91M7、80枚・橋形方足布（安邑、虞、梁正尚）、円銭（垣））、〔中原文物1985-1、p95（鄭州市博物館が鄭州魏河村で収集16枚・橋形方足布（安邑3、梁正尚7）、四銖半両1、大泉五十2、貨泉1）〕／35河南新鄭：中国銭幣論文集四（馬俊才）p81（1997-98年鄭韓故城東城鄭国祭祀遺址区域内外戦国晩期前段遺跡、一部晩期後段・橋形方足布（＊泥質灰陶范25件・梁正幣7、涅1）、考古学集刊三（1983）p128（1973年北関・陶罐窖蔵226枚（もと300枚前後）・橋形方足布（安邑119、潁（梁）1、虞1、陰晋1、梁夸釿5、梁正尚18）、方足布57（安陽31）、鋭角布（垂）、涅金大布）、中国銭幣2006-2 p41（2004年鄭韓故城内月季新城小区窖蔵銭幣117枚・橋形方足布、鋭角布、方足布、二連布）、『中国歴代貨幣大系一』p379～（1973年・橋形方足布（安邑、□（梁）、虞、陰晋、梁新釿、梁正尚））、〔中原文物1988-2 p11、考古1989-12 p1141（新鄭県文物保管所が本県孟庄郷馮辛庄で収集1030枚・橋形方足布987（安邑986、梁正尚1）、鋭角布13、方足布31、直刀（成白1））〕／36河南尉氏：『開封商丘銭幣発現与研究』p25（1974年洧川鎮村民取土時発見・橋形方足布（安邑20、梁1、梁新釿2、梁正幣13）、鋭角布（垂2）、方足布（安陽2））／37河南通許：『開封商丘銭幣発現与研究』p25（県城耳崗村社員発見、灰色陶罐窖蔵507枚・橋形方足布（安邑207、梁5、虞10、京1、甫反1、梁正幣283））／38河南長葛：『許昌漯河銭幣発現与研究』p33（官亭郷仏耳崗水庫・橋形方足布（安邑8）、殊布当忻1、四布当忻3）、（2000年官亭郷后白村三次出土・橋形方足布（安邑29））、（1993-99年官亭郷后白村双洎河畔磚場多次・橋形方足布（甫反、京、梁、安邑数100）、四布当忻）、（1989年老城鎮轆轤湾村・橋形方足布（晋陽1）、郢爰1）、（1999年老城鎮磚場・橋形方足布（梁布2））、中国銭幣2007-2 p3（鄢陵一帯・橋形方足布（分布100前後収集））／39河南許昌：『許昌漯河銭幣発現与研究』p34（2000年張潘郷古城遺址・橋形方足布（梁布1））、（2003年榆林郷榆林村欒八古城墓葬群8枚・橋形方足布（梁充釿）、方足布（安陽、屯留）、鋭角布（垂、公））／40河南襄城：『許昌漯河銭幣発現与研究』p34（1989年范湖郷・橋形方足布（安陰30余）、（2000年范湖郷・橋形方足布（安陰4）、（2000年麦嶺郷・橋形方足布（安陰22））／41河南臨潁：『許昌漯河銭幣発現与研究』p434（1997年西某村100余枚・橋形方足布（安邑、梁布）、小平首布）／42河南葉県：『南陽平頂山銭幣発現与研究』p359（1990年龍龔店郷・橋形方足布（陰安））／43河南舞陽：『許昌漯河銭幣発現与研究』p433（1979年周漢故城・橋形方足布（釿布））、（1983年周漢故城東城墻と北城墻上・橋形方足布（梁充釿6））、（1956年東不羹城旧址・橋形方足布（梁重釿））／44河南郾城：『許昌漯河銭幣発現与研究』p434（1995年召陵故城・橋形方足布（安邑3）、（1997年召陵故城西大周村・橋形方足布20余枚（安邑、梁重釿）、（1997年召陵故城西林庄北地窯廠10余枚・橋形方足布（梁布）、小平首布）、（1965年召陵故城西北白庄村東・橋形方足布数100（梁重釿、安邑）、方足布）、（1998年同20余枚・橋形方足布（梁布）、方足布）、（1989年召陵故城内西城辺・橋形方足布（梁正尙1））、（召陵故城北溝李村東南20余枚・橋形方足布（梁布）、小平首布）、（1996年召陵故城北溝李村南・橋形方足布13（安邑、梁正尙））、（1992年召陵故城北詹庄村窯廠窖蔵・橋形方足布（梁布160余））、（2000年召陵故城北詹庄村窯廠100枚近く・橋形方足布（安邑、梁重釿）、小平首布）、（1990年召陵故城址南黄庄村東・橋形方足布（安邑4））、（1994年同・橋形方足布（分布3））、（1988年彭店郷・橋形方足布（分布2、梁正尚1、梁2、安邑2））、（1992年陰陽趙郷・橋形方足布（安邑６））、中国銭幣2008-2 p36（2006年召陵区召陵鎮白庄村・橋形方足布（安邑7、梁重釿15、梁正尚10））／45河南漯河市：『許昌漯河銭幣発現与研究』p434（1984年郊区黄崗村・橋形方足布（梁重釿１））／46河南方城：『我国古代貨幣的起源和発展』p46（1929年北山中で牧童発見・橋形方足布（梁充釿150））／47河南南陽：『中国銭幣大辞典・先秦編』p216（橋形方足布（梁充釿、梁半幣））、『南陽平頂山銭幣発現与研究』p48（南陽市・橋形方足布（梁正尚）、（1970-80年代市郊蔡庄磚瓦廠春秋戦国墓地一帯・橋形方足布（梁充釿））／48河南内郷：『南陽平頂山銭幣発現与研究』p47（1979年城郊郷・橋形方足布（安邑２））／49河南社旗：『南陽平頂山銭幣発現与研究』p48（1999年康庄窯場・橋形方足布（梁充釿100近く））、（1990年城関鎮・橋形方足布（梁正尚約70））／50河南泌陽：華夏考古1994-3 p16（新客站西漢中期墓M５・橋形方足布（梁充釿１））／〔51河南：華夏考古2000-3 p58（東周王畿内各地出土556枚・安邑217、虞27、梁正尚322）〕／

52山東淄博：中国銭幣1995-2 p55（1994年臨淄故城・橋形方足布（梁半尚２）、橋梁幣３）／53山東済寧：考古1987-2 p183（1985年軍分区附近基建工地窖蔵984枚・橋形方足布（安邑389、殽（京）２、甫反３、彔（梁）４、晋陽２、虞85、梁夸釿158、梁整尚341））／54山東嘉祥：文物1989-5 p20（1970年紙坊公社焦城村焦国故城遺址・橋形方足布（安邑３、梁夸釿１、梁正尚１））／

〔55湖北襄樊：文博1992-5 p64（襄樊文管所収集・橋形方足布（安邑１）〕／

56浙江湖州：中国銭幣2004-2 p37（城区紅旗路観鳳大厦城中城基建時発見、失散多数・橋形方足布（陝（虞）１）、殊布当釿14、蟻鼻銭500～600）／

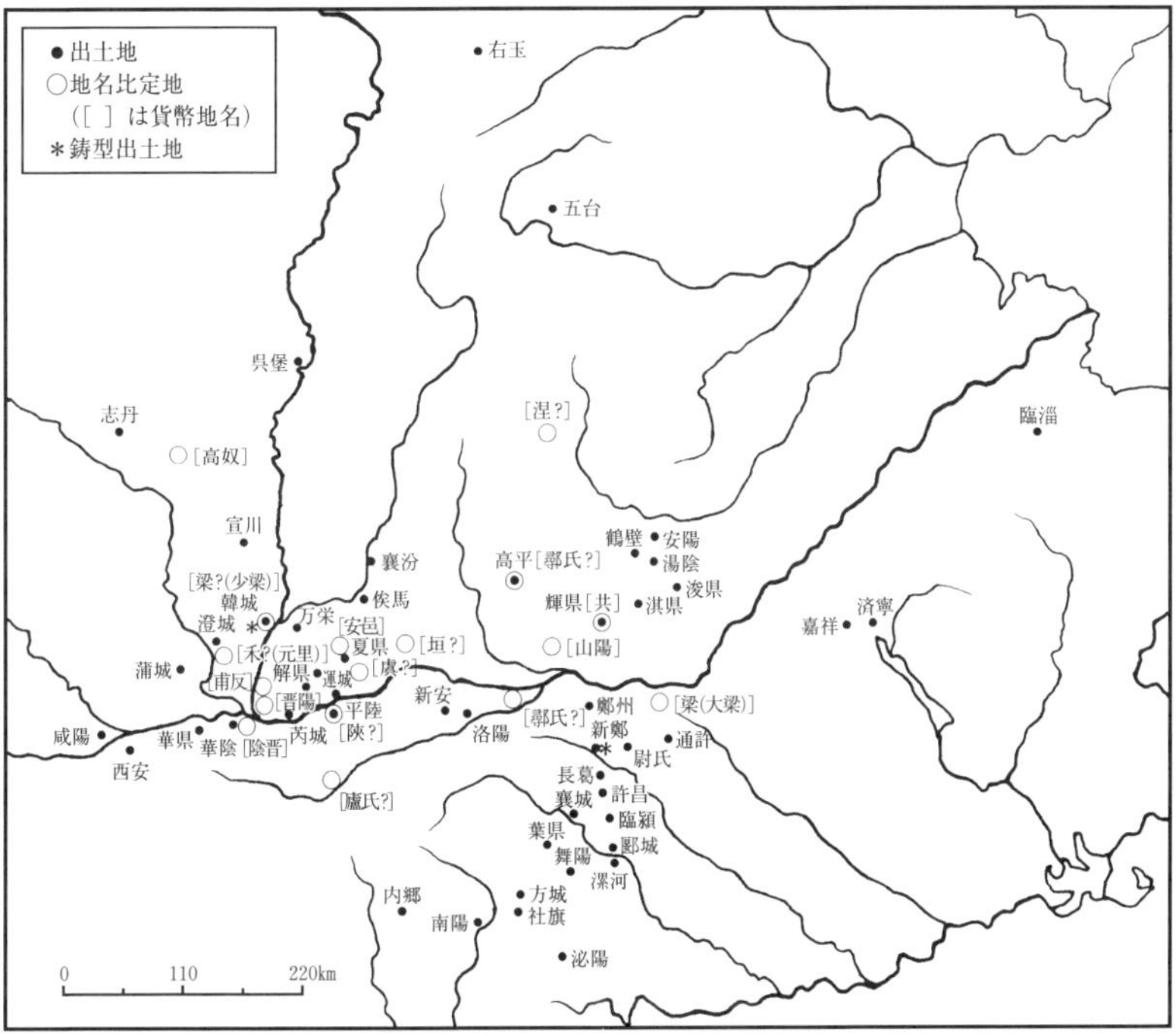

地図１　橋形方足布出土地及び地名所在地

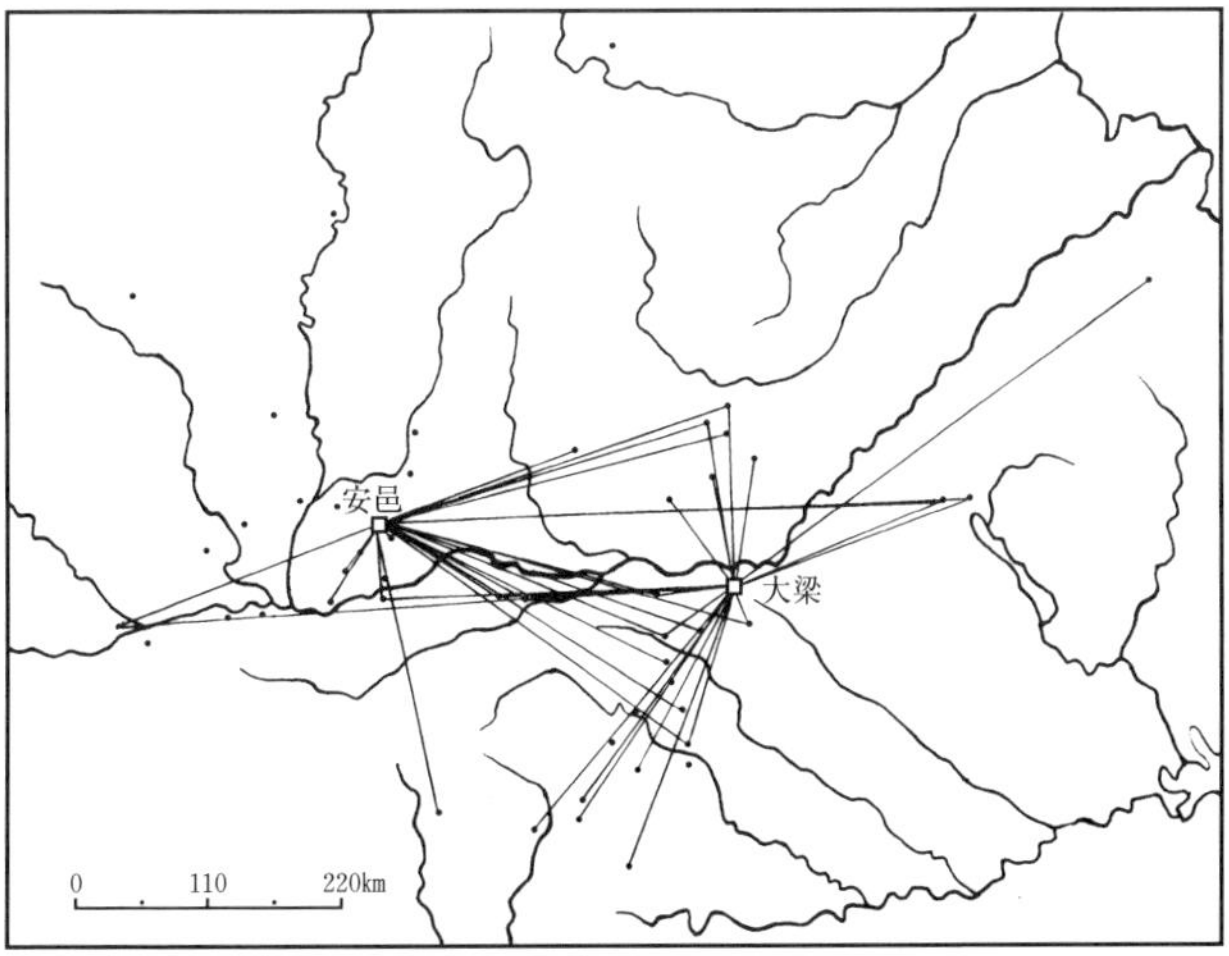

地図２　安邑布・梁布出土地

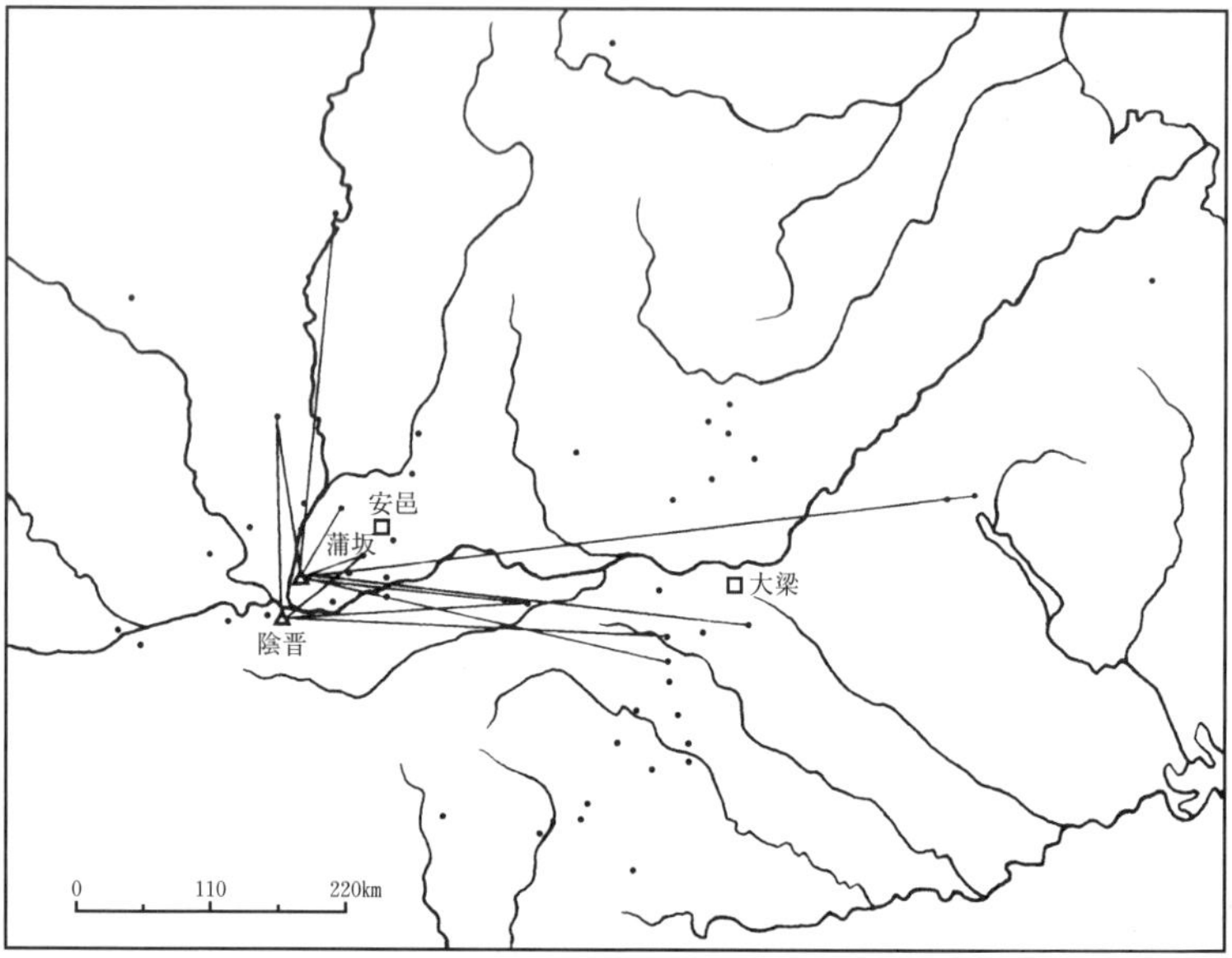

地図3　陰晋・蒲坂布出土地

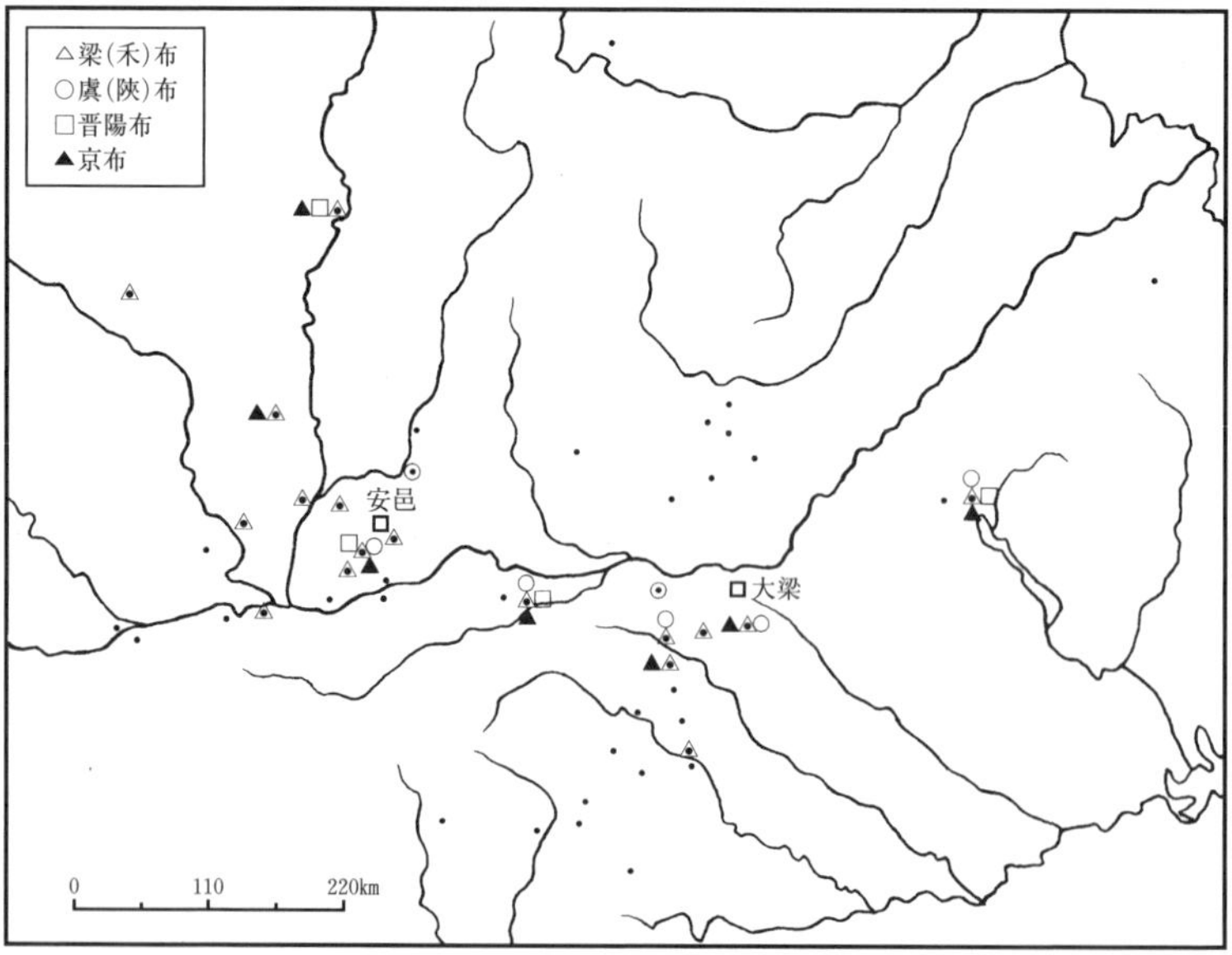

地図4　四種橋形方足布出土地

第五章　尖足布・方足布の性格

はじめに

戦国時代の都市遺跡の分布を調べてみると、地域によって大きな差異が存在することに気づく。[1] すなわち、黄河中流域の河南省、河北省南部そして山西省南部、山東省西部にこの時代の都市遺跡が密集して認められ、しかも巨大な遺跡が多いことがわかる。これに対して、この地域の周辺部には、国都以外には巨大な遺跡もまれで、遺跡の分布もそれほど多くはない。これを戦国時代に即して言えば、韓、魏、趙の三晋諸国の領域内では都市が極めて発達していたのに対して、その周辺の諸国、すなわち秦、楚、斉、燕ではそれほど都市の発達が見られなかったことを示している。このような、都市の発達の差異については、出土文字資料や文献史料によっても確認されることはすでに証したとおりである。

ところで、以上のような分布の差異は都市の発達の程度を示しているだけではない。すでに明らかにしたように、それぞれの地域における都市の性格の差異とも対応しているのである。すなわち、青銅兵器の銘文の検討により、周辺諸国の都市、とくに秦では県に編成された都市の兵器製造は上位の郡太守の統轄を強く受けていたのに対して、三晋諸国の都市では都市を統轄する県令が独立して製造を行っていた。[2] 周辺諸国の都市は軍事的に上位権力により中央集権的に支配される傾向が認められるのに対して、三晋諸国では都市は軍事的に独立した存在であったのである。また、戦国諸国で発行された貨幣について検討すると、都市の国家に対する経済的な関係が浮かび上がってくる。周辺諸国では、いずれの国でも戦国後期になると排他的に流通している貨幣が存在していることから、中央政府が関与した統一貨幣が存在したと考えてよい(3)。これに対して、三晋諸国では特定の貨幣が排他的に流通していたと考えられる事例はほとんどなく、文献史料に見られる都市名を有する貨幣が多く確認されることから、これらの諸国では中央政府ではなく各地の都市が貨幣を鋳造、発行していた可能性がある。すなわち、三晋諸国の都市は、軍事的に独立していただけでなく、経済的にも独立した存在であったことが予想されるのである。

しかし、三晋諸国の都市と貨幣の関係をより厳密に理解するには、いくつかの解決すべき問題がある。まず第一に、貨幣に鋳込まれた地名は、はたしてそれを発行した都市の名称であるのかという問題である。附載の「尖足布・方足布地名表」(以下、「地名表」と略称)を見てみると、地名と対応する確実な都市遺跡の発見は意外と少ない。また、都市において貨幣を発行していたことを示す、都市遺跡における貨幣鋳造に用いられた鋳型の発見例も極めて少ない。しかも、現在のところ都市遺跡の当時の地名に対応する名称を有する貨幣の鋳型の発見は一例もない(4)。三晋諸国の貨幣に地名が鋳込まれていても、それがその地名を有する都市で鋳造、発行されたと言う確証はないのである。

第二に、もし都市で鋳造、発行されたとしても、その発行主体はどこにあったのかが問題となる。青銅兵器と同様に県令が鋳造、発行の権限を握っていたのであろうか。あるいは、それ以外の者、都市の有力者が鋳造、発行したものであったのであろうか。三晋諸国の都市の発達が経済的要因によると考えられることや、その都市住民に独自の動向が見られることを念頭に置くと(5)、都市の有力な商人、手工業者たちが鋳造、発行したことは十分考えられる(6)。しかし、この場合も、都市の有力者が中央政府あるいは県令の委託を受けて鋳造、発行したものなのか、あるいは彼らが独自に鋳造、発行したものであったのかが問題となる。

三晋諸国では戦国時代においては、空首布、橋形方足布、尖足布、方足布、円足布、三孔布、鋭角布、円銭、直刀銭など多種類の貨幣が発行されており、それらはほとんど地名を有する貨幣である(7)。ここでは、以上の問題を考えるために、戦国中期から後期に三晋諸国で広く流通したと考えられている尖足布と方足布について検討する。尖足布、方足布は地名の種類が多く、しかも出土量がずば抜けて多いことから統計的な検証に十分堪えるのではないかと考えられる(8)。

一　尖足布、方足布の整理

尖足布、方足布の地名種類の多さと、その出土量の膨大さは、逆にそれを史料として用いる上でいくつかの困難を生じさせる。これらの貨幣は、これまで多くの研究者によって検討の対象とされてきたが、種類と量の膨大さにより、文字の同定や地名の位置比定などにおいて多くの混乱や矛盾が生じている。これらの貨幣を史料として厳密に検討するには、まず統一的な基準にもとづいた全面的整理から出発しなければならない。以下、附載の「地名表」にもとづいて文字の同定と地名の位置比定の現状と問題点を明確にしておきたい。

(一) 文字釈読の混乱と矛盾

まず、同一字形の文字を統一的に釈読する必要がある。「地名表」の地名釈文の欄を見ると、確かに釈読に全く異説のないものもかなり存在する。例えば、25「涅」、27「同是(銅鞮)」、28「屯留」、35「北屈」、37「皮氏」、40「武安」、47「高都」、52「東周」、64「武平」などは釈読に全く異説が存在せず、文献上の地名とも一致している。74の二字の「安陽」は位置比定上問題の多い貨幣であるが、釈読については異説は存在しない。6は「晋昜」とも「晋陽」とも釈読されるが、文献上の晋陽とする点では一致している。36の「平昜」「平陽」も同様である。2「新城」は「辛城」、30「長子」は「郘子」、34「大陰」は「大陰」、41「邯鄲」は「甘丹」、53「平陰」は「平陰」とも釈読される例があるが、地名はそれぞれ釈読文字と一致している。18「平州」は「平洲」とされる例があるが、異説とするほどのことはないであろう。29は「露」「零」「雨」のように三様に釈読されるが、文献上の潞とされる点では一致している。また、7の「楡即」「楡郷」が楡次、26の「襄垣」「瀼垣」「壌垣」が襄垣と一致して解されている点も同様の例であろう。この他、14「西都」には「自都」、15「中都」には「中邸」、22「閃」「藺」には「関」「関中」、38「奇氏」には「匋陽」、60「梁邑」「郛」「梁」には「乗邑」、107「郕」には「城邑」などと釈読する例があるが、これら異説は丁福保編『古銭大辞典』（民国二五年自序、民国二七年後序）所引の説や奥平昌洪『東亜銭志』（昭和一一年序）などといった古い説にもとづくものであり、現在踏襲されている例はほとんどなくあまり問題とする必要はないであろう。

しかし、釈読や地名比定に異説がほとんどない文字は多いと言うことはできないであろう。むしろ、異説があるのが一般的である。例えば、17には「平周」と「平陶」の釈読があるが、両者は全く別の地名である。すなわち、「平周」とすればその位置は山西省介休県西となり、「平陶」とすれば山西省文水県西南の平陶村となり、両地は五〇km以上離れていることになる。73には、「周是」と読み周堤あるいは周氏と解して河南省洛陽市附近とする説と、「唐是」と読み唐氏と解して山西省翼城県西南とする説などがある。この場合両者の距離は現在の省を越えて二〇〇km以上離れてしまう。このように、同一字で全く異なる地名に釈読されている例は相当多い。63「虞陽」は「漁陽」「魯陽」「虞陽」の三種の釈読があるが、このうち「漁陽」は河北省密雲県西南、「魯陽」は河南省魯山県、「虞陽」は山西省平陸県とされる。そうすると、この三地も現在の省を越えて何百キロも離れてしまうことになる。もう少し複雑な釈読の例もある。9には「陽化」、「陽匕（曲）」、「匕陽」、「陽人」のようにいくつもの釈読が見られる。「陽化」とする説は、「化」を貨幣の「貨」と解するので、地名は「陽」一字となり、陽処父の食邑の地、すなわち山西省太谷県東北とされる。二字で地名と解すれば、「陽匕」あるいは「陽曲」と読んで太原市東北の陽曲郷に比定される。また二字を逆に読んで「匕陽」とすれば、すなわち邙陽のことで、河北省寧晋県東北となり、「陽人」と読めば河南省臨汝県東に位置することになる。

以上は、明らかに同一字形であるにもかかわらず異なった地名に釈読されている例であるが、問題を複雑にしているのは、字形の微妙な差異をどのように理解するかということである。すなわち、微妙な差異に注目して別の文字と見るか、あるいは同一字の差異として捉えるかということである。これによって、二種以上の地名が同一の地名になったり、全く別の地名になったりするのである。例えば、84の一般に「朱邑」と釈されている文字（図5）には「祁」と釈する一説がある。「祁」は一般に10の字形（図1）が当てられているので、一説のように解すると両者の字形は同一地名となってしまう。61の字形（図4）は「潁」の省略とされているが、「鄈」や「邾」と釈する説もある。「鄈」と釈すれば60（図3）と同じ地名となり、「邾」と釈すれば84（図5）の地名と区別がなくなる。すなわち、これら字画の微妙な差異をどのように解するかによって、同一地名と見なすことも別の地名とすることもできるのである。この他、49（図17）、50（図18）、51（図19）をすべて「宅陽」と釈読する説がある。50を49の変異と考えることには異論はないようであるが、51を「宅陽」と釈読するには問題がある。(9) 58「陽丘」（図33）と59「文陽」（図34）も一字（陽の字ではない方の字）は微妙に異なるが、ともに「陽丘」と釈読する説がある。59を「文陽」と釈読するのが一般的であるが、一字の筆画の一部が出ているかどうかのかなり微妙な差異である。また87「土匀」（図35）と88「王匀」（図36）

の第一字のように一画の違いをどう解釈するかの問題もある。なお、29「露」（図26、27）や66「涿」（図28〜30）のように一見すると全く別の文字のようであるが、文字の構成要素が同じものは、同一地名と見なされ異論は存在しない。

(二) 地名の位置比定の不確定性

「地名表」の所在地欄を見ると、一種類の文字について様々な地名比定が行われていることがわかる。この第一の原因は、上に触れたとおり同一字形が異なった文字に釈読される場合が多いことによる。文字の釈読が異なれば当然異なった地名と解されることになる。上述の63「盧陽」（図11）や9「陽化」などは典型的な例である。

第二の原因は文献史料の側にある。文字の釈読に問題がなくても、文献史料に何ヶ所も場所の異なる同一地名が出てくれば、一ヶ所に絞り込むことはなかなか困難である。その典型的な例が74「安陽」（図6、7）であろう。『史記』秦本紀、昭襄王五〇年の条に「抜寧新中、寧新中更名安陽」とあるが、この安陽は現在の河南省安陽市附近に当たる。同項羽本紀には「行至安陽」とあるが、索隠は宋州楚丘西北の安陽故城で、宋の安陽としている。また、『漢書』地理志には汝南郡と漢中郡にそれぞれ安陽県が見える。『東亜』（以下引用の著録は略称に従う。正称は附載の「尖足布・方足布所在地出典略称一覧」を参照のこと）によると、安陽は四ヶ所あるとしている。一は江蘇省無錫県境（『路史』国名紀）、二は戦国趙に属した安陽で山西省代州（『史記』趙世家）、三は斉に属した安陽で山東省莒州（『後漢書』方術列伝・趙彦伝李注）、四は上記『史記』秦本紀に見える安陽である。また、『先秦編』は、安陽は趙、燕、韓、魏に皆あり、方足布の鋳造された安陽は三地あったとし、出土の鋳型を基準に安陽方足布を分類してそれぞれの地に割り振っている。一は趙の西安陽で、内蒙古包頭市附近の地での鋳造、二は趙の東安陽で、河北省の蔚県西北か陽原県西北の地での鋳造、三は燕下都の鋳造としている。この他、河南省陝県に韓地の安陽があったとする説や、鄭家相氏のように安陽は安邑の南のことで、かつての魏都の所在地、山西省夏県西北であるとする説もある。[10] このように、安陽の地名の伝承地が多数あるため、特定せずに待考とする説が一般的であるが、何ヶ所かの安陽の地で鋳造されたとする説も出てきている。しかし、鄭氏のように一ヶ所に絞り込もうとする説もある。鋳型が出土している包頭こそが安陽であるとする説も目立つが、鋳型の出土例自体極めてまれであることから、鋳型の出土地により一ヶ所に絞り込むのは危険であろう。また、安陽方足布の出土地も広範囲にわたり、流通の中心を絞り込むのは困難である。現在のところ、安陽方足布の鋳造地は確定しがたいと言うのが正直なところである。

この他、釈読には異論はないが、地名の位置比定が確定しない例をいくつか挙げておく。2「新城」は、『東亜』によると八地あると言う。『春秋』や『左氏伝』にもとづく例を除くと、趙地の山西省陽高県西南（『竹書紀年』威烈王一六年）、楚地の河南省襄城県治（『史記』秦本紀、昭襄王七年）、韓地の河南省洛陽県南（秦本紀、昭襄王一三年）、趙地の山西省朔州治（秦本紀、荘襄王三年）の四地になる。このうち朔州、すなわち朔県とする説が一般的である。この地名の貨幣は尖足布がほとんどである。[11] 尖足布は地名も趙地のものが多く、出土地も方足布に比べて北方に片寄っており、従来から趙地で鋳造された貨幣とされていることから、[12] 朔県とする説が一般的なのもうなずける。

15「中都」は『東亜』によると四地ある。一は河南省河内県（『左氏伝』昭公二年）、二は山西省平遙県東北、三は同楡次県東（ともに『大清一統志』）、四は山東省汶上県治（『礼記』）としている。一については『水経注』沁水篇によりこの地としているが、『左氏伝』の杜注は中都は晋の邑で介休県東南にあるとしている。一般に平遙県とする説が有力であるが、決め手があるわけではない。36「平陽」（図12〜16）もほとんどの説が山西省臨汾県としているが確定しているわけではない。『東亜』は五地あるとしている。一は東平陽で山東省新泰県西北（『春秋』宣公八年）、二は西平陽で同鄒県（『左氏伝』哀公二七年）、三は初め韓地で後趙地の陝西省臨汾県西南（『左氏伝』昭公二八年、『史記』韓世家）、四は韓地の河南省滑県東南（『左氏伝』哀公一六年）、五は秦地の陝西省郿県東北（『史記』秦本紀）とする。方足布がほとんど出土しない山東省や陝西省を除いても、山西省、河南省で三地も残る。『先秦編』も三地を並記し、一は戦国韓都で後に趙に属した地で山西省臨汾県西南（同上）、二は魏地の河南省滑県南（同上）、三は趙地の河北省臨漳県西南（『史記』秦始皇本紀）としている。王毓銓、『大系』、『燕下都』も数地を並記するのみで絞り込んではいない。60「郛」（図3）もほとんどの説が魏都大梁（河南省開封市）としているが、異説がないわけではない。『東亜』は大梁の他に、小梁（陝西省韓城県南、『史記』韓世家、恵王一七年）、南梁か上梁（河南省汝州西南、『左氏伝』哀公四年）を挙げている。

このように有力な説が存在しても、複数の候補がある場合は完全には確定できないわけであるが、意見が割れてしまっている場合もある。47「高都」（図10）は山西省晋城県とする説がめだつものの、晋城県と河南省洛陽市附近いずれかとして決定を保留している意見も多い。29「露」（図26、27）は近い位置であるが山西省潞城県と長治県で意見が割れており、遠く北方の繁峙県とする説もある。このように有力な決め手もなく意見の割れる例は、31「莆子」、35「北屈」、38「奇氏」、64「武平」、75「王氏」などかなりある。

第三の原因は、最もやっかいな場合であるが、文献上に対応する確かな地名が存在しない場合である。この場合も釈読が一定しない。77「丘貝」（図8）、78「丘貝」（図9。77に「工」字を加えたもの）はその代表的な例である。「丘」の字はこの他に「邱」「斉」「它」「也（地）」「文」などと釈する例がある。いずれに読んでも文献にはこのような地名はない。したがって、鄭家相氏などは44「平丘」、45「平貝」と同一地とし、『春秋』昭公一三年の杜注により、陳留長垣県西南としている。一方、朱活氏は「陽丘貝」と解しており、58「陽丘」を陽邑のこととして河南省済源県西北としている。この他、『東亜』は「貝丘」を山東省博興県南の貝中聚とし、『考古』一九八八―二は「沛丘」と釈して斉地とし博興県東南としている。また、『中原文物』一九九五―三は「貝斉」と読み、「貝邱」と釈して斉地とする説、「斉貝」と釈して斉国の貨幣を意味とする説を引いており、斉地の貨幣と見なしているようである。『三晋』や『燕下都』、『先秦編』は「兪即」と釈し、以上とは全く異なる釈文を与えている。このように釈すると7「楡郷」と同じ地名となる。以上三者はこの7も「兪即」と釈し山西省楡次県としている。このように、この字形の方足布は地名の同定、位置比定ともに人によってまちまちであり、お手上げの状態である。

87「土匀」(図35)、88「王匀」(図36)もこれと似たところがある。「匀」の字はこの他に「戔(践)」「昜」「毛」「荀」などと釈され、それに対応して位置比定も異なる。「践土」は文献に現れ晋文公の会盟で名が知られている。しかし、「地名表」によると、「土匀」は土軍と解され、「土昜」は杜陽、「土毛」「王毛」は践土食毛の義を取ったもの、「土荀」または「壬荀」は陝西省新絳県の荀城によっており、必ずしも確実に対応すると考えられる地名は存在しない。また、「王匀」も王垣と解され垣曲東南とされているがこれも同様である。106「邪」も、この一字で対応する地名はなく、鄭家相氏や『東亜』は失伝、未詳としている。斉地の琅邪との関係を示唆する説もあるが強くは主張されていない。「地名表」によると、陝西省楡林一体の推邪とする説、「郈」と釈して句注とする説、「邪山」と釈する説などまちまちである。この他、99「木邑」、102「貝邑」、104「封化」なども対応する地名がなく、位置が確定できない例であろう。

（三）出土地の分布にもとづく地名同定と位置比定

地名や位置において異説が存在する場合、それをどのように絞り込んでいくかが問題となる。一つの方法として考えられるのは貨幣出土地の分布からの推測である。貨幣出土地の分布をその流通範囲を示していると仮定し、貨幣鋳造地、発行地はその範囲からそれほど隔たった位置にあるはずはないと考えるのである。貨幣はその流通能力やその他の事情から、鋳造地、発行地とはかけ離れたとんでもない遠方から発見される場合もある。しかし、ある程度の出土例があり出土地域の広がりがみられ、位置についての説が相当離れて併存している場合は、この方法も有効ではないかと考える。

まず、「尖足布・方足布出土地ならびに地名所在地地図」（以下「出土地地図」と略称）を見てみると、尖足布、方足布の出土地にはかなりの限定性が認められる。これによると、尖足布、方足布の鋳造地、発行地は三晋諸国の領域に限定され、秦の領域である陝西省説や斉の領域である山東省説などは成り立たないと考えられる。『東亜』や『古銭』などは山東省や陝西省の地名を多く挙げているが、「地名表」にあるとおり近年の研究者は尖足布、方足布の鋳造地を三晋諸国内に限定して議論するのが一般的である。

以下、「地名表」ならびに「出土地地図」を参考にしながら、位置比定が距離的に大きくかけ離れ、地域的に出土例がある程度ある貨幣を取り上げ、地名と位置に関する若干の検討を加えたい。

3の「郛」については、『漢書』地理志、雁門郡の埒県とする説と陝西省平陸県の虢とする説に分かれ、その距離は大きくかけ離れている。埒県は現在の山西省神池県あたりで太原市よりずっと北になり、平陸県は山西省の南端になる。「地名表」の出土地・数量欄を見ると、出土地は内蒙古、遼寧省、山西省、河北省にわたるが、みな北方に分布し山西省南部の事例が一例もない。このことから、「郛」は雁門郡の埒県附近である可能性が高いであろう。ただし、埒県の「埒」字や字形から言って「郛」と釈するのが正しいと思われる。

63「虞陽」（図11）は、上述のように「魯陽」、「虞陽」、「漁陽」と釈する説があり、それぞれ河南省魯山県、山西省平陸県、河北省密雲県とする説がほぼ拮抗して存在している。魯山県は平頂山市の西部に位置し、出土地の洛陽、伊川、鄭州、新鄭からも近く、戦国時代の都市遺跡である魯陽故城も確認されている。[13] また、山西省南部地域からの出土も認められ、山西北部の祁県や陽高、河北省の霊寿や燕の領域の易県でも発見されている。しかし、この貨幣の形態は燕の方足布の特徴である束腰形（図22〜24）をしておらず、燕の貨幣とは考えられない。加えて趙や韓、魏の領域からの出土例が一般的であることから考えても、燕の領域になる「漁陽」＝密雲県説の可能性は低いであろう。そうすると、魯山県か平陸県ということになるが、出土地の分布から考えて平陸県説がやや有利であろうか。

69「陽安」（図23）はあるいは「陶陽」と釈して遼寧省建平県とする説と「安陽」と釈して河北省完県（保定市西）附近とする説に分かれる。ともに燕地であるが距離は大きく離れている。この方足布は束腰形であり燕の貨幣であることは間違いない。出土範囲は内蒙古、吉林省、遼寧省、河北省北部と北方に片寄っているが、完県説を否定するほどのことはない。「陽安」と読んで建平県とする説は、建平県から「昜安」の銘がある陶片が発見されていることによる[14]。出土地の分布から言っても建平説が有利であろう。

109は「商成」と釈して商任と解し、河北省任県（邢台市東）とする説と「商丘」「商城」と釈して河南省商城県で鋳造された宋布とする説に分かれる。出土地は内蒙古、遼寧省、山西省、河北省の燕地、趙地となっており、宋布とする説は成り立たないであろう

47「高都」（図10）は河南省洛陽市説と山西省晋城県説がある。両者は近い位置ではあるが、出土地が燕地や趙地など北方に片寄っており、晋城県説が有利であろうか。9「陽化」は山西省太谷県、太原市、定襄県、河北省寧晋県などの趙地とする説と「陽人」と釈して河南省臨汝県とする説がある。貨幣の出土地分布から考えて「陽人」説の可能性は低いであろう。この他、同様に出土地分布の傾向から見て、64「武平」は河北省文安県説、70「咎奴」は山西省太原市説、71「⿰戈阝」あるいは「戈邑」は河北省蔚県の代説、72「臬邑」は河北蔚県説の可能性が高いであろう。84「朱邑」は河南省鞏県、滎陽説と山西省渾源、祁県、曲沃説と分かれている。山西省説が有利なようではあるが、河南省説も否定はできないであろう。

なお、19「陽」、38「奇氏」、39「馬服邑」、66「涿」、75「王氏」、86「鄵氏」などは、出土地の分布傾向だけではどの説が可能性が高いか判定はできない。

二　出土地と地名との関係

次に、出土地と地名との関係をもう少し詳しく見ていきたい。この場合、地名同定と位置比定に問題がないか、あるいは確実性が高いと考えられる例に限って検討する。

「晋陽布・平陽布出土地図」は、山西省に位置して趙、韓を代表する尖足布と方足布を取り上げ、その鋳造地の推定される場所とそれぞれの貨幣の出土地を直線で結んだものである。6「晋陽」は地名同定、位置比定において全く異説は存在せず、山西省太原市西南の晋源県にその都市遺跡である晋陽故城が確認されている。(15)晋陽は春秋時代末の趙氏の本拠地で、前四五三年に知伯に従った韓氏、魏氏によって水攻めにされた都市として有名である。晋陽布の出土地はその位置を取り囲むように分布しており、その周辺にある程度の広がりをもって流通していたことがわかる。ただし、その出土地分布が遠く東北方の河北省北部や遼寧省の燕地に広がっていることに注目される。36「平陽」の位置は河南省滑県説もあるが、ほとんどの説は山西省臨汾県説である。地図では臨汾県説にもとづいて線を引いた。平陽は一時韓の国都になった都市で、韓武子一〇年（前四一五年、平勢・前四一四年）(16)から韓哀侯二年（前三七五年、平勢・前三七八年）に鄭（河南省新鄭県）に遷都されるまで四〇年間都が置かれ、その後趙の有に帰したようである。(17)出土地は、やはりその位置を取り囲むように分布している。そして、滑県に位置したとしても、晋陽布と同様、東北方の燕地に分布しているのが特徴的である。

「宅陽布・郛布出土地図」は河南省に位置し、韓、魏を代表する方足布を取り上げた。49「宅陽」は上述のとおり、河南省原陽説もあるが多くが滎陽県説を取っているので、滎陽県説にもとづいて線を引いた。ただし、両者の距離ははなはだ近い。宅陽は、『史記』韓世家に韓の懿侯がその五年に魏の恵王と会盟した地として見える。60「郛」は、やはり上述のように河南省臨汝県、山西省韓城県説があるが、河南省開封市の魏都大梁とする説がほとんどであるので、開封市説で線を引いた。出土地は、ともに南方の自国内よりも趙の領域に広がっている。そして、両者とも遠く遼寧省の燕の領域に広がっている点も、上記の晋陽布や平陽布の出土地分布と類似している。

「襄垣布・露布・長子布出土地図」は、もと韓の上党郡に属し、のち趙に属した都市の貨幣である。26「襄垣」を山西省襄垣県とすることには問題はない。29「露」は山西省北部の繁峙県とする説もあるが、上党郡の領域に入る潞城県か長治県とするのが一般的である。潞城県と長治県は接近しており、ここでは潞城県説を採用した。30「長子」を山西省長子県とすることには問題はない。以上三種の貨幣の出土地分布は、その位置比定地を中心に主として趙地に広がっていることが確認できる。とくに前二者は遠く遼寧省の東部に突出して出土地が伸びている点が特異である。

「益昌布・陽安布・纕坪布出土地図」は、みな束腰形で燕の方足布とされているものを取り上げた。67「益昌」には、『漢書』地理志の涿郡に益昌県があることから、現在の河北省永清県に当てられる。また、「怳昌」と釈して河北省淶源県とする説もある。ともに燕の領域に入る。69「陽安」は上述のように、遼寧省建平県の可能性が高く、これに従った。68「纕坪」は『漢書』地理志の遼東郡に襄平県があり、遼寧省遼陽市とすることで各説一致している。この三種の貨幣の出土地は、一部趙地、魏地にも見られるが、ほぼ燕の領域に収まっている。このことは、従来からこれらの方足布が燕の貨幣とされてきたことと合致する。

以上、三晋諸国と燕を代表する尖足布、方足布の出土地と地名との関係を検討してきたが、いくつかの特色が認められる。まず第一は、貨幣の鋳造、発行位置比定地と出土地との間にはある程度の関連性がある点である。この種の貨幣の鋳造地、発行地と推定される位置を中心に三晋諸国と燕の領域に分布していることは、その貨幣が一定の方向性を持ちながら周辺に流通していたことを示している。ただし、その流通範囲の広さは貨幣によって差があり、その貨幣の流通力には差があったことがわかる。

第二は、三晋諸国の尖足布、方足布は位置比定地を遠く離れた山西省北部で大量に出土し、かつ河北省北部、遼寧省の燕の領域でも広く出土している点である。山西省陽高県天橋村からは一万三千枚以上の尖足布、方足布が七一種類発見され、うち平陽布一三二〇枚、宅陽布一九二〇枚、郛布八九五枚、長子布二〇七枚、晋陽布九七枚に及んでいるとされる(18)。また、原平県武原村からは完全な布幣二二二三枚が発見され、晋陽布は一三〇枚あったと報告されている(19)。この他、遼寧省では、鉄嶺市新台子鎮邱家嶺では布幣が二四一五枚出土し、うち平陽布七二枚、長子布七枚、宅陽布一三枚、郛布三四枚、晋陽布二五枚、また庄河市大営鎮四家屯からは布幣一三〇六枚出土し、うち平陽布一枚、宅陽布二枚、郛布四枚と報告されている(20)。

ところで、その理由としてまず考えられるのは、三晋諸国と北方辺境地域や燕の領域との交易がかなり盛んに行われていたのではないかということである。第二に考えられるのは、秦に逐われた三晋諸国の人々が北方や燕地に逃れて埋蔵した可能性である。『史記』魏世家によると、昭王六年(前二九〇年)に魏は河東の地四百里を秦に与え、この地域は秦の領有となった。また、秦本紀によると、昭襄王二一年(前二八六年)に魏が安邑を秦に献上した時、秦は河東郡を置き平陽に郡治を置いたと考えられる(21)。晋陽については、秦本紀によると、昭襄王四八年(前二五九年)頃から秦によるその附近への攻勢が強まり、秦は趙との攻防の末に、荘襄王三年(前二四七年、平勢・前二四八年)、太原郡を置き晋陽を郡治としている(22)。上党の地はもともと韓の支配下にあったが、韓桓恵王一〇年(前二六三年)に都市住民は秦の支配を嫌って趙に降った[23]。しかし、秦は長平の戦い（前二六〇年）に勝利してこの地を領有し、上党郡を置き長子を郡治としたと考えられる[24]。しかし、上党の人々はその後も何度も秦に反旗を翻している。このように、秦は三晋諸国の領域に支配を押し進めて行くが、三晋諸国の人々は秦の中央集権的な支配を嫌って抵抗を続けている。第一の理由を否定するわけではないが、三晋諸国の富裕者が秦の支配を逃れて北方に移住し、財産である貨幣を埋蔵したことは十分考えられるであろう。

最後に第三の特色として挙げられるのは、67「益昌」などの燕の方足布の出土地の限定性である。三晋諸国の尖足布、方足布の出土地が広範囲にわたるのに対して、あまりに限定的である。これも、流通力に起因する可能性があるが、三晋諸国の亡命者が燕で鋳造、発行した貨幣と考えられないであろうか。燕には本来、明刀（あるいは匽刀）と称される刀銭が統一貨幣として大量に流通していた。燕の方足布と考えられるものは、地名、出土地、形態から五、六種類に限られ、燕の貨幣体系の中では特殊である。そして、その材質の粗悪さと小型化は貨幣として末期的様相を呈している。『史記』燕召公世家によると、燕王喜の二九年（前二二六年）、秦は燕都薊を陥落させた。しかし、燕王は遼東に逃れ、彼が捕らえられて燕が完全に滅亡するのはその四年後である。燕の方足布の年代が明確にならなければ確実なことは言えないが、可能性としてはありうることであろう。

三　同一地名貨幣の多様性

(一) 形態の多様性

尖足布、方足布は同一の地名であっても、大小、軽重や形態が異なるものが相当種類存在する。まず、大小の異なる例として、尖足布では6「晋陽」布がある。この大型のもの（図20）は長さ八cm前後で重さは一二gに達する。小型のもの（図21）は長さ四・八～五・七cmで五・五cmくらいのものが多く、重さは最小四・二、最大八gであるが五・五～六・五gのものが多い。「晋陽半」の銘のものはすべて小型であり、一般に大型は一釿、小型は半釿の重さであるとされている。同様な大小二種ある尖足布は、この他に7「楡郷」布、9「陽化」布、11「茲氏」布、22「藺」布、34「大陰」布、106「邪」布などがある。41「邯鄲」布の確実なものは大型のみで小型は見あたらない。方足布には、中型と小型の二種あるものが存在する。60「郛」布は、長さ四・一～五・二cm、重さ三～七・五g（五～六gが普通）の小型のものが一般的であるが、長さ五・〇～五・二cm、重さ九・五～一四gの中型のものも存在する。74「安陽」布も小型布（図7）の他に、長さ四・九～五・二cm 、重さ九・六～一六・五gの中型のもの（図6）も存在する。71「戈邑」布は長さ四・七～五cm 、重さ七・一～一四gの中型のもののみ知られている。方足布に大小二種あるものはこれくらいで、尖足布に比べるとずっと少ない。

次に、重量の軽重であるが、大小にともなって軽重の差が出てくるのは当然である。ここでは大型、中型、小型の同一規格内での軽重差に注目したい。上の大小のところで述べたように、それぞれの規格の中においてかなり重量のばらつきがある。60「郛」布のように二倍以上の差があるものもある。ここでは前節の地図に取り上げたその他の貨幣について最小重量と最大重量を列挙しておく。三晋関係では、36「平陽」布は五・五～七・五g（五・五～六・五gが一般）、49「宅陽」布は四・五～七・五g（五～六gが一般）、26「襄垣」布は四・五～七・五g（五～七gが一般）、29「露」布は三・五～七・五g（五～六gが一般）、30「長子」布は四・二～七・五g（五～七gが一般）である。燕関係では、67「益昌」布は四・一～九・五g、69「陽安」は四・二～一〇・九g、68「纕坪」は三・〇～七・五gである。三晋布は最大最小値に幅があっても、多数の貨幣が集中する重量帯がある。これに対して、燕布では最大最小値の幅もさりながら、重量のばらつきが大きく特定の重量幅に大多数の貨幣が収まることはない。三晋布はある程度の規格が守られているが燕布にはそれがないようである。

次に形態上の差異を見ておきたい。まず、正面首部に縦の二本線を有する尖足布の特色を持ちながら、方足布、円足布の形態に類する貨幣がある。これらを方足布、円足布に含めている場合もあるが、近年では尖足布の一種として類方足布、類円足布と称するのが一般的である。「地名表」の中で類方足布を含むのは、3「郛」、7「楡郷」、11「茲氏」、17「平周」、34「大陰」、40「武安」、113「豖韋」などで、すべて尖足布の中に含めて区別していない。類円足布を含むのは、6「晋陽」、11「茲氏」、34「大陰」、106「邪」などであるが、これらも区別はしていない。

この他、束腰形あるいは細腰形と呼ばれる側部が内側に強く湾曲した方足布が存在する。この典型的な例は、67「益昌」（図22）、68「纕坪」（図24）、69「陽安」（図23）など燕の方足布である。74「安陽」にはこの種の形態のものがかなり含まれており（図6）、これを燕地の鋳造とする説もある。[25]『先秦編』は、この種の安陽布を趙の「東安陽」で代郡の安陽で鋳造されたものとするが、74の「安邑陽」を「安陽邑」と釈して燕の安陽（河北省完県西北）で鋳造されたものとしている。この「安邑陽」布も束腰形である。この他、方足布には35「北屈」布の中に縦長で足部が短い特殊な貨幣が含まれているが、この種の形態のものは極めて珍しい。[26]

この他、同一地名で他の類型の貨幣が存在する場合がある。まず、尖足布と方足布の両方に同一の地名が存在する場合がある。写真、拓本がなく確認できないものもあるが、確実なものだけ挙げると、8「陽邑」、12「隰城」、15「中都」、22「藺」、26「襄垣」、31「蒲子」、37「皮氏」、59「文陽」、114「寿陰」などがある。また、円足布、橋形方足布、直刀銭、円銭などにも尖足布、方足布に見えるのと同じ地名を有するものがある。円足布では、「藺」、「離石」の二種類の地名を有するもののみであるが、ともに尖足布や方足布にも同様の地名が見える。橋形方足布では「安邑」、

「梁」、「晋陽」、「潁」など、直刀銭では「邯鄲」、「藺」、「晋陽」、「城」などが見える。また、円銭では「晋陽」、「武平」、「藺」、「離石」、「東周」が見える。

以上の形態における差異の特色として、尖足布に多様な形態が目立つ。大小の区別があるものは尖足布に多く、類方足布、類円足布も尖足布の変形と考えられる。これに対して、方足布は束腰形などの変異はあるが、概して形態は一定している。形態上のもう一つの特色は、特定の地名のものに多様な形態が目立つことである。例えば、「晋陽」の地名は尖足布、類円足布、橋形方足布、直刀銭、円銭に認められ、[27]「藺」は尖足布、方足布、円足布、直刀銭、円銭に認められる。その他の貨幣ではこれほど多くはないが、二、三種類の形態が認められる例がかなり存在する。このことは、一つの都市が何種類もの形態の異なる貨幣を鋳造、発行していたことを示している。国家、中央政府がこれらの貨幣に強く関与しているならば、このようなことがあり得たであろうか。

(二) 字形の多様性

文字について見れば、同一文字に類似の異なる字形が存在する貨幣が多く存在する。最も顕著な例は29「露」(図25、26。この他「雨」字だけの字形も存在する)や66「涿」(図27～29)などで、見た目に大きく異なる字形がそれぞれいくつも存在する。これらの文字は、構成する要素の配置は異なるが、それぞれ同一要素から構成されており、一般に同一地名と考えられている。

次に、簡略な字形が存在する場合がある。一は文字全体を簡略化した例で、2「新城」、12「隰城」、57「陽城」などの「城」字で、正字体と簡略形の「亇」が存在する。50「毛陽」(図18)の「毛」は、49「宅陽」の「宅」の簡略形と考えられており、このような例は他にいくつか存在する。[28]二は偏旁の省略である。6「晋陽」、9「陽化」などの「陽」字にはおおざと偏「阝」を省略した字形が存在する。また、94「鋳邑」はおおざと偏が附いているが、95「鋳」では省略されている。20「烏疋」の「疋」や30「長子」の「長」はおおざと偏を省略した字形である。

この他、字形については、同一字の一部分に差異が存在する場合がある。28「屯留」には、「屯」字の上部の横画が棒線になっているものと黒丸になっているものがある。後者のような例は春秋から戦国にかけての金文や戦国楚簡などにも見られ、一種の装飾的な表現である。(29) 10「祁」(図1)の「示」偏には縦画が上部に貫いている例(図2)がある。75「王氏」の「氏」字、84「朱邑」の「朱」字、87「土匀」の「土」字や88「王匀」の「王」字にも様々な書き方がある。28「屯留」を除いて、それらの多様な書き方の字を同一字と見なしてよいか検討の余地が残る。

36「平陽」の「陽」字の旁「昜」の上部「日」の部分には様々な書き方がある。図12から図16に示したように、大きく分けて⊟、⌓、▽、△、○など五種類あり、さらに細かく分けると種類はさらに増加する。この字形の差異の意味については朱華氏に論文がある。(30) 朱氏は、まず平陽布の鋳地が臨汾であることを証した後、戦国時代に臨汾が趙→韓→趙→秦と領有が代わったことを文献史料によって明らかにする。そして、「陽」字の「日」の部分について、晋陽や中陽など趙の尖足布に「円頭」形、趙の安陽方足布は全部「三角」形、趙の陽邑方足布は「日」字形が多いことから、これら三種類の平陽布は趙国の鋳幣である可能性が高いとしている。平陽布に韓のものが含まれていることを否定はしていないが、韓の国力や経済力からその可能性は低いと考えているようである。

「陽」字の「日」の部分の変異は、その他韓地の鋳造と考えてよい57「陽城」にも見える。この方足布には▽と△がある。74「安陽」は、朱氏も述べているとおり、出土数量が膨大な数量に上るにもかかわらず変異はほとんどない。ただし、この種の安陽布がすべて趙地の鋳造かどうかは確証はない。この他、31「蒲子」の「子」字の上部も▽、△、○の三種類ある。尖足布は▽だけであるが、方足布には三種類すべてである。蒲子は魏地説と趙地説があり決していない。これらの字形の一部の差異が鋳造国の違いに由来しているとは必ずしも言えないようである。

では、以上の形態上、字形上の多様性は何に由来するのであろうか。字形上の多様性や重量のばらつきについては、鋳造上の問題に由来する可能性がある。貨幣の鋳造は、後述のように鋳型の事例や、青銅器鋳造法の伝統から考えてほとんどが陶范によったとみられる。個別の貨幣に同范と思われるものが見あたらないところから、鋳型は一つ一つ工人によって彫り込まれたと考えられる。そうすると、文字や重量にかなりの差異が出てきて当然であろう。

この他、考えられるのは鋳造時期の違いに由来する可能性である。尖足布、類方足布、類円足布、方足布、円足布などといった形態上の相違には鋳造時期の違いが想定されている(31)。しかし、同じ形態における字形の多様性の問題は貨幣の編年を行わない限り解決できないであろう。だが、戦国貨幣はほとんどが埋蔵貨幣として発見され、年代決定のための手がかりは極めて乏しい。編年法として、鉛の含有量が時代が下るにつれて増加することに注目した金属成分分析の方法が有効と考えられるが、現在のところ検討に値するほどの同一地名のものの分析事例は集積されていない(32)。

もう一つ考えられるのは発行主体の相違である。発行主体が個別的であったため、このような形態上、字形上の相違が出てきた可能性がある。この場合、編年上の時間差ではなく同時期における多様性を証明する必要があるが、民間で鋳造された可能性が高まる。中央政府や県令の強い統制のもとではなく、都市の有力者が個別に、あるいは共同して自由に鋳造、発行したためこのような多様性が出現したことが考えられる。戦国から漢初にかけての時代においては、国家による統一貨幣ですら貨幣の民間鋳造は異例ではなかったことを想起すべきである(33)。

むすびにかえて――鋳型の問題

尖足布、方足布の鋳型は、現在五地点で発見されている。(34)このうち、有銘のものは三件であるが、鉄范は極めて特殊であり真偽については問題がある。「安陽」石范（図37）は、内蒙古包頭市郊外麻池郷のダムの西側台地上から発見されたものである。周囲の地表では多くの陶片が発見され、戦国時代の遺跡とされているが都市遺跡かどうかは不明である。しかし、安陽布は一般にはこの地、包頭附近で鋳造されたものと考えられている。残りの三地点は、燕下都遺跡と中山国都の霊寿故城、韓国都の新鄭鄭韓故城であり明らかに都市遺跡である。鄭韓故城出土の陶范（図38）には「平陽」の文字があり、出土地とは異なる地名が刻されている。他の二都市から出土した鋳型には地名の文字がなく、どの都市の貨幣を鋳造した鋳型かどうかは確認できない。『燕下都』は燕下都一三号作房遺跡から出土した聳肩束腰方足布の背面范を燕国安陽布（陽安布のこと）としているが、他の燕方足布である可能性もある。(35)

鄭韓故城出土の「平陽」陶范について、馬俊才氏は次のように考えている。(36)戦国時期の列国の貨幣鋳造権は王権の専有であり、貨幣鋳造地は王権による統制の便宜を考えて主として国都と重要大都市に置かれた。したがって、貨幣の地名は鋳造地の地名とは限らず、国土内の別の地名を鋳込むこともでき、そうすることによって貨幣鋳造の主権の専有を示そうとしたとする。上述のように、平陽は韓が新鄭に遷都する前の国都であった地であり、後に趙や秦の領有に帰している。新鄭に韓の国都が置かれた時、平陽は韓の国土でなかった可能性が高く、馬氏のように理解できるか問題である。

鋳型出土地と都市との関係を考える上で参考になるのは、霊寿故城と鄭韓故城出土の円足布范である。(37)前者からは何度も鋳造した痕跡のある「藺」円足布石范数点と円足布の背面范一四点が出土している。後者からは、城内の大呉楼銅器製作場遺跡から「藺」大円足布陶范三二点（背面范含む）、「離石」大円足布陶范一点、同じく城内西部の小高荘鉄器製作場遺跡から「藺」「離石」大円足布陶范一八四点(38)（小円銭背面范含む）が発見されている（図39）。「藺」「離石」はともに『漢書』地理志の西河郡に見え、ほぼ一致して現在の山西省離石県附近に比定されている。そうすると、「藺」「離石」は鋳型の出土地と遠く隔たった地となり、なぜ貨幣の地名と異なる都市で鋳型が発見されたかが問題となる。中山国都出土の「藺」円足布範について、陳応祺氏は中山国の民間人が対外交易を行うために趙の「藺」円足布を真似て鋳造したものであるとしている。(39)また、蔡全法、馬俊才氏は「藺」、「離石」大円足布は地名からももともと趙国貨幣とする。(40)これらの地は、戦国中期に秦に占領されるが、その後ももとの中山国都などの趙地で継続して鋳造された。一方、韓の国都での鋳型の大量出土は、韓が趙との商業、貿易の活発化に対応して、信用度の高いこれらの趙国貨幣を模造したものであるとしている。

しかし、なぜ他国の領有になった都市や他国の都市の貨幣を鋳造発行しつづけねばならなかったかを考える必要がある。たしかに、円足布は「藺」、「離石」の二種類しかなく特殊な貨幣であるが、発見例は少なく特別に流通力があった貨幣とは思われない。対外交易の必要や信用度の高さだけでは説明できないであろう。

一つ考えられることとして、場所が変わっても同じ地名で鋳造、発行しつづけているのは、その発行主体が変わっていないことが想定される。第二節の最後で述べたように、秦は占領した都市の軍事的経済的独立性を認めず、中央集権的な支配を押し進めたが、三晋諸国の人々はこのような秦の支配を嫌って抵抗を続けた。貨幣を鋳造、発行している都市が、都市の貨幣発行権を認めない秦に占領された時、貨幣発行の主体としての都市の有力者たちが他の都市に移住あるいは亡命して貨幣を発行しつづけたとは考えられないであろうか。趙の藺は趙武霊王一三年（前三一三年、平勢・前三一二年）に秦に陥落させられ、また周郝王三四年（前二八一年、平勢・前二八九年）にも趙の藺と離石は秦に占領されている。[41] この時、藺や離石の貨幣を鋳造、発行していた有力者が脱出し、もと中山国都であった自国内の都市や他国の国都で継続して鋳造、発行を続けたのではなかろうか。このような貨幣発行の状況を想定すれば、三晋諸国の貨幣が都市の有力者、とくに経済力を有する商人や手工業者によって独自に鋳造、発行された蓋然性がより高まるように思われる。加えて、陳応祺氏が上引の論文で、藺円足布を含む貨幣鋳造の鋳型が発見された霊寿故城内の貨幣鋳造作房遺跡が小規模であり、商業活動区域内で発見されたことから、民間の小作房であった可能性があることを指摘している点は示唆的である。

注

（1）江村治樹『春秋戦国時代出土文字資料の研究』（汲古書院、二〇〇〇）、第二部「戦国時代の出土文字資料と都市の性格」参照のこと。以下、戦国時代の都市の記述ついては基本的に本書に拠っている。なお、最新の分布図（二〇〇九年一〇月版）は「秦漢帝国の形成と地域―とくに都市の視点から―」（日本秦漢史研究一一、二〇一一）頁八一に掲載した。

（2）戦国時代の青銅兵器には、兵器の鋳造監督者、鋳造責任者、実際に鋳造を行った工人の官職と名前が刻されており、兵器の製造命令系統がわかる。注（1）江村治樹書、頁336、表6「三晋・秦兵器鋳造機構表」参照。

（3）第一章で述べたごとく、斉では「斉大刀」刀銭と賹化銭、燕では明刀銭と明化銭などの円銭、楚では郢爰と蟻鼻銭、秦では半両銭が実質的な国家による統一貨幣であったと考えられる。

（4）本論附載の「方足布・尖足布鋳型出典一覧」にあるごとく、燕下都遺跡、中山国霊寿故城遺跡から陶范、石范が発見されているが、ともに地名の銘文がない。また後述のように、中山国霊寿故城遺跡や新鄭鄭韓故城遺跡からは藺、離石円足布陶范や平陽方足布陶范が発見されているが、出土の都市名とは地名が一致しない。

(5) 注(1)江村治樹書、第二部第二章、第三章参照。韓の上党の諸都市を始めとして、三晋諸国の都市の住民は、秦の中央集権的な支配に対して居住する都市の独立性を維持するため執拗な抵抗を繰り返している。

(6) 序章で述べたごとく、すでに加藤繁氏や関野雄氏は、地名を有する貨幣は都市の商人たちが鋳造発行したものと明言しているが、踏み込んだ検討はなされていない(加藤繁『支那経済史考証　下巻』(東洋文庫、一九五三)頁741、関野雄「中国の古代貨幣」(『古代史講座9』学生社、一九六三)頁356)。

(7) 第一章で述べたごとく、ほとんどの空首布の文字は地名とは考えられないが一部明らかに地名が存在する。鋭角布、円銭、直刀の文字の一部を地名でないとする考えもあるが、地名とするのが一般的である。

(8) 黄錫全『先秦貨幣通論』(紫禁城出版社、二〇〇一)によると、尖足布の地名の種類は四〇種、方足布の方は一六〇種にも上る。また、本論附載の「尖足布・方足布出土地出典一覧」にあるごとく、尖足布、方足布は多くの地域で大量に出土している。

(9) 「地名表」によれば、51の字形について宅陽の変異とみなす説もあるが、「下(冠)陽」「蒙陽」「庁陽」など多様な釈読がされており、宅陽と同字とするには躊躇される。

(10) 鄭家相氏は「安邑陽」方足布の発見により、「安陽」方足布が安邑で鋳造されたとする自説は間違っていなかったとしている(『中国古代貨幣発展史』生活・読書・新知三聯書店、一九五八、頁95)。

(11) 「地名表」によると『通論』と黄盛璋は「新城」銘の貨幣を方足布としているが、写真、拓本は示されておらず形態は不明である。あるいは、字形の釈読に問題がある可能性もある。

(12) 第一章参照。注(10)鄭家相書、頁107、関野雄「新耒耜考」(東洋文化研究所紀要一九、一九五九、頁44、同『中国考古学論攷』同成社、二〇〇五収録)。

(13) 『中国文物地図集　河南分冊』(中国地図出版社、一九九一)頁90によると範囲は一〇万㎡にわたり、深さ二～三mの東周文化層が認められ、地表に陶片が散布しているが城壁は未確認とある。

(14) 徐秉琨「説〝陽安〞布」(中国銭幣一九八五―一)頁9。

(15) 城壁は調査によると東西三六〇〇ｍ、南北二七〇〇ｍあり、かなり巨大な都市であったようである（謝元璐、張頷「晋陽古城勘察記」文物一九六二—四・五）。

(16) 平勢隆郎『新編史記東周年表』（東京大学東洋文化研究所、一九九五）「新六国年表」。以下、平勢紀年は本書による。それ以外の紀年は楊寛『戦国史』（上海人民出版社、一九八〇）「戦国大事年表」のもの。

(17) 『水経注』巻六、汾水条所引の『竹書紀年』に「晋烈公元年韓武子都平陽」とあり、陳夢家『六国紀年』（学習生活出版社、一九五五、頁68）は韓武子一〇年にあてる（平勢は武子七年・前四一七年とする）。『史記』韓世家には「（哀侯）二年滅鄭、因徙都鄭」とある。また『史記』趙世家、恵文王二七年（前二七二年）に「封趙豹平陽君」とある。

(18) 山西省文物管理委員会「山西陽高天橋村出土的戦国貨幣」（考古一九六五—四）頁166。

(19) 山西省文物管理工作委員会「山西省原平県出土的戦国貨幣」（文物一九六五—一）頁46。

(20) 鉄嶺市博物館「遼寧鉄嶺邱家台発現窖蔵銭幣」（考古一九九二—四）頁310、王嗣洲等「遼寧庄河市近年出土的戦国貨幣」（文物一九九四—六）頁79。

(21) 馬非百『秦集史　下』（中華書局、一九八二）頁661、662。

(22) 注（21）馬非百書、頁664。

(23) 注（1）江村治樹書、頁346より以後にこの間の情況を詳述した。

(24) 注（21）馬非百書、頁658。

(25) 朱活『古銭新探』（斉魯書社、一九八四）頁64、注（20）王嗣洲等論文、王嗣洲「大連市三処戦国貨幣窖蔵」（考古一九九〇—二）頁102など。

(26) 河南省新鄭県北関（鄭韓故城）出土（集刊三）。縦四・八、幅二・八㎝。

(27) 「晋陽」の文字には二種の書き方がある。尖足布と橋形方足布、小直刀の文字は明らかに相違し（第一章、第四章参照）、前者を趙地、後者を魏地とする考え方があり、同一地名でない可能性もある。円孔円銭の「晋」字は模糊として確定できない（注（10）鄭家相書、頁182）。

(28) 33「堯邑」の「堯」、39「馬雍」、83「葛邑」(図31、32)の「葛」、87「土匀」や88「王匀」の「匀」、90「北箕」の「箕」、113「豕韋」など。
(29) 注(1)江村治樹書、第三部第二章、頁565参照。
(30) 朱華「試談方足平陽布」(中国銭幣一九八九—二)頁28。
(31) 彭信威氏は尖足布の次に方足布、円足布が現れたとしているが(『中国貨幣史』群聯出版、一九五四)、必ずしも確証があるわけではない(注(1)江村治樹書、頁214参照)。黄錫全氏は『通論』で類方足布、類円足布は尖足布の晩期形式としている(頁135)。
(32) 周衛栄『中国古代銭幣合金成分研究』(中華書局、二〇〇四)には尖足布、類方足布一七点、方足布二三点の成分分析結果が掲載されているが、多くが戦前の日本の分析であり、図版も少なく比較対照するには材料不足である。
(33) 秦の半両銭は明らかに統一貨幣であるが、その大小軽重は様々であり変異差は極めて大きく、私鋳が行われた可能性がある(稲葉一郎「秦始皇帝の貨幣統一について」東洋史研究三七—一、頁67)。また、漢の文帝五年(前一七五年)には「盗鋳銭令」が除かれ、民に貨幣を自由に鋳造することを許している(『漢書』文帝紀)。その結果、呉国や鄧通などは巨富をなしたと言う(『史記』佞幸列伝、『漢書』食貨志下)。
(34) 附載の「尖足布・方足布鋳型出典一覧」を参照のこと。
(35) 105「右易亲㠯」を燕下都鋳造と考える説がある(文物春秋一九九〇—二、頁57、『大系』頁562、通論・図63)。中に聳肩のものもあり、この貨幣である可能性もある。
(36) 馬俊才「新鄭〝鄭韓故城〟新出土東周銭范」(中国銭幣論文集・第四輯(二〇〇二))頁87。
(37) 附載の「尖足布・方足布鋳型出典一覧」(参考)を参照のこと。
(38) 中国銭幣一九九五—二、頁48は一三四点としているが、中原文物一九九六—二、頁77は一八四点としている。
(39) 陳応祺「中山国霊寿城址出土貨幣研究」(中国銭幣一九九五—二)頁15。
(40) 蔡全法、馬俊才「戦国時代韓国銭范及其鋳幣技術研究」(中原文物一九九六—二)頁77。

（41）『史記』趙世家に「秦破我藺、虜将軍趙荘」とあり、周本紀に「秦破韓魏、扑欺師武、北取趙藺離石者皆白起也」とある。

図版出所目録

図1祁(1)：三晋p73、図2祁(2)：同p73、図3郛：同p114、図4潁：同p123、図5朱邑：同p122、図6安陽(1)：同p68、図7安陽(2)：同p70、図8貝丘(1)：同p126、図9丘貝(2)：同p126、図10高都：同p99、図11盧陽：同p115、図12平陽(1)：同p82、図13平陽(2)：同p83、図14平陽(3)：同p86、図15平陽(4)：同p87、図16平陽(5)：同p84、図17宅陽：同p102、図18乇陽：同p109、図19完陽：同p109、図20晋陽(1)：同p36、図21晋陽(2)：同p39、図22益昌：同p130、図23陽安（陶陽）：同p130、図24纕坪：大系p558・2317、図25襄垣：三晋p100、図26露(1)：同p92、図27露(2)：同p91、図28涿(1)：同p127、図29涿(2)：同p127、図30涿(3)：同p127、図31葛邑(1)：同p122、図32葛邑(2)：大系p486・1884、図33陽丘：三晋p128、図34文陽：同p73、図35土匀：同p72、図36王匀：大系p508・2016、図37包頭出土石范：大系p588・2491、図38鄭韓故城出土陶范（平陽）：論文集四p87図13、図39鄭韓故城出土陶范（左・藺、右・離石）：銭幣九五―二p52図13、14

尖足布・方足布出土地出典は第二章出典一覧参照のこと

尖足布・方足布図版出所目録、地名表所在地欄出典略称一覧

文参：文物参考資料
文：文物
考：考古
中原：中原文物
考与文：考古与文物
華夏：華夏考古

学報：考古学報
銭幣：中国銭幣
集刊：考古学集刊
叢刊：文物資料叢刊
鄭：鄭家相『中国古代貨幣発展史』（生活・読書・新知三聯書店、一九五八）
王：王毓銓『我国古代貨幣的起源和発展』（科学出版社、一九五七）
黄：黄盛璋「試論三晋兵器的国別和年代及其相関問題」（考古学報一九七四―一）
朱：朱活『古銭新探』（斉魯書社、一九八四）
山西：山西省銭幣学会編『中国山西歴代貨幣』（山西人民出版社、一九八九）
三晋：朱華『三晋貨幣―山西省出土刀布圜銭叢考』（山西人民出版社、一九九四）
山西文物：山西省文物工作委員会編『山西出土文物』（山西省文物工作委員会、一九八〇）
大系：王慶正主編『中国歴代貨幣大系一　先秦貨幣』（上海人民出版社、一九八八）
東亜：奥平昌洪『東亜銭志　第一巻』（歴史図書社、一九七四）
古銭：丁福保編『古銭大辞典』（中華書局、一九八二）
鉄雲：劉鶚『鉄雲蔵貨』（中華書局、一九八六）
先秦編：朱活等『中国銭幣大辞典・先秦編』（中華書局、一九九五）
燕下都：石永士等『燕下都東周貨幣聚珍』（文物出版社、一九九六）
洛陽：蔡運章等『洛陽銭幣発現与研究』（中華書局、一九九八）
通論：黄錫全『先秦貨幣通論』（紫禁城出版社、二〇〇一）
何：何琳儀『古幣叢考』（安徽大学出版会、二〇〇二）
論文集四：中国銭幣学会編『中国銭幣論文集　第四輯』（中国金融出版社、二〇〇二）

呉：呉良宝『中国東周時期金属貨幣研究』（社会科学文献出版社、二〇〇五）

尖足布・方足布鋳型出典一覧

1陶范：①1965年河北易県燕下都第13号遺址・方足布1件、尖足布2件（考古一九八七—五 p426、図一九1、『中国歴代貨幣大系一　先秦貨幣』p589、図2492）

②1997−98年河南新鄭市鄭韓故城東城偏南中国銀行基建地鄭国祭祀遺址区域内・方足布面范（平陽）1件、方足布背范1件（中国銭幣論文集・第四輯（二〇〇二）p78、図13、挿三図6、図14）

2石范：①1958年内蒙古包頭市郊麻池郷窩爾兎壕・方足布3件（安陽2件）（文物一九五九—四 p73、中国銭幣一九九六—三 p39、『中国歴代貨幣大系一　先秦貨幣』p588、図2490）

②1984年河北霊寿故霊寿城址鑄銅器作坊五号遺址・尖足布1件（中国銭幣一九八五—四 p37）

3鉄范：①1989年内蒙烏蘭察布盟涼城県崞県窰郷郭石匠溝村・方足布1件（安陽、戈邑）（中国銭幣一九九六—三 p39、図1）

（参考）

①1986年河北中山国霊寿故城内鋳銭作房遺跡・円足布石范（藺、数点）、円足布陶范（背面范14点）（中国銭幣一九九五—二 p15）

②1992年河南新鄭鄭韓故城東城内大呉楼銅器製作場遺跡・大円足布陶范（藺32点、離石1点）（華夏考古一九九四—四 p16、中国銭幣一九九五—二 p48、中原文物一九九六—二 p77）

③1993年同上西部小高荘鉄器製作場遺跡・大円足布陶范（藺、離石184件あるいは134件・ともに小円銭背范を含む）（同右）

尖足布・方足布地名表

（##：釈文なし、#：地名比定なし、**：先秦編所引出土地、*：通論所引出土地）

地名釈文	種別	地名	所　在　地	城址	出土地・数量
1 藿人	尖足布	（霍人）	山西平陽府西霍城（鄭）、繁峙県境（文65-1、三晋）、繁峙東（銭幣84-1）、繁峙南（燕下都、先秦編）、繁峙東南（何、呉）、臨汾西また繁峙（朱）、#（銭幣83-1）		○尖足布：陝西神木*、山西原平8、河北易県4。
霍人	〃	霍人	山西繁峙東（通論）、#（山西）		
藿	〃	（霍国）	山西霍県（王）、繁峙県境（大系）		
鄗	〃	藺化	山西平陽府霍州西霍城（東亜）		
藺イ	〃		趙地（古銭一説）		
藿	方足布？	霍	山西霍県（王）		
2 新城、辛城	尖足布	新城	山西朔平府朔州治（鄭）、山西朔県又は河南洛陽南（王）、山西朔県（考古92-4、山西、朱）、朔県西南（銭幣84-1、燕下都、先秦編、通論）、太原？（文65-1）、朔県南（三晋、大系）、八地あり不詳（東亜）、#（古銭）		○尖足布：遼寧鉄嶺2、山西陽高・原平34、河北易県4。
辛成		新城	山西朔県南（何、呉）		
辛城	方足布？	新城	山西朔県西南また河北定県（通論）、河南伊川（黄）		
3 郛	尖足布	郛	漢志・雁門に郛（埒）県（鄭、黄、朱、燕下都）、#（考62-5、84-2、90-2、92-4、集刊2）		○尖足布：内蒙涼城・赤峰1、遼寧鉄嶺2・遼陽・新金、山西陽高9・原平22、河北豊寧・北京・蔚県・易県11・霊寿。
	〃	寽阝	#（銭幣83-1）		
寽阝、守邑	〃	虢	山西平陸県（燕下都）、平陸東北（銭幣84-1）、南虢＝河南陝県東南、北虢＝山西平陸（王）、南虢また北虢（考84-2）、河南三門峡市また西虢＝山西平陸東北（大系）、春秋初虢国（東亜）、諸説引用（古銭）		
	〃	寽阝陽	山西神池東北（通論、何）		
	〃	埒	漢志・雁門に埒県（先秦編）、#（文65-1、65-4、考65-4、75-4、山西、三晋、通論、呉）		
	〃		##（叢刊9）		
寽阝	方足布？		#（文80-4）		
4 寽阝陽	尖足布	西虢	河南三門峡市また西虢＝山西平陸東北（大系）		○河北霊寿。
寽阝昜	〃	埒	漢志・雁門に埒県（先秦編、何）		
郛陽	〃		#（集刊2、呉）		
5 于	尖足布	盂	山西陽曲東北（鄭、朱）、陽曲北（通論、何、呉）、盂県附近（大系）河北沁陽西北（王）、河南懐徳府河内県西邘台鎮（東亜）	邘部古城	○尖足布：河北易県1。
	〃	邘	#（考75-4）		
于交	方足布	邘郊	河南沁陽西北邘台鎮（鄭、朱）、河南野王西北の邘（古銭）		
	〃		#（大系）		
	〃		##（大系、通論）		

6 晋昜(陽)	尖足布	晋陽	山西太原県治(鄭、東亜)、太原(王、文65-1、朱、燕下都、先秦編)、太原南(通論、何、呉)、太原晋源鎮(銭幣84-1、考88-2、叢刊3、三晋)、太原市西南(大系)、#(文65-4、80-4、81-9、84-1、94-6、考62-5、84-2、75-4、90-2、92-4、文物春秋95-2、00-4、銭幣83-1、96-2、97-2、集刊2、学報96-2、叢刊9、山西、鉄雲)	晋陽古城	○内蒙托克托*・土黙特左旗4・涼城・赤峰1、遼寧鉄嶺24・遼陽・庄河・新金・凌源1、山西北部・山陰*・陽高97・原平230・朔県**・定襄・太原・楡次*・交城1・屯留、永済**、河北豊寧4、灤南3・灤平**・北京・蔚県・易県26+・霊寿5・邯鄲。
7 楡郷	尖足布	楡次	山西楡次西北(鄭)、楡次北(考92-4)、楡次(文65-1)、#(銭幣83-1、東亜、鉄雲)		○尖足布：内蒙土黙特左旗**、遼寧鉄嶺1・遼陽**・復県、山西陽高・原平4・祁県**・芮城**、河北灤平**・易県10・霊寿、河南鶴壁3・伊川2・鄭州**。
楡次	〃		山西楡次市附近(大系)		
楡	〃		山西楡次市附近(大系)、楡次(文65-1、考65-4、90-2、古銭)		
楡即	〃		山西楡次県境、境内(銭幣84-1、山西、三晋、燕下都、先秦編)、楡次北(通論、何、呉)、#(集刊2)		
腧	〃		#(考75-4)		
楡郷	方足布？	楡次	山西楡次西北(鄭)		
兪即	〃		山西楡次市(洛陽)		
楡即	〃	楡次	山西楡次北(何、呉)		○方足布？：河北易県、河南伊川2。
8 陽邑	方足布	陽邑	山西太谷東北、漢陽邑県(鄭、朱、考92-4、中原85-2)、太谷(考65-4)、太谷東陽邑村(山西、三晋)、太谷東(文参58-6、大系)、太谷東南(王、東亜、燕下都、先秦編)、#(文84-12、92-8、考62-5、75-4、銭幣83-1、96-2、集刊2、3)		○方足布：遼寧鉄嶺1、山西陽高9・屯留・黎城1・翼城1・芮城**、河北北京・易県7・霊寿、河南鄭州1・新鄭1。
陽邑	尖足布	陽邑	山西太谷東北(先秦編)、定襄東(通論)、#(集刊、大系)		○尖足布：河北霊寿。
昜邑	〃	陽邑	山西大谷東南(何)		
9 陽化、昜化	尖足布	陽	陽処父の食邑・山西太谷東北(鄭、朱)		○遼寧鉄嶺3・建昌、山西陽高2・原平15・定襄・太原、楡次*、太谷**・河北灤平・北京・易県9・12*・霊寿。
昜化	〃		#(文81-9、集刊2)		
陽匕(昜)	〃		山西太谷(考92-4)		
陽匕、昜匕	〃	陽曲	山西太原東北(銭幣93-2、何)		
	〃	(邙陽)	河北寧晋県東北(大系)		
昜匕	〃		#(文83-9)		
陽匕(貨)	〃		#(考75-4)		
陽曲、昜曲	〃	陽曲	山西定襄東(通論)、太原市東北陽曲県郷(三晋、呉)		
匕陽、匕昜	〃	邙陽	河北寧晋県東北の和城(銭幣84-1)、#(銭幣97-2、山西)		
陽人、昜人	〃		河南臨汝西汝陽東(黄)、河南汝州		

陽	〃		(東亜)、＃(文65-1、考62-5、65-4)山西太谷東北(朱)、晋・周・韓不明(古銭)		
10祁	方足布	祁	山西祁県東南(鄭、朱、文72-4、中原85-2、燕下都、通論、東亜、古銭、呉)、祁県(考65-4)、祁県東南古県村(山西、三晋)、祁県東北(王)、霍県(何)、河北無極又は山西祁県東南(大系)＃(銭幣83-1、叢刊９)		○山西陽高２・祁県・洪洞**・浮山２・翼城２、河北蔚県・北京・易県３、河南安陽・鶴壁１・鄭州６。
	〃		＃＃(叢刊９、大系)		
示邑	〃		＃(文92-8)		
未邑	〃	妹邑	衛地又は郲(古銭)		
11茲氏	尖足布	茲氏	山西汾陽(鄭、王、黄、朱、文65-1、考65-4、92-4、銭幣84-1、山西、三晋、東亜)、汾陽南(叢刊３、考88-2、何)、汾陽西南(大系)、汾陽南(通論、呉)、臨汾東南(燕下都、先秦編)、＃(文65-4、80-4、84-12、94-4、考62-1、62-5、75-4、84-2、90-2、90-8、92-4、学報73-1、叢刊３、集刊２、華夏91-2、銭幣83-1、96-2、97-2、文物春秋90-4、95-2、山西、通論、鉄雲)		○内蒙土黙特左旗３・涼城・赤峰１、托克托*、遼寧鉄嶺24・遼陽・庄河・新金、陝西神木*、山西山陰*、陽高105・原平547・定襄・臨県・太原・楡次*・盂県**・交城３・屯留・郛山**、河北豊寧10、灤南４・北京・永定・蔚県２・易県82・霊寿11・臨城、河南安陽、鄭州？１・新鄭。
畿氏	〃	茲氏	＃(古銭・銭略)		
絲千	〃	茲	山西隰県一帯(考88-2)		
茲	〃	茲氏	山西汾陽(朱)、汾陽東南(先秦編)		
茲	〃	茲	山西汾陽(鄭)、汾陽西南(大系)、山東青州府諸城西茲亭(東亜)、＃(集刊２、通論)		
茲釿	〃	茲、茲氏	山西汾陽(鄭、朱)、汾陽東南(先秦編)、＃(文94-6、考75-4、三晋)		
茲金化	〃	(茲邑)	＃(考62-5、古銭)		
畿	〃	茲	＃(古銭・銭略)		
	〃		＃(叢刊９、山西)		
12隰城	方足布	隰城	河南懐慶府武陟西南(鄭、朱、中原85-2)、山西西南部(呉)、＃(文92-8、銭幣96-2)		○方足布：山西陽高・祁県・黎城１・浮山４・翼城２、河北灤南１・北京・蔚県・易県５・霊寿、河南鶴壁１・鄭州２。
坙成	〃	隰成	山西離石西(文72-4)、離石西また河南武陟西南(燕下都)		
坙城	〃	隰城	山西離石西穆村(山西、三晋)、離石西(先秦編)		
坙丘	〃	湿丘、隰丘	山東済南府臨邑西(東亜)		
坔成、坙成	〃	欒城	河北趙県西(通論、何)		
坔城	〃	隰陰	＃(考75-4)		
茲成	〃	茲氏	山西汾陽西南又は太原市西南(大系)		
	〃	隰成	山西隰県附近又は離石西(大系)		
畿城	〃		畿城内の造(古銭)		
茲城	〃		＃(叢刊９、集刊２)		
坙城	尖足布	隰城	山西離石西(先秦編)		
	〃	欒城	河北趙県西(通論)		
畿城	〃	隰城	懐県西南(古銭)		
	〃		＃＃(鄭)		

13北茲	尖足布		#(銭幣84-1、通論、呉)		○遼寧鉄嶺1、山西陽高1・原平21、河北易県6。
	〃	茲氏	山西汾陽南(何)		
北茲釿		茲氏の北	山西汾陽県境(燕下都、先秦編)、汾陽北(山西、三晋、大系)、汾陽南また北欒・河北正定(通論)、山西臨汾境内(考92-4)、#(文65-1、考65-4、東亜)		
14西都	尖足布	西都	山西汾州孝義(鄭、東亜)、孝義(王、銭幣84-1、文65-1、山西、三晋、燕下都、先秦編)、离石(考65-4)、離石又は孝義(朱、大系)、中陽附近(通論、何)、#(文65-4、考62-5、75-4、銭幣97-2、呉)		○尖足布：内蒙涼城、陝西神木*、山西陽高1・原平11・定襄、河北灤南1・北京・易県8。
	〃		##(考88-2)		
自都	〃	息都	息国(古銭)		
西都	方足布？	西都	山西孝義(王)		
15中都	方足布	中都	山西平遙西北(鄭、朱、中原85-2、88-2、大系、通論、呉)、平遙(考65-4、92-4)、杜注「西河介休県東南」(中原95-3)、山西平遙西北また楡次東(文参58-6、考89-12)、平遙西双林寺(山西)、平遙中都村(三晋)、平遙中都故城(中原85-2)、平遙東北(王、東亜)、平遙西(文72-4、文物春秋00-4、燕下都、先秦編、何)、河南懐徳河内また山東汶上県治(東亜)、太原楡次東中都城(東亜、古銭)、#(文80-4、84-12、92-8、考62-5、75-4、銭幣83-1、96-2、集刊2、3、叢刊9、鉄雲)		○方足布：内蒙包頭・涼城**・赤峰**・土黙特左旗**、遼寧鉄嶺8・遼陽、山西陽高86・祁県・黎城15・屯留・浮山15・翼城3・芮城、河北北京・蔚県・易県21・霊寿2、河南安陽・鶴壁2・鄭州14・霊宝・新鄭5・平頂山・襄城2・郟県・郾城。
中邸	〃		#(古銭)		
	〃		##(叢刊9、山西)		
中都	尖足布	中都	山西平遙西北(鄭、朱)、平遙西(先秦編、通論)、#(東亜、古銭)		
16中邑	方足布		河北滄県境内(先秦編)、滄州市東南(通論)、滄州東北 (何)		○河北霊寿
	〃	中都	山西平遙西北(呉)、#(古銭)		
	〃		#(集刊2、東亜)		
17平周	尖足布	平周	山西汾州介休西(鄭、王、朱、銭幣84-1、東亜)、介休(文65-1、文76-7、考65-4、92-4)、#(文65-4？、文80-4？、81-9、考62-5？、考与文93-6、銭幣97-2、集刊2、古銭諸説)		○黒竜江1、内蒙涼城、陝西神木*、遼寧鉄嶺4・遼陽、山西陽高90・原平162・定襄・交城1・屯留、河北灤南1・灤平・永定**・北京・蔚県3・易県25・霊寿・臨城1・磁県。
平陶	〃	平周	山西文水西南平陶村(考88-2)、介休西(燕下都、先秦編)		
平陶	〃	平陶	平周に誤釈、山西文水西南平陶村(考80-1、叢刊3)、文水西南(燕下都、先秦編)、#(文84-12)		
平匋	〃	平陶	山西文水平陶村(山西)、文水西南(通論、何、呉)旧釈は平周、山西文水西南又は介休西(大系)、#(山西)		
平窑	〃	平匋	山西文水平陶村(三晋)		

平寚	〃		#（考75-4）		
匋	〃	平陶	旧釈は平周、山西文水西南また介休西（大系）、平陶の省・山西文水西南（先秦編）		
	〃		##（叢刊9、山西文物）		
18平州	尖足布	平周	山西介休西南（考88-2）、介休南（叢刊3）、介休西（鄭、朱、大系）、孝義西南（通論、何、呉）		○内蒙土黙特左旗**・涼城・赤峰、陝西神木*、遼寧鉄嶺14・遼陽・庄河、山西陽高33・山陰・原平345・定襄2・臨県・太原・楡次*・交城4・屯留・翼城1、河北灤南2・豊寧9・北京・蔚県・易県90・霊寿・臨城・邯鄲、河南郾城。
	〃	平州	介休西（王、銭幣84-1、山西、三晋、燕下都）、介休（文65-1、4、考92-4）、斉地（考84-2）、山東泰安府莱蕪西また山西汾州府介休西（東亜）、泰山牟県西（古銭）、#（王、文65-4、80-4、84-12、92-8、94-4、6、考62-5、75-4、90-8、銭幣97-2、古銭諸説）		
平洲	〃		（集刊2）		
平川	〃		#（文物春秋95-2）		
	〃		##（叢刊9）		
19隖、鄔	方足布	隖	河南偃師西南又は山西介休東北（王、東亜、通論、何）、河南偃師南（鄭、中原85-2）、山西介休（考65-4）、介休東北（朱、文72-4、大系、燕下都、先秦編、呉）、介休東北隖城店（山西、三晋）、#（考62-5、75-4、84-2、文物春秋95-2、銭幣83-1、93-2、96-2、古銭諸説、鉄雲）		○内蒙赤峰、遼寧鉄嶺2、山西陽高42・祁県・黎城5・長治・浮山2・翼城3・芮城、河北灤南1・北京・豊寧1・易県10・霊寿、河南安陽・鶴壁1、洛陽・伊川**1・鄭州2。
烏邑	〃	隖	山西介休東北（考88-2）		
烏邑	〃		#（文92-8、集刊2）		
隖邑	〃		山西介休東北（文参58-6、考92-4）、#（叢刊9）		
隖	〃	烏邑	応邑（もと応国）・河南豊県西南（考80-1、大系、先秦編）		
阪、反邑	〃	阪泉	河北涿鹿東（洛陽、先秦編）		
20於疋	方足布	烏蘇	山西沁県西（銭幣86-4、通論、呉）		○山西陽高・祁県、河北易県5、河南安陽・鄭州。
	〃	烏蘇、閼與	山西武郷西北か和順（何）		
烏疋	〃	邸	山西沁県西（通論）		
烏邸	〃	於疋	山西沁県西（燕下都）		
	〃	烏邑	山西介休隖城店（三晋）、#（先秦編）		
	〃	烏邸	#（先秦編）		
	〃		#（山西）		
隖	〃		河南偃師西南また山西介休東北（東亜）		
烏是	〃	隖氏	山西介休東北（朱）、#（大系）		
烏壌	〃		#（銭幣93-2、大系）		
	〃		##（東亜）		
藪垣	〃	（襄垣簡体）	山西襄垣県附近（中原85-2）		○河南鄭州57。
21烏氏	方足布	烏氏	河南偃師南（先秦編）、#（大系、東亜）		
	〃	隖	河南偃師南（鄭）、山西介休東北（朱）		
巳氏	〃	尸氏	漢志・河南郡尸郷（通論）、偃師西（何）		
烏人	〃	隖	河南偃師西南又は山西介休東北（東亜）		

22閃、藺 閃、閃中	尖足布 方足布 〃 〃	藺	山西永寧西北(鄭)、永寧州西(東亜)、山西离石(文65-1、考65-4、92-4)、离石西(朱、文65-1、考65-4、考89-12、考92-4、中原85-2、88-2、95-3、銭幣84-1、山西、三晋、大系、燕下都、洛陽、通論、何、呉)、柳臨県孟門村(叢刊３)、＃(文65-4、80-4、81-9、11、84-12、92-8、94-4、6、考65-10、75-4、90-2、91-5、学報57-1、文物春秋00-4、銭幣83-1、96-2、97-2、集刊２、３、叢刊９、山西、鉄雲、先秦編) ＃(古銭諸説) ＃＃(叢刊９)		○尖足布：内蒙托克托*・土黙特左旗１・涼城、遼寧庄河、山西陽高２・原平45・定襄・臨県、河北灤平・張家口*・易県32・徐水・霊寿、河南葉県。 ○方足布：内蒙土黙特左旗・涼城、遼寧鉄嶺14・遼陽・庄河１・新金、山西陽高420・原平**・朔県**・交城３・祁県・黎城38・屯留・浮山39・交城**・翼城14・芮城、河北北京・蔚県２・易県16・霊寿12・石家荘１、河南鶴壁５・湯陰１・済源・洛陽１＋・尹川・鄭州37・新鄭５・長葛１・平頂山・襄城７・郟県・郾城。
23离石、離石 藹石 萬石	尖足布 〃 〃	離石 离石	山西汾州府永寧州寧郷(鄭、東亜)、山西离石(朱、文65-1、銭幣84-1、山西、大系、燕下都、先秦編、通論、呉)、＃(文65-4、銭幣97-2、集刊２) 山西离石西(三晋)、離石(何) ＃(古銭)		○内蒙涼城、陝西神木*、山西原平２・定襄１、離石**、河北蔚県**・易県３、霊寿。
24中陽 中陽	尖足布 方足布？	中陽 中陽	山西汾州寧郷西(鄭、東亜)、山西中陽(王、朱、考65-4、三晋、通論、何、呉)、中陽西(銭幣84-1、山西、燕下都、先秦編)、山西孝義(文65-1)、山西中陽また孝義(大系)、＃(王、文65-4、94-6、考62-5、銭幣83-1、97-2、集刊２、古銭) ＃＃(王)		○尖足布：内蒙涼城、遼寧庄河、山西陽高１・原平12・定襄・太原、河北北京・易県５・霊寿。
25涅	方足布 〃	涅	山西武郷(考65-4)、武郷西(鄭、王、朱、考92-4、中原85-2、東亜、燕下都)、武郷西北(文72-4、山西、大系、洛陽、先秦編、通論、何、呉)、武郷古城村(三晋)(文81-11、84-12、92-8、考62-5、75-4、銭幣83-1、96-2、集刊２、叢刊９、古銭諸説、鉄雲) ＃＃(叢刊９)		○内蒙土黙特左旗**、遼寧鉄嶺２、山西陽高30・祁県５・襄汾**・黎城５・屯留・浮山５・翼城２、河北北京・蔚県・易県６・霊寿、河南湯陰１・洛陽２・鄭州７・平頂山。
26襄垣	方足布	襄垣	山西襄垣北(叢刊３、洛陽、通論)、		○方足布：内蒙土

			山西上党郡(中原95-3)、#(文65-4、80-4、81-11、84-12、92-8、考75-4、鉄雲)		包頭・黙特左旗**・涼城、遼寧鉄嶺23・遼陽・庄河4・新金、山西陽高397・原平**・交城1・左雲**・黎城44+・屯留・浮山49・翼城15・芮城、河北灤南2・北京・蔚県・易県24・霊寿15・邯鄲、河南安陽・湯陰1・洛陽1・鄭州57・新鄭7・襄城7・郟県。
數垣	〃	襄垣	山西襄垣(文参58-6、考65-4、考88-2、89-12、92-4、中原85-2、88-2)、襄垣北(王、大系、東亜、三晋、燕下都、先秦編、何、呉)、長治市境内(文物春秋00-4)、#(鄭、朱、文94-6、考62-5、90-2、銭幣83-1、96-2、集刊2、3、叢刊9、古銭諸説)		
壌垣	〃	襄垣	山西襄垣(考92-4)		
	〃		##(叢刊9)		
襄垣	尖足布	襄垣	山西襄垣北(通論、何)		
27同是	方足布	銅鞮	山西沁県南故城(鄭、朱、文参58-6、文72-4、中原85-2、山西、大系、東亜、古銭、通論)、沁県(考65-4)、沁県西南(文物春秋00-4、三晋、燕下都、先秦編)、沁県東南(王)、沁県南(何、呉)、#(文92-8、銭幣83-1、95-2、96-2、集刊2)		○内蒙包頭・土黙特左旗**、山西朔県**・陽高16・祁県3+・襄汾**・洪同**・朔県**・黎城7+・浮山2・翼城1・芮城、河北北京・易県5・霊寿2、河南鄭州3。
	〃		##(叢刊9)		
28屯留	方足布	屯留	山西屯留東南(鄭、文72-4、考92-4、中原85-2、大系、東亜、燕下都、先秦編、通論)、屯留東(王、文参58-6)、屯留南(山西、三晋)、屯留(考65-4、何、呉)、#(文92-8、考62-5、75-4、銭幣83-1、集刊2、3、叢刊9、鉄雲、古銭諸説)		○遼寧鉄嶺1、山西陽高20・祁県3+・浮山6・翼城1・芮城、河北北京・蔚県・易県8・霊寿2、河南鶴壁2・洛陽・鄭州2・新鄭1・許昌・襄城1・平頂山。
	〃	純留	留吁国・山西潞安府屯留東南故城(東亜)		
	〃		##(叢刊9、山西)		
29露、零	方足布	潞	山西潞安府潞城(鄭、中原85-2)、潞城北(王)、潞城東北(山西、三晋、東亜、何)、潞城東北また長治東北(先秦編)、潞県東北(呉)、長治東北(文72-4)、長治(朱、考65-4、考92-4)、潞安東北(文参58-6)、黎城南(通論)、山西黎城西南又は潞城県古城、繁峙県境(大系)、#(考62-5、75-4、銭幣83-1、96-2、集刊2、叢刊9、古銭諸説、鉄雲)	潞城古城	○遼寧鉄嶺、山西陽高20・祁県4+・黎城4+・浮山4・芮城、河北北京・蔚県・易県7・霊寿2、河南安陽・鄭州1。
雨	〃	潞	露の省筆・山西黎城西南また繁峙県境(大系)(東亜、古銭)		
	〃		##(叢刊9)		
30郬子、長子	方足布	長子	山西長子西(鄭、黄、朱、文72-4、考92-4、中原85-2、文物春秋00-4、叢刊3、山西、三晋、洛陽、燕下都、先秦編)、長子西南(大系、通論)、	長子古城	○内蒙涼城、遼寧鉄嶺7・遼陽、山西陽高207・朔県**・交城2・祁

			長子(王、文参58-6、考65-4、89-12、中原88-2、東亜、何、呉)、#(文65-4、80-4、84-12、92-8、考62-5、75-4、91-5、銭幣83-1、95-2、96-2、集刊2、叢刊9、古銭諸説、鉄雲)		県5+・襄汾**・洪洞**・黎城23+・屯留・浮山35・翼城12・芮城、河北北京・永定・蔚県・易県12・霊寿5・石家荘**、河南鶴壁5・済源・洛陽・伊川1・鄭州24・新鄭1・郟県・襄城1・郾城。
	〃		##(叢刊9)		
邑子	〃	長子	郻子の省文(大系、東亜)		
31蒲子	方足布	蒲子	山西平陽蒲子県(鄭、古銭)、蒲県(考65-4)、蒲県西(山西)、蒲県東北(考92-4)、蒲県略東村(三晋)、隰県(文72-4、何、呉)、隰県東北(黄、東亜)、隰県西北(燕下都)、隰県北(文参58-6, 考89-12、中原88-2)、山西隰県北また蒲県境(大系)、山西隰県西北また蒲県境(先秦編)、#(文92-8、考62-5、75-4、銭幣83-1、95-2、96-2、集刊3、叢刊9、鉄雲)		○方足布：遼寧鉄嶺1、山西陽高10・朔県・祁県2・襄汾**・黎城3・浮山4・翼城1・芮城、河北北京・蔚県?・易県5、河南安陽・鶴壁1・洛陽・鄭州4・新鄭3。
	〃	甫子	山西隰県東北(王)		
甫子	〃	蒲子	山西蒲県(中原85-2)		
莆	〃		#(文87-6)		
	〃		##(叢刊9)		
蒲子	尖足布	蒲子	平陽蒲子(古銭上)、山西蒲県北(朱)		
莆子	〃		平陽蒲子(鄭)、山西隰県北(通論)、偽(何)		
32郙氏	方足布	輔氏	陝西朝邑西北(鄭、朱、考92-4)、#(古銭)		○遼寧鉄嶺1。
33彘邑、鄜、彘	方足布	彘	国語注「霍州南彘城」(鄭)、山西霍州治(東亜、古銭)、山西霍県(文72-4、考65-4、中原85-2、何、呉)、霍県東北(王、朱、考89-12、中原88-2、大系、燕下都、先秦編、通論)、霍県西南(山西、三晋)、#(文65-4、84-12、92-8、考62-5、銭幣96-2、集刊2、3、鉄雲)		○内蒙涼城、山西陽高34・祁県3・黎城7・屯留・翼城1、河北北京・易県5・霊寿3、河南済源・三門峡・鄭州7・新鄭2・平頂山。
郈	〃		山西石楼東北(先秦編)		
邱	〃		胙城東北(古銭)、#(通論)		
□陽	〃		##(大系)		
34大陰	尖足布	大陰、陰	左伝杜注「霍州呂郷陰地邮」(鄭)、山西霍県南(何)、山西霍県境(朱、大系、燕下都、先秦編)、河南西北部(王)、陰は晋地(考84-2、古銭)、#(文65-1、4、80-4、81-9、94-4、6、考62-5、65-4、75-4、90-2、92-4、文物春秋95-2、銭幣83-1、84-1、96-2、97-2、叢刊3、集刊2、山西、三晋、東亜、鉄雲、通論、呉)		○尖足布：内蒙土黙特左旗1・托克托・涼城・赤峰多数、遼寧鉄嶺6・遼陽2・庄河・大連、山西陽高38・原平214・定襄2・臨県・太原・楡次・交城2、河北灤平・豊寧1・蔚県・北京・永定・易県45
大陰	〃	大陰、陰	山西霍県境(先秦編)、霍県南(通論、何)		

	〃		＃＃(叢刊９、大系、先秦編)		・霊寿・邯鄲。
35北屈	方足布	北屈	山西平陽府吉州東北(鄭、東亜、古銭)、吉県東北(文72-4、中原85-2)、吉県東(朱、考92-4)、吉県北(中原95-3、叢刊３、山西、三晋、大系、通論、何)、吉県東北及び石楼大寧一帯(文参58-6)、山西石楼県境また吉県東北(燕下都、先秦編)、吉県(呉)、山西石楼(考65-4)、山西西南部(王)、＃(文84-12、 92-8、考62-5、75-4、84-2、銭幣83-1、96-2、集刊２、３、叢刊９、鉄雲)		○内蒙土默特左旗**・赤峰１、遼寧鉄嶺１、山西陽高35・朔県**・交城２・祁県３・黎城３・屯留・浮山３・翼城１・芮城、河北北京・易県８・霊寿、河南安陽・鄭州３・新鄭１・郟県・襄城・郾城。
36平陽、平昜	方足布	平陽	山西臨汾西南(鄭、朱、考88-2、中原85-2、大系、山西、通論、呉)、臨汾西(文参58-6、考89-12、中原88-2)、臨汾(文72-4、考65-4、92-4、銭幣89-2、叢刊３)、山西汾陰西南(三晋)、山西運城(中原95-3)、河南滑県南(洛陽)、滑県東南(通論)、山西臨汾西南・河南臨漳西・河南滑県東南(王)、また山西交城・定襄・臨汾市(大系)、山西臨汾西南・河北臨漳西南・河南滑県境(燕下都、先秦編)、河北臨漳西南また山西臨汾西南(何)、河東郡(文物春秋89-4)、＃(文参55-8、文65-4、80-4、81-11、84-12、92-6、8、94-6、考62-5、75-4、84-2、90-2、8、考与文93-6、華夏91-2、文物春秋93-3、4、95-2、00-4、銭幣83-1、96-2、学報57-1、96-2、集刊２、叢刊９、東亜、古銭諸説、鉄雲、燕下都)		○内蒙包頭・土默特左旗４・涼城３＋・赤峰３、遼寧鉄嶺72・遼陽２・庄河３・新金２・凌源４・錦州、山西陽高約1320・左雲23・朔県５・山陰*・代県10・定襄１・盂県１・交城15・祁県最多・黎城110・長治２・屯留37・陵川２・洪洞444・襄汾21・浮山173・翼城55・永済・芮城多、河北承徳１・豊寧１・青龍・灤南21・玉田6・北京・蔚県・易県227・霊寿103・石家庄１・臨城２、河南安陽・鶴壁26・陜県・洛陽１・鄭州154・新鄭13＋・長葛７・郟県・襄城14・平頂山100余・郾城多。
		〃	＃＃(叢刊９)		
37皮氏	方足布	皮氏	山西河津西(鄭、王、中原95-3、東亜、燕下都、先秦編、通論)、河津太陽村(考88-2、叢刊３、三晋)、河津(文参58-6、考92-4、山西、大系、何、呉)、河津西南(中原85-2)、河津南(朱)、漢志「河東郡皮氏県」(古銭)、＃(文65-4、80-4、92-8、94-6、考62-5、65-4、75-4、82-6、90-2、文物春秋95-2、00-4、銭幣96-2、集刊２、叢刊９、鉄雲)		○方足布：内蒙涼城、遼寧鉄嶺２・遼陽・庄河・新金２、山西陽高71・朔県**・襄汾**・交城２・黎城７・浮山11・翼城３・芮城、河北灤南1・北京・豊寧１・易県10・霊寿３・邯鄲２、河南安陽・
皮氏	尖足布	皮氏	漢志「河東郡皮氏県」(古銭)、山西		

			河津南(朱)、河津西(通論)、偽(何)		鶴壁2・洛陽・鄭州11・郟県・襄城。
38奇氏	方足布	欒鎬氏	河南鞏県西南錡澗あり(鄭)		○山西陽高1・祁県2・芮城**、河北北京・易県2・霊寿、河南新鄭**・鄭州1。
	〃	奇氏、猗氏	山西猗氏(考65-4)、山西臨猗県境(三晋、呉)、臨猗南(文72-4、山西、通論)、臨猗猗氏鎮(中原85-2、燕下都、先秦編)、山西運城市西また臨猗県南(大系)、山西蒲州府猗氏南又は山西平陽府岳陽東南(東亜)、#(銭幣83-1、集刊2)		
匍陽	〃		漢志の河東郡又は上党郡に属す、あるいは猗氏(古銭)		
39馬服邑	方足布	馬服邑	馬服山・河北邯鄲北(鄭)		○遼寧新金、山西左雲**・陽高36・祁県3・襄汾**・黎城4・屯留・浮山4・翼城3・芮城、河北北京・易県11・霊寿、河南安陽・鄭州5・新鄭1・郟県・襄城。
	〃	馬服	河北邯鄲西北また馬雝・河南沁陽東北(朱)		
	〃	馬雍	河北邯鄲西北また河南沁陽東北(中原85-2)		
	〃	馬陵	#(また馬服呂・集刊3)		
馬𠬝(服)呂	〃	馬服営	馬陵・河北邯鄲県境(文参58-6)		
	〃		河北邯鄲西(文72-4)		
	〃	馬雍	#(考90-2)		
	〃		#(文84-12、銭幣96-2、古銭諸説)		
馬雍	〃	馬服営	#(一説に馬陵・中原95-3)		
	〃	馬雍	#(文92-8、考80-1、集刊2、燕下都、先秦編、通論、呉)		
馬雝	〃	雍	河南焦作市附近・一説に馬服邑(大系)		
	〃		四説あり:他に馬陵・馬首・馬服営(東亜)		
	〃		#(考75-4、銭幣84-1、叢刊9、山西、三晋、鉄雲)		
馬□	〃		#(考65-4)		
40武安	尖足布	武安	潞州武安(鄭)、河南彰徳府武安(東亜)、河南武安西南(王)、河北武安(考65-4、88-2、燕下都、先秦編)、河北武安西南(朱、考92-4、銭幣84-1、三晋、大系、通論、何、呉)、#(文65-4、80-4、94-6、考62-5、75-4、80-1、84-2、90-2、集刊2、山西、古銭諸説、通論)	午汲古城	○内蒙土黙特左旗**・涼城・赤峰1、遼寧鉄嶺14・遼陽・朝陽・庄河2・新金、山西陽高22・盂県**・朔県**・定襄、河北灤南2・蔚県・北京・易県32・霊寿。
	〃		##(叢刊9)		
41甘丹、邯鄲	尖足布	邯鄲	河北邯鄲趙都(鄭、王)、邯鄲趙王城(黄)、邯鄲県西南(銭幣84-1)、邯鄲市西南(朱、文物春秋00-4、三晋、先秦編、通論、何、呉)、邯鄲市郊(大系)、#(文65-1、80-4、考65-10、銭幣83-1、96-2、集刊2、山西、東亜、古銭、鉄雲)	大北城	○内蒙土黙特左旗2・托克托*・涼城・遼寧遼陽、山西原平3・楡次*・交城、河北張家口*・徐水・霊寿3・邯鄲。
42平邑	方足布	平邑	河南南楽東北(鄭、朱)、河南南楽平邑村また平陽・山西大同東南(大系)、山西大同府陽高西南また直隷大名府南楽東北(東亜)、代地の平邑・山西		

			陽高西南(通論、何)		
43平氏	方足布	平邑	平邑と同地の造(鄭)、河南南楽東北平邑村(朱)、河南南楽平邑村また平陽・山西大同東南(大系)、河南桐柏西(先秦編、通論)		
44平丘	方足布	平丘	左伝杜注「陳留長垣県西南」(鄭)、河南封丘東(朱)		
平卣(列)	〃	平利	河北邢台東(通論)		
平利	〃	平利	漢志:広平国平利・河北邢台以東(文物春秋92-2)		
平歹		平利	河北邢台東(何)		
45平貝	方足布	平地	平丘、丘貝と同一地の造(鄭)		○山西浮山。
	〃	平邑	平邑貝・河南南楽東北平邑村(朱)		
	〃		#(大系、通論)		
平□	〃		#(山西、三晋)		
46平于	方足布	平舒	山西広県西(華夏95-2)、山西広霊西(通論)		○山西祁県2・長治2。
	〃	東平舒	河北大成(呉)		
	〃		#(山西、三晋)		
47高都	方足布	高都	河南洛陽西南また上党(鄭)、河南洛陽南また山西晋城東北(王)、河南洛陽西また山西晋城東北(中原85-2)、山西晋城(考65-4、通論、何、呉)、晋城東北(朱、考92-4、文物春秋00-4、燕下都、先秦編)、晋城東(文72-4)、晋城北高都村(黄、山西、三晋)、山西晋城附近また河南伊川北(大系)、河南河南府洛陽南また山西澤州府鳳台東北(東亜)、#(文84-12、92-8、考62-5、銭幣83-1、96-2、集刊2、叢刊9、古銭諸説、鉄雲)		○内蒙包頭、遼寧鉄嶺2、山西陽高25・祁県2・襄汾**・黎城8・屯留・浮山3・翼城2、河北北京・蔚県・易県6・霊寿、河南湯陰1・鄭州1・襄城2。
	〃		##(叢刊9)		
48酉棗	方足布	酸棗	河南延津西南(鄭、通論、何、呉)、班志は陳留郡に属す(古銭)	酸棗故城	
酸棗	〃	酸棗	河南延津西南(朱)		
49宅陽	方足布	宅陽	北宅・河南滎陽東南(鄭、文参58-6、考89-12、92-4、中原85-2、88-2、燕下都)、滎陽(文72-4、考65-4)、滎陽東(王、文72-4)、滎陽東北(考88-2、叢刊3、三晋、東亜)、鄭州北(何、呉)、鄭州(考84-2、文物春秋00-4)、河南原陽西南また滎陽県境(大系)、河南滎陽東南また河南原陽西南(先秦編)、#(文65-4、78-2、80-4、84-12、87-6、92-8、94-6、考62-5、75-4、84-2、90-2、中原95-3、銭幣83-1、96-2、集刊2、3、叢刊9、大系、古銭諸説、鉄雲、山西、通論)		○内蒙涼城・赤峰、遼寧鉄嶺13・遼陽・庄河2・新金、山西陽高1900・朔県2・原平3・定襄・交城5・祁県3・襄汾**・洪洞**・陸川**・黎城127・屯留・浮山86・翼城25・芮城、河北灤南3・北京・蔚県2・易県51・霊寿43、河南鶴壁14・済源・洛陽・鄭州81・新鄭3・郟県・襄城10・平頂山2・郾
比陽	〃		河南泌陽西(通論)		
	〃		##(叢刊9、大系)		

					城。
50毛陽	方足布		河南原陽西南また滎陽県境(大系)、#(鉄雲)		○山西原平・襄汾**・洪洞**、河北易県2・霊寿。
	〃	宅陽	河南滎陽東南(燕下都)、鄭州北(何、呉)、#(先秦編)		
宅陽	〃	宅陽	北宅・滎陽東北(三晋、東亜、通論)、滎陽東南(鄭、朱)、#(集刊2、山西、古銭諸説)		
51下(完、冠)陽	方足布	原陽	内蒙和浩特呼市東南(通論)、#(呉)		○山西陽高・祁県。
	〃	宅陽	内蒙和浩特市東南(華夏95-2)		
蒙陽	〃	蒙沢	河南商丘東北(銭幣90-3)		
庈陽	〃	下陽	山西平陸東北(文物季刊82-4)		
宁陽	〃	下陽	山西平陸東北(何)		
宅陽	〃	宅陽	河南滎陽東北(三晋)、#(山西)		
	〃		##(先秦編)		
52東周	方足布	東周	河南洛陽の「成周」(鄭)、河南鞏県・東周君封国(王、山西、三晋、大系)、洛陽(考65-4)、鞏県西南(通論)、鞏県西(何、呉)、洛陽東また鞏義西(洛陽、先秦編)、鞏県また洛陽(朱)、#(銭幣83-1、84-1)		○山西陽高1。
53平陰	方足布	平陰	河南孟津西北(鄭、中原85-2)、孟津県境(文参58-6、考92-4、三晋)、孟津東北(燕下都、文物春秋00-4)、洛陽東北(洛陽)、洛陽北また孟津東(王)、孟津西北また孟津城東(朱)、山西陽高東南(通論)、河南孟津また山西陽高南(大系)、山西陽高西南また河南孟津北(何)、山東泰安府平陰東北また河南河南府孟津県治(東亜)、#(王、文80-4、考65-4、75-4、84-2、中原95-3、銭幣83-1、96-2、集刊2、叢刊9、山西、古銭諸説、鉄雲、呉)		○朝鮮寧遠、内蒙赤峰、遼寧鉄嶺1、山西陽高25・原平・盂県**・浮山2・芮城、河北易県7・霊寿3、河南安陽・鶴壁2・鄭州10・郟県・襄城6・郾城。
平陰	〃	平陰	河南孟津東北（先秦編）		
54坪陰	方足布	平陰	襄平〔奉天遼陽西北〕の陰地(鄭)、山東平陰(考92-4)		○内蒙赤峰2、吉林輯安3、遼寧鉄嶺144・庄河6・復県・大連・朝陽・遼陽・錦州2*・凌源8、山西山陰、河北青龍・隆化・灤平・承徳2、河南郾城。
	〃		遼寧遼陽市(大系)、#(朱、文物春秋90-2、93-4、呉)		
坪陰	〃	平陰	襄平南(先秦編)、山西陽高東南(何)		
差陰	〃	溠陰	義陽また北地にあり(古銭)		
	〃		#(考84-2、文物春秋89-4)		
平陰	〃		遼寧が鋳地か(通論)、#(文参56-2、文62-3、94-6、考64-2、90-2、鉄雲)		
陰平	〃		魯地・山東兗州府嶧県(東亜)、#(学報96-2)		
	〃		##(王)		
55宜易(陽)	方足布	宜陽	河南宜陽西50里(鄭、通論、何、呉)、宜陽古城(華夏08-4)、#(古銭)	宜陽古城	
	〃	唐邑	河南宜陽西50里(朱)		
56綸氏	方足布	綸氏	河南登封西潁陽鎮(黄)		

龠阝氏		綸氏	河南登封西南(先秦編、通論)、登封西(何)、登封西南70里潁陽鎮(呉)		
57陽城	方足布	陽城	河南登封東(鄭)、登封東南(朱、大系、先秦編、通論)、登封東南また漯河東(何)、登封東10㎞告成鎮(呉)	陽城故城	
58陽丘	方足布	陽、陽邑	陽処父の食邑・山西太谷東北(鄭)		○方足布：山西祁県2。
	〃		楚地(古銭)、河南済源西北(朱)		
俞阝陽	〃	楡陽	山東臨清県境(先秦編)		
斉陽	〃		#(文72-4)		
□陽	〃	陽	#(山西、三晋、大系)		
陽丘	尖足布？		陽処父の食邑・山西太谷東北(鄭)		
59文陽	尖足布	汶陽	山東寧陽東北(王、東亜)、魯地(古銭)		○尖足布：陝西神木*、山西陽高・原平28・交城、河北豊寧2・易県4*。
	〃	文陽	山西文水(朱、三晋、山西、大系、先秦編)、#(文65-1、銭幣84-1、文物春秋95-2)		
陽也	〃	陽地	河南濮陽(通論)		
文陽	方足布	文陽	山西文水県境(山西、三晋、先秦編)、#(文72-4)		○方足布：山西朔県2・祁県4、河北霊寿。
女陽	〃		漢汝南郡の県(古銭)		
陽也	〃	陽地	衛の陽地・河南濮陽(通論、何)		
陽丘	〃	陽、陽邑	陽処父の食邑・山西太谷東北(鄭)		
□陽	〃		#(大系)		
60梁邑、郛、梁	方足布	梁、大梁	河南開封市(鄭、王、朱、黄、文72-4、考65-4、88-2、92-4、中原85-2、95-3、文物春秋00-4、叢刊3、大系、燕下都、洛陽、先秦編、通論、何、呉)、魏の大梁[河南開封市]また韓の南梁(文参58-6、考89-12、中原88-2)、河南開封県境また陝西韓城(三晋)、少梁[陝西韓城南]・南梁か上梁[河南汝州西南]・大梁(東亜)、#(文参55-8、57-9、文62-3、65-4、80-4、84-12、87-6、92-8、94-6、考75-4、84-2、90-2、91-5、文物春秋95-2、銭幣83-1、96-2、集刊2、3、叢刊9、山西、鉄雲、古銭)		○内蒙土黙特左旗3・涼城3・赤峰3、遼寧鉄嶺34・遼陽・庄河4・新金・朝陽、山西陽高875・左雲・朔県2・交城2・祁県3・黎城77・屯留・浮山3・翼城22・永濟・芮城、河北灤南8・豊寧1・蔚県・易県41・霊寿48・石家庄、河南安陽2・鶴壁18・湯陰2・洛陽・伊川8・鄭州143、新鄭9・禹州1・郟県・襄城10・郾城多。
乗邑	〃	乗邱	魯地(古銭・銭匯)		
	〃		##(叢刊9、山西、燕下都)		
61朵、朵邑	方足布	潁の省	河南臨潁西北(鄭、朱、中原85-2)		○山西祁県2・浮山3・翼城5・芮城、河北易県6・霊寿、河南済源・鄭州4。
	〃		#(文92-8、集刊2)		
鄵	〃		#(三晋)		
梁邑、鄹	〃	木禾	#(叢刊9、鉄雲)		
禾阝	〃	和	陝西の境、漢志・上郡木禾県(東亜)		
	〃		#(通論、呉)、あるいは陝西澄城南(何)		
朵阝	〃		#(文72-4)		
邾	〃	邾国、邾	#(古銭)		
朱子	〃	邾の省	#(古銭)		

□邑	〃		#(山西、大系)		
	〃		##(燕下都、先秦編)		
62午邑	方足布	許の省	河南許昌東に許昌城(鄭、朱)		
氏邑	〃		#(東亜)		
邸	〃		河北元氏一体(通論、呉;引李家浩) #(鉄雲)		
	〃	泜	河北泜水一帯(何)		
干邑	〃	干国	路史の干国(古銭)		
□邑	〃		#(大系)		
63廬陽	方足布	魯陽	河南魯山(朱、中原85-2)、魯山北(大系)、山西平陸県境(大系)	魯陽故城?	○山西陽高40・祁県2・襄汾**・洪洞**・黎城8・浮山4・翼城1・芮城、河北北京・易県11・霊寿、河南安陽・鶴壁1・洛陽・伊川1・鄭州6・新鄭1・襄城・平頂山。
	〃	漁陽	北京市密雲(文72-4、考65-4)		
	〃	虞陽	山西平陸北(山西、三晋、通論)、虞城(呉;引考80-1呉栄曾)、北京密雲県境(大系)、呉城・山西平陸北(燕下都、先秦編)、#(文92-8、考91-5、銭幣96-2、集刊2、叢刊9、鉄雲)		
廬陽	〃	魯陽	河南魯山(何)		
魚陽	〃	漁陽	河北密雲西南(王)、直隷順天府密雲西南(東亜)		
魯陽	〃		河南魯山(鄭、文参58-6、洛陽)、あるいは豊(集刊3)、#(古銭諸説)		
虞陽	〃	呉城	山西平陸北(考80-1)		
64武平	尖足布	武平	河南彰徳府鹿邑西(鄭、東亜)、河南北部(王)、河北文安(考65-4、88-2)、文安北(黄、銭幣84-1、三晋、大系、通論、何)、河北渉県武安の間(朱、考92-4、大系)、河北文安また武安渉県間(燕下都、先秦編)、#(文65-4、80-4、81-9、84-12、考62-5、75-4、90-2、集刊2、山西、古銭諸説、呉)		○内蒙土黙特左旗**・涼城、遼寧鉄嶺12・遼陽・新金、山西陽高30・盂県**・朔県**・屯留、河北灤南4・灤平・北京・蔚県・易県32・霊寿2。
	〃		##(叢刊9)		
65平备	方足布	平原	山東武城西北東武城・平原君封地(鄭)、東武城西平原(三晋)、河南済原西北(朱)、平原南(何)、山東平原西南(文物春秋00-4、通論)、山東平原西南また河南済原西北(燕下都、先秦編)、#(呉)		○山西翼城1、河北易県4・霊寿1。
平原	〃	平原	山東平原(王)、趙平原君封地(古銭)、#(文92-8、東亜)		
平□	〃	平原	河南済源西北(大系) #(山西)		
66涿	方足布	涿	河北涿県(王、文72-4、考65-4)、直隷順天府涿州治(東亜)、河北涿県また上党一帯(文参58-6)、#(文92-8、考75-4、銭幣93-2、叢刊9、古銭諸説)		○山西陽高2・祁県・洪洞**・黎城2・浮山1・翼城2・芮城、河北易県9、河南安陽。
洮	〃	洮	山東濮州南に故城(鄭)、山西聞喜東北(朱)		
渝	〃		河南浚(濬)県西南(朱、三晋、燕下都、先秦編)、山西代県西北(大系)、#(銭幣95-2、山西)		

洀	〃	舟	河南新鄭附近(銭幣96-2、通論、何)		
	〃	州	河南沁陽東南40里(呉)		
67益昌	方足布	益昌	漢志「涿郡益昌」(鄭、考84-2、文物春秋89-4)、河北永清南(朱、考92-4、大系)		○内蒙赤峰2、遼寧鉄嶺29・遼陽・庄河4・新金・朝陽多数・凌源1、山西陽高2・祁県、河北青龍2・承徳1・昌黎*・北京。
	〃		#(文94-6、考84-2、90-2、学報96-2、文物春秋90-2、93-4、古銭諸説)		
恭昌	〃		#(文62-3、山西、東亜、鉄雲、先秦編)		
燕昌	〃		#(古銭・文字攷)		
悦(忌)昌	〃	広昌	河北淶源(通論、何)、#(呉)		
恭益	〃		#(三晋)		
	〃		##(考65-4)		
68襄平	方足布	襄平	遼寧遼陽市(文80-4)、#(王、文81-9、92-6、94-6、考84-2、90-2、学報96-2、文物春秋89-4、93-4)		○内蒙赤峰70、朝鮮寧遠、遼寧鉄嶺3・遼陽多数・庄河最多・新金・遼東半島・凌源57、山西山陰、河北承徳5・昌黎*・青龍7・灤平・玉田6。
	〃	纕坪	満州奉天府遼陽州北(東亜)、遼寧遼陽北(文物春秋93-3)、遼陽(何)		
纕坪(平)	〃	襄平	遼寧奉天遼陽西北(鄭)、遼陽西北(朱、考92-4)、遼陽市附近(大系、通論、呉)、遼陽北(先秦編)、#(文物春秋90-2、鉄雲)		
襄坪(平)	〃		遼寧遼陽北(王)		
彝平	〃		#(古銭)		
襄平	尖足布		#漢志趙国の襄国?(何)、#(呉)		
69陽安	方足布	陶陽	〔遼寧建平(銭幣85-1)〕、#(文94-6、考90-2)		○内蒙赤峰11、吉林輯安2、遼寧鉄嶺212・遼陽数10・庄河50・新金・朝陽10余、河北青龍・隆化・灤南9・承徳4・灤平8・北京・新城・徐水・保定・定県71・易県491、河南郾城。
			遼寧建平境内(燕下都)		
安陽(易)	〃	安陽	河北完県西北(大系)、河北順平西北(燕下都)、河北易県東南(先秦編)、#(考75-4、文物春秋90-2、三晋、燕下都、呉)		
	〃	東安陽	河北陽原東南(何)		
	〃	匋陽	#(考64-2)		
陶陽(昜)	〃		山東定陶西北(考88-2)、済陰陶邱南(考84-2、文物春秋89-4、93-4)、#(文参56-2)		
匋陽(昜)	〃	陶陽	済陰陶丘(東亜)、#(鄭、朱)		
	〃		#(文80-4、81-9、考92-4、古銭諸説)		
密陽	〃		#(鉄雲)		
70咎奴	方足布	高奴	山西太原附近(朱、大系、先秦編)、陝西延慶東(先秦編)		○山西陽高・黎城3・浮山1・翼城1、河北北京**・易県6・霊寿2、河南鶴壁1・鄭州3・郟県。
	〃		陝西安塞北(黄)、山西太原附近(山西)、陝西延安東北また山西太原附近(燕下都)、#(文92-8、集刊2)、高奴説疑問(呉)		
	〃	咎如、高奴	河南安陽西南また陝西延安(何)		
奴咎	〃		#(叢刊9)		
咎如	〃		山西上党附近(中原85-2)、白狄(東亜)、赤狄別種(古銭・銭匯)		
処奴	〃	咎奴	山西太原市附近(三晋)		
	〃	高奴	陝西延安東(通論)		

処如	〃		＃(銭幣96-2、鉄雲)		
71郯、戈邑	方足布	戈、戈邑	左伝杜注「宋鄭之間」(鄭、東亜)、河南東部(王、朱)、河南杞県附近(大系、先秦編)、＃(文65-4、考65-4、文物春秋00-4、銭幣83-1、86-2、96-2、3、集刊２、山西、古銭諸説)		○内蒙包頭・土黙特左旗２・涼城１(＋鉄范)、山西陽高610、河北蔚県・石家荘**・平山**・霊寿４。
	〃	代	河北蔚県東北(通論、何、呉)、蔚県(先秦編)		
	〃	代邑	河北蔚県境(三晋)、〔文博87-2〕		
	〃		＃＃(叢刊９)		
72梟邑	方足布	代邑？	河北蔚県東(大系)		○遼寧鉄嶺１、山西陽高２・黎城２・浮山１・芮城、河北北京・易県４・霊寿・邯鄲、河南安陽。
莘邑、辛	〃		河南陝州硤石鎮莘原(鄭、文参58-6)、＃(銭幣96-2、叢刊９、古銭諸説)		
郼	〃	枱(梠)	燕趙の狸(銭幣93-4)		
郱、郼	〃		山西朔県(考65-4)、河南陝県東南(朱、考92-4、先秦編)、五地あり(東亜)、＃(銭幣93-2、集刊２、山西、三晋、鉄雲、燕下都、先秦編、通論)		
	〃	駘、怡	＃河南中部(何、呉)		
73周是	方足布	周隄（上）	河南洛陽西南(鄭、中原85-2、燕下都)、＃(古銭)		○山西陽高５・黎城３、河北北京・易県４・霊寿、河南鄭州11。
	〃	周氏	周王室・河南洛陽西南(先秦編)		
唐是	〃	唐隄	河南洛陽東北(鄭)		
	〃	唐氏	山西翼城西南(大系)、河南洛陽東北(洛陽)		
	〃	唐邑	河南洛陽東・周(燕下都)、洛陽東北(朱)		
	〃	楊氏	山西洪洞(通論)、洪洞東南(何)、古県西南(呉)		
	〃		＃(銭幣96-2、集刊２、山西、三晋)		
是唐	〃		＃(考65-4)		
害是	〃	(害氏)	＃(考62-5、東亜)		
74安陽	方足布	安陽	安邑の南・山西夏県西北(鄭)、山西朔州定襄県界(中原95-3)、寧新中：河南安陽市東南また河北蔚県(考88-2)、東安陽：河北陽原東南また寧新中：河南安陽(何)、魏邑・河南の安陽(考84-2、文物春秋00-4)、河南安陽(朱)、河北臨城南(王)、河北蔚県西北(燕下都、先秦編・東安陽)、蔚県附近(通論・東安陽)、完県西北(朱)、山東曹県東(文参56-2、考89-12、中原88-2)、内蒙包頭市附近(朱・西安陽、考65-4、80-1、中原85-2、叢刊３、三晋、先秦編・西安陽)、包頭北(洛陽)、包頭西(通論・西安陽)、趙・魏・燕・韓にあり(大系・安陽邑同)、江蘇無錫・山西代州・山東莒州・河南安陽(東亜)、韓・魏・秦にあり(考80-1)、正陽・陝県(通論)、陝県東・今の安陽・曹県(通		○内蒙包頭５・土黙特左旗８・涼城４・涼平**・赤峰５、朝鮮寧遠、遼寧鉄嶺178・遼陽数10・庄河20・新金２・敖漢旗・朝陽10余・凌源７、山西陽高4721・左雲**・朔県・原平・定襄・盂県**・交城20・黎城468・屯留11・襄汾**・翼城120・永済２・芮城２、河北承徳６・昌黎２・文安５・豊寧７・灤南18・灤平

			論)、河北陽原南(先秦編)、#三晋にみなあり(県)、#(王、文参55-8、10、文59-4、62-3、65-4、80-4、81-9、11、82-8、84-12、87-6、92-8、94-6、考62-5、65-10、75-4、76-5、80-1、82-6、84-2、90-2、8、91-5、92-4、銭幣83-1、86-2、90-3、96-2、3、学報57-1、96-2、集刊2、3、4、叢刊9、文物春秋90-4、93-4、95-2、97-2、山西、大系、古銭諸説、鉄雲)		・北京16・永定・蔚県2・易県351・徐水・霊寿400・石家荘1・臨城・邯鄲5、河南安陽2・鶴壁45・湯陰5・済源・洛陽2・伊川・鄭州955・新鄭45・尉氏2・長葛10・許昌2・郟県・襄城41・平頂山2・南召57・郾城多。
			##(叢刊9)		
安邑陽	〃	安邑	山西夏県西北(鄭)		
	〃		趙:河北陽原南・趙西安陽:内蒙包頭・魏:河南安陽南　・燕:河北完県西北・韓:河南陜県にあり(大系)		
	〃	安陽	河北完県西北(先秦編)、#(通論)		
郄陽	〃	安陽	#(朱)		
75王氏	方足布	王氏	河南済源西(考92-4)、河南洛陽西工区・ 周王室(洛陽、先秦編、中原01-3)、#(鉄雲、東亜、考62-5、65-4、銭幣96-2、03-2、集刊2、叢刊9、山西、三晋、燕下都、通論)		○遼寧鉄嶺2?、山西陽高37・黎城4・浮山7・翼城1・芮城、河北北京・易県4・霊寿・邯鄲、河南安陽・鶴壁2・洛陽**・鄭州6・平頂山。
	〃	壬氏	魯地(古銭・文字攷)、#(文参58-6)		
	〃	王官?	山西聞喜南(鄭)		
	〃	王宮	山西聞喜南(大系)		
	〃	王垣	河南済源西80里(朱、中原85-2)、山西垣曲東南(大系)、山西垣曲西また河南済源西(燕下都)		
	〃	畿氏	王畿のもの(古銭・銭略)		
豊析	〃		#(叢刊9)		
	〃		##(考82-6)		
76冥子	方足布	鄍子	山西平陸東北に故城(鄭)、山東兗州府陽穀県境(東亜)、#(古銭)		
77丘貝	方足布	丘貝(貝丘)	平丘・平貝と同地・左伝杜注「陳留長垣県西南」(鄭)、#(文59-4、84-12、92-8、中原85-2、文物春秋00-4、集刊2)		○内蒙土黙特左旗1?・涼城、遼寧遼陽?、山西原平1?・祁県2・朔県**・黎城29?・屯留・浮山・翼城11・芮城、河北豊寧1?・北京・蔚県・易県3・霊寿4、河南鶴壁**・鄭州・新鄭2・許昌?・郟県?・襄城4?。
	〃	陽丘貝	#(朱)		
貝丘	〃		山東青州府博興貝中聚(東亜)、#(文65-4、銭幣96-2、大系、古銭諸説)		
貝邱	〃		#(考62-5)		
貝斉	〃	貝邱、斉貝	安楽博県南(中原95-3)		
斉貝	〃		#(文72-4、文物春秋95-2)		
它貝	〃		#(文叢9)		
楡即	〃	楡次	山西楡次県境(三晋、燕下都)		
兪即	〃	〃	#(県;引張頷)		
毆(兪)	〃		山西楡次県境(先秦編)		
文貝	〃		#(文80-4)		
	〃		##(文叢9、鉄雲)		
78平丘貝	方足布		平丘・平貝・丘貝と一地 (鄭)		○内蒙土黙特左旗1?・涼城?、遼
丘貝(貝丘、	〃	丘貝	#(文81-9、中原85-2、88-2、学報		

斉貝)			96-2)		寧鉄嶺8・遼陽？・凌源1、山西陽高266・朔県？・祁県5・浮山4・黎城29？・芮城、河北豊寧1・灤南2・灤平・北京・易県14・霊寿4、河南安陽・鶴壁？・洛陽2・鄭州2・新鄭1・郟県？・襄城？。
垢貝	〃	陽丘貝	#(朱)		
貝丘	〃	沛丘	山東博興東南(考88-2)、河南貝丘(考92-4)、山東青州府博興南貝中聚(東亜)、#(大系、古銭諸説)		
貝丘工	〃		#(古銭諸説)		
斉貝(貝丘)	〃		#(文参58-6、考89-12)		
斉貝工	〃		#(文72-4)		
文貝	〃		#(文参55-10、考75-4)		
兪(丘貝)	〃		#(文81-11)		
它貝	〃		#(叢刊9)		
亽皀(楡即)	〃		#(山西)		
匬旻(兪即)	〃		山西楡次境内(先秦編)		
楡即	〃	楡次	山西楡次県境(三晋、燕下都)		
	〃		#(呉；引張頷)		
貝也(地)	〃	郥	山東臨清(通論)		
貝它	〃	池、浿丘、郥	山東臨清南(何)		
	〃		##(考65-4)		
79尹氏	方足布	尹氏	河南宜陽西北(鄭、朱)		
80尹陽	方足布	尹氏	尹地の南・河南宜陽西北(鄭、先秦編)、尹氏の陽(朱)		○河北霊寿。
	〃	伊陽	河南崇県(先秦編、通論、何)、伊洛の戎(古銭)、#(集刊2)		
成陽	〃		滿沢東(通論)		
□陽	〃		#(大系)		
81邦(尹邑)	方足布		河南宜陽西北(通論)		
82郲	方足布	來	鄭地・河南滎沢東(鄭)、河南祥符(王)		
	〃		河南鄭州西北(先秦編、通論、何)		
	〃	釐	河南鄭州附近(銭幣92-2)		
	〃	時來	河南滎沢東(朱)、河南滎陽東釐城また開封東釐城(古銭・銭略)、鄭州附近(呉)、#(大系)		
83曾邑、鄫	方足布	鄫、曾	左伝杜注「陳留襄邑県東南」(鄭)、河南襄城東南(中原85-2)、開封(考92-4)、癸丘西(朱)、#(文92-8、集刊3)		○内蒙土默特左旗**・涼城、遼寧鉄嶺4・庄河1・新金、山西陽高146・交城1・黎城11・浮山11・翼城3・芮城、河北灤南1・北京・蔚県・易県11・霊寿3、河南鶴壁3・済源・洛陽・鄭州17・新鄭1・郟県・襄城・平頂山2。
葛邑、[illegible]	〃	葛邑	瀛州高陽県西北(古銭)、#(文94-6、考75-4、90-2)		
蔓邑	〃	鄤	河南鄤聚(文参58-6)、#(集刊2、叢刊9)		
郎、郎邑	〃	郎	山東兗州魯台東北また魯都近郊(東亜)、魯地(中原95-3)、#(文65-4?、考62-5、65-4、文物春秋00-4、銭幣96-2、古銭諸説)		
郎(鄖)	〃		#(先秦編)		
鄭	〃	鄭	#(銭幣95-2、大系、古銭・鉄雲)		
郋		波？	河南済源東南(銭幣92-2)		
負疋	〃	負黍の省	河南登封西南(呉；引湯余恵)		
	〃	負夏	河南瑕丘(通論、何)		
邰？	〃		#(考65-4)		
	〃		##(考88-2、叢刊3、9、山西、		

			三晋、燕下都)		
84朱邑	方足布	制の省	虎牢(鄭)		○内蒙土黙特左旗**、山西陽高32・臨県・祁県２・浮山５・黎城７・屯留・芮城、河北豊寧１・北京・易県４＋・霊寿、河南鄭州３・新鄭２。
制(㓡)	〃		河南鞏県東(朱、燕下都)、＃(文物春秋95-2)		
郱(朱邑)	〃	制	河南滎陽西北虎牢関(考89-12、中原88-2)		
	〃	郱、朱邑	国名、山東曲阜西南(王)、鄒県東南(考89-12、中原88-2)、河南鄭州滎陽汜水鎮西北虎牢関(中原85-2)、＃(文72-4、考62-5 、75-4、銭幣96-2、集刊２、３、叢刊９、古銭)		
郱邑	〃	鄒邑	＃(文参58-6)		
	〃		＃(文84-12)		
郝	〃		＃(東亜)		
鄛	〃	祁？	祁の異体また郝(大系)		
	〃	虒祁	山西曲沃西49里虒祁宮址(呉；引李家浩)		
	〃	狋氏	山西渾源西北(通論、何)		
	〃		＃(山西、三晋、先秦編、呉)		
祁	〃		山西祁県古県村(三晋)		
郦	〃		＃(鉄雲)		
	〃		＃＃(考65-4、燕下都)		
85壊陰	方足布	壊陰	黒壊山の陰地・大事表「沢州府沁水県西北」(鄭)、同上また狐壊・河南許州西部(東亜)、山西翼城また翼県東(中原85-2、大系、朱)、＃(文65-4、考62-5、65-4、集刊２、叢刊９、山西、三晋、古銭諸説、呉)		○内蒙涼城、遼寧凌源**、山西陽高６・浮山３、河北北京・易県・霊寿、河南済源・鄭州３・平頂山・召陵。
	〃	襄陰	＃漢志・定襄郡(何)		
壊陰	〃	壊陰	山西翼城東(先秦編)		
86鄠氏	方足布	鄠氏	括地志「鞏県西南」(鄭)、河南南鞏県西南(朱、文参58-6、考92-4、古銭・銭略)、同魯庄郷(中原85-2)、鞏義西(洛陽)、＃(文65-4、72-4、92-8、考62-5、65-4、90-2、銭幣96-2、集刊２、古銭諸説)		○内蒙包頭**・涼城、遼寧鉄嶺４・遼陽・新金、山西陽高98・祁県２・黎城10・屯留・浮山８・翼城９・芮城、河北北京・豊寧１・蔚県２・易県12・霊寿４、河南安陽・鄭州12・新鄭12。
郛氏	〃		河南鞏県西南(大系)、＃(考75-4)		
鄔氏	〃	端氏	山西沁水県端氏(山西、三晋)、沁水東北(先秦編)		
鄠氏、鄠、鄠氏	〃	泫氏	山西高平(通論、何、呉)		
	〃		河南鞏県西南(燕下都)		
鄠氏	〃		後漢書郡国志・河南鄠聚(文物春秋00-4)、＃(文物春秋95-2)		
	〃		＃＃(叢刊９、文80-4、鉄雲)		
87土匀	方足布	土軍	山西石楼境内(山西、三晋、通論、何、呉)、＃(文72-4、92-8、銭幣09-2、叢刊９、燕下都、先秦編)		○山西陽高21・祁県２・原平・洪洞**・浮山１、河北北京・易県３・霊寿**、河南鄭州２。
践土	〃		彙纂括地志「滎沢県西北」(鄭)、河南鄭州西北広武また河南武陟東南(中原85-2、燕下都、先秦編)		
戔土	〃	践土	河南武陟東南(朱)		

土□	〃	践土	河南原陽西南(大系)		
	〃	土匀	山西石楼西北(大系)		
	〃		＃(考65-4)		
土昜	〃	杜陽	杜水の南・陝西鳳翔(東亜)		
88土毛、王毛	方足布	王氏	践土食毛の義・王畿(古銭)		○山西郭山1・翼
壬荀、土荀	〃	王氏	山西新絳荀城(鉄雲、燕下都)		城1、河北霊寿3
王匀	〃	王垣	山西垣曲東南(通論)、垣曲西(論文		
			集3)		
王昜	〃	王陽	＃(東亜)		
戔王	〃	践土	河南武陟東南(朱)		
于匀	〃		＃(先秦編)		
于□	〃		＃(大系)		
豊析	〃	析	＃(古銭)		
	〃		＃＃(山西？、通論？)		
89其陽	方足布	箕陽	山西太谷東南(鄭)		○山西祁県2。
箕陽	〃		晋南の箕(考80-1)、箕の南(朱)		
Π陽	〃	其陽	左伝定1・斉地夾谷、祝其(古銭)		
	〃	箕陽	箕の南面(大系)		
	〃	沃陽、滎陽	内蒙涼城西南また韓・滎陽(通論、		
	〃		何)、＃(呉)		
玕陽	〃	軹陽	＃(呉；引李家浩)		
			＃(文72-4、東亜、先秦編)		
笄陽	〃	沃陽	漢志・雁門郡沃陽：内蒙涼城西南と		
			山西右玉交界(文物春秋92-2)		
□陽	〃		＃(三晋)		
90北箕	方足布	箕	山西太谷(考80-1、文物春秋00-4)、		○山西陽高2・翼
			太谷東南(朱、大系)、山西太谷東ま		城1？、河北易県
			た蒲県東北(通論)、＃(文92-8)		3・霊寿2。
北竺	〃	北箕	山西太谷東また蒲県東北(何)		
北丌	〃	北箕	箕・山西太谷東南(朱、大系)、太谷		
			県境(燕下都、先秦編)、太谷東北		
			(呉)、＃(考65-4)		
北亓	〃		＃(山西、三晋)		
	〃	北箕	山西太谷東また蒲県東北(何)		
其北	〃	箕の北	＃(鄭)		
丌北	〃		＃(東亜、古銭諸説)		
介箕			＃(古銭・銭略)		
91北箕	方足布	箕	山西太谷東南(朱)		○山西陽高2・翼
北亓邑	〃	北箕邑	＃(考古65-4、大系)		城1？。
	〃		＃(山西、三晋)		
郱	〃	北䢼	北箕・河南禹県境内(先秦編)、太谷		
			東・北其(通論)		
共邑	〃		もと衛地・鄭地(鄭、大系、古銭)、		
			河南衛輝府輝県(東亜)		
92大其	尖足布	箕	山西太谷東南(鄭、大系)		
	〃	大箕	山西太谷東(先秦編、何、呉)		
大丌	〃	大其	山西太谷東(通論)		
	〃		＃＃(東亜)		
93部	方足布	鴿城、部城	高士奇「太原府祁県西」(鄭)、また		
			山東兗州成武県(古銭)		
	〃		山西祁県(朱、通論)、郭山西また祁		
			県西(何)		

94鋳邑	方足布	注	河南臨汝東南(大系)、臨汝西(先秦編)、#(集刊 2 、叢刊 9 、山西、鉄雲)		○山西陽高・祁県 2 ・浮山 2 ・芮城、河北灤南1・北京 2 ・易県1・霊寿。
鑈	〃	注、注人	河南臨汝東南(燕下都)		
盥(鋳)	〃	注	河南臨汝東(朱)		
鄀	〃	鋳、注	河南臨汝東南一帯(呉)		
鄐	〃		#(考65-4)		
郶	〃	注	河南臨洛東南(三晋)		
鄨		鑈、注	河南臨汝西北(何)		
酆	〃	酆国、周都	始平鄠県東また周文王都・陝西鄠県東(鄭、東亜)		
豊	〃		#(考62-5)		
鄧	〃	鄧国	楚に近い小国(古銭)		
95鋳、鋳一	方足布	注、注人	河南臨汝東南(考80-1、88-2、大系、燕下都)、臨汝西(先秦編)、#(文72-4、集刊 2 、山西、鉄雲)		○遼寧鉄嶺 1 、山西陽高13・祁県 1 ・洪洞**・芮城、河北灤南1・北京・蔚県・易県 2 ・霊寿、河南鶴壁 1 ・鄭州 1 、新鄭 1 。
盥(鑄)	〃	注	河南臨汝東(考92-4、中原85-2)		
盥	〃		河南臨洛東南(三晋)、臨汝東南一帯(呉)、#(考65-4、集刊 3)		
盥	〃	鑈、注	河南臨汝西北(何)		
酆	〃		陝西鄠県東(文参58-6)		
豊、豊一	〃		陝西山陽県治(鄭)		
	〃	豊邑	陝西西安府鄠県東(東亜)		
	〃	酆国	始平鄠県東(古銭)		
96㙊安	方足布	長安	漢初、都を定む(鄭)、長安君封地(通論、何)、#(朱、考65-4、集刊 3 、山西、三晋、燕下都、先秦編、呉)		○山西陽高 1 、河北易県 2 、河南新鄭 1 。
長安	〃		長安君の封邑か(大系)		
安□	〃		#(東亜)		
97杜陵	方足布	杜陵	陝西長安南(鄭)		
垁句(溝)	〃		滱沢西南(通論)		
杜陽	〃		#(古銭)		
98越邑、戉邑	方足布	越邑	戦国衛都附近(鄭、朱)、#(古銭)		
99木邑	方足布	沐邑	湯沐の邑・宋都商丘(鄭、古銭)		○山西陽高 2 ・黎城 2 、河北易県 1 。
	〃	(楙邑)	河南沁県境(朱、燕下都)		
	〃	郴	#(通論)		
	〃		#(考65-4、銭幣96-2、山西、三晋、大系)		
郴	〃	木門	直隷河間城西北(東亜)		
	〃	楙邑	河南沁陽(先秦編)		
	〃		#(先秦編)		
邳	〃		河南濬県東南また河南汜水西北(先秦編)		
	〃		##(通論)		
100木貝	方足布	木邑	#(鄭、先秦編、通論)		
		楙	楙の貝貨(朱)		
貝木	〃		#(大系)		
101木干	方足布	木子、木邑	河南沁県境(朱、先秦編)		○山西陽高 1 。
	〃	長子の誤	山西長子県境(呉)		
木子	〃		#(通論)		
	〃		#(考65-4、山西、大系)		
木□	〃		##(三晋)		

102貝邑	方足布		#(大系、東亜)		○方足布：山西陽
郥	〃	貝丘、貝	山東臨済南(通論、何)		高1、浮山1・芮
	〃		#(呉)		城。
邑貝	〃	木邑	#(鄭)		
郹	〃		#(先秦編)		
	〃		##(考65-4、文叢9)		
且邑	尖足布	鉏国	大名府滑県東(古銭・銭略)		
103毋丘	方足布	貫	括地志「曹州済陰県南」(鄭)		
	〃	貫丘	山東菏沢南(朱)		
毋邱	〃	貫	曹州済陰南(古銭)		
毋也	〃	貫地、貫丘	菏沢南(通論)		
104封化	方足布		河南封邱西(鄭)、#(朱、文94-6)		○遼寧庄河1・凌
韓刀(榦刀)	〃		河北固安(通論)、#(銭幣92-4)		源?。
捈刀	〃	韓号、韓皋	河北固安(何)、#(呉)		
旃匕	〃		#(先秦編)		
坊化	〃		#(文物春秋90-2)		
□匕	〃	市化?	#(大系)		
右□□	〃		#(東亜)		
105右易亲但	方足布		燕地、易刀の右鑪(鄭)		○河北易県5・昌
右易新冶	〃		燕下都・河北易県境(大系)		黎*・新城。
右明辝強	〃		燕下都(通論)		
右明亯但	〃		燕幣(考75-4)		
右㔾辝強	〃		#(先秦編)		
右郾新冶	〃		匽易都(朱)、#(文物春秋90-2、先秦編)		
右明司鍴	〃		燕国貨幣管理職官(何)		
右明𡙁𢎘	〃		#(呉)		
106邪	尖足布	邪	趙地・失伝(鄭)、斉地琅邪・未詳(東亜)		○内蒙托克托*・土黙特左旗**、遼
	〃	郇注	山西代県西北(燕下都)		寧鉄黎1、山西陽
	〃		#(鉄雲、燕下都、先秦編、通論)		高・原平10・左
	〃	邪、推邪	陝西楡林一帯(通論、何、呉)		雲**・楡次*、河
琊			山西代県西北(考92-4)、#(文65-1)		北北京・易県5・
鄀	〃	邪	#(集刊2、山西、三晋)		霊寿。
郇	〃	句注	山西代県西北(朱)		
邪山	〃		琅邪は斉地・邪山不詳(古銭)、#		
	〃		(考62-5、大系)		
107郕	方足布	成国	河南偃師西南(鄭)		
	〃		魯地・泰山鉅平県南(古銭)		
	〃		王城・河南洛陽西北また斉桓公食邑・河南偃師西南(朱)		
	〃		山東范県東南(通論)		
	〃	後漢成県	山東寧陽東北(先秦編)		
城邑	〃		#(東亜)		
108城(成)	尖足布	商成、商任	左伝杜注「直隷任県東南」(鄭)		
城	〃	新城、商任	山西朔県また河北任県境(朱)		
	〃		商城の欠文か(古銭・銭匯)		
寧	〃		#(先秦編)		
成	方足布?		#(王)		
109商成	尖足布	商任	河北任県東南(鄭)		○内蒙涼城、遼寧
	〃		#(大系)		遼陽・新金、山西
商北	〃	商丘	宋都・河南帰徳府商邱県西南(東亜)		陽高8・原平96・

商丘	〃		#(文80-4、考62-5、文物春秋95-2)		定襄、河北豊寧4・北京2・順徳・保定・易県10・霊寿・磁県。
商城	〃	商城	宋布、河南商城県(古銭・銭匯)、#(文65-1、考90-2、銭幣84-1、97-2、集刊2、古銭諸説、鉄雲)		
	〃	商任	河北任県(朱)		
㑹城	〃	商城、商任	河北任県境(燕下都)、#(燕下都)		
	〃	商城、襄城	#(先秦編)		
成襄	〃	城郷	#漢志・広平国(何)		
襄成	〃	襄城	#(呉)		
啻城	〃		#(山西、三晋)		
	〃		##(考65-4)		
110商平	尖足布		#(大系)		○山西原平。
啻平	〃		#(文65-1)		
	〃		##(東亜)		
111商烏	尖足布		#(大系)		
112韋〔半〕	尖足布	韋	#(文65-1、考65-4、古銭)		○遼寧鉄嶺2、山西陽高2・原平2、河北易県5・霊寿。
豕韋	〃	豕韋国	河北大名滑県(鄭)		
豕韋、韋	〃	豕韋氏国	直隷大名府滑県(東亜)		
虒(膚虒)	〃	慮虒	漢志・慮虒県:山西五台(先秦編)		
虑虒	〃	慮虒	漢志太原郡・山西五台(考80-1)		
虑虒(虒)	〃		山西五台東北(通論)		
	〃	廬夷	山西五台北(朱)		
	〃		#(考92-4、集刊2)		
虑虒、膚虒	〃		山西五台北(大系)		
慮虒	〃		山西五台北(山西)		
膚	〃		#(文94-5)		
膚虒	〃		山西五台境内(燕下都、先秦編)		
膚俿	〃	虑虒	山西五台古城村(三晋)		
113豕韋	尖足布	豕韋国	豕韋氏国・直隷大名府滑県(東亜、鄭)	北臨城	○尖足布:陕西神木*、内蒙托克托**、遼寧鉄嶺1、山西陽高3・原平26・朔県2、河北易県10・臨城。
	〃		#(文65-1)		
虑虒	〃	膚虒	漢志太原郡:山西五台(考80-1)		
	〃	廬夷	山西五台北(朱)		
	〃		山西五台北(考92-4、大系)		
虑虒(虒)	〃		山西五台東北(通論)		
虑虎	〃		#(呉)		
慮虒	〃		山西五台北(山西)		
膚虒	〃		五台北(大系)、五台県境(燕下都)、#(文87-6、94-5)		
	〃	慮虒	漢志・太原郡慮虒県:山西五台(先秦編)		
膚俿	〃	虑虒	山西五台古城村(三晋)		
膚虎	〃	慮虒	山西五台山県北古城村(銭幣84-1)、五台東北(何)		
膚(虒)	〃		#(考90-8、文87-6)		
長葛?	〃	長葛	#(文65-1、古銭)		
虡虍	〃	鮮虞	春秋古国・河北新楽附近(文物春秋92-2)		
虡虍	〃	鮮虞	#(通論・何琳儀)		
節	〃		#(古銭)		
	〃		##(考65-4、東亜)		
膚虎、虑虒	方足布?		#(銭幣83-1、通論)		○方足布?:山西

					陽高、河北易県４。
114寿陰	尖足布 〃	平寿の北 寿陰	左伝杜注「衛下邑」(鄭) 山西寿陽境内(山西)、寿陽県境(先秦編)、寿陰県境(三晋)、同寿水以南(朱、大系、燕下都、先秦編)、#(文65-1、4、考65-4、文物春秋95-2、銭幣83-1、84-1、97-2、集刊２、東亜、古銭、鉄雲、燕下都、先秦編、呉)		○尖足布：内蒙涼城、陝西神木*、遼寧鉄嶺１？、山西陽高９・原平12・定襄、河北豊寧１・易県３・霊寿。
寿陰	〃	寿陰、雕陰	陝西富県北(通論、何)		
寿陽？	〃		山西寿水南(考92-4)		
寿陰	方足布		山西寿陽県境(先秦編、通論)、#(古銭)、山西寿水以南(呉)		
115郃	方足布 〃	郃 合陽	河南新鄭西北(通論、何)、密県東の郃城(呉；引張頷) 陝西合陽東南(三晋、大系、先秦編)、合陽県境(朱)		○山西陽高、河北北京、河南鶴壁１。

図１　祁(1)

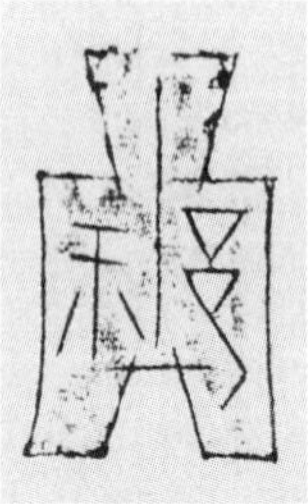
図２　祁(2)

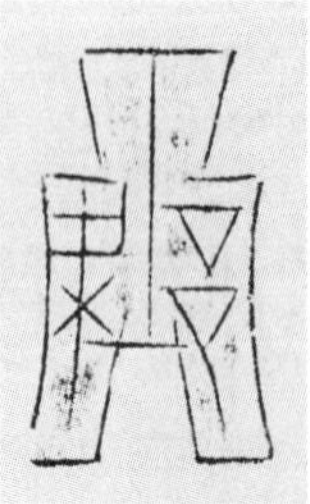
図３　郲

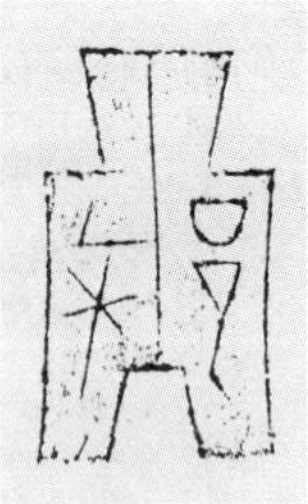
図４　穎

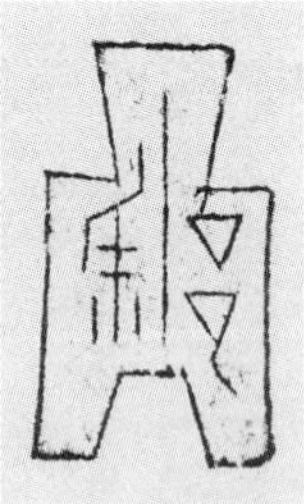
図５　朱邑

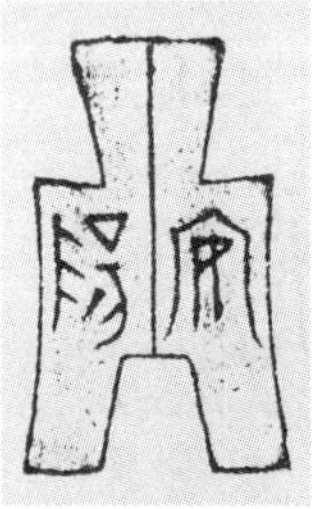
図６　安陽(1)

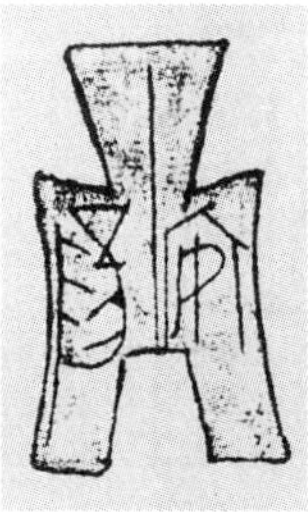
図７　安陽(2)

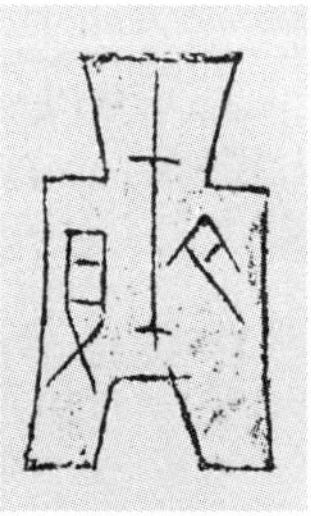
図８　貝丘(1)

図９　丘貝(2)

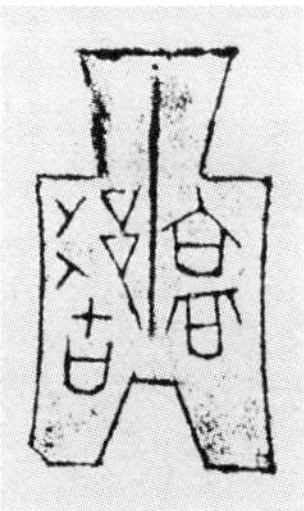
図10　高都

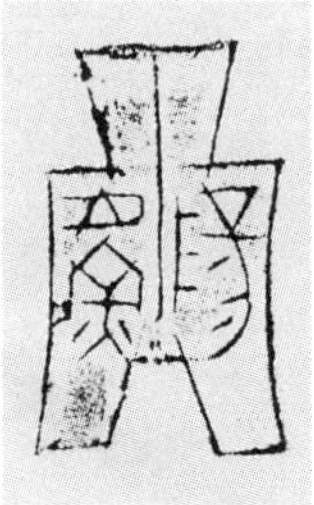
図11　盧陽

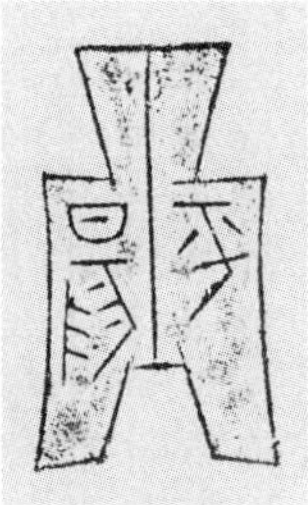
図12　平陽(1)

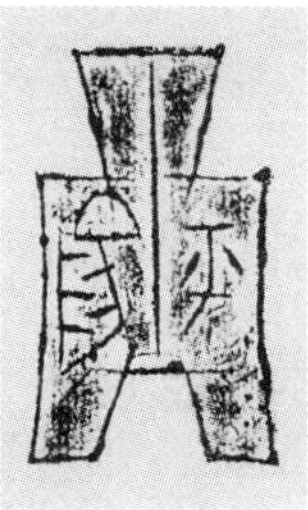
図13　平陽(2)

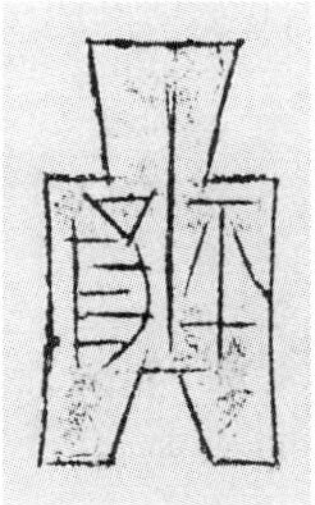
図14　平陽(3)

図15　平陽(4)

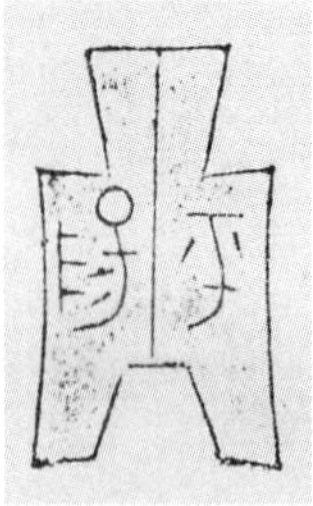
図16　平陽(5)

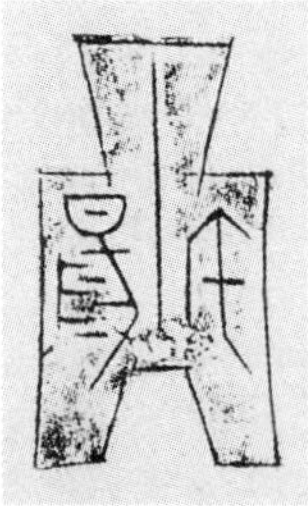
図17　宅陽

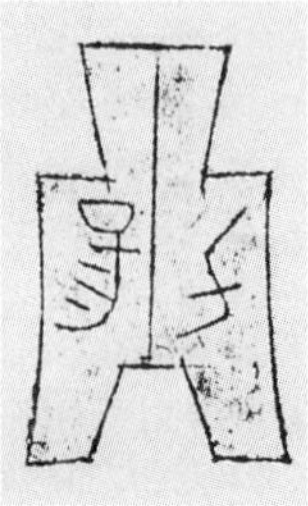
図18　毛陽

図19　完陽

図22　益昌

図23　陽安(陶陽)

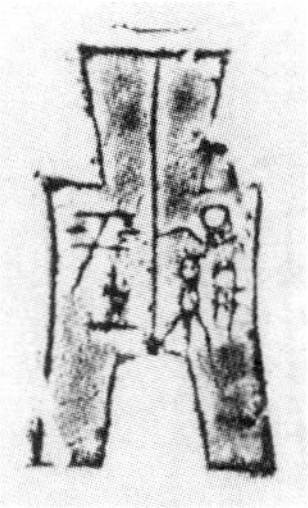
図24　纕坪

図25　襄垣

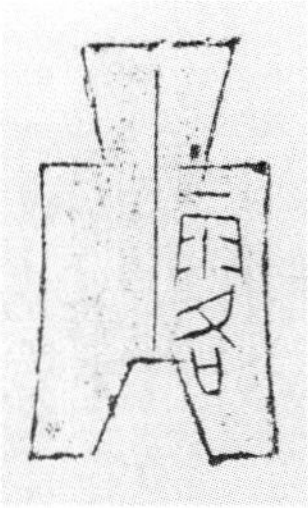
図26　露(1)

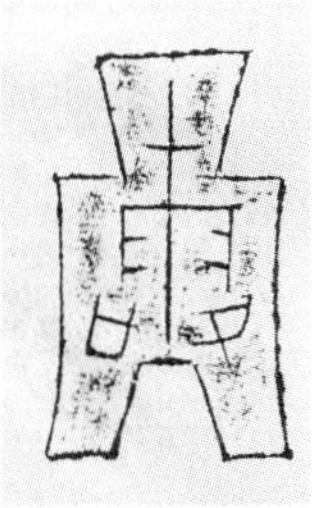
図27　露(2)

図28　涿(1)

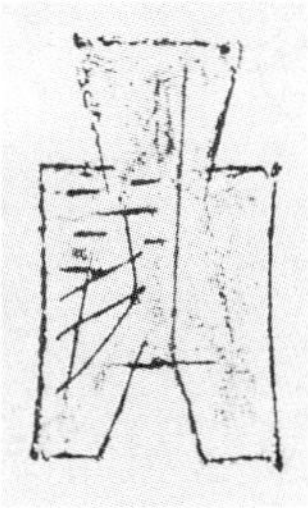
図29　涿(2)

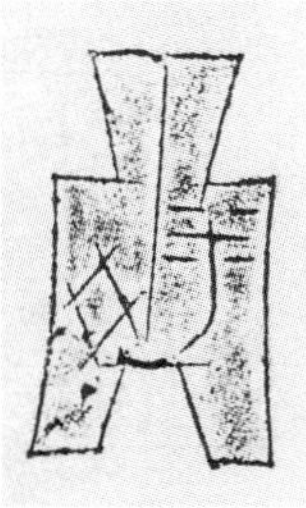
図30　涿(3)

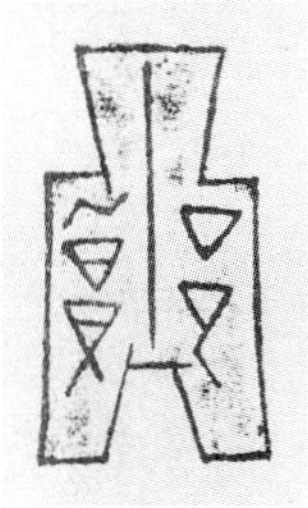
図31　葛邑(1)

図32　葛邑(2)

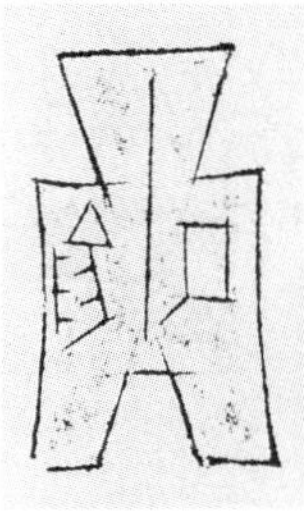
図33　陽丘

図34　文陽

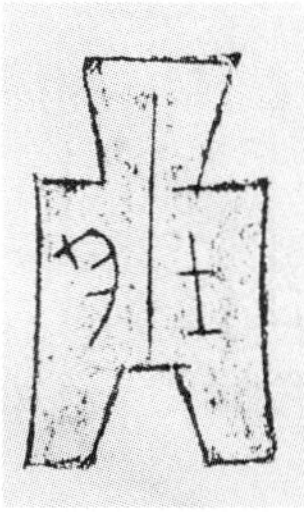
図35　土匀

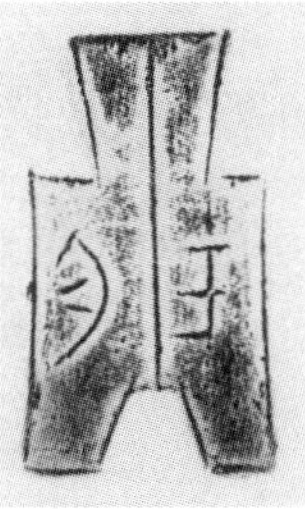
図36　王匀

図20　晋陽(1)

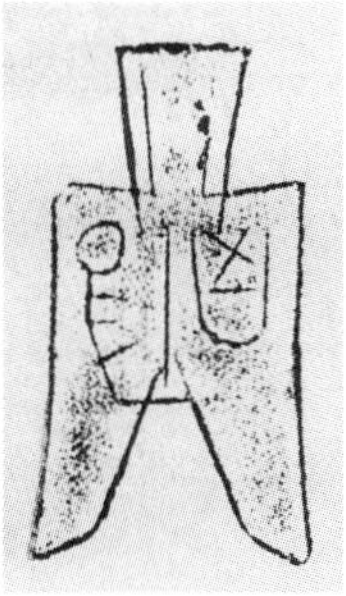
図21　晋陽(2)

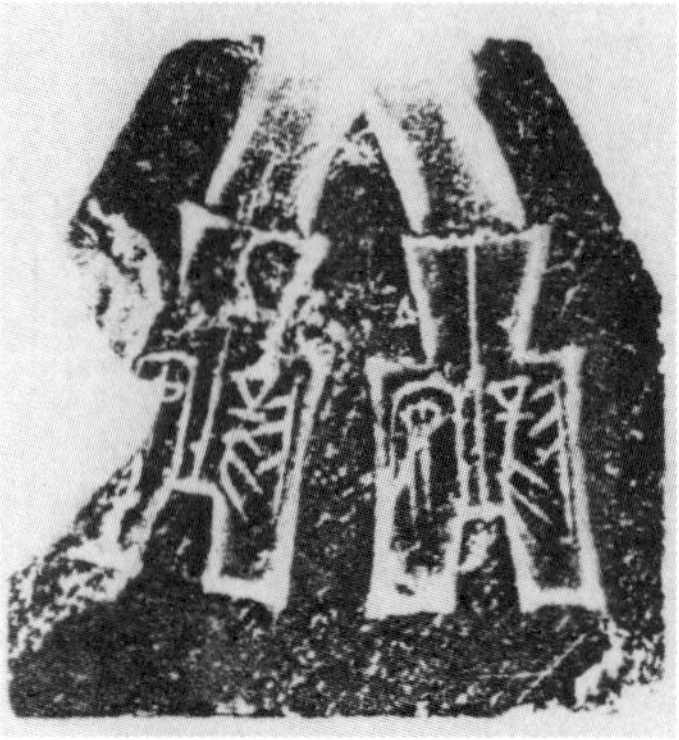

図37　包頭出土石范(安陽)

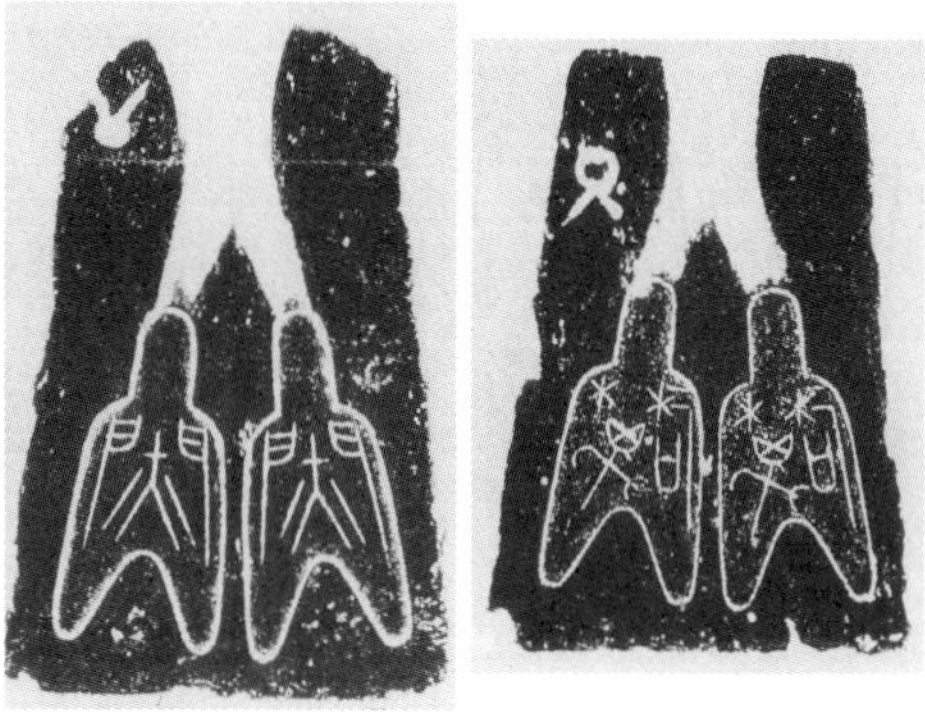

図39　鄭韓故城出土陶范(左・藺、右・離石)

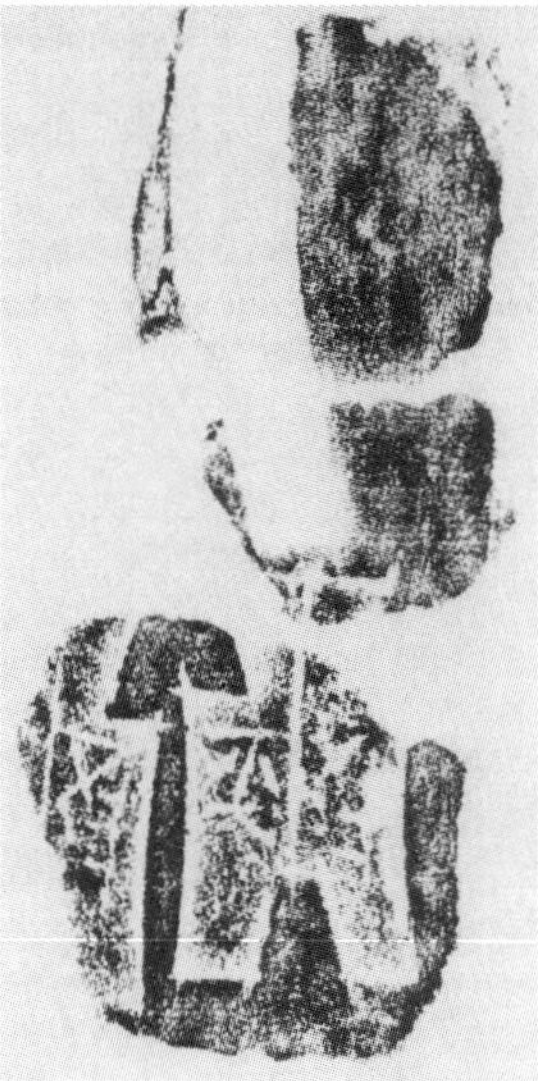

図38　鄭韓故城出土陶范(平陽)

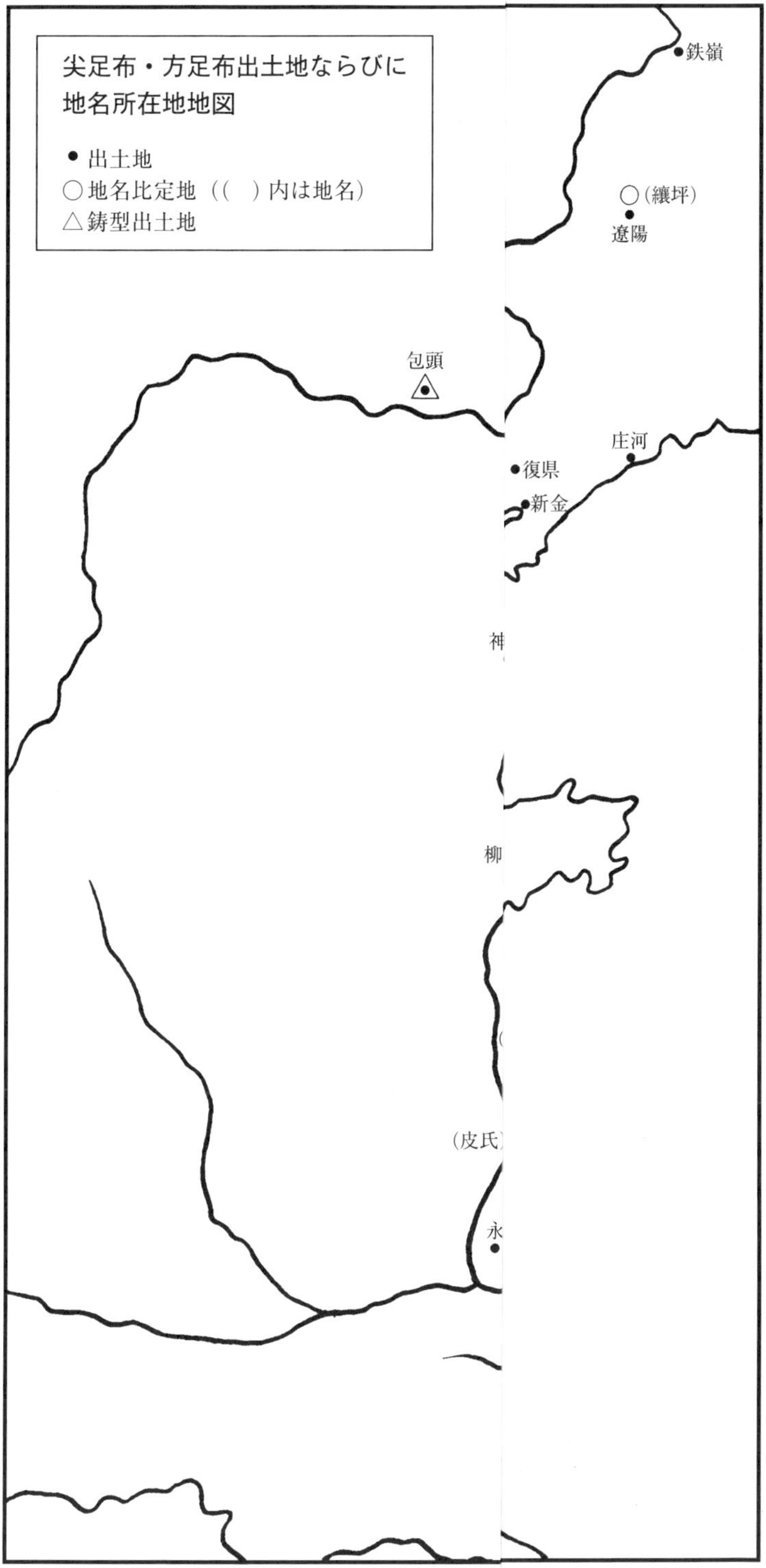
尖足布・方足布出土地ならびに
地名所在地地図
● 出土地
○ 地名比定地（（　）内は地名）
△ 鋳型出土地
鉄嶺
（纕坪）
遼陽
包頭
庄河
復県
新金
神
柳
（皮氏
永

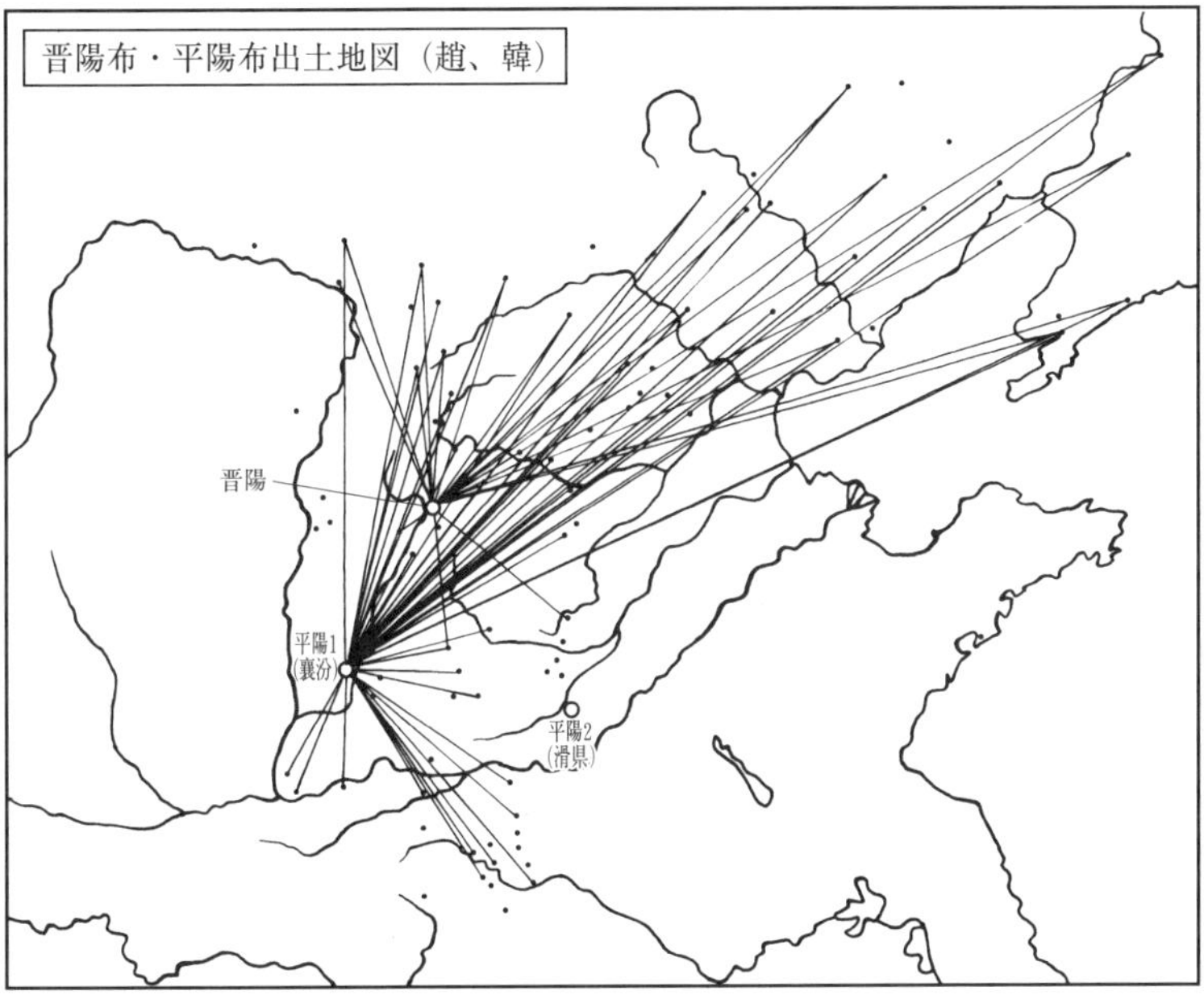
晋陽布・平陽布出土地図（趙、韓）
晋陽
平陽1
(襄汾)
平陽2
(滑県)

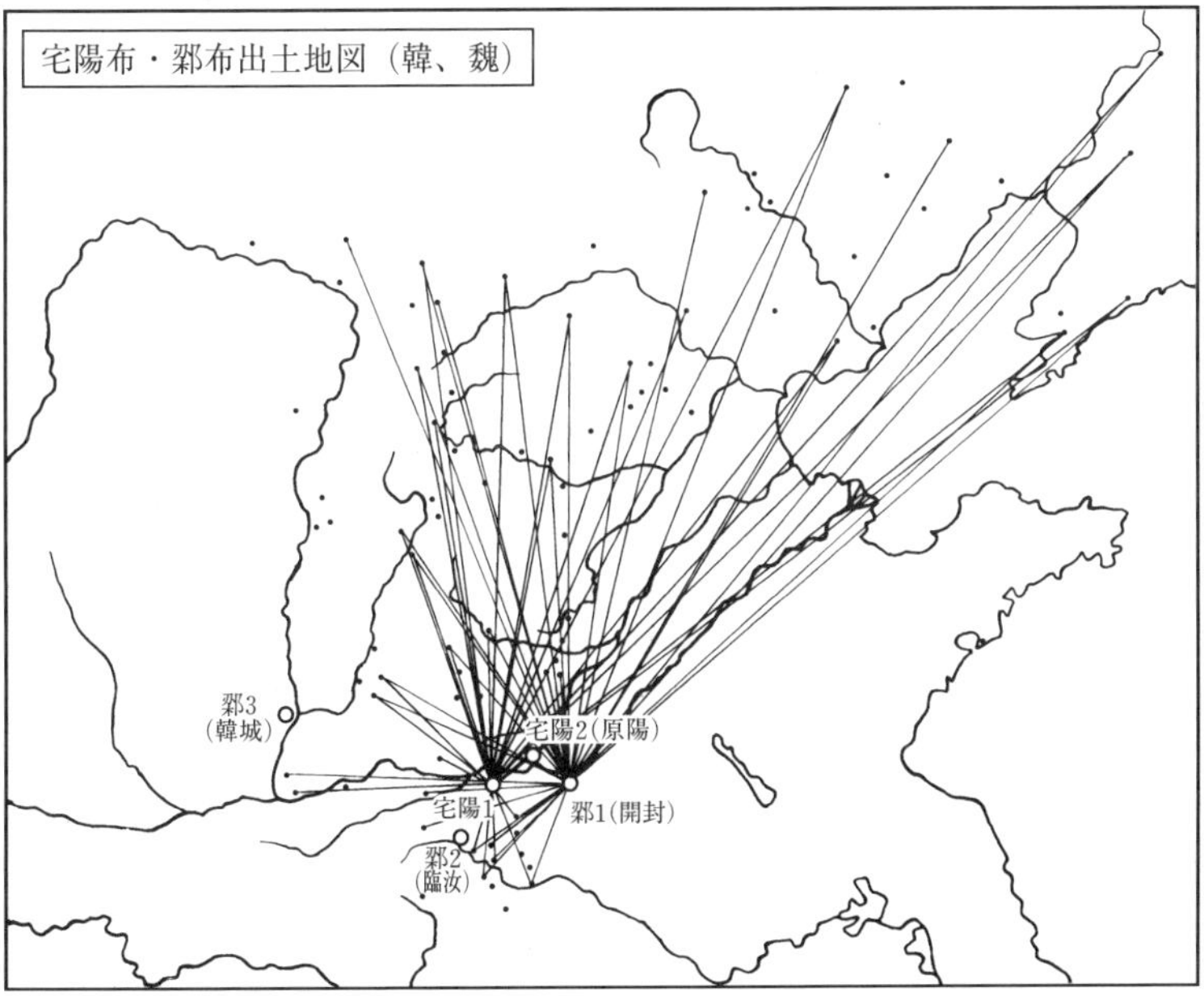
宅陽布・梁布出土地図（韓、魏）
梁3
(韓城)
宅陽2(原陽)
宅陽1
梁1(開封)
梁2
(臨汝)

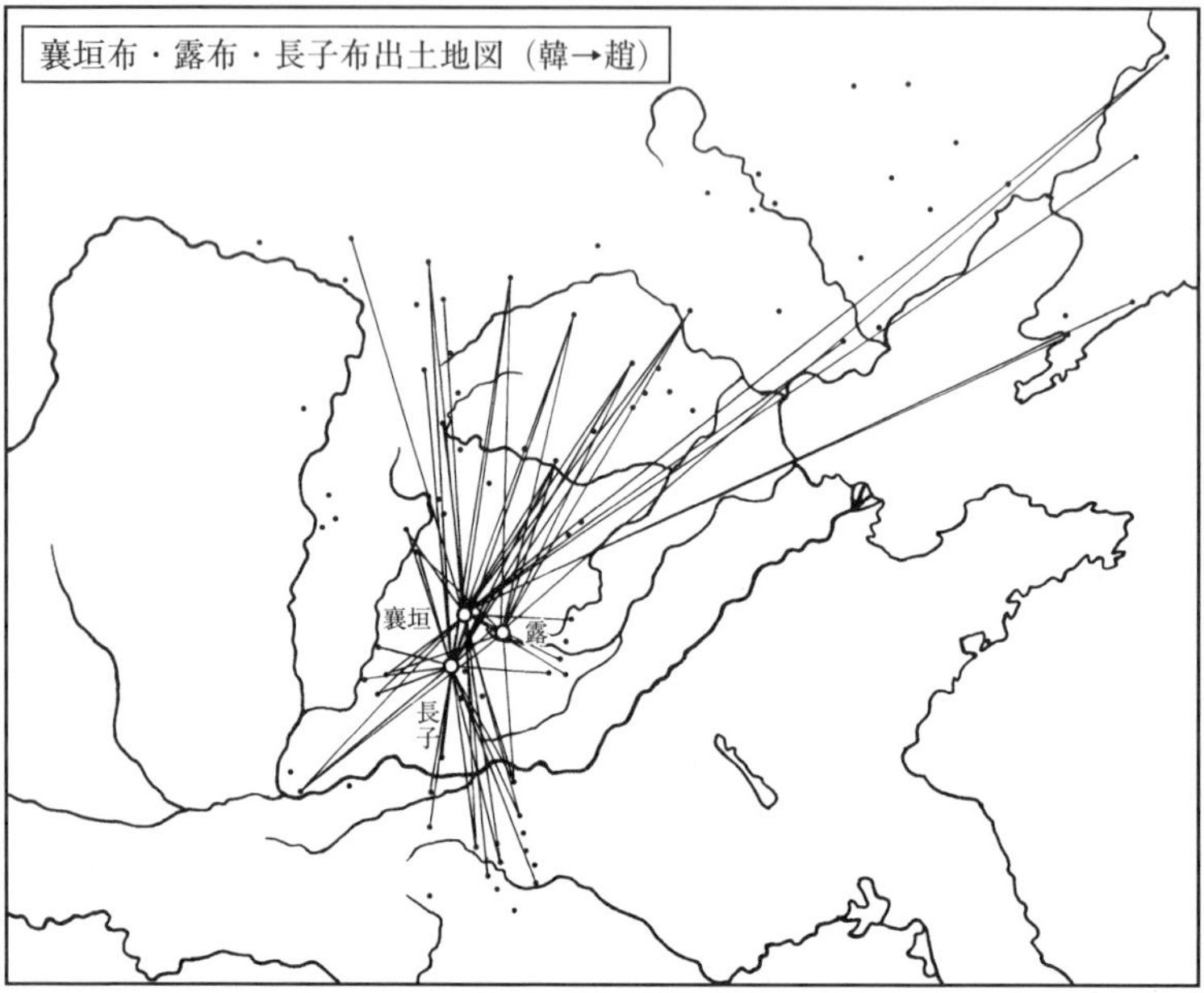
襄垣布・露布・長子布出土地図（韓→趙）
襄垣
露
長子

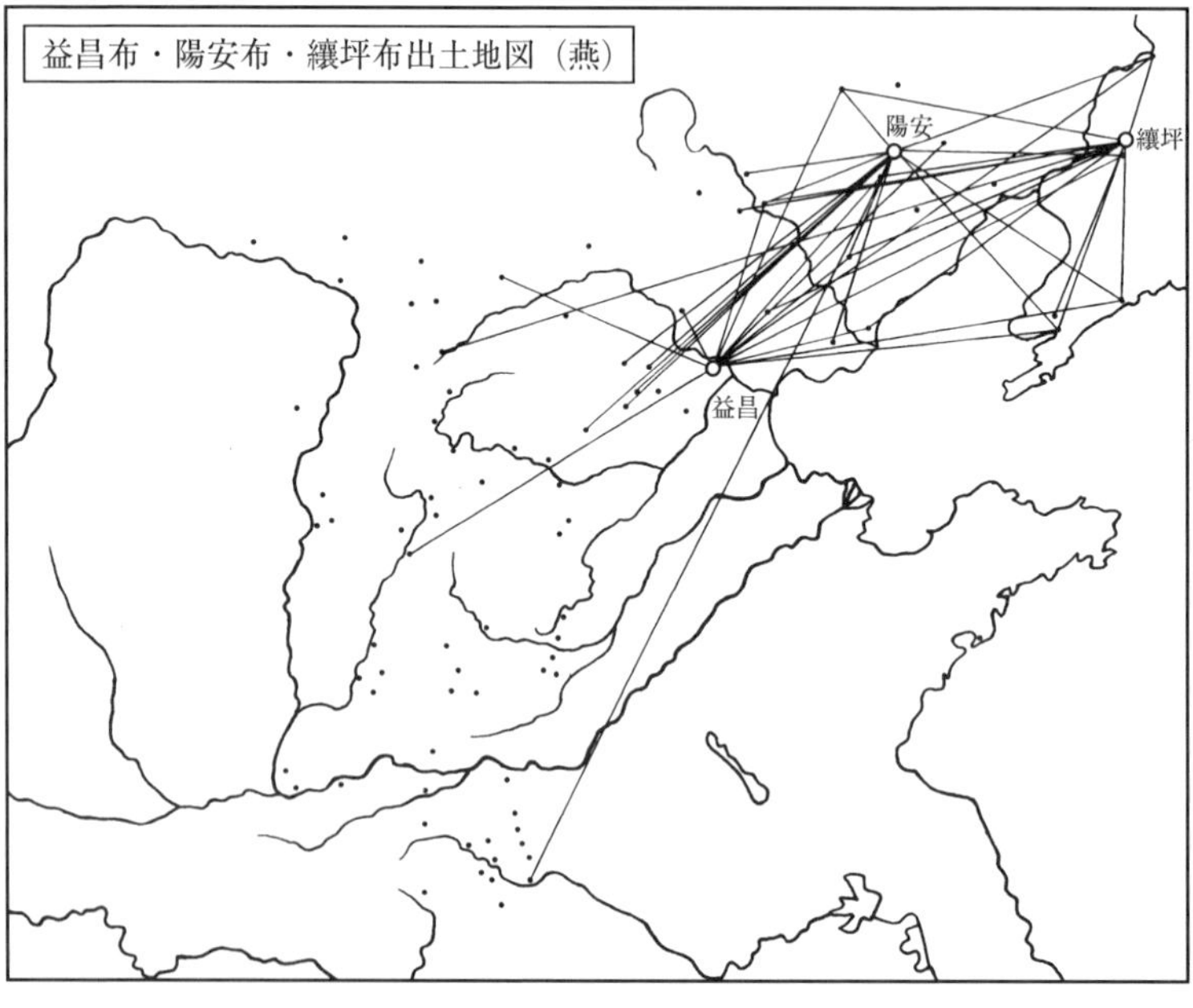
益昌布・陽安布・纕坪布出土地図（燕）
陽安
纕坪
益昌

第六章　楚貝貨の性格

はじめに

青銅貝貨とされるものには、文字や記号のない無文銅貝と、蟻鼻銭や鬼臉銭[1]と呼ばれる文字や記号のある有文銅貝がある。ここでは流通貨幣として異論のない有文銅貝を取り上げる。この種の貨幣は、楚国の貨幣と考えられているので、以後、楚貝貨と呼称する。楚貝貨は、一度で万を超える数量の出土例があり[2]、大量に流通していたことがわかる。しかし楚貝貨は謎の多い貨幣である。他の類別の貨幣に鋳込まれた文字や記号の意味はそれほど難解ではなく、研究者によって意見が大きく分かれているわけではない。しかし、楚貝貨では、最も大量に流通した咒字貝貨や、それについで多い夅字貝貨については議論百出の観があり、現在でも確定的と言える見方は存在しない。また、流通時期、とくに流通開始の時期については、文献史料上も考古学的にも手がかりがなく、十分明らかにされているとは言い難い。本章では従来の学説を整理して問題点を明らかにし、可能な限り楚貝貨のデータを博捜してその性格の究明を目指したい。

一　楚貝貨の形式と文字

楚貝貨は楕円形をしており、宝貝（子安貝、中国では海貝、貨貝と称される）を模した貨幣とされている。裏面は平らであるが文字や記号のある正面はふくらんでおり、楕円の端に円孔が一つある。この円孔は背面まで透過していないのが普通である。正面の文字あるいは記号は陰文で鋳造されている。他の三類型の青銅貨幣がほとんどすべて陽文であるのと異なる。現在のところ、文字あるいは記号は一二種類確認されている。このうち、咒字で代表されるもの（以下咒字系と称す）と〓、〓、〓、〓、〓、〓、〓、〓、〓、〓、〓である（図1）。このうち、咒字系貝貨の発見量が最も多く、九九％に上るとする説がある。[3] 末尾の表4「楚貝貨出土数量・寸法・重量表」によっても、一六二四二六点を越える発見点数のうち、咒字系貝貨は一五二五六五点を越え、九四％近くになる。二番目に多い〓字貝貨でも六七三九点を越えるくらいで四％余りである。[4] 〓字貝貨以下ではほんの微々たる数量である。また、咒字系字貝貨には一二種類もの変異形の文字が存在する。咒の他、〓、〓、〓、〓、〓、〓、〓、〓、〓、〓、〓であるが、咒字貝貨が圧倒的に多い。楚貝貨は咒字貝貨がほとんどすべてを占めていると言ってもよい。

実は、楚貝貨全体を見ると、圧倒多数を占める咒字貝貨（図1①）の文字の理解が最も困難であり、驚くほど多くの解釈が存在する。趙徳馨氏は、早い時期から一九九〇年代初めころまでの解釈を紹介している。[5] 早い時期のものとしては、蔡雲『癖談』の「晋」字説、初尚齢『吉金所見録』の「哭」字説、方若『薬雨古化雑詠』の「〓」字説、馬昂『貨布文字考』の「当半両」説、呉大澂『権衡度量実験攷』の「貝」字説などがある。そしてやや新しい解釈として、朱活氏の「貝貨」説、[6] 淑芬氏の「一貝」説、[7] 郭若愚氏の「貨」字省文説、[8] 尤仁徳氏の「襄」字、すなわち地名

図１　楚貝貨の種類

①咒

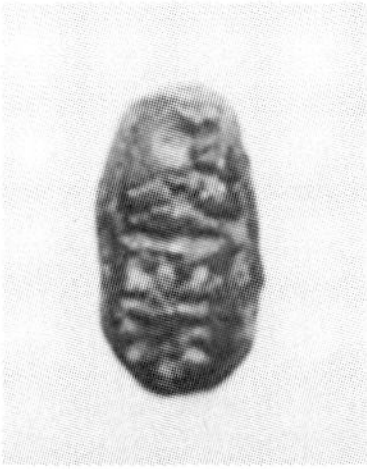

②[illegible]

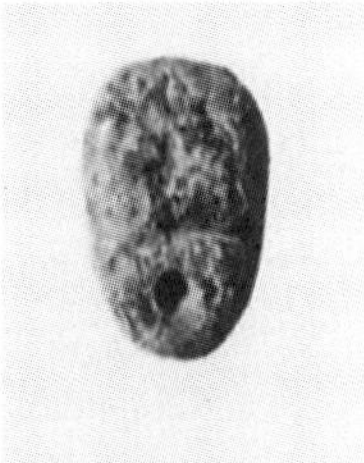

③金

④忻

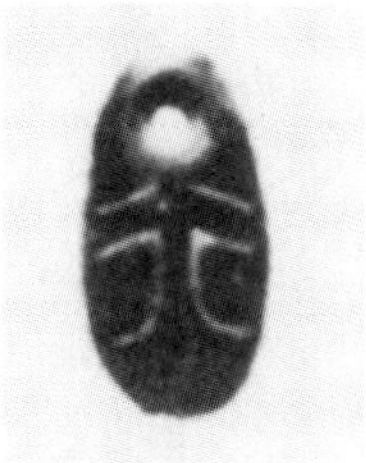

⑤行

⑥君

⑦匋

⑧貝

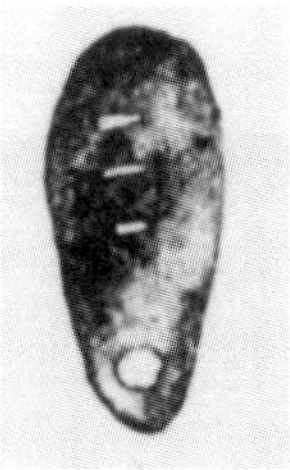

⑨三

⑩[illegible]

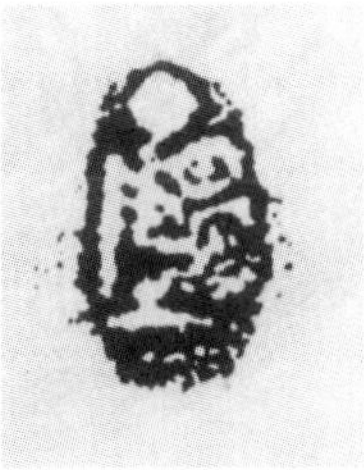

⑪陽

⑫者匕

「穣」（河南鄧県）説、(9)駢宇騫氏の「巽」字、すなわち「白選」の「選」字と見なして貨幣重量単位から貨幣名称に転化したとする説(10)などや、「半両」説、「噚」と釈して地名「鄂」の古称とする説、「君」字として国家最高権力者を象徴するとする説などを挙げている。(11)

趙氏は、以上の解釈を整理すると貨幣の名称説、重量説、価値説、地名説の四種に帰納できるとし、このうち重量説、価値説の可能性は少ないと考えている。趙氏自身は、巺字を古文字中の「巽」字に近いとし、さらに進んで楚古文中の「郢」字の可能性があるとしている。「郢」とは楚国都の通称であり巺字は地名と言うことになる。ただし、趙氏はあくまでこれは可能性であり、「巽」字であることは確かとしても、「銭」と解釈したり、「白選」の「選」に通じるとする説があるように、貨幣の名称である可能性もあるとしている。

この他にも趙氏が挙げていない説が多く存在する。中でも、呉大澂の「貝」字説に従う研究者はかなり存在する。古くは鄭家相、彭信威氏があり、その後、汪慶正氏も「貝」か「貨」の異体字とし、李家浩氏も「貝」字としている。(12)また、「貝」と「貨」の合文とし、楚貝貨の専用字とする説や、「貝」字の変体か「貝化」の減筆とする説もある。(13)一方、駢氏や趙氏のように「巽」字と解する説も多い。陳衍麟氏は駢氏の説にそのまま従い、羅運環、楊楓氏は「巽」か「鍰」としている。(14)馮耀堂氏は巺字を「一貝」と読んで呉説に従う一方、「一巽」でも通じ、「巽」は「選」で黄金や青銅の計量単位で、銖と両の間の重量名称で六銖（最重の楚銅貝三・六gから計算して一銖＝〇・六五g）の可能性があるとしている。(15)また、黄錫全氏は「巽」字説に賛同し、「巽」は「鐉」で「銭」と読むべきで、本来重量名であったものが貨幣名称となったものとしている。(16)この他、王献唐氏は「坐」と釈し、周世栄氏は「篊」と解し捕魚の工具が転化したものとしている。(17)中には、劉志一氏などのように彝族の文字との関連から「銖」と解し、「銖」の古彝語の発音は「対」「双」「副」なので楚銅貝一個は一銖で海貝二個に相当したとする説もある。(18)最近では、陳隆文氏は巺字を穿孔の位置から上下逆に読んで「咢」と解し、楚が封建された湖北東南部の「鄂」地とみなして都城名としている。[19]
〓字（図1②）の理解についても多くの説があり、やはり趙徳馨氏が旧釈を紹介している。[20] 初尚齢『吉金所見録』の「肄」字説、『金石索』所引の桂馥の「昏墊水」説、高煥文『癖泉臆説』の「有土之本」説、馬昂『貨布文字攷』の「各六朱」説、方若『古銭補録』の「各一朱」説、鄭家相『中国古代貨幣発展史』の「女（汝）六朱」説、朱活『古銭新探』の「圣朱」や「資」説、前引李家浩論文に見える「五朱」説などである。しかし、趙氏自身はこの字は地名で、封君の封号とするが正確に釈読できないとしている。

朱活氏の「圣朱」は正確には「〓朱」で、〈楚王酓忎盤〉に見える人名であることから、一種の美称と見なし、好銭の意味としているが、その後この説を改め「条」と釈して「資斧」（銭財）の「資」字とし、貨幣を意味するとしている。[21] 朱氏はいずれにしても貨幣の名称と考えているようである。黄錫全氏は、朱氏と同様に「〓朱」と釈しているが解釈は異なる。[22]〈王子申豆盤〉の銘文から推測して、この字は「軽朱」と読むべきで朱より低い名称を示すとしている。釈読について、蔡運章氏は「五朱」説、王克譲氏等は「各六朱」説、羅運環氏等は「〓朱」説に従っている。[23] この他、王献唐氏は「隆朱」、奥平昌洪氏は「洛一朱」、彭信威氏は「守六朱」に釈読し、汪慶正氏は読み方は不明とするが計量単位の可能性があるとしている。[24]

近年の理解では、第一字「〓」または第一字「夂」、第二字「土」の解釈は分かれているが、最後の文字を「朱」と読む点はほぼ一致している。朱は銖であり、計量単位として間違いないと考えられるが、最初の文字が地名かそれ以外の文字かが問題となる。汪慶正氏や黄錫全氏が論じているように、「〓朱」の文字は〈王子申豆盤〉に見え、「朱」より下位の一種の計量単位と見なしてよいように思われる。

この他の文字の釈読に関してはそれほど大きな分岐はない。全字（図1③）について黄錫全氏は「全」と読んで

「巽」と解して咒字と同じ意味としているが、「金」と読むのが一般的で「釿」の省文とする見方もある。[25] 王毓銓氏は忻字（図1④）を「十化」と呼んでいるが、[26]「釿」あるいは「斤」と読むのが普通である。行字（図1⑤）は「行」、君字（図1⑥）は「君」、呉字（図1⑧）は一例しか確認されていないが「貝」[27]、三字（図1⑨）は「三」と読まれている。匋字（図1⑦）は「匋」と読むのが普通であるが、「玺」と読む説もある。[28] 黄錫全氏はこの字と安字（図1⑩）を同種の文字と考え、「安」と読むのが長じているとしている。[29] 陽字貝貨（図1⑪）は河南省商水県の人の所有物で一例のみ確認され、「陽」と読んで楚国の陽氏に関係づけられているが真物かどうか不明であり、者字貝貨（図1⑫）も中国銭幣博物館に寄贈された一例のみで「者匕」と読まれているがこれも真偽不明である。[30]

これらの咒字や夅字以外の貝貨の発見例は極めて少ないが、咒字や夅字の楚貝貨とともに発見されることが多く、楚貝貨と考えて問題ないであろう。それぞれの文字の意味については計量単位、貨幣名称、地名、あるいは吉語とされたりしてばらばらであり、全体としての統一的な解釈は存在しない。

以上、楚貝貨とされる貨幣の文字の解釈について見てきたが、やはり解釈において最も問題が残るのが、最大流通量を誇る咒字貝貨である。咒字の釈読を困難としているのは、『説文』はもちろん、銅器銘文、簡牘など古文字資料に類似の文字が見当たらないことによる。上述のように「貝」字説と「巽」字説が多いが、近年では字形上から「巽」字説が有力になってきている。趙徳馨氏は、「巽」字とする根拠として、曾侯乙墓出土編磬銘文、馬王堆漢墓帛書や『説文』の文字を挙げているが、字形はそれほど似ているとは言えない。ただし、銀雀山漢墓竹簡六九四号簡の「選」字の「巽」は一致するように記している。しかし、この簡には「選」字は見当たらず、八六九号簡に「選材官、量蓄積、譔勇士」とあり、「巽」字を含む文字が二つ存在する。前者は原簡では文字は消えており、後者も明瞭ではないが咒字と似ているとは言えない。戦国時代の『包山楚簡』二七一号簡に見える「繏」字の「巽」も咒字には似ていない。[31] なお、郭若愚氏によると、『古璽彙編』官璽161に「鋳貨客璽」印、上海博物館蔵印四一四二七に「右鋳貨璽」印がある。[32] 郭氏が「貨」字としている文字は咒字そのものである。しかし、これらの印文からは、咒字貝貨を鋳造する機構の存在が確認できても、咒字の意味を解読する手掛かりにはならない。

『包山楚簡』の文字に含まれる「口」字はほとんど咒字と同じ逆三角形になっており、咒字の上部は「口」二つとしてよいと思われる。『説文』には「吅驚嘑也」とある。下部はやはり『包山楚簡』に「丌」と「亓」の二種が見え、「其」字である。そうすると咒字は「巽」字となるが字書にはなく、依然として含義は不明である。

他の諸国において大量に出土している統一貨幣と考えられる貨幣の銘文は、国名あるいは国都名か計量単位である。秦の円銭「半両」の「両」は計量単位、燕明刀の「明（匽）」は国名、斉三字刀「斉大刀」の「斉」は国都名でありかつ国名である。また、楚国の金版のうち大多数を占める「郢爰（爯）」の「郢」は国都名である。咒字貝貨も圧倒的多数を占めることから楚国発行の統一貨幣と考えられ、国名、国都名か計量単位の可能性がある。咒字が「巽」字ならば、楚に関わる国名や国都名と関連させることは困難である。咒字貝貨について多く発見されている夆字貝貨が計量単位と考えられることから、咒字も計量単位の可能性があるが、楚国において「巽」字のような計量単位は確認されていない。咒字貝貨の性格については、その流通時期や流通範囲の関係からも考える必要がある。

二　楚貝貨の流通時期の問題

趙徳馨氏は楚貝貨の出現時期についても従来の説を紹介している。[33] 戦国中期より後とする説（張天恩、郭若愚）、戦国初期説（李家浩、汪本初）、春秋末年説（朱活）、春秋晩期以前か更に早いとする説（淑芬）、春秋中葉前後とする説

（蕭清）、そして春秋に入ってそれほどたっていない時期とする説（舒之梅）などである。(34) 趙氏自身は、『史記』循吏列伝の孫叔敖伝に見える楚の荘王（前六一三～五九一年）の幣制改革以前に楚貝貨が使用されていたとし、春秋中葉には出現していたと考えている。(35)

以上の研究者以外にも流通時期について言及している研究者が何人もいる。鄭家相氏は、河洛の間で開始された銅貝貨は楚地である淮汝の間に進展し、戦国時代になって著文銅貝（有文銅貝）となったとしている。(36) 汪慶正氏は、楚荘王の幣制改革と関連づけるのは早きに過ぎ、戦国晩期墓から発見されていることから、各種楚貝貨はみな戦国晩期の通貨であるとしている。(37) 汪昌橋氏等は楚貝貨を合金成分、とくに銅含有量から三類に分類し、楚銅貝の出現とその後の展開を論じている。第一類は銅含有量が最も多い精品であり、楚国早中期の中心部である湖北から主に出土していることから、鋳造年代は楚の国力の充実した戦国中早期かやや早い時期の貨幣とする。その後、銅含有量はしだいに減少し鉛が増加して質の低下が起こるが、これは国力の低下と秦の圧力による東遷と対応していると考える。すなわち、第二類は主に河南東部、安徽西北部から出土しており戦国中晩期、第三類は安徽東部、江蘇北部、山東南部から出土し戦国晩期の貨幣としている。(38) 魏航空氏等は、楚貝貨の墓葬出土例は戦国晩期に集中しており、この時期には大面積に分布し、形態も統一されていることから成熟期に当たり、初期の流通はそれより早く、戦国中期より遅くないとしている。(39) 黄錫全氏は、巽字と𠔉字貝貨は春秋末から戦国早中期とされる雲夢楚王城第四層文化層から出土しているが、これらの貨幣は形状から戦国中期のものと考えられ、春秋晩期の淅川下寺楚墓に銅貝が副葬されていないことから、有文銅貝は戦国早期の始鋳である可能性があるとしている。(40) そして、巽、𠔉は終始並行して使用されたが、附随品である忻は戦国早期、全、行、君は戦国中期、来、只、三、来は戦国晩期に出現した可能性があるとしている。なお、朱活氏も楚貝貨の展開を早、中、晩期三つの時期に区分している。(41) 早期は戦国初年かやや早い時期で巽、𠔉、全、忻、行、⊗、㊍が出現し、中期には咒、夅が並行して流通するが、秦が楚都郢を陥落させた楚頃襄王二三年（前二七六年）以後、楚貝貨は咒に統一されるとし、これを晩期としている。

楚貝貨の流通時期について、春秋初から戦国後期まで意見が大きく分かれている。これは、楚貝貨が埋蔵銭として発見されたり、地表上から採集されたりすることが多く、考古学的に年代を確定することが困難だからである。ただし、年代が推定できる墓葬からの出土もままある。上述のように、汪慶正氏や魏航空氏等は戦国晩期の墓葬から出土していることから、始鋳は戦国晩期かそれよりやや前と考えている。末尾の表4「楚貝貨出土数量・寸法・重量表」を見ても、湖南省の発見（表番号18―30）はすべて戦国楚墓からの出土であり、時期が絞れる例は戦国晩期や中期偏晩である。また、河南省淮陽県平糧台の楚墓（表番号63―66）も戦国晩期であり、楚貝貨は戦国晩期には確かに流通していたことが分かる。問題は、それより以前、どこまで時期を遡れるかである。年代の参考になるのは表の8雲夢楚王城第四文化層の出土の例であるが、上述の黄錫全氏の指摘のように、出土の楚貝貨の年代を第四文化層の年代、すなわち春秋末から戦国早中期とそのまま断定するには問題がある。このように、考古学的に直接始鋳の年代を確定できないとなると、他の方法により推測するしかない。次に出土範囲からこの問題を考えてみたい。

三　楚貝貨の流通範囲と時期の関係

「楚貝貨出土分布図」は、現在出土位置を知ることができる楚貝貨を中心に作成した末尾の表4「楚貝貨出土数量・寸法・重量表」に基づいている。これは大多数を占める咒字系貝貨の分布範囲をほぼ示していると考えてよい。この分布図によると、湖北、湖南、河南南部、安徽、江蘇、山東南部の広い地域に出土が広がっている。ただし、出土が

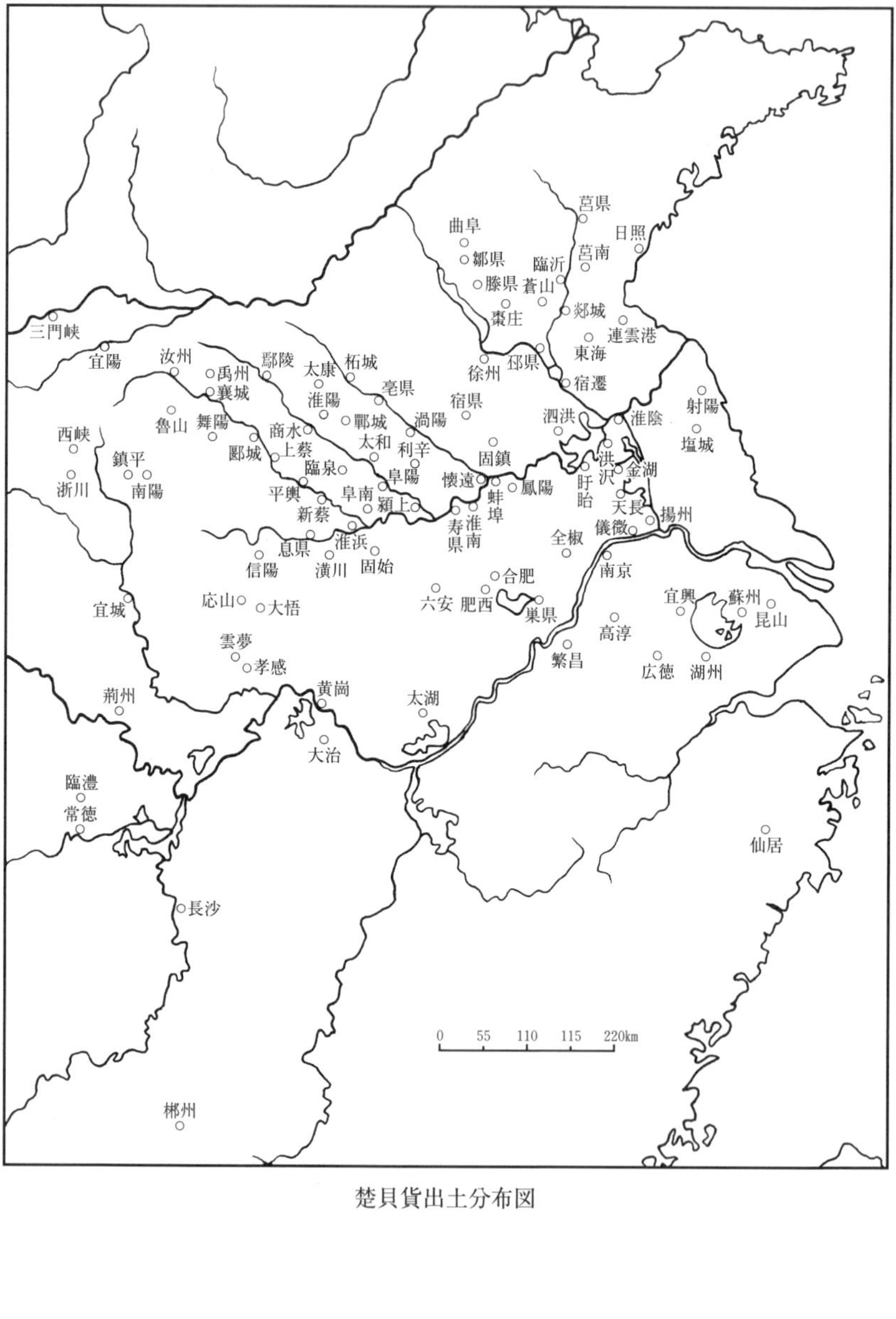
莒県
曲阜
日照
鄒県
莒南
臨沂
滕県
蒼山
郯城
棗庄
連雲港
三門峡
東海
宜陽
汝州
鄢陵
太康
柘城
徐州
邳県
禹州
宿遷
襄城
亳県
淮陽
宿県
射陽
魯山
舞陽
鄲城
渦陽
泗洪
淮陰
西峡
商水
塩城
太和
郾城
上蔡
利辛
固鎮
鎮平
臨泉
阜陽
洪沢
金湖
淅川
南陽
懐遠
盱眙
平輿
阜南
潁上
蚌埠
鳳陽
天長
新蔡
揚州
寿県
淮南
儀徴
淮浜
全椒
息県
固始
信陽
潢川
南京
合肥
宜城
応山
六安
肥西
宜興
蘇州
大悟
巣県
昆山
高淳
雲夢
繁昌
孝感
広徳
湖州
荊州
黄崗
太湖
大治
臨澧
常徳
仙居
長沙
0 55 110 115 220km
郴州

楚貝貨出土分布図

表１　楚貝貨出土回数表

	湖北	湖南	河南南部	安徽	江蘇	山東南部
全体 （咒字内数）	16 (13)	13 (11)	54 (25)	61 (50)	33 (25)	18 (15)
その他 （夆字内数）	4 (4)	0	17 (13)	14 (10)	0	1 (0)

集中している地域は、河南東南部、安徽北部、江蘇西部と南部であり、表１「楚貝貨出土回数表」を見ても河南南部、安徽、江蘇の出土例がとりわけ多い。この地域は、楚国晩期の国都が置かれた、河南淮陽（陳）や安徽寿県（寿春）を含む地域である。一方、楚国の本来の領域であり、前二七八年に陳に遷都するまで都があった江陵県を含む湖北やその南部の湖南北部は意外と出土例が少なく、分布も散開している。この分布の傾向は何を意味しているのか、戦国期の楚国の領域変化との関係から探ってみたい。

（一）楚の東方進出と楚貝貨の流通範囲

楚国の東方への領域拡大はかなり早く、すでに春秋中期後半に始まる。『左氏伝』によると、襄公三年（前五七〇年）に楚は呉を攻撃している。その後も楚と呉の抗争は続く。一時楚は呉の反撃を喰らい、楚昭王の時の前五〇六年には国都を占領される事態も生じているが、楚の東方進出は一貫して進められている。『左氏伝』によると、哀公一七年（前四七八年）に楚は陳を滅ぼしているが、『史記』楚世家では、この時陳は滅ぼされて県とされたとある。

戦国時代に入ると、楚は恵王四二年（前四四七年、平勢・前四四八年）(42)に州来（安徽寿県）に遷った蔡を滅ぼし、その四四年には山東半島にあった杞を滅ぼしている。楚世家によると、この時、「楚は東侵して地を広め、泗上に至る」とあり、楚は山東半島の奥深くまで攻め込み、領域は江蘇北部、淮水の北、泗水のほとりにまで及んでいたことになる。そして、楚簡王元年（前四三一年、平勢・前四三三年）には山東南部の莒も滅ぼしている。

楚貝貨の分布を見ると、山東南部の地域で相当数出土している。北部の杞の旧領域（濰坊市附近）からは出土していないが、莒国のあった莒県からは出土の記録がある（表4番号167）。しかし、戦国の早い時期にこの地域で楚貝貨が流通していたかは疑問である。後述するように、戦国前期、中期の楚国都は湖北江陵にあったが、湖北地域の楚貝貨の出土例は少なく、楚貝貨が戦国前期まで遡ることができるか問題である。また、山東半島は戦国中期、後期においても斉の勢力が強く、斉の貨幣が流通している。(43)『史記』田敬仲完世家によると、前二八四年、燕を中心とする連合軍が斉に攻め込んでまたたく間に斉地を占領した。国都臨淄を陥された斉の湣王は莒に逃げ込んだ。そこで楚は淖歯に軍を率いて救援させたが、淖歯は逆に湣王を殺してしまった。淖歯が莒を去った後（『戦国策』斉策六では淖歯は莒人に殺されたことになっている）、莒の人は湣王の子を擁立し、燕の占領下で莒を守り通した。この時期、魯国の領域を除いた莒県より南は楚の勢力圏にあり、この地域出土の楚貝貨はこの時期に流通したものである可能性がある。

戦国中期、楚威王の時（楚世家から威王七年〔前三三三年、平勢・前三四〇年〕のこととされる）、『史記』越王勾践世家に、越が楚を攻撃したのに対して、「楚威王は兵を興して之を伐ち、大いに越を敗り、王無彊を殺して尽く故の呉地を取りて浙江に至り、北のかた斉を徐州に破る。而して越此を以て散ず」とある。楚威王の時には、楚は越を滅ぼして江蘇全域を領有し、さらに浙江まで領域を広げたことになっている。

楚貝貨の分布を見ると確かに江蘇地域に集中部分が見られる。しかし、浙江の分布は稀薄であり、この時期に楚貝貨が浙江地域に流通していた可能性は少ない。また、戦国中期に江蘇地域に楚貝貨が流通していた可能性も低いであろう。この時期においても楚の本拠地は湖北にあり、江陵の国都も健在である。さらに、太田麻衣子氏によると、戦国中期には、楚はまだ淮水下流域や江東を制圧できておらず、楚の勢力がこの地域に確立されるのは戦国後期の陳への東遷以降のことのようである。(44)支配の不安定な地域にその国の貨幣が大量に流通していたとは考えられない。江蘇、浙江における楚貝貨の流通は時代が下ると考えてよいであろう。

（二）楚の東遷と楚貝貨の流通範囲

次に、秦の東方進出と、それにともなう楚の東遷の過程を『史記』の記述を中心にたどってみよう。まず、秦が楚に対して攻勢に出るのは、楚世家、秦本紀、六国年表によると、楚懐王一七年（秦恵文君更元一三年、平勢・楚懐王一五年、前三一二年）である。この時、楚と秦は丹陽で戦い、楚が大敗して楚の将軍屈匄が捕虜になり、八万人が斬首されている。ついで秦は楚の漢中を攻め取り、漢中郡を置いている。

その後、秦は楚の北辺を脅かし続ける。秦昭襄王六年（楚懐王二八年、平勢・楚懐王二六年、前三〇一年）にも秦が楚を攻撃して大破し、楚軍の死者は二万人に上ったとされる。翌年には秦は新城（河南平頂山附近）を陥落させ、その翌年に新市（湖北京山県東北）を取り、またその翌年（秦昭襄王九年、楚頃襄王元年、平勢・楚懐王二九年、前二九八年）にも楚の八城を取り、楚の将景快を殺している（以上、秦本紀）。楚世家によると、頃襄王元年（平勢・秦昭襄王一一年、前二九六年）、秦は武関を出て楚を攻撃し、楚軍を大破して五万人を斬首し、析（河南西峡県）の十五城（六国年表は十六城）を取って引き上げたとある。また、秦本紀では、昭襄王一三年（平勢・前二九四年）、左更の白起が新城を攻め、一五年には大良造白起が楚を攻めて宛（河南南陽市）を取り、(45) 一六年には左更司馬錯が鄧（湖北襄樊市）を取ったとある。また、この年には公子市が宛に、公子悝が鄧に封じられている。

その後、秦本紀では、昭襄王二七年（平勢・前二八〇年）には司馬錯が楚を攻め、罪人を赦免して南陽に遷し、二八年には白起が楚を攻めて鄧、鄢（湖北宜城県）を取り、罪人を赦免してそこに遷しており、宛や鄧の地域の支配の強化を進めている。一方、楚世家や六国年表によると、楚頃襄王一九年（平勢・頃襄王一七年、前二八〇年）に秦が楚を打ち破り、楚は上庸（湖北房県西）と漢北の地を秦に割譲しており、翌年には秦将白起が楚の西陵（湖北宜昌市）を陥落させ、江陵の楚都郢の西部にまで迫っている。

そして、楚世家の頃襄王二一年（秦本紀の昭襄王二九年、平勢・頃襄王一九年、前二七八年）、秦将白起がついに楚都郢を陥落させ、楚王は東北に逃走して陳（河南淮陽県）に遷都した。六国年表では、白起は郢都を陥落させた後、さらに東に進んで竟陵（湖北潜江県西）まで至り、占領地を南郡としたとある。[46] また秦本紀によると、昭襄王三五年（平勢・前二七二年）、秦は南陽郡を置いている。ここに、河南西南部から湖北の地域はほぼ秦の領域として固まったことになる。

楚世家や六国年表によると、楚都陥落の翌年、楚頃襄王二二年（平勢・頃襄王二〇年）、秦は蜀方面から進出して楚の巫郡、黔中郡（湖南西部）を占領したが、その翌年、楚王は楚の東方の軍隊を結集して秦に対して西に反撃を試み、秦が陥落させた長江沿岸の十五邑を取り返し、郡を置いたとある。[47] この時、湖南西部は再び楚の領域となり、滅亡まで保持されたと考えられる。湖南西部の戦国晩期の墓葬から楚貝貨が出土するのはこのためである。

楚が陳に遷都した後も、秦の東方進出は続く。とくに、楚が東遷した後は魏と韓が秦の攻撃の矢面に立たされる。六国年表によると、秦昭襄王三二年（魏安釐王二年、前二七五年）に秦は魏の二城を陥落させ、国都大梁（河南開封市）の城下にまで迫っている。秦本紀によると、荘襄王元年（前二四九年、平勢・前二五〇年）に秦の蒙驁の攻撃により韓は成皋、鞏（河南滎陽県と鞏県）を献上し、秦の国界は大梁にまで達しており、秦は初めて三川郡を置いたとある。秦始皇本紀では、秦王政の三年（前二四四年）、蒙驁は韓を攻めて十三城（六国年表では十二城）を取り、五年（魏景湣王元年、前二四二年）には魏を攻めて二十城を取り、初めて東郡を置いたとある。

楚は陳に遷都した後、魏や韓の背後にいて秦による直接の攻撃を避けることができたが、この時期になると秦は占領地に郡を置いて足場を固め、韓、魏の抵抗も限界が見えてきたものと考えられる。楚は考烈王二二年（秦王政六年、前二四一年、平勢・前二四〇年）、諸侯とともに秦を攻撃して失敗した後、東方の寿春（安徽寿県）に遷都する（楚世家、六国年表）。楚が滅亡するのはその二十年足らず後である。

秦による楚の領域の占領と楚の東遷の過程は以上のごとくであるが、この過程と楚貝貨の分布範囲との関係を考えてみよう。秦は占領地では旧国の貨幣を排除し、自国の半両銭を流通させた(48)。このことは秦の占領地の拡大にともなって半両銭の流通範囲が拡大していることから証することができる。ある地域で、秦の占領期間が長ければ、当然従来から流通していた楚貝貨の出土例は少なくなるであろう。また、秦が占領する以前に長期にわたって楚貝貨が流通しておれば、楚貝貨の出土例は多くなるはずである。

最初に述べたとおり、楚貝貨の出土例や数量が圧倒的に多いのは、河南南部、安徽、江蘇の地域である。この地域は、楚が秦の圧迫によって国都を東に遷都した地域とほぼ一致しており、これらの地域出土の楚貝貨は、陳や寿春に国都が置かれた前二七八年以後に発行された可能性が高い。

青銅貨幣は一般に、時代が下るにしたがって増量のための鉛の含有量が増え品位が低下し小型化するとされる。これは発行数量の増加や発行者の経済力の低下とも関係していると考えられる。表3を見ると、山東鄒県出土の四点の楚貝貨は鉛が多く錫が少ないことから、かなり時代が下るとみられる。それに対して安徽出土の楚貝貨は、肥西県のものを除いて鄒県のものより鉛の含有量が少なく錫も多く品位が高いため、時代はそれより早いであろう。鄒県のあたりは戦国時代には魯の領域に含まれており、この地出土の楚貝貨は魯が楚に滅ぼされる考烈王一四年（前二四九年）以後に流通したものと考えられる。上述のように楚が寿春に遷都するのは前二四一年であるから、安徽出土の多くの楚貝貨は寿春遷都以前、陳に国都があった時期に流通した可能性が高い(49)。ただし、安徽肥西県出土のものは鉛が銅よ

表2　哭系貝貨重量表（g）

	湖北	湖南	河南南部	安徽	江蘇	山東南部
最大と最小 (その平均値)	7-1.59 (4.87-2.88)	2.6-1 —	4.25-0.1 (3.4-1.23)	5.65-0.52 (3.43-1.33)	5-0.5 (3.9-1.12)	4.2-0.5 (3.3-1.44)

表3　哭系貝貨成分表（平均値%）

	湖北 孝感（5個）	安徽 臨泉（21個）	安徽 阜陽（10個）	安徽 渦陽（1個）	安徽 固鎮（1個）	安徽 肥西（33個）	安徽 繁昌（13個）	山東 郯県（4個）
銅(Cu)	74.55	64.29	65.23	66.77	76.52	34.27	68.66	69.97
鉛(Pb)	11.77	25.48	22.89	13.60	17.84	55.76	21.23	30.49
錫(Sn)	12.93	7.34	8.55	17.35	6.57	1.90	10.06	0.77

りも極端に多く、山東郯県のものより時代が下り、最末期に発行された楚貝貨であろう。江蘇出土のものは現在のところ成分分析がなくなんとも言えない。ただし、国都陳からずいぶん南方に離れた安徽南部の繁昌県で品位の高めのものが出土していることから、江蘇でも楚都陳の時期の貝貨が流通していた可能性はある。

以上要するに、楚貝貨が大量に流通するようになるのは楚が陳に遷都してからではないかと考えられる。楚都陳の位置する地域は、戦国時代を中心とする時代に都市が発達し、経済の顕著な発展が見られる地域である。(50)楚は秦に追われ、結果として経済が活況を呈する地域の真っ直中に遷都したことになる。楚がこのような新たな経済状況に対応するため、大量の貨幣を発行する必要に迫られたことは十分考えられるであろう。表1や表4に見られるように、河南南部や安徽地域で哭字系貝貨以外に𡈼字系やその他の種類の貝貨が多く出土するのも、楚が経済的に多様な対応を迫られたためではなかろうか。

楚貝貨が陳に国都が置かれた時期に大量に流通したと言っても、始鋳の時期がそれ以前の湖北江陵に国都があった時期に遡ることを否定するものではない。湖北孝感市あたりは、上述のように前二七八年に楚が東遷して秦の南郡が置かれるまで楚の領域であった。表3の孝感出土の五個の楚貝貨は、鉛が少なく銅や錫の含有量が多い高品位のものである。これらは、安徽出土のものと比べると品位が高く、時代が遡るものとみられる。(51)また、表2を見れば、湖北出土の楚貝貨は、安徽出土のものと比べて重量があるものが多く初期の状態を示している。このことから、楚の国都が江陵にあった時期からすでに楚貝貨が発行されていたことは確かであろう。しかし、湖北地域の楚貝貨の出土例や出土数量はあまり多くなく、大量に流通した形跡はない。したがって、楚貝貨が、楚が東遷する以前から長期にわたって発行され続けたとは考えられず、始鋳の時期はそれほど早くなく、戦国後期に入ってからではないかと考えられる。

四　楚貝貨の宝貝との関係と貨幣としての性格

(一) 宝貝の性格

楚貝貨は、一般に新石器時代以来貴重視されてきた宝貝がモデルとなっているとされている。[52] まず宝貝の性格について考えてみたい。

宝貝は早くに新石器時代に墓葬の副葬品として出現し、漢代以後も辺境地帯で使用されつづけている。宝貝は日本では子安貝とも呼ばれ、中国では海貝、貨貝と称されている。中国で出土する宝貝のほとんどはキイロダカラ（Cypraea moneta Linnaeus）とハナビラダカラ（Cypraea annulus Linnaeus）とされており、現在でも西太平洋からインド洋沿岸の浅い海に広く棲息する一般的な宝貝である。[53] 黄錫全氏によると、仰韶文化の姜寨遺跡の墓葬や青海仰韶文化の墓葬から出土しており、河南偃師県の二里頭文化の墓葬にもかなりの数量副葬されている。[54] 殷代になると、墓葬からの大量出土の例が見られる。二里崗文化の鄭州白家荘墓からは四六〇余点、安陽殷墟五号墓（婦好墓）から六八八〇点、山東益都県蘇埠屯大墓から三七九〇点出土しているとされる。また、殷墟の墓葬には普通に宝貝の副葬が見られる。そして、西周時代になっても大量の宝貝の副葬は一般に見られ、車馬具の装飾としてもかなりの出土例があり、春秋戦国時代でも引き続き墓に副葬されている。

このように新石器時代以来、大量に使用された宝貝について、ほとんどの中国の研究者は、一貫して貨幣として流通したとみなしている。早い時期の中国貨幣研究を代表する鄭家相、王毓銓、彭信威氏等はみな宝貝を初期の貨幣として疑っていない。(55) 鄭家相氏は、宝貝を自然物貨幣とし、黄帝時の貨幣制度開始より周末に至るまで普遍的に使用されたとし、王毓銓氏も宝貝は中国古代で貨幣として用いられたことは疑いなく、秦始皇帝が中国を統一して貨幣制度を改革するまで長期にわたって使用されたとしている。彭信威氏は、宝貝は初めは装飾品として用いられたが、〈遽伯睘彝〉の銘文に青銅器の価値が宝貝の数量で示されていることから、殷代から周初にかけて真正な貨幣となったとしている。ただし、この後も装飾品として用いられたことは否定していない。

その後、中国古代貨幣の研究に大きな影響を与えた朱活氏も、宝貝を中国で最も早い貨幣の一つとし、やはり〈遽伯睘卣（彝）〉の銘文から貨幣であったことは疑いないとしている。(56) 汪慶正氏は、宝貝は新石器時代以来、一種の実物貨幣として用いられ、西周時代には通用貨幣となったとしている。(57) しかし、西周中期以後金属称量貨幣の出現とともにすでに過去の財富の象徴となり、しだいに装飾品としての地位に下落していったとする。近年では、黄錫全氏が、宝貝が貨幣であったことを詳細に論証しようとしている。(58) 黄氏によると、宝貝は、新石器時代、最初は外来の珍奇な装飾品にすぎなかったが、しだいに使用価値を備えた物品から離脱し、一般的等価物（交換の媒介）の特殊商品、すなわち実物貨幣（あるいは自然物貨幣）に転化したとする。夏代（二里頭文化期）になっても宝貝は一種の貨幣であったことは疑問の余地はなく、殷代には、甲骨文や金文資料から見て、宝貝はすでに価値尺度、流通手段、貯蔵手段、支払い手段（賞賜）の機能を備えており、主要な流通貨幣として真正な貨幣となったとしている。ただし、まだこの時期には主として奴隷主貴族や商人の間で流通し、一般貧民間での流通は多くはなかったとする。しかし、西周時代になると、貧民墓からも出土するようになり、さらに普遍的に使用されるようになったとしている。とくに、西周時代の宝貝の購買力については金文の実例を多く挙げ、宝貝が貨幣としての機能を備えていたことの証拠としている。そして、宝貝は財富の象徴として用いられる場合もあるが、秦の統一まで貨幣として使用されつづけたとしている。

以上のごとく、中国の研究者の宝貝に対する見解はほぼ一致しているように思われるが、日本の研究者には否定的な見解が存在する。佐原康夫氏は、殷周時代から戦国時代の宝貝の副葬法を整理し、宝貝は呪術的葬具か装飾品として一貫した解釈が可能で、貨幣として機能した事例は見当たらないとする(59)。そして、西周中期の金文には価値尺度として貨幣の一部をはたしている事例があるが、これは一種の身分制的計算貨幣として限定的に機能したものであって、当時の全社会まで一般化して考えることはできないとしている。また、近年、柿沼陽平氏も、殷周時代の宝貝の収集経路、流布形態、社会的機能を分析し、宝貝は生命と再生のシンボルとして支配者間の贈与交換に用いられたもので、貨幣説は従いがたいとしている(60)。

宝貝は、上述したように、出現当初の新石器時代から、ほとんどが墓葬の副葬品として出土していることは疑いない事実である。しかし、中国において一般に流通貨幣として異論がない青銅貨幣は、出現の最初は埋蔵銭として出土し、墓葬から出土する例はほとんど皆無と言ってよい。青銅貨幣が葬送儀礼の一環として墓葬に副葬されるのは、出現から何百年もたった戦国後期頃からで、一般に普及するのは漢代になってからである。貨幣の副葬が慣習化するのは戦国後期以後と考えられ、それ以前に多く副葬された宝貝が貨幣として副葬されたとは考えられない。佐原氏や柿沼氏の言うように、宝貝は単に貴重な財富や呪物として副葬されたにすぎないであろう。

（二）楚貝貨と宝貝との関係

宝貝が貨幣でないとすれば、貨幣としての楚貝貨とはどのような関係にあるのであろうか。楚貝貨の形態は宝貝がモデルとされているが、厳密に見ていけば相違点も存在する。キイロダカラやハナビラダカラなどの宝貝の成貝は、殻頂部がやや広がり、下部がすぼまっているが、楚貝貨のほとんども同様である。また背面がふくらみ、腹面が平らになっている点もよく似ている。しかし、宝貝と楚貝貨の形態上の決定的な相違は、楚貝貨には宝貝の腹面に当たる平らな面に縦の溝とその両側の歯状部分がなく平滑な点である。この点、楚貝貨は宝貝を忠実に模倣したものではなく象徴的に模倣したものと思われ、直接連続しているとは言えない。むしろ、骨貝、石貝、玉貝、無文銅貝、金貝など倣製貝とされるものの方が腹面に溝や歯があり、宝貝と形態上連続している。近年では、これら倣製貝は貨幣ではなく装飾品とみなす説が多い[61]。加えて、楚貝貨は他の青銅貨幣と同様、初期のものは墓葬から出土することはほとんどない。この点においても、宝貝と楚貝貨は連続性が断ち切られている。

しかし、両者の連続性に関して注目されるのは、楚貝貨には種類を問わずふくらみのある面（文字がある面、宝貝の背面）のすぼまっている部分の端に必ず小孔がある点である（図1参照）。実は、出土する宝貝にはほとんどに加工が施されており、背面に穴が開けられている。戴志強氏は、その穴の大きさによって、小孔式、大孔式、背磨式の三つの発展段階があるとしている（図2[62]）。小孔式や大孔

図2　宝貝の背面加工

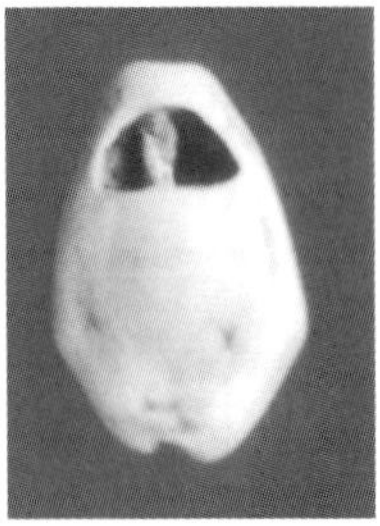

①大孔式

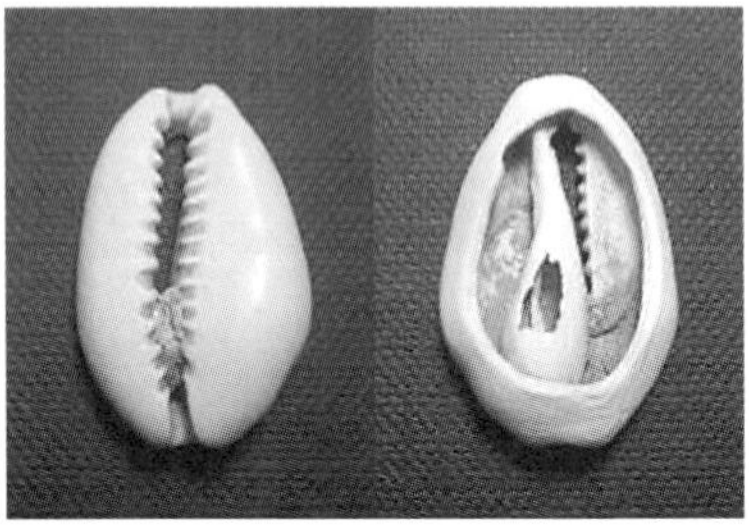

②背磨式（表、裏）

式では、すぼまっている部分に穴が空けられている場合が多い。背磨式では、背面の大部分が除去されて大きな円孔になっていて、巻き貝である宝貝の中心部全体が露出していて見栄えはよくない。側面は背面のふくらみがなくなり薄ぺらく見える。彭信威氏は、背面穿孔のもの（小孔式や大孔式）は貨幣用であり背面磨平のもの（背磨式）は装飾品用としている。(63)

陝西長安県灃西の西周墓葬と車馬坑から多数の宝貝が出土している。(64) 車馬坑に埋葬された馬の頭部には、宝貝が装飾として帯状に縫いつけられた口覆いが装着された状態で発見されたが、それらの宝貝の背面は磨平されていた。これに対して、墓葬出土のものは穿孔があるものか無孔のものであったとされている。宝貝の特徴は歯状の溝のある腹面の方であり、この面を表として革や布に縫いつけて固定するにはどうしてもふくらんでいる背面を平らにする必要がある。現代の宝貝の装飾品もそのようになっている（図3）。彭氏が言うように、背磨式の宝貝は装飾品用として間違いないように思われる。

図3　現代の宝貝装飾品（東南アジアあるいはインド？）

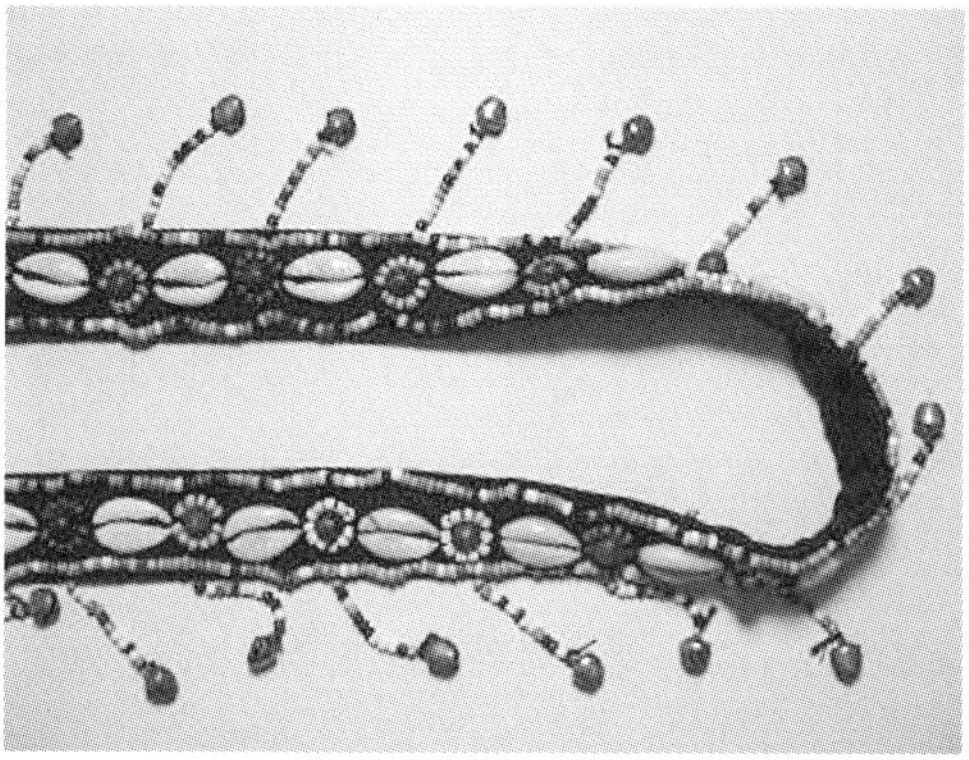

では、小孔式、大孔式はどのように考えられるであろうか。これらの穴、とくに大孔式は紐を通して数珠のように繫ぐためだと考えられる。殷周時代の甲骨、金文では宝貝は「朋」を単位として数えられる場合が多い。「朋」字は二繫ぎの宝貝で表される（図4）。王国維氏は、古では宝貝五個を一繫ぎとし、二繫ぎが一朋とされたとしている。(65) そうすると一朋は宝貝一〇個ということになる。一朋の数については異論があるようであるが、殷周時代では宝貝は支配者間で朋を単位として大量に贈与交換に用いられ

図４　金文の「朋」字関係字

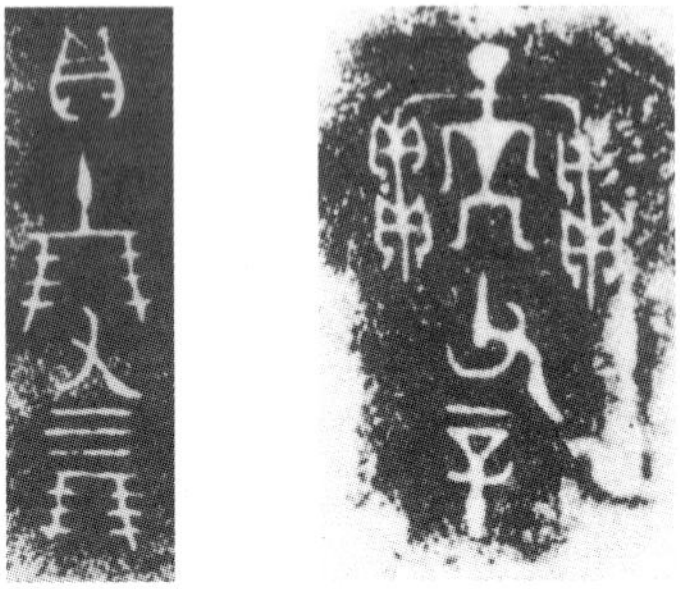

①遽伯睘彝　　②荷貝父辛爵

ることが多かった。小孔のある楚貝貨は、形態上、装飾用の背磨式の宝貝ではなく、贈与交換用の大孔式の宝貝をモデルにしていると考えてよい。

上述の戴志強氏によると、大孔式と背磨式はすでに殷代に出現しているとする。そしてその後、西周から春秋期になると背磨式がさらに普遍的となり、大孔式の宝貝はしだいに消滅していったとしている。

柿沼陽平氏は「殷周宝貝出土地一覧表」を作成し、殷以前（夏代、二里頭）から西周以降（春秋戦国）までの宝貝、倣製貝、楚貝貨の出土地、出土数量、形態を表示している。[66] 表の中、西周と西周以降（春秋戦国）の部分の「質」の欄で「真」としている宝貝をピックアップして、大孔式と背磨式の出土情況を見てみると次のようになる。西周時代の宝貝の出土例は一三〇あるが穿孔状態が不明なものが多く、大孔式と考えられる例（表の「形態」欄に一孔、穿孔、大孔、小孔とあるもの）は三五例、背磨式と考えられる例（磨背、背磨、磨孔とあるもの）は一六例ある。大孔式がかなり多い点は、西周時代に朋を単位として盛んに贈与交換されていたことと対応する。西周以後（春秋戦国）の出土例は七〇挙げられている。この内、大孔式（一孔、穿孔、大孔、小孔、有孔とあるもの）は八例であるが、背磨式（磨背、磨穿、磨貝、磨製、両面磨とあるもの）は一四例と多くなっている。確かに装飾用と考えられる背磨式が多くなっているが、大孔式もかなりみとめられる。

表では、春秋戦国期の大孔式宝貝の出土地は河南偃師、山東淄博、遼寧大連、安徽亳州、河北邯鄲、四川雅江、山西長治となっていて、初期の楚貝貨が流通したと考えられる湖北や河南南部は含まれていない。とくに湖北のこの時期の宝貝出土は皆無であり、河南南部の楚の領域に含まれる春秋晩期の淅川楚墓出土の宝貝の形態も不明となっている。しかし報告書によると、下寺二号墓出土の三九六〇点の宝貝は明らかに背磨式である(67)。また、和尚嶺、徐家嶺楚墓出土のものも報告書を見る限りみな背磨式である(68)。

西周期においても、楚の本拠地である湖北には宝貝の副葬は見られず(69)、楚の領域では本来、宝貝を貴重視して贈与交換に用いる習慣がなかったと考えられる。このような習慣があったのは、殷周時代以来の、主として黄河中流域の中原地域である。楚は、戦国時代後期になって、中原地域で行われていた支配者間の古い伝統を踏まえて楚貝貨を貨幣として発行したと考えられる。楚貝貨は、実物貨幣である宝貝が一般的等価物としての貨幣に転化したものではなく、極めて観念的に創造された貨幣であったのである。

むすび

すでに述べたように、𠘨字貝貨は圧倒的な出土例を占め、楚貝貨における単一性を際立たせている。他の同様な青銅貨幣の例から考えて、𠘨字貝貨は楚が国家として発行した統一貨幣と見なしてよいであろう。このことは、𠘨字貝貨が財富として周王朝の支配者間で贈与交換に使用されていた宝貝をモデルとした観念的創造物と考えられることからも裏付けられる。𠘨字貝貨は財富としての宝貝からそのまま自然に転化してきたものではなく、ずっと後代になって、支配者である発行者の観点から選びとられたものだからである。

では、楚の支配者は、なぜ青銅貨幣のモデルとして宝貝を選んだのであろうか。秦では天円地方の観念により、魏では玉璧や玉環をモデルとした支配者側の観念の表れとして円銭が発行され、三晋諸国では実物貨幣である農具から転化し、燕、斉では削刀から転化した形の布銭や刀銭が発行された(70)。楚以外の諸国は宝貝を貨幣のモデルとして採用することはなかったのである。楚国の宝貝形貨幣の採用について、趙徳馨氏は中原諸国に対して弱小で経済力の低い楚国が、直接周代の貨幣文化の伝統を継承し小型で価値の低い貝貨を発行したと考えている(71)。趙氏は宝貝を貨幣とみなし、春秋後期に宝貝から楚貝貨への転化が起こったとする立場であるが、周との関係を指摘している点は注目される。

西周時代から春秋初期、楚は中原の遠く南方にあって、自ら蛮夷と称し中原諸国とは一線を画していた(72)。春秋時代に入ると楚は北進を始め、周が封建した多くの中原諸国を滅ぼして支配下に置いていった。楚は蛮夷としての自覚から中原の周文化に対して強い関心を持ち続けたと考えてよいであろう。この楚の支配者の周に対する思いは、荘王の「鼎の大小軽重を問う」のエピソード(73)に端的に表れている。これは、荘王が周に取って代わる意志を表示したものとされるが、あくまで周の体制を維持してそれを継承しようとしたものと思われる。咒字貝貨が楚によって周を継承する意図のもとに発行されたかどうかは定かでないが、周文化との関係で貨幣の形式として選び取られたことは確かであろう。なお、咒字系貝貨の文字はかなり多様であるが、咒字以外では咒字が安徽臨泉県史庄村（表4番号94）から二三一八点、罕字が肥西県新倉郷（表4番号135、136）から二〇〇点以上出土しているのを除いて、微々たるものである(74)。国家の鋳造工房の区別を示しているのか、あるいは民間鋳造なのか明らかでないが、咒字貝による楚貝貨の統一性は際立っている。

咒字貝貨以外の楚貝貨に関して、趙徳馨氏は夆字貝貨について春秋中葉かやや遅い時期の湖北北部、河南南部の楚国内の大封君の鋳造と考えている(75)。表1によると、上述のように夆字貝貨の出土が多いのは河南南部や安徽地域である。また、湖北出土の場合も河南南部や安徽に近い地域に片寄っている。この傾向は夆字貝貨以外のその他の楚貝貨でも認められる。咒字貝貨以外のその他の楚貝貨は、やはり楚が中原の陳に遷都した時期を中心に発行されたものであろう。しかし、その数量は極めて少なく咒字貝貨に対して補助的に発行されたものと考えられる。だが、それらが大量の貨幣の需要に対して国家が発行したものか、民間が鋳造発行したものか現在のところ明らかにしがたい。この問題は、この時期の楚国の貨幣発行体制全体の中で考えるべきであろう(76)。

楚貝貨の関係で検討すべき問題として、郢爰など楚金版との関係がある。趙徳馨氏は楚金版の出土分布図を作成しているが、その分布状況は楚貝貨の分布とよく似ている(77)。河南南部、安徽、山東南部、江蘇に出土例が多いが、湖北や湖南はそれほどでもない。このように東遷前に国都があった湖北に出土が少ない点について、黄徳馨氏は、楚に対する戦勝国が湖北から持ち出した可能性、東遷後に東方に運ばれた可能性、そして墓に副葬する習慣がなかったことを挙げ、東遷以前に楚金版が流通していなかったわけではないとしている(78)。しかし、これによって、楚金版が湖北において長期にわたって大量に発行されつづけていたことが積極的に証明されるわけではない。楚金版の流通も楚貝貨と同様な状況にあったことも考えられ、両者は対応しながら流通していたとも考えられる。この点は、楚金版の分析を深めた後、再度検討すべきであろう。

注

(1) 後述の咒字形のものを鬼臉銭と称し、有文銅貝全体を蟻鼻銭と称するのが一般的である。朱活氏によると、蟻鼻の語は古く晋葛洪『抱牧子』論仙に軽微の喩えとして見え、小銭のことであって、「一貝」二字の音転の可能性があるとしている（『古銭新探』斉魯書社、一九八四、頁193「蟻鼻新解―兼談楚国地方性的布銭―〝旆銭当釿〟」）。また、馬昂『貨布文字考』は〓の蟻形文字と鬼臉銭（咒）の倒置形の鼻の部分との二者を合称して俗に蟻鼻と称したとする。

(2) 末尾の表4「楚貝貨出土数量・寸法・重量表」によれば、134安徽省肥西県新倉郷での埋蔵量は一万点以上、164山東省曲阜県董大城村の埋蔵量は一五九七八点にも上る。また202江蘇省昆山県正儀郷では二〇〇kg、六万点以上発見されたとされている。一点の重さ三・三gは楚貝貨の一般的な重さであるので、六万点という数字もあながちあり得ない数字とも言えないであろう。

（3）呂長礼、梅凌「安徽肥西県新倉郷出土蟻鼻銭」（中国銭幣一九九四―三）頁45、黄錫全『先秦貨幣通論』（紫金城出版社、二〇〇一）頁356。

（4）数百枚を三〇〇枚、数十枚を三〇枚、数枚、若干を三枚、少数、零星を二枚として計算した。成分分析部分は除外した。なお、高煥文『癖泉臆説』は、⿱人朱字貝貨について、二十世紀初頭に「今河南広開鉄軌、挖得此種累千盈万」とあり、河南省で大量出土したとしているが、現在の出土情況から見て信憑性に欠けるため、本表には反映していない。

（5）趙徳馨『楚国的貨幣』（湖北教育出版社、一九九六）頁221。

（6）注（1）朱活書、頁199「蟻鼻新解―兼談楚国地方性的布銭―〝旆銭当釿〟」。

（7）淑芬「湖北雲夢楚王城出土蟻鼻銭」（『銭幣研究文選』中国財政経済出版社、一九八九）。

（8）郭若愚「談談先秦銭幣的幾箇問題」（中国銭幣一九九一―二）。

（9）尤徳仁「楚銅貝咒字釈」（考古与文物一九八一―一）。

（10）駢宇騫「布幣与蟻鼻銭」（歴史教学一九八二―二）。

（11）李紹曾「試論楚幣―蟻鼻銭」（『楚文化研究論文集』中州書画社、一九八三）、趙超「釈〝咒〟」（趙徳馨氏によれば未刊稿で『銭幣研究文選』から転引）、張虎嬰『歴史的軌跡』（中国金融出版社、一九八七）。

（12）鄭家相『中国古代貨幣発展史』（生活・読書・新知三聯書店、一九五八）頁174、彭信威『中国貨幣史』（上海人民出版社、一九五八）頁56、汪慶正主編『中国歴代貨幣大系一　先秦貨幣』（上海人民出版社、一九八八）頁33、李家浩「試論戦国時期楚国的貨幣」（考古一九七三―三）頁192。

（13）江蘇省文物管理委員会「徐州高皇廟遺址清理報告」（考古学報一九五八―四）頁8、王克譲、蘇長軍、徐発祥「河南鎮平県館蔵的楚国蟻鼻銭」（華夏考古一九九五―二）頁78。

（14）陳衍麟「安徽繁昌揀選的楚銅貝范」（考古与文物一九八九―二）頁107、羅運環、楊楓「蟻鼻銭発微」（中国銭幣一九九七―

一）頁8。

(15) 馮耀堂「安徽臨泉出土大批楚国銅貝」（文物一九八五―六）頁88。

(16) 注（3）黄錫全書、頁369。

(17) 王献唐『中国古代貨幣通攷』上冊（斉魯書社、一九七九）頁197、周世栄「貨幣帛書文字叢考」（古文字研究七、一九八二）頁178。

(18) 劉志一「𠷎字新考」（江漢考古一九九二―三）頁79。

(19) 陳隆文「楚蟻鼻銭面文𠷎字新釈―先秦貨幣地理研究之八」（華夏考古二〇〇六―四）頁93。

(20) 注（5）趙徳馨書、頁224、225。

(21) 注（6）朱活書、頁198。

(22) 黄錫全「楚幣新探」（中国銭幣一九九四―二）頁12、注（3）黄錫全書、頁370。

(23) 朱活編『中国銭幣大辞典・先秦編』（中華書局、一九九五）頁35、注（13）王克譲等論文、頁78、注（14）羅運環等論文、頁8。

(24) 注（17）王献唐書、頁197、奥平昌洪『東亜銭志』（歴史図書社影印、一九七四）巻二、頁330、注（12）彭信威書、頁56、汪慶正書、頁33。

(25) 「巽」と解するのは注（3）黄錫全書、頁370。注（5）趙徳馨書、頁219は「金」あるいは「釿」の省文としている。

(26) 王毓銓『我国古代貨幣的起源和発展』（科学出版社、一九五七）頁92。

(27) 方若『薬雨古化雑詠』記載の一例のみ確認。方若は「邦」と釈している。

(28) 注（14）羅運環等論文、頁8。

(29) 注（3）黄錫全書、頁370。朱活『古銭新譚』（山東大学出版社、一九九二）も「安」あるいは「匋」と呼んでいるが、何琳儀氏は㊍字と[illegible]字は区別すべきとしている（何琳儀『古幣叢考』（安徽大学出版社、二〇〇二）頁240）。

(30) [illegible]字貝貨については楊鳳翔「前所未見的〝陽〟字蟻鼻銭」（文物二〇〇一―九）頁96、[illegible]字貝貨については注（3）黄錫全書、頁371。
(31) 湖北省荊沙鉄路考古隊『包山楚簡』(文物出版社、一九九一)図版117。以下も同書参照。
(32) 注(8)郭若愚論文、頁61。
(33) 注(5)趙徳馨書、頁27。
(34) 張天恩「東周列国貝化的考察」(中国銭幣一九九一―二)頁32、注(8)郭若愚論文、頁60、注(12)李家浩論文、頁195、注(1)朱活書、頁202、注(7)淑芬論文、頁291、蕭清『中国古代貨幣史』(人民出版社、一九八四)頁45、51、舒之梅「楚国経済発展脈絡」(江漢論壇一九八四―四)。
(35) 注(5)趙徳馨書、頁13、頁28、頁233。
(36) 注(12)鄭家相書、頁87、173。
(37) 注(12)汪慶正書、頁33。
(38) 汪昌橋、渭雄、呂長礼「楚銅貝合金成份的分析研究」(中国銭幣一九九五―二)頁8、汪昌橋、周衛栄、呂長礼「楚銅幣出土調査及其合金成分的分析研究」(中国銭幣論文集・第三輯(一九九八))頁178。注(19)陳隆文論文もこの説に従っている。
(39) 魏航空、方劼「楚国貝幣思考」(中国銭幣一九九七―一)頁3。
(40) 注(3)黄錫全書、頁364。
(41) 注(1)朱活書、頁201。
(42) 戦国諸国の年代は『史記』の内部でも矛盾が多い。原則として、『史記』六国年表にもとづく楊寛『戦国史』(上海人民出版社、一九八〇)の附録三「戦国大事年表」によったが、問題のある部分は、平勢隆郎『新編　史記東周年表』(東京大学出版会、一九九五)の表Ⅱ「新六国年表」の年代を「平勢」として附記した。
(43) 戦国中期に出現すると考えられる斉国貨幣・斉大刀は山東半島南部も含めて山東全域で広く流通している(第三章、地図1参照)。
(44) 太田麻衣子「鄂君啓節からみた楚の東漸」(東洋史研究六八―二、二〇〇九)頁1。

(45) 雲夢睡虎地出土「編年記」では「（昭王）十六年攻宛」とある。

(46) 雲夢睡虎地出土「編年記」では、昭王二九年に安陸を攻めたとなっており、この時、秦はさらに東して湖北雲夢県まで進出している。雲夢県あたりは秦の南郡に含まれた可能性が高い。

(47) 『史記』秦本紀には、昭襄王三〇年（平勢・楚頃襄王二〇年、前二七七年）に「蜀守若伐楚、取巫郡及江南為黔中郡」、三一年に「楚人反我江南」とあり、長江以南の湖南が再び楚の領有になったことがわかる。

(48) 第七章、頁390。

(49) 安徽出土の楚銅貝でも、山東鄒県出土のものに近い成分比のものが含まれている。臨泉県の四点、阜陽県の一点などは国都寿春時期のものであろう。

(50) 江村治樹『春秋戦国秦漢時代出土文字資料の研究』（汲古書院、二〇〇〇）、第二部。

(51) 表3によれば安徽渦陽県出土の一点は孝感出土のものの成分比に近く、早い時期の楚貝貨の流通力に広がりがあったことが分かる。

(52) 汪本初氏は亀がモデルになったとしている（「楚幣蟻鼻銭淵源考」文物研究一一（一九九八）頁338）。また近年133安徽太湖県から側面左右に二ヶ所の小さな抉りのある特殊な夆字貝化が大量に出土し、網の石製重りとの関連が示唆されている（章新亮、陶治力、陶治政「安慶出土罐蔵楚国蟻鼻銭」中国銭幣二〇〇九—二、頁33）。ともに一般的な見解とはなっていない。

(53) 柿沼陽平「殷周時代における宝貝文化とその「記憶」」（工藤元男、李成市編『東アジア古代出土文字資料の研究』雄山閣、二〇〇九、『中国古代貨幣経済史研究』汲古書院、二〇一一所収）頁6、池田等、淤見慶宏、広田行正『タカラガイ・ブック—日本のタカラガイ図鑑』（東京書籍、二〇〇七）頁164、166。

(54) 注（3）黄錫全書、頁8、頁45表三。以下、宝貝の記述は多く本書によっている。

(55) 注（12）鄭家相書、頁12、彭信威書、頁16、注（27）王毓銓書、頁10。

(56) 注（1）朱活書、頁7、頁9「古幣探源—試論我国古代貨幣的起源」。

(57) 注（12）汪慶正書、頁10。

(58) 注(3)黄錫全書、頁1「第一章　中国最早的貨幣―貝幣」。

(59) 佐原康夫「貝貨小考」(奈良女子大学文学部年報四五、二〇〇一)。宮澤知之『中国銭幣の世界―銭貨から経済学へ』(思文閣出版、二〇〇七)もこれに賛同している。

(60) 注(53)柿沼陽平論文、頁16。

(61) 注(12)汪慶正書、頁11、注(3)黄錫全書、頁24など。

(62) 戴志強「安陽殷墟出土貝化初探」(文物一九八一—三)頁72。戴氏は宝貝を貨幣と考え、第一段階の小孔式は宝貝が貴重な装飾品であった時期に始まり、実物貨幣になった初期にもなおこのようであったとし、第二段階の大孔式は流通の便のために穿繋されたもので、宝貝の流通が盛んになった殷代での基本的な形態であったとする。そして、第三段階の背磨式は貨幣として軽量縮小した最も高級な段階であり、殷代晩期にはこの段階に入っていたとしている。

(63) 注(12)彭信威書、頁13。

(64) 中国科学院考古究所『灃西発掘報告』(文物出版社、一九六二)頁128、154。

(65) 王国維「説玨朋」(『観堂集林』巻三、藝林三)。

(66) 注(53)柿沼陽平論文、頁32、附表1。

(67) 河南省文物研究所等『淅川下寺春秋楚墓』(文物出版社、一九九一)頁203。

(68) 和尚嶺一号墓から一六〇点、二号墓から一五点、徐家嶺九号墓から六点の宝貝が出土しているが、みな「一面加工磨平」となっており模写図も明らかに背磨式である(河南省文物考古研究所等『淅川和尚嶺与徐家嶺楚墓』〔大象出版社、二〇〇六〕頁21、114、214)。

(69) 彭柯、朱岩石「中国古代所用海貝来源新探」(考古学集刊一二、一九九九)頁124、図2、注(53)柿沼陽平論文、頁8、図4。

(70) 第七章、第二章参照。

(71) 注(5)趙徳馨書、頁29。

（72）『史記』楚世家に、「熊渠曰、我蛮夷也。不與中国之号諡」とあり、また楚武王の時、「楚伐随。随曰我無罪。楚曰我蛮夷也。今諸侯皆為叛相侵、或相殺。我有敝甲、欲以観中国之政、請王室尊吾号」とある。

（73）『左氏伝』宣公三年。

（74）史庄村出土の咒字系貝貨のうち咒字が三四点に対して咒字がほとんどを占める。咒、咒、罘字貝貨を除いた他の咒字系貝貨とされるものの数量は無視してよいほど少数である。

（75）注（5）趙徳馨書、頁232。

（76）戦国楚国の青銅貨幣としては、第一章でふれたように、楚貝貨の他に大型の布銭（旆銭当釿、殊布当釿、桡比當忻）や銅銭牌などがあるが、その性格については多くの議論がある。

（77）注（5）趙徳馨書、頁148「図4—1楚国金幣流通地域示意図」。

（78）黄徳馨「湖北出土的爰金為什麼這様少」（中国銭幣一九九六—二）頁33。

図版・表出所目録

図1　楚貝貨の種類

①②著者写真、③④中国銭幣一九九〇—三、⑤『信陽駐馬店銭幣発現与研究』頁271図四、⑥著者写真、⑦⑨考古一九九一—一、図八2、8、⑧⑫黄錫全『先秦貨幣通論』頁369図一二三、⑩中国銭幣一九九四—三、挿一写真版、安徽肥西県出土的蟻鼻銭新品、⑪文物二〇〇一—九頁96図一

図2　宝貝の背面加工（大孔式、背磨式）

①『安陽鶴壁銭幣発現与研究』彩版貳（殷代）、②著者写真

図3　現代の宝貝装飾品（東南アジア？）著者写真

図4　金文の「朋」字関係字

①『三代吉金文存』巻六・四六、②同上巻一六・一七

表1・表4から集計。

表2・表4から集計。

表3・周衛栄『中国古代銭幣合金成分研究』（中華書局、二〇〇四）頁24、表2213「蟻鼻銭的合金成分」による。

表4　楚貝貨出土数量・寸法・重量表

種類／出土地	咒字系			夆字			その他	数量計
	数量	寸法cm	重量g	数量	寸法cm	重量g		
1 **湖北** 荊州紀南城								不明
2 荊州 郢城鎮M40	咒咒6	2-1.15	3.7-2.3					6
3 荊門 岳飛城M3	咒1							1
4 宜城 楚皇城	咒1	1.85	1.9					1
5 宜城 郭家崗探溝	咒1	厚0.4						1
6 孝感 野猪湖窖蔵	4745	2-1.3	5.4-3.5					4745
7（孝感）＊成分分析	（咒5）		5-4					（5）
8 雲夢 楚王城四層	17	2.2-1.6	4.42-1.59	14	1.95-1.62	2.45-0.96	忻1（1.6g） 無文1（0.96g）	33
9 雲夢 楚王城五層	16	1.95-1.7	3.67-1.67	1	1.95	2.45		17
10雲夢 楚王城探溝	咒不明	極薄						不明
11応山 王子山				1		3.37		1
12大悟 呂王城T2	咒1							1
13大悟 呂王城T5								不明
14黄岡 禹王城窖蔵	咒450-							450-
15黄岡 汪家冲M21	咒9	2						9
16大冶 金牛鎮窖蔵	咒4		（7-4.2）	1		（7-4.2）		5
17（武漢廃品倉庫）	（咒33）			（15）			（忻1、無文1）	50
18**湖南** 長沙伍家庄M272楚墓	咒3	1.8-1残	1.23-0.61残					3
19長沙 小林子冲M14戦晩	2							2
20長沙 大冬瓜山M8戦	100余	（1.8）	（2.6）				（忻、安）	100余
21長沙 東塘農学院M6戦	5	（1.8）	（2.6）					5
22長沙 東塘M8戦	咒10余							10余

23長沙 燕山M 8 戦	11							11
24常徳 徳山M47 M50戦後	199	1.6						199
25常徳 徳山M 5 戦	189							189
26常徳 徳山棉織廠 M 7 戦	145							145
27常徳 徳山M 2	哭2							2
28臨澧 九里M 3								2(3-2.3) 種不明
29郴州 飛工M 1 戦 中晩	哭2	1.8	1					2
30郴州 上鉄M12	哭2							2
31河南 西峡五里橋	(哭哭 1298)	1.8-1.45	3.9-0.75				無文 2	(1298)
32淅川 倉房郷墓群				27	-2-			27
33(鎮平か 隣県)	(哭137)	1.99-1.26	4.25-0.6	7	2.02-1.71	3.2-1.7	[illegible]2(1.82-1.7/ 2.1-1.1) 両1(1.6/1) 人面1(1.36/2.5g)	(148)
34南陽 建東小区								種別不明 22(1.92- 1.58/3.5- 1.7)
35信陽 楚王城								不明
36信陽 長台関							[illegible](合背)不明	不明
37(信陽)	哭11、哭 不明			2				不明
38息県 包信	哭10							10
39(息県)	哭不明	-1.8-	-3.1-					不明
40潢川(黄 国故城)								不明
41潢川 唖吧園孜	哭30-							30-
42(固始一 帯)	哭4700- (哭 7000-)		2-1.1	400-			全3(1.7-1.3g) [illegible]37(2.2-1.2g) 忻1(4.25g)	5100-
43固始 翁棚遺址								不明
44固始 頼崗遺址								不明
45固始	哭不明							不明

三河尖								
46固始 三仙庄								400-
47固始 李店郷								20-kg
48固始 番国故城								500-
49(固始)	咒巽						全、忻、行、匋、君	不明
50(固始採集)	咒50-		4-2.2					50-
51淮浜 期思里古城	咒？不明	(1.8-1.4)	(3.1-1.4)					不明
52淮浜 期思	咒不明						宋不明	不明
53淮浜 馬崗遺址								不明
54新蔡 新蔡故城	咒不明		(2.8-1.5)	不明		(0.7-0.5)	半(0.42g) 両(0.6g)	不明
55平輿 沈国故城	咒不明	(-2.01-)	(-3.1-)	不明	(-1.99-)	(-3.1-)	全(1.5)　忻(4.8) 行(3.2-3g) 匋(1.1g)	不明
56平輿 后崗遺址								不明
57上蔡 蔡国故城	咒300-							300-
58上蔡 澗溝王村楚墓								不明
59上蔡 郭村冶鉄遺址								不明
60商水 扶蘇城外								不明
61商水 頓国故城								不明
62淮陽 金楼村	咒270、 巽23	1.9-1.6	(3.8-2.2)	3	2-1.9	(3.8-2.2)	V式1	297
63淮陽 馬鞍冢楚墓	咒53		-0.1					53
64淮陽 平糧台M79	咒不明							不明
65淮陽 平糧台M4								種不明 1
66淮陽 平糧台小型楚墓								不明
67淮陽 陳楚故城								不明
68(鄲城)	不明							不明
69柘城 城関鎮1								1 (1.8cm)
70柘城				不明			全	7

城関鎮 2								(1.9-1.5 cm)
71柘城 郭村崗	咒1	1.7						1
72太康 玉皇閣								種別不明210 (4.1/7-)
73鄢陵 陶城村	70			7			[illegible]5	82
74禹州 褚河郷								零星
75襄城 潁陽鎮								零星
76襄城 潁橋鎮								10
77舞陽 北舞渡古城				1				1
78舞陽 七里崗	咒1	2						1
79舞陽 呉城	不明			不明				100-
80郾城 鄧襄遺址								数100
81魯山 西肖楼遺址								不明
82汝州 城北				(169)	(1.9)	(3.1)		(169)
83(汝州採集)	(300-)							(300-)
84(宜陽)				不明				不明
85三門峡 上村嶺墓	咒数枚							数枚
86**安徽** 亳県城父							忻8(4.1g) 三1(1.75/2.1)	9
87亳州 墓葬							忻7	7
88渦陽 盛方楼窖蔵	咒25、[illegible]1		5.6-					25
89渦陽 盛双楼西窖蔵	咒4	2-1.8						4
90渦陽 丹城								不明
91(渦陽)	咒10							10
92宿県 蘄県集古城								不明
93太和	2000-							2000-
94臨泉 史庄村城址	咒2318 咒34、咒2、咒1	3.1-1.7	3.6-1.4					3000-
95臨泉 老邱堆採集	咒10			1				11

96（臨泉収購）	咒110			少数				不明
97（臨泉1）	咒200-						全1	200-
98（臨泉2）	咒30							30
99（臨泉3）							[illegible]不明	不明
100（臨泉）＊成分分析	（咒1、咒20）	(2.03-1.6)	(3.44-1.19)	(1)	(1.4)	(0.5)		(22)
101（阜南）				不明	2-1.5	3-2.8		不明
102阜陽界首	咒咒数100							数100
103（阜陽）＊成分分析	（咒10）	2-1.2	2.94-1.0				[illegible]（1.8/2.5） 無文（3g）	不明
104阜陽插花区	咒銀1残	1.7	2.2					銀1
105阜陽一遺址							忻数枚	数枚
106利辛苞河沿岸	咒10-			6				16-
107潁上湯圩	咒数10							数10
108潁上1	咒30							30
109潁上2	咒80-							80-
110寿県九里溝	2	2.1	3.18					2
111寿県堰口集1	咒300-							300-
112寿県堰口集2	咒数100							数100
113寿県瓦埠湖	咒3000-							3000-
114寿県安豊塘	咒200-							200-
115寿県1	咒3000-			10-				3010-
116寿県2								種不明 120-130 (3.75g)
117淮南唐山郷等								不明
118淮南	咒300-							300-
119懐遠古城	咒100-							100-
120懐遠孝信郷等	咒数100 咒銅范2							数100 銅范2
121（蚌埠収購1）	1000-							1000-
122（蚌埠収購2）	咒不明							不明
123鳳陽覇王城1	咒数10							数10
124鳳陽覇王城2	咒30-							30-
125（鳳陽臨淮関収購）	不明							不明

126固鎮 濠城郷	哭3856		5.65-1.06					3856
127固鎮 新馬橋	哭100-							100-
128固鎮 垓下遺址	哭数枚							数枚
129固鎮 ＊成分分析	哭数100	(1.8-1.6)	(2.2-1.9)					数100
130六安 西古城1	哭数100							数100
131六安 西古城2	哭2000-							2000-
132六安	哭巽咒 若干			若干 残銅范 1			忿若干	若干 残銅范1
133太湖 小池鎮	1			6000-	2.06-1.28	4.1-1.9		6000-
134肥西 新倉郷窖蔵	哭哭 10000-	-2.1-	-2.6-	2	-1.98-	-3-	忿(-1.8-/-2g-)	10000-
135肥西 新倉郷楽河遺址	哭20、哭1400、巽8、朋200	-2.1～1.75-	-2.6～1.75-	18	-1.98-	-3-	忻3(-2.1-/-4-) 忿9(-1.8/-2-) 宋15(-1.9-/-2.5-)	2000-
136肥西 新倉郷豊楽河	哭400-、哭1、巽1、朋35			4			忿5、尒1、楽5	453-
137肥西 新倉郷豊楽河北岸	哭9240、哭1							9240
138(肥西) ＊成分分析	哭巽朋哭(35)	1.8-1.6	3.49-2.16	(2)	2.05-2	3.45-1.32	忿1(1.8/1.6) 全1(1.4/1.5) 宋1(1.6-1.5)	(40)
139合肥 漢城遺址	哭1							1
140合肥 西角漢墓								種不明 1
141巣湖 黄山郷	哭5000-							5000-
142巣湖 汽車站	哭80-							80-
143巣湖 廟集	200-							200-
144巣湖	1000-							1000-
145全椒 城東郷	哭数10							数10
146全椒	哭1000-							1000-
147天長 北岡漢墓								1
148繁昌 三山鎮	哭52		4-1.5					52
149(繁昌横山鎮？)	哭銅范2							銅范2
150(繁昌)	(哭13)	1.64-1.31	1.54-0.52					(13)

＊成分分析								
151広徳 誓節郷窖蔵	咒1159	1.8	−2.72−0.8					1159
152**山東** 棗庄薛城	咒不明							不明
153棗庄 渇口鎮M118	咒1	1.7						1
154蒼山 蘭陵	（咒3）							（3）
155郯城 郯国故城								不明
156臨沂 西義堂郷	咒数枚	（1.6）	（3.1）					数枚
157臨沂	咒3000−							3000−
158滕県 木石公社	咒527							527
159滕県 滕国故城								不明
160鄒県 邾国故城	（咒2）						無文（1）	（3）
161（鄒県） ＊成分分析	（咒4）	（2.0−1.5）	（2.0−1.5）					（4）
162曲阜 魯故城	8							8
163曲阜 魯故城周公廟								少数
164曲阜 董大城村窖蔵	咒咒他 15978	1.85−1.2	4.2−0.6					15978
165曲阜 董大城村東	8	1.46−1.1	2.7−0.5					8
166泗水 官元村	咒95		3.8−1.5					95
167（莒県）	不明							不明
168莒南 西鉄溝崖村	咒109？		3.8−3.1					109？
169（莒南）	不明	1.65	3.8					不明
170日照	咒少数							少数
171**江蘇** 徐州高皇廟	咒2		3.18					2
172徐州 鶏山	咒少数							少数
173徐州 十戸山	咒少数							少数
174徐州 洞山村								少数
175徐州 昆山	咒少数							少数
176徐州 塩城地区								少数
177邳県	咒成堆							成堆

南灘子								
178邳県 竹園村	多数							多数
179東海 焦庄遺址	6							6
180連雲港 九竜口								不明
181宿遷 清涼院遺址	㒳30							30
182宿遷 青墩遺址	㒳7							7
183泗洪 巨声村窖蔵	㒳3259-	2.1-1 (1.8-1)	5-0.3 (1.8-0.3)					3259-
184泗洪 張郎咀	㒳20							20
185泗洪 鍋底湖遺址	㒳3							3
186淮陰 石庄	㒳1							1
187射陽								不明
188塩城 麻瓦墳遺址								不明
189洪沢 塘埂遺址	㒳[illegible]2							2
190盱眙 王店郷	㒳3							3
191盱眙 観音寺郷	㒳500							500
192盱眙 十里営郷	㒳4500							4500
193盱眙 東陽古城	㒳400							400
194金湖 黎城遺址	㒳10							10
195揚州 邗城								不明
196揚州 郊区胡場墓								不明
197儀徴 甘草山遺址	㒳42	2-1.5	4-2.3					42
198南京 師古灘								数1000 不明
199(高淳淳 渓鎮収購)	(㒳311、 㒳1)	1.6-1.2						(312)
200宜興 南新公社	㒳2							2
201蘇州 霊岩山	不明							不明
202昆山 正儀郷	㒳 60000-							60000-
203(昆山採 集)	㒳11		2.8-0.75					11

204浙江 湖州城区	咒 600-500		2.8-1.4					600-500
205仙居 湫山郷								種不明 16
206陝西 咸陽長陵車站	咒咒73	2-1.3	4.1-0.6	48	2.1-1.6	3.6-1	[illegible]1(1.9/1.4) 無文2(1.8-1.7/2.7-2.5)	124
207内蒙古 額済納旗	咒3 銅范？	2.1	3.5					3 銅范？

表一 楚貝貨出土地出典一覧

湖北

1荊州紀南城：『中国文物地図集　湖北分冊』下ｐ142（荊州区紀南鎮南楚紀南故城周囲で郢爰、蟻鼻銭）

2荊州郢城鎮Ｍ40：江漢考古2007-4ｐ19（2002年6月～2004年10月郢城鎮黄山村と澎湖村境内庶民楚墓Ｍ40（戦国中期）・陶壷、銅砝碼4（有銘）、天秤盤、咒咒蟻鼻銭6）

3荊門岳飛城Ｍ3：中国銭幣論文集・第三輯（1998）ｐ173（文物1965-12）（1962年漢墓Ｍ3・咒字貝1枚）／文物1965-12ｐ62（武漢晩報1963年1月16日）

4宜城楚皇城：考古1965-8ｐ380図七（1962年4月楚皇城遺址、陶罐戦国中期窖蔵・咒字蟻鼻銭1、半両400余斤、黄金大金粒、金子）／『古銭新探』ｐ195表／江漢考古1985-2ｐ68（鄢故城（楚皇城）東北部の高坡（散金坡、晒金坡）で郢爰出土、東周遺物城内外で出土（銅器、帯鈎、車馬具、蟻鼻銭、銅鏃））

5宜城郭家崗：考古学報1996-4ｐ515（1990年9月～12月宜城市西南7㎞郭家崗遺址・周代遺址、房址、灰坑97、井7、石工具、鉄農具、銅削刀5、帯鈎、陶器、陶文「王」字、咒字貝1（北区Ｔ2））

6孝感野猪湖：文物1965-12ｐ62（1963年12月祝站区野猪湖南部陶罐内窖蔵・蟻鼻銭5000枚前後、銅弩牙2、三稜銅鏃2、獣飾銅轄、銅剣剣身残片2と13片の銅器小残片同出／考古1964-4ｐ369

7（孝感）＊成分分析：中国銭幣1995-2ｐ8（孝感咒5枚）

8雲夢楚王城・四層：『先秦貨幣通論』ｐ357表三〇（楊煦春主編『銭幣研究文選』ｐ284）、表三三（1987年東周文化層第四層〔春秋末～戦国早中期〕・咒系貝17、⿱夅朱貝14、忻貝1）／考古1991-1ｐ13（1984年城址文化層遺物：西周（陶器）、東周（陶器、筒瓦、蟻鼻銭：無文銭、有文銭6種）、秦漢（陶器、雲紋瓦當））

9雲夢楚王城・五層：『先秦貨幣通論』ｐ357表三〇（楊煦春主編『銭幣研究文選』ｐ284）、表三三（1987年東周文化層第五層〔戦国中晩期〕・咒系貝16、⿱夅朱貝1）／考古1991-1ｐ13（1984年城址文化層遺物：西周（陶器）、東周（陶器、筒瓦、蟻鼻銭：無文銭、有文銭6種）、秦漢（陶器、雲紋瓦當））

10雲夢楚王城探溝：文物1994-4 p42（1992年6月楚王城西壁剖面探溝・楚王城城垣底下に漢代灰坑7ヶ所、陶器、銅器（鏃、帯鈎、咒字蟻鼻銭）、鉄器）

11応山王子山：『楚国的貨幣』p224（王子山・𠓤字貝1枚）

12大悟呂王城T2：江漢考古1985-3 p5（1982年2-4月県城東70㎞呂王鎮呂王城遺址T2・蟻鼻銭1）

13大悟呂王城T5：江漢考古1990-2 p32（1979-82年呂王城遺址T5・紅焼土、陶片、鉄斧、銅鏃、帯鈎、咒蟻鼻銭（第二層）、木炭渣、陶片（第三～五層））

14黄岡禹王城・窖蔵：考古1984-12 p1095（1981年3月15日禹王城西南角土台上小陶罐窖蔵・咒銅蟻鼻銭431余（麻布痕跡あり）、銅円銭3（方孔、銘文不明）、銅箭鏃16）

15黄岡汪家沖M21：考古学報2001-2、p227（禹王城南汪家沖墓地WM21（戦国晩期）・陶礼器、銅矛、咒蟻鼻銭9）／考古学報2001-2 p227（1992年3-5月禹王城南楚墓（春秋中期～戦国晩期、曹家崗・竜王山・王家沖墓地）・蟻鼻銭8）

16大冶金牛鎮窖蔵：江漢考古1989-3 p18（1982年5月金牛鎮黄泥大隊竹林柯自然村一陶罐（戦国晩期）窖蔵・良金四朱、良金一朱、咒字貝4、𠓤字貝1、銅車馬器、工具、兵器）／『先秦貨幣通論』p357表三〇

17（武漢市廃品倉庫）：中国銭幣論文集・第三輯（1998）p173（中国銭幣1985-2・朱活「古銭続談」）（1974年武漢市文物商店廃品倉庫発見（春秋末～戦国早期遺址）・咒33枚、𠓤15枚、忻1枚、無文貝1枚）

湖南

18長沙五家庄M272：『長沙発掘報告』（1951年伍家庄戦国楚墓M272・咒蟻鼻銭残片3）

19長沙小林子沖M14：考古通訊1958-12 p29（1957年8月南門外小林子沖盲人院工地戦国墓M14・陶器、銅剣、鏡、花料珠1粒、銅蟻鼻銭2枚（墓室中間）／『古銭新探』p195、p196表（1957年南門外、小林子沖盲唖学校・M14（戦国墓）：咒字貝2枚、銅鏡、料珠、陶器）／『先秦貨幣通論』p357表三〇（考古通訊1958-12）（1957年南門外、小林子沖M14楚墓・咒字系貝2枚／?:中国銭幣論文集・第三輯（1998）p173表一（1957年8月南門外小林子沖楚墓M14・咒、𠓤字貝120枚）

20長沙大冬瓜山M８：『古銭新探』p196表（1954年南門外大冬瓜山戦国墓M８・哭字系貝100余枚、銅鏡、剣、天平法碼、銅礼器、陶器）／?中国銭幣論文集・第三輯（1998）p173表一（考古1958-12）（1954年南門外大冬瓜戦国墓M８・哭５枚、⊗、忻、金貝）

21長沙東塘農学院M６：『古銭新探』p196表（1954年南門外東塘農学院戦国墓M６・哭字系貝５枚、銅鏡、法碼、銅勺、陶器）／『先秦貨幣通論』p357表三〇（『古銭新典』上p19）（1953年東塘農学院M６楚墓・哭字系貝５枚

22長沙東塘M８：『我国古代貨幣的起源和発展』p93（1954年南郊東塘戦国墓（編号54、長東M008）・銅鏡附近に哭蟻鼻銭10余枚放置）／?『湖南省文物図録』p１・35-１（1953年東塘M８・哭字貝４枚）

23長沙燕山嶺M８：『古銭新探』p196表（1958年東門外燕山嶺、戦国墓M８・哭字系貝11枚、銅鏡、陶器）

24常徳徳山M47、M50：考古1963-9 p461（1958年10月徳山鎮晩期墓M47、M50（戦国後期~秦楚の際）・銅蟻鼻銭計199枚（頭箱竹筐内）／『先秦貨幣通論』p357表三〇（考古1963-9）（1958年、徳山鎮、M47、M50・哭字系貝199）／?『中国歴代貨幣大系一』p33、p1151先秦鋳幣出土簡況表（考古1963-9）（1958年徳山棉紡廠楚墓M５、楚国晩期墓M47、M50・楚銅貝約200枚哭字系、金）

25常徳徳山M５：文物1960-3 p34（1958年徳山鎮楚墓M５・蟻鼻銭189個）／『先秦貨幣通論』p357表三〇（『古銭新典』上p19）（1958年徳山鎮、M５・哭字系貝189）／?中国銭幣論文集・第三輯（1998）p173、表一（文物1960-3）（1958年10月徳山鎮戦国墓M５・哭、金字貝189枚、戦国墓M７：哭、金字貝145枚）

26常徳徳山棉織廠M７：『古銭新探』p196表（1958年徳山棉織廠戦国墓M７・哭字系貝145枚、銅鏡、戈、料珠、陶器）／『先秦貨幣通論』p357表三〇（『古銭新典』上p19）（1958年徳山鎮M７・哭字系貝145）／?中国銭幣論文集・第三輯（1998）p173、表一（文物1960-3）（1958年10月徳山鎮戦国墓M５・哭、金字貝189枚、戦国墓M７：哭、金字貝145枚）

27常徳徳山M２：『湖南省文物図録』pl. 35-２（1958年徳山M２・哭蟻鼻銭２枚）

28臨澧九里M３：中原文物1991-4 p39（河南考古輯刊1986-3）（九里M３・蟻鼻銭２枚）

29郴州飛工M１：中国銭幣1995-2 p56（1993年郴州地区戦国中期偏晩墓（93郴飛工M１）墓底頭部・哭蟻鼻銭２枚、陶礼器、四

山紋銅鏡、銅鏃）
30郴州上鉄M12：中国銭幣1995-2 p56（1994年郴州地区戦国中期偏晩墓葬（94郴上鉄M12）・咒蟻鼻銭2枚（墓底）、陶盆残片）

河南

31西峡五里橋：中原文物1986-1 p87（1961年夏城西北3km五里橋公社方店大隊槐樹村南丁河北岸窖蔵、発見時南陽博物館が5kg（総数の一半）調走、文革中に一部失う、西峡県文化館1298枚、2.6kg臧（Ⅰ型咒最多、Ⅱ型咒、Ⅲ型咒最少、他に無文字2））／『南陽平頂山銭幣発現与研究』p34（1961年春五里橋公社方店大隊槐樹湾村南丁河北岸、戦国一陶罐窖蔵10余kg・咒、咒、咒合背、南陽市博物館、西峡県文管館（文革時部分亡失））
32淅川倉房郷：中原文物2009-6 p4（2008年3月陳庄村（現侯家坡村）東溝組鰲蓋山墓群M12・夅字27枚）
33（鎮平か隣県）：華夏考古1995-2 p78（1985年2月11日鎮平県公安局計191枚蟻鼻銭繳獲、150枚整理、出土地点不詳、銹色一致、同坑出土の可能性、咒字137、夅字7、君字2、両字1、人面1、銖字1、石咒字1）／『南陽平頂山銭幣発現与研究』p34（出土地不詳、鎮平県館蔵、1985年2月鎮平県公安局没収）
34南陽建東小区：『南陽平頂山銭幣発現与研究』p35（包明軍「河南南陽出土銅、骨、貝幣」中州銭幣5期）（1992年7月建東小区工地・戦国瓦礫坑：蟻鼻銭22枚）
35信陽楚王城：中原文物1983特刊、p54（1921年長台関公社蘇楼大隊西部楚王城遺址・戦国銅器、瓦當、陶片、蟻鼻銭、郢爰1塊25g、銅鏃出土（『続修信陽県志』））
36信陽長台関：『信陽駐馬店銭幣発現与研究』p37蟻鼻銭出土一覧表（君字合背貝、枚数不詳）／『中国銭幣大辞典・先秦編』p34（1963以来陝西咸陽、河南信陽等出土・〓字貝）
37（信陽）：『信陽駐馬店銭幣発現与研究』p37蟻鼻銭出土一覧表（1987年、咒字貝11、各六朱2枚）
38息県包信：『信陽駐馬店銭幣発現与研究』p37（1986年、咒字貝10枚）
39息県：『信陽駐馬店銭幣発現与研究』p37蟻鼻銭出土一覧表

40潢川黄国故城：中原文物1986-1 p54（潢川県西６㎞隆古郷黄国故城・周辺遺物豊富、陶片、銅鏃、蟻鼻銭）
41潢川唖吧圍孜：『信陽駐馬店銭幣発現与研究』p37蟻鼻銭出土一覧表（1985年）
42（固始一帯）：中国銭幣1990-3 p66（1987年夏固始県農村丘陵地帯（戦国は期思、楚相孫叔敖の出身地）、暴雨時表土流失、銭幣星散、農民拾い上海に流入、計5100余、７品種：咒4700枚前後（大多数2-1.1ｇ、合背型13枚、空腹空背型７枚）、〓400枚前後、君字37枚（６枚重量：2.2、2、1.9、1.7、1.4、1.2ｇ）、金字３枚、1.7、1.3ｇ、他砕損）、忻字１枚（4.25ｇ）／『信陽駐馬店銭幣発現与研究』p37蟻鼻銭出土一覧表（中国銭幣）（1980年代、咒字貝7000余枚）
43固始翁棚遺址：『中国文物地図集　河南分冊』p521、地図218-219（三河尖郷翁棚遺址（春秋戦国）・24万㎡、陶片、楚国貝幣（蟻鼻銭?）、漢代銅鏡）
44固始頼崗遺址：『中国文物地図集　河南分冊』p521、地図218-219（陳集郷栬杆村頼崗遺址（春秋戦国）・9300㎡、石器、陶片、楚蟻鼻銭、漢代銅洗）
45固始三河尖：『信陽駐馬店銭幣発現与研究』p37蟻鼻銭出土一覧表（1983年）
46固始三仙庄：『信陽駐馬店銭幣発現与研究』p37蟻鼻銭出土一覧表（1990年蟻鼻銭400余枚）
47固始李店郷：『信陽駐馬店銭幣発現与研究』p35(1992年、銅貝20余kg)
48固始番国故城：『信陽駐馬店銭幣発現与研究』p35（1996年、銅貝500余枚）
49（固始）：『中国古代貨幣発展史』（〓字貝・固始県出土）／『古銭新探』p198／文物1959-3 p65（全字貝・河南固始県出土多）／『東亜銭志』巻二、p331（咒、咒、咒、〓、忻、夰、全、〓字貝・河南固始県期思里で砂礫中に多く得る「古金待問録」）
50（固始採集）：中国銭幣論文集・第三輯（1998）p173表一（銭幣文論特輯・第１輯、徐達元「試論楚国咒字銅貝的鋳造工芸」）（1984年固始県文管所採集・咒50余枚（うち合背３枚））
51淮浜期思里古城：中国銭幣1985-2 p9（近年来、楚貝20市斤収集、多半が咒字貝）／『先秦貨幣通論』p357表三〇（李紹曾「試論楚幣」『楚文化研究論文集』1983）（1957年期思郷収購站収購・咒字系貝10kg）／中原文物1983特刊 p59（期思公社蔣国故城（期思古城）内外・石鎌、銅兵器、蟻鼻銭（半両の意味）多数、「郢爰」１塊16.9ｇ）

52淮浜期思：『信陽駐馬店銭幣発現与研究』p37蟻鼻銭出土一覧表（1985年、23斤、咒字貝、夭字（泉）字貝）

53淮浜馬崗遺址：『中国文物地図集　河南分冊』p493、地図209（期思郷東寨村馬崗遺址（戦国）・1400㎡、戦国銅戈、鏃、蟻鼻銭、陶器、漢磚、布紋瓦、陶器）

54新蔡新蔡故城：『信陽駐馬店銭幣発現与研究』p265（新蔡故城鋳幣遺址収集：蟻鼻銭「貝」「各六朱」「半」「両」、蟻鼻銭范、郢爰）／文物2005-1 p51（城関鎮新蔡故城内・蟻鼻銭、郢爰、戦国封泥出土、2002年11月の調査でも蟻鼻銭痕跡常見）

55平輿沈国故城：『信陽駐馬店銭幣発現与研究』p265（沈国故城楚鋳幣遺址出土：蟻鼻銭「貝」咒、咒、「各六朱」「行」「君」「金」「忻」、合背、白銅蟻鼻銭）／『先秦貨幣通論』p358表三〇（「〝行〟字蟻鼻銭浅説」中州銭幣・専輯（6）1996）（1989年射橋鎮沈国故都遺址・穴行貝1）

56平輿後崗遺址：『中国文物地図集　河南分冊』p469、地図202（廟湾郷後崗遺址（周代）・2万㎡、陶器、蟻鼻銭）

57上蔡蔡国故城：中国銭幣論文集・第三輯（1998）p173表一（調査得知）（1990年故城遺址・咒字貝300余枚））／河南文博通訊1980-2 p32（県志記載・翟村附近墓葬区で蟻鼻銭、郢爰、春秋銅鼎、戈出土）／中原文物1993-1 p57（故城中央の王位庄に崗陵・東西600、南北500ｍ、文化層厚1.3ｍ、陶器、筒板瓦、縄紋磚、地下排水管道、蟻鼻銭、碎金片散布、西部の陳庄村・1984年郢爰1塊出土、故城内上蔡南関、北垣烽火台南面でも郢爰、蟻鼻銭、陶片出土）

58上蔡潤溝王村楚墓：中原文物1993-1 p57（城西2.5㎞潤溝王村崗地楚墓群・1979年大型土坑楚墓15座出土（銅器、銅剣、矛、戈、編鐘、車馬器、陶器、楚貝（蟻鼻銭？））

59上蔡郭村冶鉄遺址：『中国文物地図集　河南分冊』p454、地図196-197（蘆崗郷郭村冶鉄遺址（戦国）・6万㎡、炉渣、陶片、鉄槐、陶片、板瓦、蟻鼻銭）

60商水扶蘇城外：考古1983-9 p846（城外東南150ｍに扶蘇墓、その東南に大面積の漢代建築、墓西から蟻鼻銭一罐）／中原文物1988-1 p82（城外から蟻鼻銭出土）

61商水頓国故城：『中国文物地図集　河南分冊』p424、地図188（平店郷李崗村頓国故城・陶器、蟻鼻銭、筒板瓦、雲紋瓦當）

62淮陽金楼村：考古1990-12 p1131（1984年春淮陽県西関金楼村・計296枚、農民取土時挖出、大小不一、Ⅰ式咒貝23、Ⅱ式咒貝270

（以上、穿孔不通、辺縁未加工）、Ⅲ式夆貝2、Ⅳ式夆貝1（以上、穿孔）、Ⅴ式1）

63淮陽馬鞍冢楚墓：中国銭幣1985-2 p9（平糧台馬鞍冢楚墓から咒字貝計53枚出土）／『中国歴代貨幣大系一』 p33（『楚文化研究論文集』）（平糧台馬鞍冢楚墓・楚貝極軽0.1g）

64淮陽平糧台M79：中国銭幣1985-2 p10（平糧台M79（戦国晩期）・咒字貝）

65淮陽平糧台M4：河南文博通訊1980-1 p34（1970年代大連公社大朱大隊大朱村平糧台M4(戦国楚墓、望山M1相当）・蟻鼻銭1（塡土中）、銅鏃19、鼎、鏡、帯鉤、鋸、陶器、越王銅剣）／中原文物1993-1 p57（1979-85年平糧台上戦国晩期中小型楚墓M4・陶器10、銅器、蟻鼻銭、錯銀「越王」剣）

66淮陽平糧台小型楚墓：中国銭幣1997-1 p3（曹桂岑「淮陽楚墓論述」『楚文化研究論集』第一集、荊楚書社、1987）（1979-81年平糧台範囲内小型楚墓（戦国晩期楚人陳に遷都間）・蟻鼻銭）

67淮陽陳楚故城：江漢考古1985-2 p70（城関鎮南陳楚故城・板筒瓦、陶器、蟻鼻銭出土）／『中国文物地図集 河南分冊』 p419、地図187／中原文物1989-4 p68（陳楚故城城墻第一次修復・夯層厚10-15cm、陶片、蟻鼻銭、鉄器発見、楚滅陳後、第二次修復・夯層厚12-17cm、横木使用、筒板瓦、陶片、蟻鼻銭発見、戦国晩期）／華夏考古1989-3 p66

68（鄢城）：中国銭幣1985-2 p9（鄢城県・楚貝発見あり）／『中国銭幣大辞典・先秦編』 p35（咒字系貝）

69柘城城関鎮1：『開封商丘銭幣発現与研究』（中華書局、2003） p414（1979年城関鎮北関旧城湖採集・蟻鼻銭1枚）

70柘城城関鎮2：『開封商丘銭幣発現与研究』（中華書局、2003） p414（1991年城関鎮北関旧城湖・夆字貝、金字貝計7枚出土）

71柘城郭村崗：『開封商丘銭幣発現与研究』（中華書局、2003） p414（1976年郭村崗石採集・咒字貝1枚）

72太康玉皇閣：『南陽平頂山銭幣発現与研究』 p6（玉皇閣出土・蟻鼻銭210枚、最大重7g）種別不明

73鄢陵陶城村：『許昌漯河銭幣発現与研究』（中華書局、2005） p61（1990年春、陶城郷陶城村・咒字系70、君字5、夆字7枚）

74禹州褚河郷：『許昌漯河銭幣発現与研究』（中華書局、2005） p62（1992-98年褚河郷潁河両岸・零星楚貝貨発見）

75襄城潁陽鎮：『許昌漯河銭幣発現与研究』（中華書局、2005） p62（1992-98年禹州市褚河郷潁河両岸から襄城県潁陽鎮・零星楚貝貨発見）

76襄城潁橋鎮：『許昌漯河銭幣発現与研究』（中華書局、2005）p62（1993年11月、潁橋鎮東潁河河灘中・蟻鼻銭10余枚）
77舞陽北舞渡古城：考古通訊1958-2 p50（1957年北舞渡古城・一夅字楚貝）／中原文物1992-2 p14（北舞渡鎮西3㎞東不羮城内から地下管道、陶文「宮房」「釜」、銅剣、鏃、編鐘、楚貝（蟻鼻銭）出土）
78舞陽七里崗：中国銭幣論文集・第三輯（1998）p173表一（中州銭幣論叢・朱幟「従舞陽出土漢代以前的貨幣談舞陽歴史演変」）（1984年城北七里崗出土・咒1枚）／『先秦貨幣通論』p358表三〇（朱幟「従舞陽出土漢代以前的貨幣談舞陽歴史演変」『中州銭幣論叢』）（1984年城北七里崗・咒字系貝1）
79舞陽呉城：『許昌漯河銭幣発現与研究』（中華書局、2005）p449（1987年呉城・蟻鼻銭百余枚（夅字貝、少量君字、咒字系貝）
80郾城鄧襄遺址：『許昌漯河銭幣発現与研究』（中華書局、2005）p449（1950-86年鄧襄遺址・蟻鼻銭数百枚）
81魯山西肖楼遺址：『中国文物地図集　河南分冊』p90、地図88-89（張店郷西肖楼遺址（戦国）・2万㎡、下層竜山石器、陶片、上層戦国陶器、蟻鼻銭）
82汝州城北：『南陽平頂山銭幣発現与研究』p377図10（汝州市汝瓷博物館蔵169枚、汝州市城北農民発見夅字貝169枚？（他県区発見少量））
83（汝州採集）：『先秦貨幣通論』p358表三〇（張堯成「平頂山建市以来銭幣出土発現簡述」『中州銭幣論叢』）（1975年臨汝県文管会採集・咒字系貝300余、0.5kg余）
84（宜陽）：『中国銭幣大辞典・先秦編』p35（宜陽県・夅字貝）
85三門峡上村嶺墓：中国銭幣論文集・第三輯（1998）p173表一（中原文物1981特刊・黄士斌）（上村嶺戦国墓・咒字貝数枚）

安徽

86亳県城父：『先秦貨幣通論』p360表三〇（安徽『銭幣文論特輯』第二輯p157-158）（1979年城父・忻貝8、三貝1）
87亳州墓葬：中国銭幣1994-3 p46（亳州市博物館による墓葬発掘中出土・忻字貝7枚）
88渦陽盛方楼窖蔵：『先秦貨幣通論』p360表三〇（安徽金融研究1987年増刊1期）（1985年5月胡検郷盛方楼村一罐・咒字系貝25

枚（大型貝は背凹形、空殻状、字に異形あり）／中国銭幣1994-3 p12（汪本初「安徽近年出土楚銅貝初探」文物研究・総第二期、1986.12）（1985年双廟区胡検郷盛方楼村・咒字貝25枚、一は[illegible]）（安徽出土最大5.6g）、余は咒、一部に凹形空殻状）

89渦陽盛双楼西窖蔵：考古2006-9 p792（1984年10月双廟区盛双楼村西、地下90cm、縄文紅陶罐内窖蔵（132件の青銅原料回収）・農具81件、工具12件、兵器22件、雑器15件（咒蟻鼻銭4枚含む）、他に銅器残片多数）

90渦陽丹城：中国銭幣1990-2 p71（舟山銭幣1989年4期、所引）（1971年丹城・銅貝幣、（阜陽地区9県2市歴年来零星な銅貝出土））

91（渦陽）：中国銭幣論文集・第三輯（1998）p173表一（銭幣文論特輯・第二輯 p157）（1984年出土・咒字貝10枚（大型3枚））／『先秦貨幣通論』p360表三〇（安徽『銭幣文論特輯』第二輯 p157）（1984年渦陽県・咒字系貝13（大型3、普通10））

92宿県蘄県集古城：文物1978-8 p6（宿城から22km澮河北岸蘄県集古城址内・楚国金幣（郢爰）、蟻鼻銭、戦国漢代陶片）

93太和：『先秦貨幣通論』p360表三〇（安徽『銭幣文論特輯』第二輯 p157）（1990年太和県咒字系貝2000余枚）

94臨泉史庄村城址：中原文物1985-1 p97（1983年6月10日崔寨郷史庄村東一罐内、3000枚前後群衆に分散、2355枚、6kg収集・一貝咒2318枚（最大418、最小780、一般1120）、咒34枚（最大11、最小6、一般17）、咒2枚、咒1枚）／文物1985-6 p88／考古与文物1985-2 p112

95臨泉老邱堆採集：『古銭新探』p196表（1956年老邱堆宋集・咒字系貝10枚、夆字貝1枚採集）／中国銭幣論文集・第三輯（1998）p173表一（『古銭新探』）（1956年老邱堆宋集・咒字貝10枚、夆字貝1枚）

96（臨泉収購）：中国銭幣1990-2 p71（舟山銭幣1989年4期、所引）（1971年、臨泉県収購站揀選：咒110枚、夆少量、（阜陽地区9県2市歴年来零星銅貝出土））

97（臨泉1）：中国銭幣論文集・第三輯（1998）p173表一（銭幣文論特輯・第二輯 p157）（1989年臨泉県・咒字貝200余枚、全字貝1枚）

98（臨泉2）：中国銭幣論文集・第三輯（1998）p173表一（銭幣文論特輯・第二輯 p157）（1988年臨泉県・咒字貝30枚）

99（臨泉3）：中国銭幣論文集・第三輯（1998）p173表一（安徽金融研究1988増刊2期）（1987年5月臨泉県・[illegible]字貝1枚（無穿

孔））

100（臨泉）＊成分分析：『中国古代銭幣合金成分研究』p26、3蟻鼻銭YB70-91、p164（臨泉県：巽1、巽20、夅1）

101（阜南）：『中国古代銭幣合金成分研究』p26、3蟻鼻銭YB67（阜南県・夅字貝）／中国銭幣論文集・第三輯（1998）p173表二18、表三18（阜南市・夅字貝）／中国銭幣1995-2p8表序号18（阜南県・夅字貝）

102阜陽界首：中国銭幣論文集・第三輯（1998）p173表一（調査得知）（1991-93年巽、巽字貝数百枚）

103（阜陽）＊成分分析：中国銭幣1995-2p8表序号9-17（阜陽市・巽字貝7、㕣字貝1、無文字貝1）／中国銭幣論文集・第三輯（1998）p173表二9-16、表三9-16（阜陽市・㕣字貝1、巽字貝7）／『中国古代銭幣合金成分研究』p26、3蟻鼻銭YB57-66（阜陽県・巽字貝10）

104阜陽插花区：『先秦貨幣通論』p66図二九3（『古銭新譚』p41、安徽銭幣1998-3）（插花区・楚銀巽字貝、残）

105阜陽一遺址：中国銭幣1994-3p46（阜陽県一遺址・忻字貝数枚）

106利辛苞河沿岸：中国銭幣1994-3p12（汪本初「安徽近年出土楚銅貝初探」文物研究・総第二期、1986.12）（1985年苞河沿岸出土・夅字貝6枚、巽字貝10余枚）／『先秦貨幣通論』p360表三〇（安徽金融研究1987-増刊1期）

107潁上湯圩：中国銭幣論文集・第三輯（1998）p173表一（調査得知）（1984年江口区湯圩・巽字貝数十枚）／中国銭幣1990-2p71（舟山銭幣1989年4期、所引）

108潁上1：中国銭幣論文集・第三輯（1998）p173表一（銭幣文論特輯・第二輯p157）（1981年潁上県・巽貝30枚）

109潁上2：中国銭幣論文集・第三輯（1998）p173表一（調査得知）（1990年潁上県・巽字貝80余枚）

110寿県九里溝：『古銭新探』p196表（1955年・巽字系貝2枚（流銅あり、一枚は軽小））

111寿県堰口集1：中国銭幣論文集・第三輯（1998）p173表一（銭幣文論特輯・第二輯p157）（1989年堰口集・巽字貝300余枚）

112寿県堰口集2：中国銭幣論文集・第三輯（1998）p173表一（調査得知）（1992年東津郷安豊塘堰口集・巽字貝数百枚）

113寿県瓦埠湖：中国銭幣論文集・第三輯（1998）p173表一（銭幣文論特輯・第二輯p156）（1976年瓦埠湖南岸出土・巽字貝3000余枚）

114 寿県安豊塘：中国銭幣論文集・第三輯（1998）p173表一（銭幣文論特輯・第二輯 p157）（1989年安豊塘・咒字貝200余枚）

115 寿県1：中国銭幣論文集・第三輯（1998）p173表一（銭幣文論特輯・第二輯 p157）（1989年寿県・咒字貝3000余枚、[illegible]10枚）

116 寿県2：『我国古代貨幣的起源和発展』p93（浜田耕作「蟻鼻銭に就いて」考古学研究、s14）（木箱中：蟻鼻銭120－130枚）

117 淮南唐山郷等：江漢考古1996-1 p39（1959年冬唐山郷と頼山郷一帯（寿県県城東北3km）・蟻鼻銭、「殊布当忻」、郢爰）

118 淮南：中国銭幣論文集・第三輯（1998）p173表一（銭幣文論特輯・第二期 p157）（1990年淮南市・咒字貝300余枚）

119 懐遠古城：中国銭幣論文集・第三輯（1998）p173表一（銭幣文論特輯・第二輯 p157）（1982年古城出土・咒貝100余枚）

120 懐遠孝信郷等：中国銭幣論文集・第三輯（1998）p173表一（調査得知）（1976-92年孝信郷・馬頭城郷・古城郷・咒字貝数百枚、咒字銅范2塊（背板））

121（蚌埠収購1）：『先秦貨幣通論』p359表三〇（安徽『銭幣文論特輯』第二輯 p157）（1982年蚌埠市廃品回収公司収購・咒字系貝1000余枚）

122（蚌埠収購2）：中国銭幣論文集・第三輯（1998）p173表一（調査得知）（1971年蚌埠市廃品回収公司収購・咒字貝20kg）

123 鳳陽覇王城1：中国銭幣論文集・第三輯（1998）p173表一（調査得知）（1981年覇王城（鐘離城）・咒貝数十枚）

124 鳳陽覇王城2：中国銭幣論文集・第三輯（1998）p173表一（銭幣文論特輯・第二輯 p157）（1983年覇王城・咒字貝30余枚）

125（鳳陽臨淮関収購）：『先秦貨幣通論』p359表三〇（安徽『銭幣文論特輯』第二輯 p156）（1979年臨淮関廃品回収公司収購・咒字系貝35kg）

126 固鎮濠城郷：中国銭幣1994-3 p12（馬道闊「固鎮発現楚国銅貝」安徽文博・総第二期）（1976年濠城・咒字系貝3856枚）／中国銭幣論文集・第三輯（1998）p173表一（安徽文博1981-1）（1976年12月濠城郷・咒字貝3856枚、10.5kg）／中国銭幣1985-2 p9（1978年固鎮県・咒字幣3856枚出土）

127 固鎮新馬橋：中国銭幣論文集・第三輯（1998）p173表一（銭幣文論特輯・第二輯 p157）（1989年新馬橋・咒字貝100余枚）

128 固鎮垓下遺址：中国銭幣論文集・第三輯（1998）p173表一（銭幣文論特輯・第二輯 p157）（1988年垓下遺址出土：咒字貝数枚）

129 固鎮＊成分分析：中国銭幣論文集・第三輯（1998）表一（調査得知）（1991-93年固鎮県・咒字貝数百枚）／中国銭幣1995-2

p8表序号20／『中国古代銭幣合金成分研究』p26、3蟻鼻銭YB69

130六安西古城1：中国銭幣論文集・第三輯（1998）p173表一（調査得知）（1978-81年西古城・咒字貝数百枚）

131六安西古城2：中国銭幣論文集・第三輯（1998）p173表一（銭幣文論特輯・第二輯p157）（1982年西古城・咒字貝2000余枚）

132六安：中国銭幣論文集・第三輯（1998）p173表一（調査得知）（1992年六安県零散出土・咒、夆、君、哭、㗊若干枚、夆字貝残銅范1塊）

133太湖小池鎮：中国銭幣2009-2 p33（2008年4月中心村窖蔵・夆特殊6000余枚、咒字系1枚）

134肥西新倉郷窖蔵：中国銭幣1994-3 p45（1985年8月26日新倉郷安河村南街生産隊郷政府路南10m田埂旁陶罐内窖蔵・重25kg、10000余枚、中9700枚県文管所で揀選、9600枚完好、四品種（咒字貝1枚、咒字貝99%、⊗字貝1枚、夆字貝2枚））

135肥西新倉郷楽河遺址：中国銭幣1994-3 p45（1985年から現在、新倉郷安河村南街生産隊楽河北岸遺址（楚国晩期鋳銭、儲銭遺址）・蟻鼻銭2000余枚、9品種、㕡15枚（首次出土）、展200枚（首次出土）、哭8枚、咒20枚、咒合背2枚、咒1400枚?、忻3枚、⊗9枚、夆18枚））

136肥西新倉郷豊楽河：中国銭幣論文集・第三輯（1998）p173表一（安徽金融研究1988増刊3期）（1986年9月新倉豊楽河沿岸、河底零散出土・咒字貝400余枚、展35枚、⊗5枚、楽5枚、夆4枚、咒合背1枚、哭1枚、哭1枚、?1枚）／?：中国銭幣1994-3 p12（呂長礼「蟻鼻銭又発現新品種」合肥市銭幣学会論文集、1988年第1輯）（1986年豊楽河北岸出土・総数400余枚、85%が咒、?)35枚前後、㕡5枚、夆4枚、⊗5枚、哭1枚、咒合背1枚）

137肥西新倉郷豊楽河北岸：中国銭幣1994-3 p12（倪運熙、席為群「肥西県発現楚銅貝窖蔵」考古簡訊1985-5、安徽省考古学会編）（1985年安河村南街生産隊豊楽河北岸・農民呉成明が一罐掘り出す、計9240枚（一枚は咒、他は咒、大小軽重不一））／中国銭幣論文集・第三輯（1998）p173表一（安徽金融研究1987-増刊1期）（1985年8月新倉豊楽河北岸出土・咒字貝9240枚、咒字貝1枚、夆字貝1枚）／中国銭幣1994-3 p16（安徽考古学会主編・考古簡訊1985-5）（1985年新倉郷安河村・咒字貝9240枚）

138（肥西）＊成分分析：『中国古代銭幣合金成分研究』p26、3蟻鼻銭YB6-97（肥西県・咒、展、咒、夆、全、⊗、㕡字貝40枚）／中国銭幣1995-2 p8表序号21-33（肥西県新倉・咒、哭、展、夆、全、⊗、㕡字貝13枚）／中国銭幣論文集・第三輯

（1998）p173表二21-33、表三21-33（肥西県新倉・咒、咒、[illegible]、[illegible]、[illegible]、[illegible]、[illegible]字貝13枚）

139 合肥漢城遺址：中国銭幣論文集・第三輯（1998）p173表一（銭幣文論特輯・第二輯 p157）（1988年漢城遺址・咒字貝1枚）

140 合肥西角漢墓：中国銭幣論文集・第四輯（2002）p120（文物研究1988-4）（1986年1月合肥市西角劉郢胡大墩漢墓封土中採集・蟻鼻銭1枚）

141 巣湖黄山郷：中国銭幣論文集・第三輯（1998）p173表一（荊楚銭幣研究 p56）（1981年黄山郷一罐・咒字貝約5000余枚）

142 巣湖汽車站：中国銭幣論文集・第三輯（1998）p173表一（調査得知）（1989年巣湖市汽車站拓寛工程中出土・咒字貝80余枚）

143 巣湖廟集：中国銭幣論文集・第三輯（1998）p173表一（銭幣文論特輯・第二輯 p156）（1985年廟集出土・咒字貝200余枚）

144 巣湖：中国銭幣1994-3 p12（汪本初「安徽近年出土楚銅貝初探」文物研究・総第二期、1986.12）（1982年巣県一罐・咒字系貝約1000余枚）

145 全椒城東郷：中国銭幣論文集・第三輯（1998）p173表一（皖東金融与銭幣1989-1）（1973年城東郷永寧古墓区・咒字貝数十枚）

146 全椒：中国銭幣論文集・第三輯（1998）p173表一（銭幣文論特輯・第二輯 p157）（1983年全椒県・咒字貝1000余枚）

147 天長北岡漢墓：考古1979-4 p329（1975年5月初安楽公社、北岡大隊漢墓M3（北面に東陽故城）・填土中に蟻鼻銭1枚）

148 繁昌三山鎮：中国銭幣論文集・第三輯（1998）p173表一（安徽金融研究1990年増刊4期）（1989年8月三山鎮南竹山出土・咒字貝52枚）

149（繁昌横山鎮？）：考古与文物1989-2 p107（1982年1月繁昌文物組が横山供銷社廃品站で咒字貝銅范2件揀選）／文物1990-10 p91（1982年以前強圩村農民が房基建設時に咒字貝銅范二件発見、1982.2繁昌県文化局が横山鎮廃品站で揀選）

150（繁昌）＊成分分析：『中国古代銭幣合金成分研究』p26、3蟻鼻銭ＹＢ44-56（繁昌県・咒字貝13枚）

151 広徳誓節郷・窖蔵：中国銭幣1994-3 p12（広徳文物組「誓節出土的一壇楚幣-鬼臉銭」宣州文物・創刊号、1983）（1982年誓節郷一罐窖蔵・計1159枚（一枚合背銭）、大小、厚薄、軽重不一）／中国銭幣1996-3 p12（陳衍麟「繁昌出土楚〝咒〟字銅貝」安徽銭幣1990-4）／中国銭幣論文集・第三輯（1998）p173表一（宣州文物1983創刊号）（1982年3月誓節郷紅応村一罐・咒貝1159枚、重3.15kg（含合背1枚））／『先秦貨幣通論』p363（咒字系貝3.15kg、1159枚、平均2.72ｇ弱）

山東

152棗庄薛城：中国考古学会第二次年会論文集（1980）p100、図二9（1952年薛城・𠑹字貝採集、薛城は過去出土の楚貝数量わりあい多い地方、みな𠑹字貝）

153棗庄渇口鎮M118：考古学集刊14（2004）、p80図四M118平面図、図47・1（M118：7）、P156附表1（1985春-86年市西北4㎞市中区渇口鎮漢墓群M118（東漢墓）・陶壷2、銅五銖28、蟻鼻銭1?、石珠）

154蒼山蘭陵：中国考古学会第二次年会論文集（1980）p100図二4（1954年蘭陵（もと魯の次（漆）室邑、のち楚の蘭陵県）・𠑹字貝3?）／中国銭幣2001-2p28（蒼山県蘭陵鎮一帯・蟻鼻銭出土）

155郯城郯国故城：中国銭幣2001-2p28（1970年代初郯国故城・楚国蟻鼻銭）

156臨沂西義堂郷：『古銭新探』p197表（1967年背面内凹𠑹字系貝）／中国銭幣論文集・第三輯（1998）p173表一（『古銭新探』）（1956年西義堂古遺址・：𠑹字貝数枚（空背1枚））

157臨沂：中国銭幣論文集・第三輯（1998）p173表一（調査得知）（1992年臨沂県一罐出土・𠑹字貝3000余枚）

158滕県木石公社：中国銭幣1985-2p9（1982年木石公社・滕県博物館𠑹字貝現存計527枚）

159滕県滕国故城：『斉幣図釈』p29（滕国故城・楚貝出土）

160鄒県邾国故城：中国考古学会第二次年会論文集（1980）p100（1961年邾国故城（前346楚に滅せらる））（𠑹字貝2?、無文字蟻鼻銭1?）

161（鄒県）＊成分分析：中国銭幣論文集・第三輯（1998）p173表二36-39、表三36-39（鄒県𠑹字貝4枚）

162曲阜魯故城：『古銭新探』p197表（1962年魯故城址雨後収集・𠑹字系貝8枚）

163曲阜魯故城周公廟：中国考古学会第二次年会論文集（1980）p103（1962年周公廟・曲阜出土の蟻鼻銭は戦国晩期から西漢早期の遺跡出土、往々にして雨後採集、すべて𠑹字貝、みな軽小）／『古銭新探』p197（魯故城周公廟漢霊光殿・蟻鼻銭少数）

164曲阜董大城村窖蔵：中国考古学会第二次年会論文集（1980）p100図版陸上、上左1（1972年董大城村窖蔵、灰色陶瓮中（破砕）、

すべて咒字貝、多く磨桐掉なし、大小軽重不一（うち127枚大小中三種分類（表一））、西漢半両2枚混入（八銖四銖各1）／『古銭新探』p215（1972年県北40余華里董庄公社董大城村東北300ｍ一瓮窖蔵・咒字系銅貝15978枚、多く流銅あり、大小厚薄軽重不一、大中小三種あり）／文物1982-3p92（1972年魯国古城北20㎞董大城村東北300ｍ高埠地帯、灰色縄文陶罐中窖蔵19.2㎏・咒字系貝15978枚）／『先秦貨幣通論』p356（1972年董大城村一坑・19.2㎏、巽字貝15978枚（大1.85-1.8／4.2-2.7ｇ、中1.7-1.6／3-1.6ｇ、小1.5-1.2／1.5-0.6ｇあり））

165 曲阜董大城村東：文物1982-3p92（1973年咒字系貝8枚）／中国銭幣1998-2p22（文物1982-3）（董大城村東古城遺址・大量出土後に咒字系貝8枚発見）

166 泗水官元村：考古与文物1987-2p110（1983年10月官元村・咒蟻鼻銭計95枚、三種写法）

167（莒県）：『中国銭幣大辞典・先秦編』p35（莒県・咒字系貝）

168 莒南西鉄溝崖村：『中国歴代貨幣大系一』p33、p1150先秦鋳幣出土簡況表（『古銭新探』）（1956年莒南県西鉄溝崖村・楚銅貝咒字貝一批又109枚）

169（莒南）：『古銭新探』p197表（1967年莒南県、莒南文化館・咒字系貝）

170 日照：『古銭新探』p197（日照市・蟻鼻銭少数）／中国銭幣論文集・第三輯（1998）p173表一（『古銭新探』）（1956-58年日照県・咒字貝零星）

江蘇

171 徐州高皇廟：考古学報1958-4p8（1956年秋市北50華里利国区高皇廟上層（秦漢）・石器、骨錐、陶器、銅鏃、鏡、蟻鼻銭2、五銖銭、磨孔貝）／『古銭新探』p196表（1958年高皇廟殷代遺址上層2.2-3ｍ半、灰褐土層中・咒字系貝2枚）／中国銭幣論文集・第三輯（1998）p173表一（考古学報1958-4）（1958年高皇廟戦国遺址出土・咒字貝2枚、3.18ｇ）

172 徐州鶏山：『古銭新探』p197（徐州市博物館・蟻鼻銭少数）／『楚国的貨幣』p231（1959年鶏山・少量咒字銅貝発見）

173 徐州十戸山：『古銭新探』p197（十戸村・蟻鼻銭少数、徐州市博物館）／『楚国的貨幣』p231（1959年十戸山・少量咒字銅貝

発見）
174徐州洞山村：『古銭新探』p197（洞山村・蟻鼻銭少数、徐州市博物館）
175徐州昆山：『楚国的貨幣』p231（1959年昆山・少量咒字銅貝発現）
176徐州塩城地区：『古銭新探』p197（塩城地区・蟻鼻銭少数、徐州市博物館）
177邳県南灘子：考古1964-1 p24（1962年10-12月四戸鎮西北3km、小馮庄、南灘子遺址（戦国楚文化～漢代遺址）・咒銅蟻鼻銭、長鋌三稜大銅鏃を成堆発見、また灰陶大板瓦、筒瓦、豆、罐、盆、缸採集）
178邳県竹園村：考古1964-1 p24（1959年四戸鎮西北3.5km、竹園村と小馮村の間、南北条形慢崗、遺址（戦国楚文化～漢代遺址）・西部辺沿で金郢爰一块、蟻鼻銭、三稜大鏃多数を発見）／『古銭新探』p197表（考古1955-1）（1959年竹園南堆、戦国漢代遺址・咒字系貝、郢爰1件）
179東海焦庄遺址：文物1975-8 p51表一（1973年3月牛山鎮東北12km駝峰公社魯蘭大隊焦庄東南遺址上文化層（西漢文化層）・鉄工具、陶器、銅鏃、弩機、五銖銭2、蟻鼻銭6（上に「鬼臉」文あり））
180連雲港九竜口：考古学集刊12（1999）p128（江蘇省文物工作隊『江蘇連雲港市九竜口商和戦国遺址』1962年3期）（九竜口・蟻鼻銭）
181宿遷清涼院遺址：考古1963-1 p7（暁店東1.5km清涼院漢代遺址・郢爰、鬼臉銭（蟻鼻銭））／東南文化1991-6 p344一覧表（考古1963-1）（1960年暁店郷清涼院遺址・咒蟻鼻銭30枚）
182宿遷青墩遺址：東南文化1991-6 p344一覧表（1980年暁店郷青墩遺址・咒蟻鼻銭7枚）
183泗洪巨声村・窖蔵：東南文化1987-3 p52（1985年3月20日青陽鎮巨声村の高阜上、縄文灰陶罐（高14.1cm、戦国晩期、西漢早期）・7kg、2759枚（I型（面凸背平）1725枚、A式（上円首）1101枚；B式（上平首）624枚、II型（面背扁平）1034枚；A式（上円首）635枚、B式（上平首）399枚）、500枚群衆中に流散、泗洪図書館7kg、2759枚収蔵）／東南文化1991-6 p344一覧表（東南文化1987-3）（1985年青陽城巨声村・咒蟻鼻銭3000枚、1.8-1cm、1.8-0.3g）
184泗洪張郎咀：東南文化1991-6 p344一覧表（考古1963-1）（1958年天崗湖郷張郎咀遺址・咒蟻鼻銭20枚）／考古1963-1 p7（王集

南1.5km張郎咀漢代遺址・郢爰、鬼臉銭（蟻鼻銭））
185 泗洪鍋底湖遺址：東南文化1991-6 p344一覧表（1964年城廂郷楊集村鍋底湖遺址・咒蟻鼻銭3枚）
186 淮陰石庄：東南文化1991-6 p344一覧表、図三16（1974年淮陰市清浦区武墩郷石庄・咒蟻鼻銭1枚）
187 射楊：中国考古学会第二次年会論文集（1980）p105（射陽・蟻鼻銭）
188 塩城麻瓦墳遺址：考古1964-1 p27（塩城県東北角塩城農学院前麻瓦墳遺址（採集遺物）・漢代生産鉄工具、陶器、帯鈎、武器、銭幣（五銖、半両、蟻鼻銭）、瓦、瓦當、封泥（漢、戦国））
189 洪沢塘埂遺址：東南文化1992-1 p136図八3（89HT）（1987年5月～90年9月三河郷塘曹村東南500m塘埂遺址（上層）・西周、東周遺跡中咒蟻鼻銭2枚）／東南文化1991-6、p344一覧表、図三14（1988年三河郷、塘埂遺址・咒?・咒蟻鼻銭2枚）
190 盱眙王店郷：東南文化1991-6 p344一覧表（1976年王店郷杜山村漢井内・咒蟻鼻銭3枚）
191 盱眙観音寺郷：東南文化1991-6 p344一覧表（1988年観音寺郷衡西村・咒蟻鼻銭500枚）
192 盱眙十里営郷：東南文化1991-6 p339 p344一覧表、図三10（1973年十里営郷七営・咒蟻鼻銭4500枚）
193 盱眙東陽故城：東南文化1991-6 p339 p344一覧表（1972年東陽郷東陽城遺址陳英祠・咒蟻鼻銭400枚）／中国考古学会第五次年会論文集1985（1988）p53（1976年冬盱眙県東30余km東陽郷秦漢東陽古城・耕土下に瓦礫堆積1m、雲紋瓦當、斉式半瓦當、陶器、五銖、秦半両、咒蟻鼻銭）
194 金湖黎城遺址：東南文化1991-6 p344一覧表（1988年黎城遺址・咒蟻鼻銭10枚）
195 揚州邗城：考古1990-1 p36、（邗城（漢広陵城）子城、蜀崗上西北城角発掘・最下層は漢代夯土、上面に隋唐土墻体、二条探溝（西墻下の灰坑、上に漢から宋代夯土土城墻、陶器、蟻鼻銭出土↓戦国時代））
196 揚州郊区胡場墓：考古2002-11 p35（1960年代郊区胡場戦国墓・銅鏡、戈、瑠璃璧、玉環、漆盤、蟻鼻銭）
197 儀徴甘草山遺址：東南文化第二輯（1986）p8図十一5（1982年4月-6月胥浦郷西南甘草山遺址（西周、春秋戦国）・石器、骨器、陶器（大小円餅）、原始瓷、銅器、鉄器、咒蟻鼻銭42枚）
198 南京師古灘：『我国古代貨幣的起源和発展』p93（『吉金所見録』巻16）（1783年（乾隆癸卯）南京市（江寧）師古灘・川ざら

え中数千発見）

199（高淳淳渓鎮収購）：考古1988-5 p473（1985年7月3日淳渓鎮廃品站収購（高淳西舍廃品倉庫収集）、窖蔵の可能性（集中出土、共存遺物なし）・咒字系貝312枚、咒311枚、咒1枚、穿孔185枚、不穿孔127枚、辺縁未加工2枚（未使用））

200宜興南新公社：『中国歴代貨幣大系 一』 p33、p1149先秦鋳幣出土簡況表（1957年南新公社・咒字系楚銅貝2枚、鎮江博物館蔵）／？中国銭幣論文集・第三輯（1998）p173表一（文物1959-6）（1957年南新郷・咒字貝2枚）

201蘇州霊岩山：『古銭新探』 p197表（霊岩山東麓・咒字系貝）

202昆山正儀郷：中国銭幣論文集・第三輯（1998）p173表一（蘇州銭幣1993年総第9期）（1958年11月正儀郷・咒字貝200kg、約6万余枚（送収購站））

203（昆山採集）：中国銭幣論文集・第三輯（1998）p173表一（文物1959-4）（1959年昆山県採集・咒字貝11枚）

浙江

204湖州城区：中国銭幣2004-2 p37（湖州市城区紅旗路観鳳大厦城中城基建時発見（失散多）・陝一釿1枚、殊布当釿16枚（かつて湖州城郊でも出土）、蟻鼻銭500～600枚前後（穿孔通、不通あり））

205仙居湫山郷：中国銭幣2002-2 p30（中国文物報1988年8月12日）（1985年仙居県横渓区湫山郷上田村、印紋陶壜内・青銅器具小件18、銅料19、楚国布幣2、蟻鼻銭16、陶壜周囲に銅器残片）

陝西

206咸陽長陵車站：考古1974-1 p22、p24（1962年3月14日長陵車站南の陶瓮「咸亭陽安騂器」内窖蔵（西漢以前）・銅材料塊と小件銅器280余件、戦国貨幣140枚15種（半両、安邑二釿、梁充釿金当寽、梁正尚金当寽、平首方肩方足小布、殊布当圻、斉法化、易刀、尖首刀、古刀、蟻鼻銭（5種124枚・咒咒字貝73、夆字貝48枚、忻字貝1枚、無文字貝2枚）））／『古銭新探』 p208（1963年咸陽市東北10km長陵車站南100m大瓮窖蔵・蟻鼻銭116枚（夆字貝51枚、咒咒字貝64枚、忻字貝1枚）、斉刀、燕刀残片、三晋布銭、楚旆銭当忻1、斉刀形刀頭1、陝西省考古研究所蔵）／?・『楚国的貨幣』p22（考古1974-1）（1962年3月咸陽市長陵秦都咸陽故城遺址・哭字貝大量、⊗君字貝、無文銅貝2枚）

内蒙古

207 額済納旗：中国銭幣1995-1 p78（内蒙古金融研究・銭幣専刊1994.3（龐文秀））（温図高勒蘇木、格日勒図嘎査東北95㎞（漢居延故地、居延沢畔古駅道改轍の地段内）・遺址地表に満砕陶片、建築構件、哭3枚（銅范のよう）、陶貝1枚、円銅塊1、数枚の緑柱石料塊）

第七章　円銭の性格

はじめに

刀銭（刀幣）、布銭（布幣）、貝貨（貝幣）、円銭（圜銭）など四種類の春秋戦国青銅貨幣の中、最後に残った円銭について検討する。円形の円銭は秦漢以来歴代王朝において青銅貨幣の基本的な形として維持されつづけた[1]。円銭は中国歴代王朝の青銅貨幣の統一的規格とされ、さらにその形態は周辺の朝鮮、ベトナム、日本の青銅貨幣の形態をも決定づけた。

では、このように後代の貨幣の形態に大きな影響を与えた円銭は、中国のどの地域でいつごろ出現し、その形態は何に由来するのであろうか。また円銭の性格は如何なるもので、秦漢以後歴代王朝の青銅貨幣の統一的規格となるのは、どのような理由によるのであろうか。円銭についても、その生成の要因と特性について考えてみたい。

一　円銭の起源について

一般に、円銭は円形の穴のある円孔円銭が古い形態と考えられており、それに類似した具体的器物に起源を有するとする説が古くから主張されている。支持の多い説は玉璧、玉環起源説である。早くに王献唐氏は、環幣（円銭）は殷代の玉質装飾品である璧、瑗、環などに由来し、すでに貨幣としての円銭は西周時代には出現していたとする。(2) また、朱活氏は、紡輪（紡錘車）から璧環をへて、戦国中期に秦国で最初に円銭が出現し、それが三晋や周に影響を与えたとしている。(3) 最近では、蔡運章氏も生産工具の紡輪から玉璧をへて円銭が出現するとするが、朱活氏とは異なり、円銭は戦国早期に素面の原始円銭の段階をへて魏国で有字の円銭が出現し、秦国やその他の国に影響を与えたとしている。(4)

一方、孫華氏は、ある種の物品が貨幣となるには、貨幣と等価の商品である必要があるとする。(5) しかし、紡輪の材料は陶土や石材で安価であり、製造も容易であるため貨幣の原型にはなりえない。そうすると、形態の類似するもので貨幣となりうるのは礼器の璧環であり、それがもともと天秤の法碼（分銅）としての役割があったため圜幣（円銭）に転化したとしている。これに対して、円銭は工具の紡輪から直接生まれ出たとするのが杜維善氏である。(6) 杜氏によると、中国の貨幣は布銭や刀銭などのようにみな労働生産工具と関係しており、また玉璧などの礼器は君主や貴族の財富の象徴で一般労働生産者が保持できるものではないとする。

以上は、具体的な器物から円銭が生成したとする説であるが、これに対して戦国時代の布銭や刀銭の展開の必然的結果として生まれたと考える説がある。鄭家相氏は、円孔円形の圜金（円銭）は布化（布銭）から次第に改変進化してきたもので、すでに円形化の趨勢にあった円肩円足布に至って、形式を璧環に取って円銭が出現したとする。(7) 鄭氏は円銭が璧環をモデルにしているとしてはいるが、璧環そのものから生成したとは考えていない。王毓銓氏は、圜銭（円銭）を楚国を除いた先秦貨幣発展の最後の段階の貨幣とする。(8) そして、円銭は布銭区、刀貨（刀銭）区の他、刀布並行区でも出現しており、古代中国の貨幣制度の初歩的な統一を示しているとしている。最近では、黄錫全氏は、圜銭（円銭）と玉璧はともに紡輪からしだいに変化してきた可能性があるが、圜銭の主要な流通は戦国中後期であることから考えると、その出現は先秦貨幣の発展、進化の必然的結果であり、その後の流通貨幣の主要型式となったとしており、その起源にはあまりこだわっていない[(9)]。

要するに、円銭の起源については大きく二つの考え方に整理することができる。一つは、円銭を刀銭などと並ぶ四種類の青銅貨幣系統の一つと考え、具体的な物品を起源として他の系統の貨幣と並行的に出現したとする考え方である。もう一つは、戦国青銅貨幣の展開の中で考える考え方である。この考え方では、円銭は他の貨幣系統に対して後発の貨幣とみなされ、他の系統の貨幣から分化あるいは進化した貨幣ということになる。たとえば、王献唐氏は、王懿栄の刀銭の柄環から起源したとする説を紹介しているが、刀銭は円銭より後発であるとしてこの説を否定している[(10)]。円銭の起源ならびに生成を考えるには、それぞれの形態の円銭の流通時期を確定しておく必要がある。

二　円銭の流通時期

まず円銭の種類を整理しておこう。円銭は、大きく分けて円形の穴のある円孔円銭と方形の穴のある方孔円銭とに分類できる。円孔円銭の方は、無銘で素面の原始円銭（圜銭）（図1）と有銘の円銭に分けることができ、有銘のものには地名あるいは国名を鋳込んだとされるものと重量を鋳込んだものがある。地名を鋳込んだとされるものとしては、一般に「共」（図2）、「共屯赤金」、「共少半釿」、「垣」（図3）、「桼垣一釿」（図4）、「藺」（図5）、「離石」、「安臧」、「畢陰」（あるいは「済陰」「襄陰」）、「東周」、「西周」（図6）などが挙げられる[(11)]。地名の種類は、尖足布、方足布などに比べて極めて少なく、これらの中のいくつかは地名でないとする説もある。重量を鋳込んだものには、「一珠重一両・

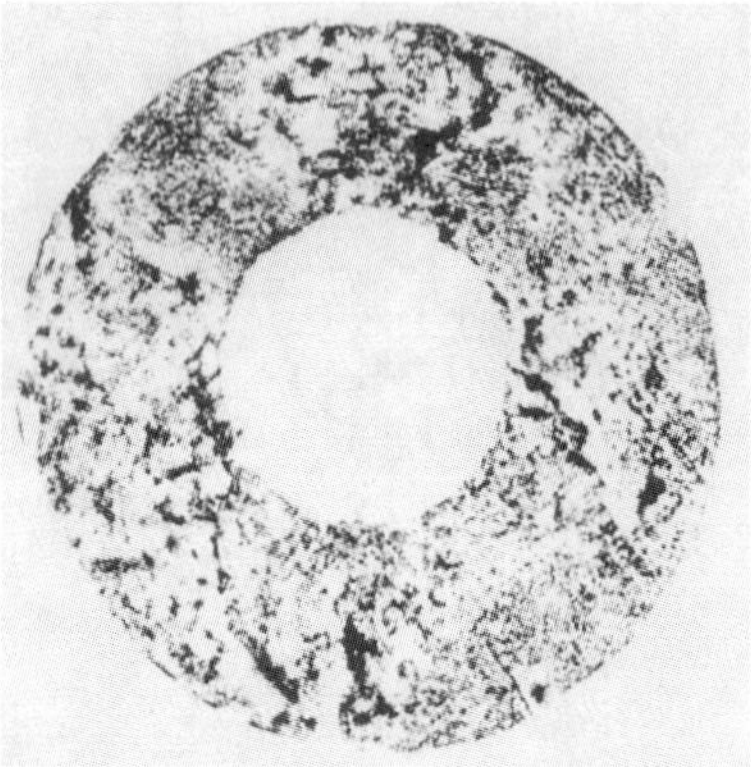

図１　原始円銭

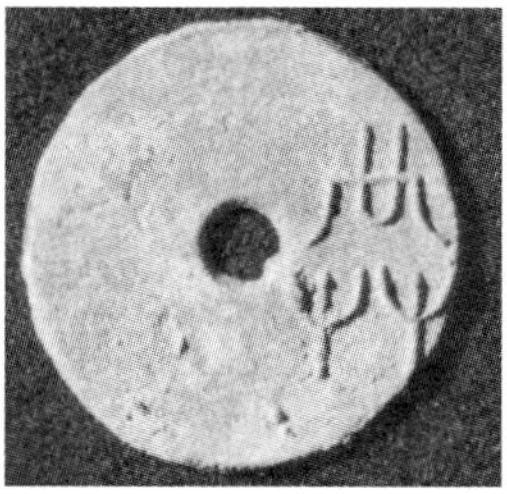

図２　「共」円銭

図３　「垣」円銭

図４　「桼垣一釿」円銭

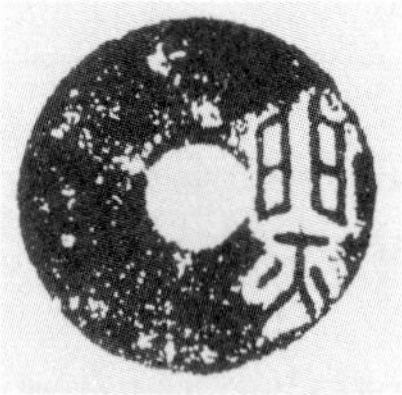

図５　「藺」円銭

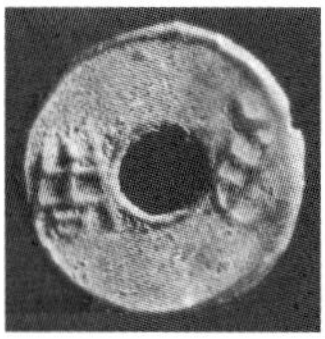

図６　「西周」円銭

図７　「一珠重一両・十四」円銭

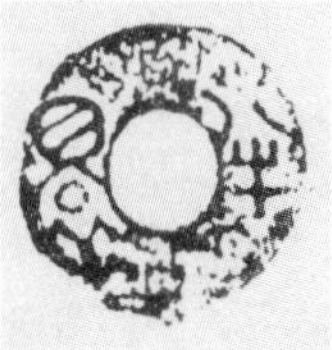

図８　「半瞏」円銭

図 9　「半釿」半円銭

図10　「半両」円銭

図11　「両甾」円銭

図12　「文信」円銭

図13　「賹六化」円銭

図14　「明化」円銭

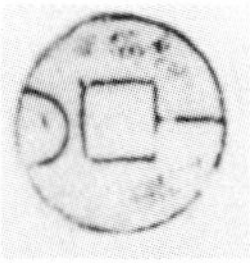

図15　「一化」円銭

十二」、「一珠重一両・十四」（図7）と「半睘」（図8）がある。前者は一般に秦国の一両円銭とされるが、天秤の分銅の可能性があるとする説もある。[12] なお、半円形で円形の穴があり、「半釿」の銘のあるもの（図9）が二例だけ出土している。[13]

方孔円銭は秦国、斉国、燕国に限定される。[14] 秦国では重量を鋳込んだ「半両」（図10）と「両甾」（図11）がある。前者については、最近、合范製造の餅半両銭が注目されている。また、封号を鋳込んだ「文信」（図12）、「長安」銘のものも存在する。斉国では、「賹」の文字のある大中小三種の円銭、すなわち「賹六化」（図13）、「賹四化」、「賹化」が発行され、燕国でも「明⺕」、「明化」（図14）、「一化」（図15）の大中小三種の円銭が確認されている。これら「賹」や「明」の意味については議論があるが、斉や燕の方孔円銭は戦国末期の貨幣とする点でほぼ見解が一致している。

問題になるのは、「共」や「垣」など魏国の地名を鋳込んだとされる円孔円銭と重量を鋳込んだ秦国の円銭、とくに方孔の半両銭との先後関係、影響関係である。

鄭家相氏は、戦国末期に地名を鋳込んだ布銭から変化して地名を記した圜金（円孔円銭）が出現し、また重量を鋳込んだ三孔円足布（三孔布）から重量を記した圜金が出現したとする。[15] そして、秦は天下統一とともに重量を記した圜金を踏まえて方孔円形の半両銭を発行したとした。王毓銓氏も近い考えで、東方の刀貨（刀銭）区では、戦国末の貨幣発展の最後の段階において、斉や燕で方孔円形の圜銭（図13、図14、図15などの円銭）が出現し、西方の布銭区では円孔円形の圜銭が出現するとする。[16] しかし、布銭区での方孔円銭の出現は遅く、周、韓、魏では斉の方孔円銭の影響を受けて最晩期に「東周」や「周化」銘の方孔円銭が出現する。そして、秦でも東方の方孔円銭の影響を受けて戦国末期に方孔の「重十二朱」円銭が出現し、天下統一とともに半両銭が現れるとしている。

以上、両者の考えとも秦の半両銭は天下統一とともに初めて発行された貨幣とする点が前提になっている。しかし、秦の半両銭の出現の時期は、一九五〇年代中頃に四川省郫県や昭化県の戦国晩期墓から半両銭が発見されたことから、秦の天下統一以前に遡ることが確実になった。(17)その後も、末尾に附した「方孔円銭出土地出典一覧」の秦半両銭の部分に明らかなように、半両銭は戦国期の墓葬から続々発見されている。このような情況から、朱活氏のように、秦国の紀重の一両型圜銭（円孔円銭）こそ最も古く、それ以外の紀地の円銭は秦の円銭の影響を受けて鋳造されたとする説も現れた。(18)すなわち、朱氏は、一般に「共」、「垣」や「東周」銘などの三晋や周の発行とされる円銭は、秦の円銭の影響下に鋳造されたものであり、「藺」や「離石」などの円銭は秦の占領下に地方で鋳造された円銭とするのである。

しかし、朱氏の考えに対しては、近年でもかなり強い反対意見がある。何琳儀氏は、円銭の地名は多く三晋、両周の地名の範囲を出でず、かつ三晋、両周の布銭の地名とも重なり、それらを継承していることを指摘する。(19)そして字形から言っても秦の字形と異なり明らかに三晋文字であることから、地名を鋳込んだ円銭は秦の貨幣ではあり得ないとする。黄錫全氏は、この考えを受けて、円銭は魏国で最初に鋳造発行されたものとし、橋形方足布より後、前三六一年（平勢・前三六四年）の魏の大梁遷都前後の発行で、李悝の改革と関係があるとする。(20)これに対して秦の円銭の発行年代は決しがたいが、一両円銭（図７）の発行は商鞅変法と関係があり、その「十二」、「十四」の銘は秦孝公の年代ではないかとしている。そうすると孝公一二年（前三五〇年）の発行となり、魏の円銭よりはやや後れる。蔡運章氏も、魏国が円銭の最も早い鋳造発行地区とする。(21)「共」、「垣」字円銭は魏の武侯時（前三九五〜三七〇年）の発行とし、趙国は魏国の影響下に「藺」、「離石」字円銭を発行した。一方、秦は商鞅変法以後、魏国の先進的な円銭を導入し、恵文王二年（前三三六年）の「初行銭」以後に一両円銭を発行したとしている。

円銭の発行については、三晋諸国とくに魏国が最初なのか秦国が最初なのか、決するにはいくつかの問題が残されている。一つは、秦の初期の円銭とされる一両円銭をどのような存在と考えるかである。もう一つは、秦の円銭発行時期の設定が文献資料による推測の域を出ていないのではないかという点である。

まず、秦の一両円銭は、上述のように貨幣ではなく天秤の分銅である可能性を指摘する説がある。しかし、この円銭は、従来から言われているように、実際の重量がまちまちで分銅ではありえないであろう。[22] だが、伝世品を含めて発見例はきわめて少なく流通貨幣とするには躊躇される。黄錫全氏は、これらの円銭が陝西西安、鳳翔、咸陽で出土しているとしているが、[23] 出土情況ははっきりしない。考古学的な報告のあるのは、一九九六年に西安市北郊の東郭家廟村の戦国晩期墓で一枚発見された例のみである。[24] 半両銭が戦国晩期墓に副葬されることは多いが、なぜこの墓ではこの円銭のみが副葬されたのであろうか。重量を鋳込んだ貨幣は、国家の統一貨幣と考えられ、固有の地名を鋳込んだ地方的な貨幣と異なり、広域的にしかもかなりの数量流通し発見例も多い。とくに秦の半両銭は末尾の「方孔円銭出土地出典一覧」秦半両銭の部にあるように広域的かつ大量に発見されている。また、同じく秦の両甾銭も半両銭に遠く及ばないまでも、それなりの出土例が確認されている。[25] 秦の一両円銭を貨幣として三晋円銭と影響関係を議論するには問題が多すぎるようである。

次に、確実に秦の貨幣と考えられる半両銭の発行時期はどの程度確定できるのであろうか。半両銭の発行時期を最も早く設定するのは、陳尊祥、路遠氏らである。[26] 両氏は、早ければ半両銭は戦国早期と中期の交に鋳造が開始され、最も晩くしても、秦献公七年（前三七八年）の「初行為市」の時より晩くはならないとする。杜維善氏も、献公七年の「初行為市」を重視し、この処置を交易市場を集中して一括して賦税を徴収する目的であったとし、この時半両銭は徴税手段として正式の貨幣になっていたと見なしている。[27]

一方、王裕巽氏は、秦恵文王二年（前三三六年）の「初行銭」を半両銭による貨幣制度の制定発布とみなし、半両銭の実際の鋳造発行はそれ以前にあったと考える。[28] そこで、注目されるのは孝公一四年（前三四八年）の「初為賦」

であり、これは貨幣による賦の徴収を意味し、その一、二年後には半両銭が鋳造発行された可能性が高いとしている。

しかし、秦恵文王二年の「初行銭」を半両銭の発行そのものを示す記事と見なす研究者も存在する。早くに、『四川船棺葬発掘報告』の報告者がこの立場に立っており、一九八〇年代の初めに半両銭に関する総括的な研究を行った呉鎮烽氏もこの考えに賛同している[29]。その後も、この立場に立つ研究者は目立ち、最近では黄錫全氏が、決定的な証拠はないとするものの、四川における半両銭の出土情況と秦の四川進出などの関係から、恵文王二年に半両銭の鋳造発行が開始された可能性があるとしている[30]。

このように、文献資料の解釈にはかなり大きな隔たりが出てきている。その上、発行時期の根拠とされる文献にも、問題がないわけではない。最も重要な根拠とされる、秦献公七年の「初行為市」と秦恵文王二年の「初行銭」の記事は、ともに『史記』秦始皇本紀末尾に後人によって附記されたもので、『史記』本文ではない。梁玉縄はこれを『秦記』とし、後漢の班固が明帝の時に得たものとする説を引いている[31]。『史記』六国年表には秦孝公一四年「初為賦」、恵文王二年「天子賀行銭」が見え、秦本紀にも秦孝公一四年「初為賦」、恵文王二年「天子賀」が見える。秦始皇本紀の後人附記のうち、恵文王二年「初行銭」は『史記』に対応する記事が見えることから問題はないとしても、献公七年「初行為市」は史料的には信用度が落ちるであろう。この記事によって、秦における貨幣、とくに半両銭の発行を献公期まで遡らせるのは危険である。

では、考古学的には、三晋地域の円銭と秦の半両銭の年代はどこまで押さえることができるのであろうか。まず、「共」や「垣」など初期のものとされる三晋円孔円銭であるが、年代が確定できる出土例は極めて少ない。唯一と言える例は、東周王城外西の洛陽市孫旗屯C4M88に副葬されていた「垣」字円銭1枚である[32]。この墓は『洛陽中州路(西工段)』の東周墓葬編年にもとづいて戦国晩期（7期）とされている。しかし、この「垣」字円銭が、この時期に

円孔円銭伴出遺跡貨幣数量表

種類 / 出土地	共円銭	垣円銭	安臧円銭	中斜肩空首布	小平肩空首布	鋭角布	橋形方足布	尖足布	方足布
洛陽62号糧倉		1	47	5	52				9
洛陽史家屯村		60		11	31				
洛陽董村	1	116	1				583		
洛陽洛南新区		2					4		1
鶴壁獅跑泉村		1180				3538	11		141
翼城上呉村		1						1	324

流通していたことは確かであるが、いつ頃から出現し主要な流通時期がいつ頃であったかは、他の貨幣との伴出関係から推測するよりほかはない。「垣」字と「安臧」字円銭が、空首布と伴出関係にあることは確かである。しかし、上の「円孔円銭伴出遺跡貨幣数量表」にあるように、大型空首布との伴出関係にはなく、すべて中型、小型斜肩空首布と小型平肩空首布との伴出関係である(33)。趙振華氏は、洛陽東周王城近辺の墓葬から出土した平肩空首布を整理している(34)。すなわち、大型平肩空首布は春秋晩期、戦国早期の墓葬から、中型平肩空首布は春秋晩期、戦国早期、中期の墓葬から、そして小型平肩空首布は戦国早期、中期、晩期の墓葬から出土しており、その広範な流通は戦国中期とする。斜肩空首布の年代は確定しがたいが、すべて地名を有している点、戦国期に下るものであろう。「垣」字円銭は、空首布以外では、橋形方足布、尖足布、方足布、鋭角布、さらに秦半両銭との伴出関係が認められる(35)。橋形方足布や尖足布、方足布は戦国中期以後の貨幣と考えられ、後者の尖足布、方足布は戦国後期に広く大量に流通している。この点からも「垣」字円銭は戦国中期をあまり遡る貨幣ではないであろう。そして、空首布と伴出関係にある場合は数量が多い傾向にあるのに対して、尖足布、方足布のみとの伴出関係では少ない点、戦国後期になると次第に減少していったと考えられる。したがって、「垣」字円銭は戦国中期を中心に流通した貨幣と考えてよいであろう。

一方、「共」字円銭の方は、どうしたわけか「垣」、「安臧」字円銭や橋形方足布以外の他の形態の青銅貨幣との伴出関係が見いだせない。伴出関係から「垣」字円銭と同時に流通したことは間違いないであろう。「共」字円銭には大型のものが多いことから、「垣」字円銭より先行する貨幣とする考えもある。(36)

ところで最近、蔡運章氏は、「共」、「垣」字円孔円銭に先行する原始圜銭（円銭）（図1）の存在を指摘している。(37)蔡氏によると、一九九三年夏に、河南省鄢陵県の東崗村で「垣」、「共」字円銭とともに四〇枚の錆びついて一緒になった璧状青銅器が出土したという。うち二枚だけが散失を免れて現存しており、ともに文字や図案はなく素面で、直径六・八八～六・九cm、孔径二・八～二・九八cm、厚さ〇・三cm、重さ三〇・九～三一・七gである。この青銅器は璧環に形状がよく似ているが、周縁部は薄くなっており「共」、「垣」字円銭の形態に近い。また、その平均重量は当時の一釿の重量に近い点からも、これらは青銅製の璧環ではなく、すでに原始円銭の段階に入っており、その年代は戦国早中期のものであるとしている。しかし、その孔径はかなり大きく、「共」、「垣」字円銭の孔径が小さいのとは対応しない。このような形態や大きさ、重量の相違するものが、「共」、「垣」字円銭と同時に出土したことは、逆に貨幣でないことを示しているのかも知れない。また、貨幣としても、「共」、「垣」字円銭との同時出土から考えて、蔡氏の推定のように戦国時代を遡るものではないであろう。

秦半両銭について、考古学的に最も早い確実な出土例とされるのは、現在のところ四川省青川県郝家坪五〇号墓から出土した、いわゆる青川七銭と呼ばれる七枚の半両銭である。(38)この墓からは、「二年十一月己酉朔、朔日」に秦王が左丞相甘茂に命じて更修させた田律木牘が出土している。この「二年」は秦武王二年（前三〇九年）とされ、背面の「四年十二月」の記載と丞相甘茂の在任時期の関係から、この墓の埋葬は秦昭王元年（前三〇六年）前後ではないかとされている。これにより、恵文王二年（前三三六年）の「初行銭」が半両銭と関わりが深い可能性が高まったが、それ以前に半両銭が鋳造発行されていたかどうかは明確にしがたい。

なお、合范を用いて鋳造された、いわゆる餅半両銭を一般の半両銭に先行する最初期の半両銭とする考えがある。楊槐、袁林両氏は、この種の半両銭を同じく合范形式である刀銭、布銭の先進鋳造技術を導入した最初の半両銭とし、恵文王二年より遡るものと考えている。(39) 餅半両銭の出土地は、現在のところ、陝西省華県、韓城市、神木県、甘粛省天水地区、山西省安沢県、河南省湯陰県などである。(40) 出土量が多いのは秦の辺縁地域である神木県であり、王雪農、劉建民両氏は秦の新占領地区で軍事占領に関わる政治、経済的な要求から鋳造された新貨幣であるとしている。(41) 秦の本拠地である内史の地では必ずしもなく、周辺部で散在して出土していることから初期の半両銭とするには無理があるであろう。

以上のごとく、現在のところ三晋円孔円銭と秦半両銭の鋳造発行開始時期は、考古学的にも決しがたく、その先後関係は不明である。しかし注意されてよいのは、秦国には半両銭に先行する確かな青銅貨幣が存在しないのに対して、三晋地域にはすでに春秋以来の青銅貨幣の伝統がある点である。次に、円銭の流通範囲を考慮に入れながら、各種円銭の性格とその生成の問題、さらにその展開過程を検討したい。

三　円銭の流通範囲と発行主体

(一) 三晋・両周諸国円銭の流通範囲と発行主体

まず、出土例が多く数量も多い「共」(図2)(「共屯赤金」「共少半釿」字円銭も含む)、「垣」(図3)字円銭について見る。「共」、「垣」字ともに地名と見なすのが一般的で、「共」は河南省輝県、「垣」を山西省垣曲県附近に比定し、魏国の貨幣とする点でもほぼ一致している。(42) しかし、最近両字を地名と見なさない考え方も出されている。王勉編『安陽鶴壁銭幣発現与研究』によると、[43]「垣」字の本義は回曲形の矮墻であり、城邑のことを一般的に指し地名ではないとする。また、「共」字も共同所有の意味で、公共用幣の吉語であり地名ではないとする。そして、これらの円銭は、三晋諸国が相互貿易を行うため、共同で鋳造発行した戦国中期の貨幣としている。さらにこの他、多国多地域内で鋳造され流通した貨幣として、「垂」、「公」字小型鋭角布、「閔（藺）」字円銭、「零（露）」字方足布、「陝」字橋形方足布なども挙げている。

確かに、三晋のものとされる円孔円銭の中でも「共」、「垣」字円銭の出土数量は際立って多い。末尾の「円孔円銭出土地出典一覧」三晋・両周円銭部分によると、「共」字円銭は11山西聞喜で七〇〇余枚、「垣」字円銭は19河南鶴壁で一一七九枚、17河南伊川で八八〇〇余枚も一括して出土している。これらの円銭は、種類がそれほど多くない三晋円銭の中でも特別な円銭であったことを思わせる。また、黄錫全氏が指摘しているように、「垣」字円銭は銅含有率が九〇%を越え、純銅に近い点も特殊である。[44]「共」字円銭の成分分析の記録はないが、「共屯赤金」円銭の「屯」字は「純」と釈され純銅で製作された貨幣を示すとされており、「共」字円銭も純銅に近い可能性がある。

しかし、上述の書のように、「共」字や「垣」字を地名ではなく一種の吉語とし、三晋諸国共同発行の貨幣とすることができるかは問題である。次ページの「円孔円銭出土分布図」に「共」、「垣」字円銭の出土地を示したが、山西省南辺部と河南省北部に分布している。この地域は、確かに戦国中期における三晋諸国の領域が交錯する地域を含む。そして、地名の比定地を鋳造発行地と仮定して、地名比定地と出土地を結んでみると線は相互に交叉し、相互流通の存在が推定できる。しかし、このような相互関係も、固有の地名を有する尖足布、方足布でも一般に見られることである。[45]

むしろ、注目されるのは分布範囲が尖足布、方足布ほど広範囲ではなく、空首布や橋形方足布の分布範囲と重なる

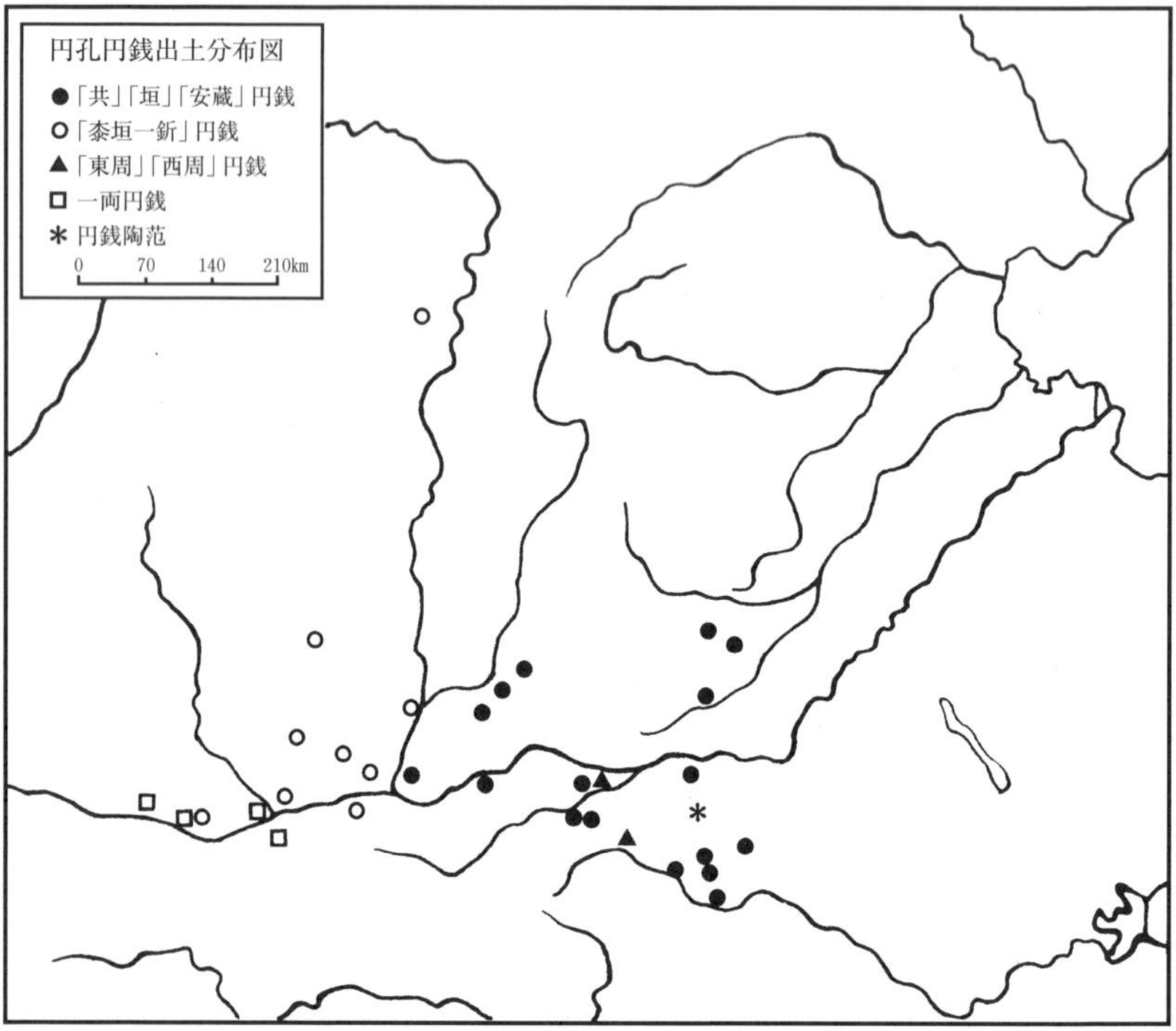

円孔円銭出土分布図

点である。空首布の出土分布地域は、第二章地図3「尖首刀・空首布出土分布図」（頁132）によると、洛陽を中心とする河南省北部と山西省南辺部に集中しほぼ重なる。また橋形方足布の方は、第四章地図1「橋形方足布出土地及び地名所在地」（頁251）によると河南省では空首布よりはやや南まで広がっているが、やはり同じ分布傾向を示す。また、橋形方足布の銅含有率はほとんど七〇％を越え、八〇％台の例もあり、「共」、「垣」字円銭よりは低いが、空首布や尖足布、方足布よりもかなり高い[46]。この点は「共」、「垣」字円銭は橋形方足布に近い。

　橋形方足布の文字は、現在のところ二〇種確認されているが[47]、地名と考えることでほとんど異論はない。そして、橋形方足布にも同じく「共」、「垣」字銘があるのである。「共」、「垣」字円銭も、橋形方足布と同様、特定の地名の地、すなわち都市で鋳造発行された貨幣とみなしてよいであろう。

橋形方足布は第四章で検討したように、都市名を有し各都市で鋳造、発行された貨幣であるが、魏の国家が軍資金としての黄金を調達するために発行した特殊な兌換用貨幣ではないかと推定した。「共」、「垣」字円銭は発行の目的や橋形方足布との関係は不明であるが、橋形方足布と同様、魏国の都市で発行された特殊な貨幣であった可能性がある。これらの円銭は三晋諸国の円銭の中でも圧倒的に出土数量が多い点、鋳造、発行に国家の何らかの統制が働いていたように思われる。また、純銅に近いという点も注目される。これは鉛の添加が少ないことを意味し、意図的に品位が高められた可能性がある。前漢武帝の時のことではあるが、郡国において軽小で鉛などを添加した低品位の五銖銭が多数鋳造されたため京師の鍾官で赤側銭を鋳造させたとある(48)。赤側銭について銅で周郭を巻いたものとする説があるが、このような形態の五銖銭は発見されていない。銅銭周縁のバリを取り円形に整えるため側面にヤスリをかけると金属の地肌が出るが、これが赤色であったから赤側と名付けられたのではなかろうか。そうすると、赤側銭は品位の高い純銅に近い貨幣ということになる。「共」、「垣」字円銭も、魏国において橋形方足布よりも高い品位で発行された新型式の貨幣であった可能性がある。この点でも、国家の何らかの統制あるいは監督のもとに発行された貨幣と言えるのではなかろうか。

「桼垣一釿」円銭（図4）については、「桼垣」の読み方ならびに所在地、所属国について異説がある。裘錫圭氏が「漆垣」と読み、『漢書』地理志の上郡に属する漆垣県に当てて以来(49)、「漆垣」と読む研究者が多い。袁林氏らは裘氏の説に従い、洛水下游の銅官川一帯としており、最近では黄錫全氏は銅川県西北とし、蔡運章氏も洛河東岸の富県、洛川一帯としている(50)。これに対して朱活氏は『漢書』地理志の漆垣県にあてるものの、その位置を今の邠（彬）県とし、秦に占領された魏の城邑が鋳造したものとしている(51)。一方、秦鳳崗氏は朱活氏の考証に誤りありとし、「漆垣」

は漆県であり、今の彬県と永寿県、麟游県東部で故城は彬県西面にあるとしている。[52]この他、奥平昌洪氏は「長垣」と読んで直隷省大名府長垣県に当て、郭若愚氏は「垂垣」と読んで地は春秋の衛邑、戦国の魏地、今の山東省曹県北の句陽店であるとしている。[53]

「円孔円銭出土分布図」を見てみると、出土範囲は陝西省東部に限定され、奥平、郭若愚説は成り立たないであろう。問題は、「漆垣」と読んだ場合、その発行地はどの国に属していたかである。秦国内で発見され、黄河以東ではほとんど発見されていない点、[54]秦国発行を思わせるが、ほとんどの出土情況が不明確である。また、伴出関係にある貨幣もほとんどなく、陝西省富県で特殊な「半釿」半円銭（図9）とともに出土しているのが唯一の例である。[55]黄錫全氏の指摘のように、[56]重量単位の「釿」は三晋特有であり、「漆垣」の書体も三晋のものであり秦の文字ではない。「漆垣」の位置や、出土範囲のかなりの部分が魏の領域であった点を踏まえると、魏国の貨幣である可能性が高いであろう。ただし、この地域は早くに秦に占領され、それとともに鋳造は行われなくなったと考えられる。[57]

この他、三晋円孔円銭とされるものに「藺」、「離石」、「畢陰」（あるいは「済陰」「襄陰」）字円銭がある。藺、離石は一般に山西省離石県附近に比定され、趙国に属したとされる。藺は趙武霊王一三年（前三一三年）に秦に陥され、また周赧王三四年（前二八一年、平勢・前二八九年）にも離石とともに秦に占領されている。[58]「藺」、「離石」ともに出土例がなく、[59]伝世品も少ない。これらの円銭も秦の占領とともに鋳造されなくなったと思われる。「畢陰」字円銭も出土例がないが伝世品は散見する。しかし、文字の釈読にはいくつか異説があり、発行地は確定できない。[60]

「安臧」字円銭は「円孔円銭出土地出典一覧」三晋・両周円銭部分に見られるように、河南省洛陽市で出土しており、空首布、「共」、「垣」字円銭、方足布が伴出している。このことから「共」、「垣」字円銭とほぼ同じ戦国中期に流通した貨幣と考えられる。「安臧」字は小型平肩空首布にも見え、やはり洛陽附近から出土し、また東周王城内から陶製鋳型も出土していることより周王畿の貨幣とされている。[61]「安臧」を地名とする説と吉語とする説があるが、[62]いまだ決するに足る証拠はない。

周王畿の貨幣とされるものに「西周」（図6）、「東周」字円銭がある。西周とは、『史記』周本紀によると、周考王（前四四〇～四二六年、平勢・前四四五～四三二年）がその弟を河南に封じて西周桓公とした公国で、周赧王五九年（前二五六年、平勢・前二六四年）に秦に滅ぼされた。そして東周の方は、西周桓公の曾孫、恵公がその少子を鞏に封じて東周恵公とした公国で、こちらは西周が滅びて七年後にやはり秦によって滅ぼされた。[63]「西周」、「東周」字円銭はこの西周国、東周国が発行した貨幣に間違いないであろう。ただし、形態が小さく内外郭がある点、戦国中期より時代が降るものであろう。

（二）秦国円銭の流通範囲と発行主体

秦の半両銭は、戦国中期にまで遡る貨幣と考えられるが、出土数の増加にともない、その流通の全期間を通じて、大きさや重量のばらつきが大きいことがますます明瞭になってきた。現在のところ最も早いと考えられる、いわゆる青川七銭を見てみると、直径では二・六〇～三・二〇cm、重さでは二・一～九・五gの開きがある。[64]また、一九六二年に陝西省長安県韋曲郷の首帕張堡で一〇〇〇枚近い埋蔵秦半両銭が発見されたが、報告によるとその直径は一・五〇～三・七〇cm、重さは一・七～一一・〇gの差があった。[65]これだけの開きがあることから、国家が独占的に鋳造発行していたとは考えられず、私鋳が行われていたことを認めざるをえない。しかし、首帕張堡の場合、上記報告の統計によると、径二・七〇～二・八〇cmのものが五二・四%、四～五gのものが四九・三%を占めており、何らかの統制が働いていることを思わせる。秦律の『金布律』には「銭の善、不善を雑えて之に実たせ」、「百姓、市にて銭を用うるに、美悪之を雑え、敢えて異にする勿かれ」とあり、悪銭と良銭を区別せず均等に使用することを命じている。[66]これは貨幣の不均一を是認した上で、国家の統制が働いていることを示している。

「方孔円銭出土分布図」の秦半両銭（戦国半両銭、秦代半両銭ともに含む）の分布を見ると、秦の本拠地である内史の地を中心に拡散するように広がっているのがわかる。とくに、注目されるのはある程度の方向性をもって広がっている点である。第一は西南方、すなわち四川省の巴蜀への方向であり、第二は北方オルドス方向であり、そして第三は東方に黄河を下る方向である。この他、漢水と長江を下り、広州につながるラインも注目される。これらのラインはとりもなおさず秦の軍事的進出ルートに対応している。秦は、領土拡大を開始する戦国中期から後期にかけて、西南方では前三一六年に巴郡の設置、北方では前三〇四年に上郡の設置、そして東南方には前二七八年に南郡の設置というように軍事的進出の結果支配権を確立しているのである。[67]蔣若是氏は、すでに先秦半両銭の出土地は秦の対外戦争の戦略要地に集中していることを指摘している。[68]そして、秦半両銭が軍市における、商市の自由売買とは異なる特殊な作用を有していたことも示唆している。半両銭はこの点からも、国家的性格の強い、統制される必要がある貨幣であったことが確認できる。しかし、河北省や山東省、そして長江中下流域など、天下統一過程の最後の段階で占領された地域では出土例は乏しく、天下統一後、半両銭が強い統制力をともなって流通していたとは思われない。従来から指摘されているように、天下統一後の半両銭による貨幣統一には限界性が認められるのである。[69]

両甾銭（図11）の「両甾」は二甾すなわち十二銖＝半両に当たり、半両銭の変異型とされる貨幣である。この貨幣については、近年出土例が増え新しい事実が明らかになってきた。一つは有郭のものと無郭のものの存在であり、もう一つは河南省南陽市附近でかなりまとまって発見され始めたことである。蔡万進氏等はこのことを踏まえて、有郭のものは戦国晩期に韓国の南陽で鋳造発行された貨幣、無郭のものは同じく韓国のある別の都市の貨幣とし、秦国の

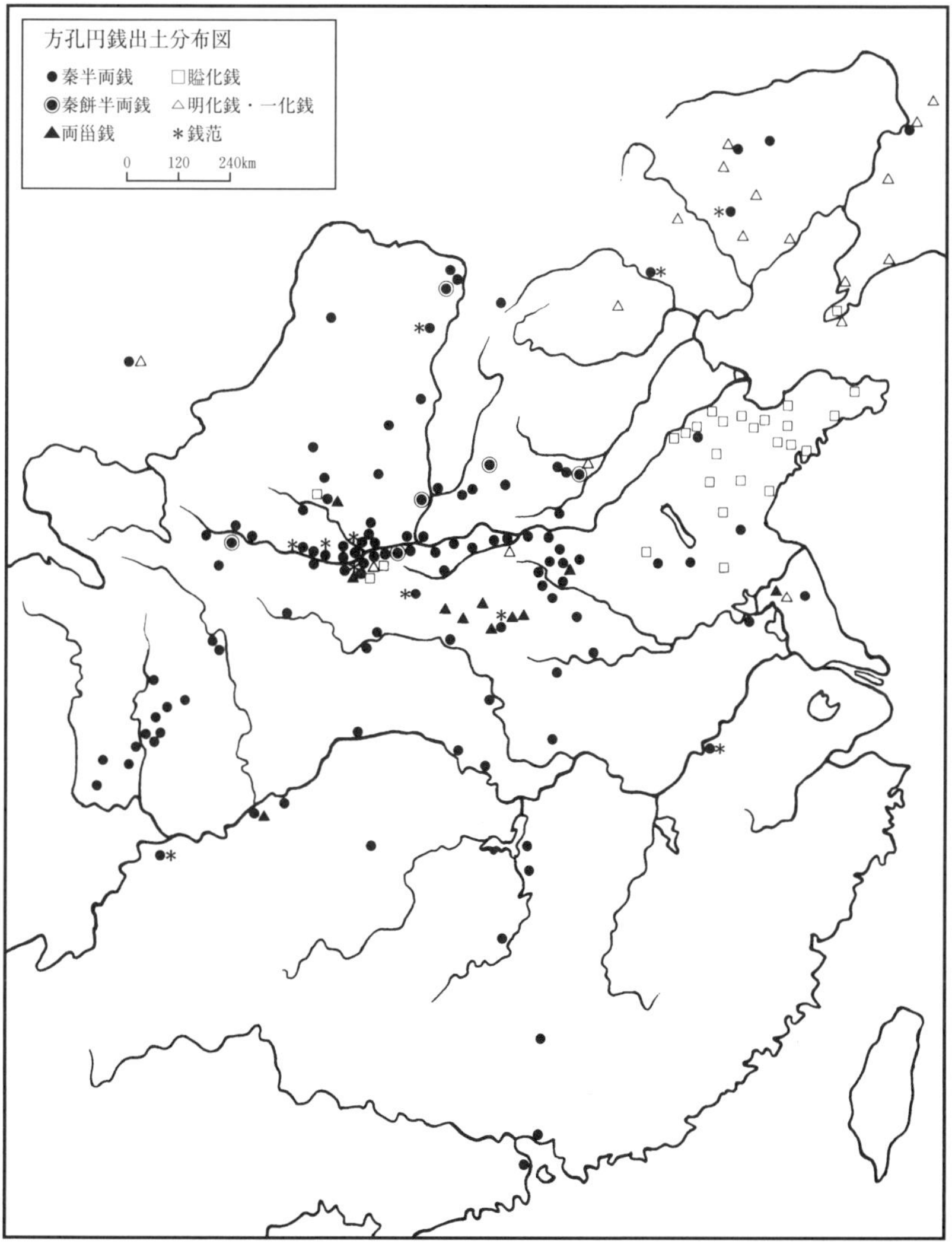

方孔円銭出土分布図

貨幣とはしていない。[70] しかし、「方孔円銭出土地出典一覧」秦両甾銭の部分に見えるように、戦国秦の領域である甘粛省、陝西省、四川省で出土し、しかも秦半両銭とともに出土していることは秦国の貨幣であることを示しているであろう。南陽附近で多く発見されるのは、秦昭襄王一五年（前二九二年）に白起が楚の宛（南陽）を陥して支配下に置いた後に、この地で独自に鋳造発行された地方的な貨幣であるからかもしれない。[71]

秦国では、例外的に実力者が個人として貨幣を発行することがあった。文信銭（図12）と長安銭である。[72] 文信銭は「文信」の文字があり、秦の相邦文信侯呂不韋の鋳造発行とされる。一九五五年に洛陽市の漢河南県城遺跡内から文信銭の石范が発見された。これは呂不韋が河南洛陽に封ぜられた事実と一致し、呂不韋鋳造が確実視されている。[73] 長安銭の「長安」とは、始皇帝の弟、長安君のこととされる。『史記』秦始皇本紀によると、秦王政八年（前二三九年）に長安君成蟜が趙国を攻めたが反乱を起こし趙の屯留で死んだとある。[74] 長安君が謀反時に鋳造した貨幣とする説があるが、確実な出土例は西安市の戦国末期墓から文信銭とともに出土した一例のみである。[75] 呉良宝氏は、両貨幣とも戦国秦国の円銭とするには根拠が不足しているとし懐疑的である。[76]

(三) 斉国、燕国円銭の流通範囲と発行主体

斉国の円銭には、「賹化」、「賹四化」、「賹六化」（図13）の大中小三種類の方孔円銭が存在するが、[77] ここではこの三種類を賹化銭と通称する。賹化銭については、「賹」字の意味や貨幣の性質に関して多くの議論がある。

まず、「賹」字については、地名説、重量単位説があるが、その他独自の解釈も出されている。地名説としては、古くは『漢書』地理志の益県に当て、賹化銭を漢代の貨幣とする説があったが、考古学の観点から戦国貨幣であることが確定しているのでこの説は論外である。しかし、その後も戦国貨幣と認めた上で、漢代益県あたりにあった地名

とする説も存在する[78]。だが、円銭の地名が一種類しか存在せず、しかも戦国時代に比定できる地名も存在せず、また比定地が貨幣を発行するような如何なる土地であったのかも明らかでない。近年では、「賹」字に対して地名以外の意味を追究する傾向が強い。

重量単位説は、朱活氏が早くから称えている[79]。賹とは貴金属の重量単位であり、一賹とは二十朋貝のことで、これは斉大刀の実質的重量でもあり、その重量は一溢（一握りの粟米の重量）に等しいとする。その後、袁愈高氏や丘光明氏もこの考えを支持している[80]。また、蔡運章氏も賹を重量単位とみなし、例えば「賹六化」円銭は六枚の「斉大刀」三字刀の価値に相当するとしている[81]。

以上に対して、稲葉一郎氏は価値を示す吉祥文字とし、黄錫全氏は何琳儀氏の説を承けて賹の字に釈して名や物を記載するのに用いる文字としている[82]。この他、嬰の簡化字と解して多量の貨幣の保有の意味とする郭若愚説や、賹と釈して「等衰」、すなわち等差をもって減じる意味に解する陳世輝説など様々である[83]。「賹」字は個別の地名でないことは確かであり、斉国円銭の中でこれ一種類の文字しか存在しないことから貨幣の統一性を示していると考えられる。しかし、どのような含義の文字かは決しがたい情況である。

賹化銭の性質については、斉大刀との関係が問題となる。これには斉大刀の補助貨幣とする説と斉大刀に代わって出現した新式貨幣とする説とがある。前者の説は、王献唐氏が斉大刀の補幣で「子母相権」の関係にあるとして以来、多くの研究者が支持している[84]。一方、後者の説は朱活氏の説が早い[85]。朱氏によると、一枚の賹化銭は一枚の「斉法化」刀銭（「斉大刀」三字刀）に対応するが、「斉法化」刀銭の実重量は「賹六化」円銭の場合五枚分に相当する。それ故に賹化銭は虚幣であり、田斉の経済的没落による通貨膨張のため重量を減じて発行された貨幣であり、「斉法化」刀銭の補助貨幣ではないとしている。袁愈高氏も朱氏の考えを承けて、賹化銭は斉大刀を改鋳して重量を軽減して発行したそれと等しい価値の新型貨幣としている。(86) また、日本では、関野雄氏が斉大刀に代わる名目貨幣としており、稲葉一郎氏も通貨需要の増大を背景に出現した貨幣とし、斉大刀の代替貨幣としているようである。(87) 近年では、黄錫全氏が、何琳儀氏の賹化銭の銘文を斉大刀との兌換関係を示すと解釈する説を承けて、斉大刀からの交代過程にある過渡的段階の貨幣と位置づけている。(88) また、蔡運章氏も、賹化銭は斉国の通貨膨張政策の採用の結果、重い斉大刀に代わって発行された軽小の貨幣であるとしている。(89)

現在、両説は拮抗状態にあるようであるが、賹化銭がほとんど斉大刀とともに出土している点や、斉大刀の背文「三十」に対応するように、とくに「斉大刀」三字刀一枚の重量の三〇分の一が「賹化」円銭一枚の重量にあたり、三種の賹化銭の重量が銘文の数字と比例関係にある点など、「斉大刀」三字刀の補助貨幣として発行された可能性が高い。(90) また、趙匡華氏等がその合金成分が「斉大刀」三字刀と一致しているとしている点からも、(91) 質を落とした改鋳ではなく同時流通が想定され、補助貨幣の可能性が高まる。さらに、賹化銭の銘文のうち、末尾の「刀（あるいは化）」字が斉大刀と一致して同一範疇の貨幣であることを示す一方、最初の文字が地名、あるいは国名ではなく異なる範疇である点も、賹化銭が斉大刀の代替貨幣であること拒否しているように思われる。

なお、賹化銭の鋳造開始時期については、斉宣王の時期とするか襄王復国の時期とするかで意見が分かれているものの、(92) 戦国後期の貨幣とする点では一致している。「方孔円銭出土分布図」の賹化銭部分を見ると、その分布は斉大刀の分布範囲と一致し、しかもやや全体に東に寄っている。このことは、賹化銭の流通範囲が東に縮小したことを意味しており、斉国が西方諸国に圧迫され衰退して行く戦国後期でも終わり頃に発行された貨幣であることを示している。

燕国の円銭にも、「明𣃔」、「明化」（図14）、「一化」（図15）の大中小三種類の方孔円銭が確認されている。「明𣃔」

の第二字については、数字の「四」の字とする説と、明刀銭の柄部の四直線紋の象徴とし、明刀銭との連続性を強調する説がある。(93) この「明⺋」には出土例がないが、「明化」、「一化」についてはあり、とくに後者は大量出土例がある。この三種類の貨幣は、一般に燕王喜が都の薊を秦に陥れられて遼東に徙居した後（前二二六～二二二年）に発行したものとされている。(94) しかし、稲葉一郎氏は、「明⺋」、「明化」について燕の斉占領（前二八四～二七九年）による通貨増加にともなって、明刀銭に代わって発行されたものとしている。(95) ところが、「方孔円銭出土分布図」の「明化」、「一化」円銭の分布を見ると、ほとんど北京、すなわち燕都薊より東で発見されている。また、「一化」円銭は晩期の明刀銭や漢代の貨幣とともに出土することも多く、燕国の最末期の貨幣と考えられるが、「明化」円銭もこの「一化」円銭と一緒に出土することがままある。(96) したがって、「明化」、「一化」円銭は戦国後期でも遅い時期の貨幣とみなしてよいであろう。

この三種類の方孔円銭は、斉賹化銭と異なり、燕の明刀銭に代わって発行された新型貨幣とする点で意見が一致している。稲葉氏は通貨需要の増大の結果、小型軽量のこの種の円銭が発行されたと考えたが、朱活氏は秦軍の圧迫を受けた燕が通貨紊乱状態になり、重量を減じて発行した貨幣としている。(97) いずれにしても、この三種の円銭は、燕国の国家鋳造の統一貨幣である明刀銭の重量を減じ、それに代わって発行されるようになった、やはり国家鋳造貨幣であろう。

む す び

以上述べてきた各国円銭の展開過程を図示すると以下のようになるであろう。

〈戦国中期〉　〈戦国後期〉　〈秦代〉

【円孔円銭】

「共」「垣」円銭（魏国家監督都市鋳造？）→その他の円銭（三晋都市鋳造）∴衰退　×

「安臧」円銭（周王畿鋳造）　「西周」「東周」円銭（公国鋳造）　×

【方孔円銭】

半両銭（秦国家監督鋳造）∴占領進行とともに拡大、発展　→秦始皇帝の統一貨幣

両甾銭（秦国地方鋳造）　×

文信銭、長安銭（秦国封君鋳造）　×

「東周」「周化」円銭（畿内国家鋳造）　×

斉賹化銭（斉国家鋳造∴「斉大刀」三字刀の補幣）　×

燕三種円銭（燕国家鋳造）　×

現在のところ、初期の円孔円銭と考えられる「共」、「垣」字円銭と方孔の半両銭のいずれが先行するか決しがたい。戦国中期をそれほど遡らないほぼ同じ頃に出現した可能性があり、両者は影響関係がなく独自に三晋と秦国で別々に出現したと考えられる。

「共」、「垣」字円銭は、紡輪を起源とする説と璧環を起源とする説があるが、上述のように戦国時代という時代に古くからの実用器物である紡輪が貨幣に転化すべき必然性や特別な契機が存在したとは思われない。周の畿内や三晋地域にはすでに春秋時代から青銅の布銭が存在しており、その中で新型式の貨幣として出現したと考えられる。「共」、「垣」字円銭の孔はかなり小さく、玉璧に近い形態をしている。玉璧や玉環は古来、神を祭る神聖な器物として、また貴族が訪問、謁見の際に用いる儀礼的な器物として尊重され、春秋時代には高価な財物として取引の対象になった

例もある。[98] このような神聖な器物の形態が、新型式の貨幣の形態として象徴的に取り入れられた可能性がある。玉璧や玉環は本来支配階級が儀礼に用いる器物であり、刀銭のもととなった銅削刀や布銭のもととなった農具など、一般庶民の生産にかかわる実用器物とは明らかに来源を異にする。この点からも円孔円銭の出現には支配階級ないし国家が係わっていたと考えられる。

方孔円形の半両銭の出現について、関野雄氏は銅銭を鋳造すると周縁にバリができるが、何枚もの銅銭のバリをまとめて削り取る便のため円孔から方孔になったとする。[99] すなわち、銅銭の円孔に丸棒を差し込んでヤスリをかけようとしても銭が回ってうまくいかないが、方孔に角棒を差し込めば銭を固定でき能率的にヤスリをかけることができるとするのである。しかし、この方孔の機能を重視する考え方も、円孔円銭と方孔円銭の開始時期に先後関係がはっきりしないことや、両者が長期にわたって並行して流通している点などから説得性に欠ける。また、戦国時代の半両銭は必ずしも真円形でなく、内孔にも外縁にもバリがついたまま出土している例が多いことからも、この機能起源説は成り立たないであろう。

近年、蔡運章氏は方孔円銭の起源について改めて天円地方説を称えている。[100] 銭形の円形は天を、方孔は地を象徴しているとするのである。蔡氏も挙げている『呂氏春秋』圜道篇には、「天道は圜、地道は方、聖王之に法るは上下を立つる所以なり」とあり、確かに戦国後期に秦国で天円地方の観念が存在したことが確認できる。方孔円銭も、円孔円銭と同様、象徴的な意味合いをもって出現した貨幣と見なすことができる。しかも、『呂氏春秋』に見られるように、その形態は統治の観念と密接に係わっており、最初から国家の関与する統一貨幣として出現したと考えられる。そして、実際に秦国内で他の種類の貨幣を排除する形で流通しているのである。

では、なぜその後円孔円銭が衰退し、方孔円銭が発展して中国銅銭の形態を決定づけることになったのであろうか。

これは単純な理由によるものと思われる。すなわち、円孔円銭の衰退は、その貨幣を発行していた都市が都市発行を認めない秦に占領されるか脅かされることにより発行不能になったためであると考えられる。馬非百氏は、『史記』六国年表の秦昭王二一年（前二八六年）年に「魏、安邑及び河内を納む」とあることから、この時秦は魏から譲り受けた地に河東郡と河内郡を設置したとしている。(101)「垣」字円銭の発行地の垣曲県は河東郡に含まれ、「共」字円銭の発行地である輝県は河内郡に含まれる。楊寛氏は、秦の河東郡の設置を魏が河東の地四百里を献じた前二九〇年としているが、河内郡の設置には言及していない。(102)秦は前二四〇年に共の近くの汲を陥落させており、この時期の河内郡の設置は問題であるが、河東郡設置後も秦は黄河に沿って東方に進出し魏国の領域を脅かし続けている。(103)

一方、秦国はすでに述べたように、占領地の拡大とともに半両銭の流通を広めていった。秦は天下統一によって貨幣統一も推進したが統一期間が短かったため実現は果たせなかった。しかし、半両銭の形態はそのまま漢王朝に受け継がれた。これは、他の形態の貨幣よりは使用に便利であったこともあろうが、天円地方を象徴する形態が統治者の支配理念とも合致していたからではなかろうか。

注

（1）秦は天下を統一すると、自国通用の半両銭を統一貨幣として通行させ、漢王朝も半両銭を継承し、武帝の時にはやはり重量を表記する五銖銭を改めて発行した。唐代以後は年号（元号）を表記するようになるが、方孔円形の形態は保持され続ける。ただし、『漢書』食貨志下によると、王莽の時は円銭の他に多様な刀銭や布銭が発行されており、青銅貨幣については戦国時代の多様性が再現された観がある。しかし、それは王莽の新王朝においても一時的なものであり、まもなく「小銭（泉）直一」や「大銭（泉）五十」などの方孔円銭に回帰している。

（2）王献唐『中国古代貨幣通攷』上冊（斉魯書社、一九七九）頁6。

（3）朱活『古銭新探』（斉魯書社、一九八四）「秦銭攷略」頁263。
（4）蔡運章「戦国圜銭概論」（中国銭幣学会編『中国銭幣論文集』第四輯、二〇〇二）頁134。
（5）孫華「先秦貨幣雑考」（考古与文物一九九〇―二）頁53、「三　圜幣淵源考」。
（6）杜維善『半両考（上）』（上海書画出版社、二〇〇〇）頁1。
（7）鄭家相『中国古代貨幣発展史』（生活・読書・新知三聯書店、一九五八）頁177。
（8）王毓銓『我国古代貨幣的起源和発展』（科学出版社、一九五七）頁73。
（9）黄錫全『先秦貨幣通論』（紫禁城出版社、二〇〇一）頁303。
（10）注（2）王献唐書、頁10。
（11）黄錫全氏は、「桼睘一釿」、「生坪」、「侯釿」、「古」字などを地名銘として挙げているが（注（9）黄錫全書、頁305）、出土例もなく事例も極めて少ないのでここでは取り上げない。
（12）汪慶正主編『中国歴代貨幣大系一　先秦貨幣』（上海人民出版社、一九八八）頁32、注（6）杜維善書、頁10。なお、「一珠重一両・十三」銘円銭の「十三」は「十二」の誤読であり、存在しないとする説が有力である（注（9）黄錫全書、頁324）。
（13）袁林、光平畋松、閻福善「陝北出土〝半釿〟幣初探」（中国銭幣一九九三―二）頁63。
（14）王毓銓氏は方孔の「東周」、「周化」銘の貨幣を周地鋳造としている（注（8）王毓銓書、頁77）。「周化」については東方の方孔と「化」の単位を採用したものとする。王氏は模本のみしか示していないが、イギリス、ケンブリッジのフィツウィリアム美術館で実見したものは鋳造状態良好で文字も整っており真物と思えた。実測値は径三・五㎝、重九・九三ｇ。周地でも方孔円銭を発行した可能性がある。
（15）注（7）鄭家相書、頁177。
（16）注（8）王毓銓書、頁73。
（17）四川省博物館『四川船棺葬発掘報告』（文物出版社、一九六〇）頁62。
（18）注（3）朱活書、「秦銭攷略」頁263。

（19）何琳儀『古幣叢考』（安徽大学出版社、二〇〇二増訂本）頁217「三晋圜銭彙釈」。

（20）注（9）黄錫全書、頁310、331。

（21）注（4）蔡運章論文、頁148、150。

（22）晁華山「西漢称銭天平与法馬」（文物一九七三―一、頁73）、杜金娥「談西漢称銭衡的砝碼」（文物一九八二―一、頁73）。呉鎮烽「半両銭及其相関問題」（考古与文物叢刊三（一九八三）頁159）によると、「一珠重一両・十二（十三）」は八・七六～一三・九〇g、「一珠重一両・十四」は九・四一～一五・六二gのばらつきがあり、また注（12）汪慶正書、頁32でも「一珠重一両・十四」は一六～九・八gのばらつきがある。

（23）注（9）黄錫全書、頁323、324。

（24）「長慶油田西安基地墓葬圜銭」（中国銭幣二〇〇一―二）頁76。

（25）本文末尾「方孔円銭出土地出典一覧」秦両甾銭部分参照。半睘銭についても、秦の貨幣とする説と分銅とする説があるが、「円孔円銭出土地出典一覧」秦半睘銭部分のごとく確かな出土例がなく、ここでは取り上げない。

（26）陳尊祥、路遠「首帕張堡窖蔵秦銭清理報告」（中国銭幣一九八七―三）頁10。

（27）注（6）杜維善書、頁6。

（28）王裕巽「先秦半両銭始鋳時間試考」（中国銭幣一九九一―三）頁60。この他にも、「初行銭」を国家による貨幣鋳造発行権の統一、集中、さらには私鋳の厳禁と解し、秦国でのそれ以前の貨幣発行を認める研究者も存在する（注（3）朱活書、頁271、雒雷「秦代貨幣考」（中国銭幣一九八九―一）頁39、何清谷「秦幣弁疑」（中国銭幣一九九六―一、頁19））。

（29）注（17）書、注（22）呉鎮烽論文、頁152。

（30）注（9）黄錫全書、頁329。他に、陳振裕「湖北秦漢半両銭的考古発現与研究」（江漢考古一九八八―三）頁84、竜騰「四川蒲江戦国蜀国船棺葬出土秦半両和橋形幣」（中国銭幣一九九九―二）頁27。

（31）梁玉縄『史記志疑』巻五、秦始皇本紀第六。

（32）趙振華「河南洛陽新発現随葬銭幣的東周墓葬」（文物一九九一―六）頁514。

（33）本文末尾「円孔円銭出土地出典一覧」三晋・両周円銭部分、15河南洛陽：東周王城遺址南部六二号戦国糧倉遺址、および洛陽史家屯村窖蔵。
（34）注（32）趙振華論文、頁518。
（35）本文末尾「円孔円銭出土地出典一覧」三晋・両周円銭部分、13山西翼城：隆化鎮上呉村窖蔵、15河南洛陽：東周王城遺址南部六二号戦国糧倉遺址、圪垱中石油大学学生公寓遺跡、19河南鶴壁：石林公社獅跑泉村西北窖蔵、21河南林県（枚数不明）、23河南鄭州：回民中学工地M７。
（36）黄錫全氏は、一般的に言って、円孔が小さいほど、直径が大きいほど、重量が重いほど円銭の年代が古くなるとし、「共」「共屯赤金」「桼垣一釿」「桼睘一釿」「藺」「離石」字円銭が最も早いとしている（注（９）黄錫全書、頁313）。ちなみに、黄氏書の表二八（頁312）によると、「垣」字円銭大は径４～4.2㎝、重8.15～10.6ｇ、「共」字円銭は径4.8～4.65㎝、重14.8～18.5ｇとなっている。
（37）注（４）蔡運章論文、頁138。
（38）四川省博物館等「青川県出土秦更修田律木牘」（文物一九八二―一）頁12。
（39）楊槐、袁林「管窺餅半両」（中国銭幣学会編『中国銭幣論文集』第四輯、中国金融出版社、二〇〇二）頁168。注（６）杜維善書も、餅半両銭の形態が紡輪に接近していることから、最も早い半両銭とし、秦献公七年（前三七八年）かさらに早く出現したと考えている（頁２）。
（40）注（39）楊槐、袁林論文、頁161、163。「方孔円銭出土地出典一覧」秦半両銭部分参照。
（41）王雪農、劉建民「秦銭新品餅半両」（中国銭幣一九九四―二）頁４。
（42）郭若愚氏は、「共」字を「卞」と釈し、卞水と関係があり、位置は魏都大梁附近とする（『先秦鋳幣文字考釈和弁偽』（上海書店、二〇〇一）頁６）。地名と見なす点では変わりはない。
（43）王勉編『安陽鶴壁銭幣発現与研究』（中華書局、二〇〇三）「鶴壁銭幣発現与研究」頁290、292。
（44）注（９）黄錫全書、頁313。周衛栄『中国古代銭幣合金成分研究』（中華書局、二〇〇四）頁29によると、上海博物館蔵の

「垣」字円銭二点の銅含有率は九四・四二％、九九・三一％になっている。
(45) 第五章、「晋陽布・平陽布出土地図」、「宅陽布・郛布出土地図」、「襄垣布・露布・長子布出土地図」参照。
(46) 注（44）周衛栄書によると、橋形方足布（頁8～11）の中、梁布二二枚の銅含有率は六四・四八～七八・七八％、平均七三・二二％、釿布三三枚は六二・五四～八六・〇二％、平均七五・四四％である。一方空首布二一枚（頁5～6）は五五・五三～七三・三八％、平均六二・二五％、尖足布一五枚（頁6）は三八・八九～五七・八七％、平均四四・六三％、方足布二三枚（頁7～8）は六一・四二～七六・二七％、平均六九・八二％になっている。また、道野鶴松「古代支那貨幣の化学的研究（第一報）」（日本化学会誌第五一秩第八号、一九三〇）の表では、空首布の銅含有率六四・三六％、尖足布三点五七・八七、五七・六三、四二・八六、平均五二・七九％、方足布一一点三九・八六～七四・四〇％、平均六六・一七％となっている。その第二報（五三帙第一号、一九三二）では空首布五四・三一、五七・八四％、尖足布五二・七二％、方足布七〇・八一、六八・四四、七六・二七、平均七一・八四％とある。
(47) 第四章参照。黄錫全氏は一九種確認できるとする（注（9）黄錫全書、頁118～123）。
(48) 『史記』平準書「郡国多姦鋳銭、銭多軽、而公卿請令京師鋳鍾官赤側」。如淳注に「以赤銅為其郭也」とある。
(49) 裘錫圭「戦国貨幣考（十二篇）」（北京大学学報一九七八—二）頁69。
(50) 注（13）袁林等論文、頁63、注（9）黄錫全書、頁305、注（4）蔡運章論文、頁143。
(51) 注（3）朱活書、頁263「秦銭攷略」。
(52) 秦鳳崗「桼垣一釿当鋳于漆県」（中国銭幣一九八七—二）頁77。
(53) 奥平昌洪『東亜銭志』（一九七四、歴史図書社影印）第二巻、頁191、注（42）郭若愚書、頁5「戦国魏幣文字三種考釈」。
(54) 注（13）袁林等論文、頁65では、山西、河南極少数出土としているが、具体的な地名は示していない。
(55) 注（13）袁林等論文、頁63。
(56) 注（9）黄錫全書、頁310。
(57) 黄錫全氏は、この円銭の下限を、魏が上郡を全て秦に入れた魏襄王七年（前三一二年）としている（注（9）頁311）。

(58)『史記』趙世家、周本紀。
(59)河南省新鄭県の鄭韓故城内、藺、離石大円足布范と同一坑から円孔円銭背范が出土しており、藺、離石円銭の背范の可能性があるが、外郭がない点が合わないとされる（河南省文物考古研究所「河南新鄭新発現的戦国銭范」（馬俊才）華夏考古一九九四―二、頁19）。
(60)「済陰」とするのが一般的で、鄭家相氏は済水の陰地で魏地とし（注（7）頁182）、朱活氏は山西省栄河境とする（注（3）頁263）。「畢陰」とするのは奥平昌洪氏（注（53）頁187）、黄錫全氏（注（9）頁308）で、黄氏は所属国不明とする。「壌陰」とするのは汪慶正氏で襄丘の陰、蒲阪東北、魏地とし（注（12）頁32）、蔡運章氏は「襄陰」と読み襄山の北、山西省芮城県北としている（注（4）頁140）。
(61)蔡運章等『洛陽銭幣発現与研究』（中華書局、一九九八）頁43。
(62)鄭家相氏は、安は安城、臧は蔵の省であり、安城は陽武、原武二県の間、春秋は鄭に属し、安臧とは安城鋳行の泉の意味としているが（注（7）頁55）、蔡運章氏は吉語で安定庫蔵の義としている（注（4）頁141）。
(63)『史記』周本紀には、「考王封其弟于河南、是為桓公、以続周公之官職。桓公卒、子威公代立、威公卒、子恵公代立。乃封其少子於鞏以奉王、号東周恵公」とあり、「（赧王）五十九年、……秦昭王怒、使将軍摎攻西周、西周君犇秦、頓首受罪、尽献其邑三十六口三万、……而遷西周公於𢠸狐。後七歳秦荘襄王滅東西周」とある。
(64)注（22）呉鎮烽論文、頁146、表五。
(65)注（26）陳尊祥、路遠論文、頁4表一、頁5表四。
(66)睡虎地秦墓竹簡整理小組『睡虎地秦墓竹簡』（文物出版社、一九七八）頁55、金布律「銭善不善、雑実之」、「百姓市用銭、美悪雑之、勿敢異」。
(67)秦の置郡年次については、楊寛『戦国史』（上海人民出版社、一九八〇）附録一「戦国郡表（六）」、馬非百『秦集史（下）』（中華書局、一九八二）「郡県志」参照。
(68)蔣若是「論秦半両銭」（華夏考古一九九四―二）頁85。

(69) 稲葉一郎「秦始皇の貨幣統一について」(東洋史研究三七―一、一九七八)頁80、雒雷「秦代貨幣考」(中国銭幣一九八九―一)頁41など。

(70) 蔡万進、冦川、陳国友「建国以来両甾銭的発現和研究」(中国銭幣一九九八―二)頁52。

(71)『史記』秦本紀に「(昭襄王)十五年、大良造白起攻魏取垣、復予之。攻楚取宛」とあり、穰侯列伝に「明年(昭王一五年)、又取楚之宛・葉」とある。

(72) 蔡運章氏は、「襄二甾」方孔円銭の「襄」字は「穰」に通じるとし、秦相穰侯魏冉がその封邑で鋳造発行した私鋳銭としている(注(4)頁147)。黄錫全氏は、これを陝西出土とし、趙国貨幣と見なしているが(注(9)頁307)、孤例であり取り上げない。

(73) 注(3)朱活書「秦銭攷略」頁263、党順民「西安同墓出土長安、文信銭」(中国銭幣一九九四―二)頁37、注(61)蔡運章等書、頁96など。

(74)『史記』秦始皇本紀「八年、王弟長安君成蟜将軍撃趙、反。死屯留」。

(75) 注(73)党順民論文、頁37。

(76)『中国東周時期金属貨幣研究』(社会科学文献出版社、二〇〇五)頁259。

(77)「賹二化」が存在するが、文字に問題があり出土地も不明確で偽造と思われる(注(42)郭若愚書、「先秦鋳幣文字弁偽」(七)頁87)。また、壮泉、霍斯頓氏も真品か定めがたいとしている(中国銭幣一九八七―一「美国集幣協会博物館的中国古銭蔵品」頁59)。

(78) 王毓銓氏は地名とし、山東益都県北か寿光県西とし(注(8)頁74)、汪慶正氏も益都県の可能性が大きいとする(注(12)頁32)。また、山東銭幣学会編『斉幣図釈』(斉魯書社、一九九六)も漢代益邑で今の寿光市境としている。

(79) 注(3)朱活書、「試談斉幣」頁100(文物一九六五―一に初載)。

(80) 袁愈高「〝賹六化〟方孔円銭応為戦国貨幣」(中国銭幣一九八三―一)頁67、丘光明「貨幣与度量衡」(考古二〇〇一―五)頁74。

(81)　注（4）蔡運章論文、頁142。
(82)　稲葉一郎「先秦時代の方孔円銭について」（史林五六―四、一九七三）頁55、注（9）黄錫全書、頁313。
(83)　注（42）郭若愚書、「識賹化」頁53、陳世輝「戦国斉円銭賹字説」（中国銭幣二〇〇四―二）頁3。
(84)　注（2）王献唐書、頁272、王献唐遺著「斉国鋳銭的三箇階段」（考古一九六三―一一）頁626、趙匡華、陳栄、孫成甫「〝賹四化〟与〝賹六化〟的理化研究」（中国銭幣一九九三―二、頁22）、注（78）『斉幣図釈』頁84、孫敬明「斉魯貨幣文化比較研究」（中国銭幣一九九八―一、頁19、23）、張光明、唐素云「斉国的〝賹化〟圜銭」（『斉国貨幣研究』斉魯書社、二〇〇三）頁187など。
(85)　注（79）朱活論文、頁100、朱活「論斉圜銭范兼談六字刀」（中国銭幣一九八八―一）頁2。
(86)　注（80）袁愈高論文、頁67。
(87)　関野雄「刀銭考」（東洋文化研究所紀要三五、一九六五）頁41、注（82）稲葉一郎論文、頁46。
(88)　注（9）黄錫全書、頁317。
(89)　注（4）蔡運章論文、頁151。
(90)　江村治樹『春秋戦国秦漢時代出土文字資料の研究』（汲古書院、二〇〇〇）頁171。
(91)　注（84）趙匡華等論文、頁25。
(92)　注（78）『斉幣図釈』頁87は宣王後期とし、注（84）張光明、唐素云論文、頁187も宣王期とする。斉襄王復国（前二七九年）後とするのは、注（3）朱活書、頁108「試談斉幣」、注（9）黄錫全書、頁317、注（4）蔡運章論文、頁150などである。蔡氏は、賹化銭は秦半両銭の影響を受けた貨幣で、斉襄王復国から前二五四年に魏国が秦の陶郡を奪取するまでの二〇年間に鋳造発行されたものとしている。なお呉良宝氏は斉王建時期とし宣王や襄王には遡らないとしている（注（76）書、頁268）。
(93)　注（8）王毓銓書、頁75、注（4）蔡運章論文、頁143は「四」と釈しているが、稲葉一郎氏によると柄紋説は古く、王懿栄に遡るという（注（82）稲葉一郎論文、頁61）。朱活氏も柄紋説である（注（3）朱活書、「匽幣管窺」頁164）。
(94)　たとえば、注（9）黄錫全書、頁322、注（4）蔡運章論文、頁151。

(95) 注(82)稲葉一郎論文、頁60～65。

(96) 末尾の「方孔円銭出土出典一覧」燕明化・一化銭部分、16遼寧凌源、19遼寧旅順、27吉林輯安など。

(97) 注(3)朱活書、「匽幣管窺」頁165。

(98) 林巳奈夫『中国古玉の研究』(吉川弘文館、一九九一)頁1。『左伝』僖公二年に「晋荀息請、以屈産之乗与垂棘之璧、假道於虞、以伐虢。公曰、是吾宝也」とあり、昭公一六年に「宣子有環、其一在鄭商。宣子謁諸鄭伯、子産弗与。……韓子買諸賈人」とある。

(99) 関野雄「円体方孔銭について」(『中国考古学研究』東洋文化研究所、一九五六)頁461。

(100) 注(4)蔡運章論文、頁138。

(101) 注(67)馬非百書、頁594。

(102) 注(67)楊寛書、頁537附録一「戦国郡表(六)」。

(103) 『史記』六国年表、魏景湣王三年(前二四〇年)「秦抜我汲」。六国年表、魏昭王一三年(前二八三年)には「秦抜我安城、兵至大梁而還」とあり魏の国都近くまで攻め込んでおり、魏安釐王二〇年(前二五七年)には秦は趙の国都、邯鄲を包囲している。

附記:西暦紀年について、従来の一般的紀年と平勢隆郎『新編史記東周年表』(東大出版会、一九九五)の紀年が著しくずれる場合は、「平勢・前〇〇年」と追記した。

図版出所目録

図1　原始円銭:蔡運章「戦国圜銭概論」(『中国銭幣論文集』第四輯、二〇〇二)頁153図一4(径六・九cm、河南鄢陵東崗村出土)

図2　「共」円銭:『山西出土文物』(山西省文物工作委員会、一九八〇)114(径四・四cm、山西聞喜蒼底村出土)

図3「垣」円銭：著者写真（径四・二cm）
図4「桼垣一釿」円銭：郭若愚『先秦鋳幣文字考釈和弁偽』（上海書店、二〇〇一）頁101・31（径三・六cm）
図5「藺」円銭：朱活『古銭新譚』（山東大学出版社、一九九二）図版28・5（一般径三・四〜三・六cm）
図6「西周」円銭：中国銭幣一九九四―四、封面（一般径二・六〜二・七八cm）
図7「一珠重一両・十四」円銭：中国銭幣二〇〇一―二、頁76（径三・九cm、陝西西安北郊M一二八二出土）
図8「半睘」円銭：王毓銓『我国古代貨幣的起源和発展』（科学出版社、一九五七）図版42・11（一般径二・七〜三cm）
図9「半釿」半円銭：中国銭幣一九九三―二、カラー図版（単軸径三・三五cm、陝西富県茶坊鎮出土）
図10「半両」円銭：郭若愚『先秦鋳幣文字考釈和弁偽』（上海書店、二〇〇一）頁102・40（一般径三・二〜三・四cm）
図11「両甾」円銭：郭若愚『先秦鋳幣文字考釈和弁偽』（上海書店、二〇〇一）頁102・39（一般径二・九〜三・二cm）
図12「文信」円銭：蔡運章等『洛陽銭幣発現与研究』（中華書局、一九九八）彩版3・1（径二・五cm、河南洛陽金村出土）
図13「監六化」円銭：郭若愚『先秦鋳幣文字考釈和弁偽』（上海書店、二〇〇一）頁101・35（一般径三・四〜三・六cm）
図14「明化」円銭：郭若愚『先秦鋳幣文字考釈和弁偽』（上海書店、二〇〇一）頁101・37（一般径二・三〜二・七cm）
図15「一化」円銭：文物一九九四―六、頁79図三11（径一・八cm、遼寧荘河市石堡村出土）

円孔円銭出土地出典一覧

三晋・両周円銭

1陝西扶風：中国銭幣1989-1 p61、『扶風文物志』（陝西省人民出版社）p149（1978年南陽郷五嶺豹子溝・漆垣一釿1）、〔中国銭幣1989-1（召公収購站揀選／共）〕／2陝西三原：中国銭幣1993-2 p63、中国銭幣論文集四（蔡運章）p139（漆垣一釿）／3陝西銅川：中国銭幣1993-2 p63、中国銭幣論文集四（蔡運章）p139（漆垣一釿）／4陝西華県：中国銭幣1993-2 p63、中国銭幣論文集四（蔡運章）p139（漆垣一釿）／5陝西大茘：中国銭幣1993-2 p63（漆垣一釿）／6陝西蒲城：中国銭幣1993-2 p63、中国銭幣論文集四（蔡運章）p139（漆垣一釿）／7陝西韓城：中国銭幣1993-2 p63、中国銭幣論文集四（蔡運章）p139（漆垣一釿）／

8陝西富県：中国銭幣論文集四（蔡運章）p139、『先秦貨幣通論』p304（1991年茶坊鎮西延鉄路工地窖蔵・漆垣一釿1、半釿半圜銭2）／9陝西神木（陝北）：中国銭幣1993-2 p63、中国銭幣論文集四（蔡運章）（漆垣一釿）／10山西永済：『中国山西歴代貨幣』p54（垣）／11山西聞喜：『山西出土文物』114、文物1981-7 p94、『中国山西歴代貨幣』p187（1973年蒼底村・窖蔵／共700余）、中国銭幣1983-1 p28（東鎮？／共）／12山西侯馬：『三晋貨幣』p152、『中国山西歴代貨幣』p54、中国銭幣論文集四（蔡運章）p139（1982年戦国墓・共屯赤金1）、同（1974年東門外墓葬・垣1）、『先秦貨幣通論』p304（共少半釿）／13山西翼城：文物1992-8 p91（1982年隆化鎮上呉村窖蔵・方足布324、尖足布1、垣1（残）、秦半両1（残））／14河南三門峡：『中国銭幣大辞典・先秦編』p613、『先秦貨幣通論』p304（垣）／15河南洛陽：『洛陽銭幣発現与研究』p94（北郊木材公司等の地の戦国漢墓・垣、半睘、明（易）化、一化）、考古1991-6 p513、『洛陽銭幣発現与研究』、華夏考古2000-3 p58（1984-88年東周王城西（澗西孫旗屯東北）天津路C4M88戦国晩期墓・垣1）、『洛陽銭幣発現与研究』（1955年洛陽市西工小屯村北東周王城遺址西北隅窯場遺址T435（2）・垣）、同上、文物1981-11 p62、華夏考古2000-3 p58（1976年澗河東岸瞿家屯村東北東周王城遺址南部戦国糧倉62号倉窖遺址内・垣1、安臧47、中型斜肩空首布5、小型平肩空首布52、方足布9、1929年金村戦国118号墓・東周）、中原文物1981-3 p11（1958年南郊安楽公社董村宜陽鉄路・橋形方足布583、垣116、共1、安臧1）、文物1981-7 p94（1958年宜洛鉄路線東村・垣128）、〔『中国歴代貨幣大系一』（河南洛陽市金谷園廃品公司・共）〕、『先秦鋳幣文字考釈和弁偽』p1（近郊・東周1、西周1）、文物2002-9（2001年史家屯村東南凱瑞房治産置業有限公司基建工地・垣60、小型平肩空首布31、中型斜肩空首布11、小型斜肩空首布1）、考古1991-6 p518（澗西・垣20余）、中国銭幣2007-2 p30（2006年洛南新区圪垱中石油大学学生公寓西部T8③層・橋形方足布4、安陽方足布1、垣2）／16河南宜陽：『洛陽銭幣発現与研究』p93（1983年韓城鎮宜陽故城内・共、垣計300余枚）、『三門峡焦作銭幣発現与研究』p85（1980年石陵郷石陵村・垣100余）／17河南伊川：『洛陽銭幣発現与研究』p94（1988年白元村傍窖蔵・魏国圜銭計9000余枚・共100余、垣8800余散失）／18河南汝州：『洛陽銭幣発現与研究』p94、『南陽平頂山銭幣発現与研究』p344（1992年臨汝鎮東南古城村傍東周秦漢古城址（戦国末陽人故城）城西戦国墓・東周1、西周2）／19河南鶴壁：中国銭幣1989-1 p38、『安陽鶴壁銭幣発現与研究』p285（1981年石林公社獅跑泉村西北（古中牟）三陶罐窖蔵古銭計4870枚・垣1180、公字鋭角布3537、垂字鋭角布1、方足布141、橋形方足布11）／20河南輝県：『先秦貨幣通論』p304（出土・

共少半釿）、〈伝河南・中国銭幣論文集四（蔡運章）p143（共少半釿・真偽待考）〉、『輝県発掘報告』p77、『先秦貨幣通論』p309（1950年代固囲村Ｍ1墓葬上層擾土中・垣1）／21河南林県：中国銭幣1992-1 p65（垣2）、『安陽鶴壁銭幣発現与研究』p58（1954年県東南部・垣、垂字、公字鋭角布）／22河南新郷：華夏考古2008-4 p16（2006年鳳泉区潞王墳郷老道井墓地Ｍ8・垣1）／23河南鄭州：中国銭幣論文集四（呉栄曾）p66（回民中学工地Ｍ7埋蔵銭80余枚・垣、橋形方足布）／24河南新鄭：華夏考古1994-2 p19、中国銭幣1995-2 p48、中原文物1996-2 p77、中国銭幣論文集三（蔡全法）p143（1993年鄭韓故城小高庄村西遺址・＊小円銭背范37件（また32件）、＊藺・離石大円足布泥面背范）／25河南鄢陵：中国銭幣論文集四（蔡運章）p138（1993年東崗村・原始圜銭40余、垣、共）、『許昌漯河銭幣発現与研究』p34（1988年彭店郷・垣3、共2）／26河南許昌：『許昌漯河銭幣発現与研究』p47（小浪底水庫・垣（5％方孔）、2000年張潘鎮盆李村許昌故城遺址・垣1）／27河南襄城：『許昌漯河銭幣発現与研究』p34（1988年丁営郷磚場・垣1）／28河南臨潁：『南陽平頂山銭幣発現与研究』p370、中国銭幣2008-2 p36（1997年巨鈴郷劉庄村窖蔵円銭1000余枚・共、垣）／29河南郾城：『許昌漯河銭幣発現与研究』p466（1982年召陵故城西側林庄村北・垣1、明化1、1988年彭店郷・共2、垣3）／

30〔山東東南地区：中国銭幣2001-2 p29（垣）〕／

31江蘇淮安：東南文化1991-6、p339（1965年城区・西周、東周）／

秦一両円銭

1陝西鳳翔：『先秦貨幣通論』p323（一珠重一両十四）／2陝西扶風：中国銭幣1996-2 p19（一珠重一両十二、十四）、〔『扶風文物志』p149、中国銭幣1989-1 p64（扶風県召公収購站揀選・重一両十二銖）〕／3陝西西安：『中国銭幣大辞典・先秦編』p609（新中国建立後・一珠重一両十四）、中国銭幣2001-2 p76（1996年北郊尤家庄村東郭家廟村戦国秦漢墓群西北部一区中部Ｍ1282・珠重一両十四1）／4陝西咸陽：『先秦貨幣通論』p323（一珠重一両十二、十四）／5〔陝西：『中国古代貨幣発展史』p189（半睘、紀重圜銭）〕／

6江蘇宿遷：東南文化1991-6 p339（1980年宿城・重一両十四珠）／

秦半睘銭

1〔伝陝西：『我国古代貨幣的起源和発展』p77、『中国古代貨幣発展史』p189（半睘、紀重圜銭）〕／
2河南洛陽：『洛陽銭幣発現与研究』p94（北郊木材公司・半睘、垣、易化、一化）／

方孔円銭出土地出典一覧

秦半両銭

1〔甘粛武威：中国銭幣1996-1 p45（1989年西営郷宏寺村三隊南十六国中期窖蔵・秦半両25）〕／2甘粛武山：考古2003-6 p32（2000年洛門鎮裴家庄行政村西南東旱坪M6秦前漢墓・前漢文帝半両?6）／3甘粛西和：華夏考古1994-2 p88（1989年蘇合郷窖蔵・戦国半両100）／4甘粛秦安：考古学報1997-1 p5（1976年隴城鎮東南上袁家村M6戦国晩期墓・戦国半両1）／5甘粛天水：中国銭幣論文集四（楊槐・袁林）p161（西安収集・戦国餅半両、重厚半両多数）、文物1989-2 p8（1986年放馬灘M4戦国または秦代墓・秦半両3）／6甘粛清水：『半両考（上）』p57（1989年柳灘村前漢墓・戦国秦代半両）／7甘粛環県：『半両考（上）』p14（1985年曲子郷戦国早期墓・戦国早期半両5）／8甘粛慶陽：華夏考古1994-2 p87（1968年駅馬郷窖蔵・秦?半両625〈『半両考（上）』p18・戦国半両〉）／9甘粛涇川：華夏考古1994-2 p88（1990?年咸陽北通蕭関の南路・戦国半両100）、『半両考（上）』p58（窖蔵・戦国秦代半両）／10甘粛寧県：中国銭幣1991-2 p7（1989年長慶鎮窖蔵・戦国半両約12000、両甾4）、『半両考（上）』p18（1988年長慶橋窖蔵・戦国半両）、華夏考古1994-2 p88（1988年長慶橋川道北側溝鉄鑵内窖蔵・秦半両20000余、両甾2、賹四化1）／

11陝西鳳翔：文博1986-3 p22（1983年八旗屯村東南西溝道M10・秦代半両10）、考古与文物叢刊三、考古与文物1991-3 p17、華夏考古1994-2、中国銭幣1994-4 p66、中国銭幣2003-2 p27（1979年南指揮郷高家河村（雍城遺址南）・戦国半両1557）、考古与文物叢刊三 p144、中国銭幣1991-1 p3、中国銭幣1994-2 p17（1977年高庄M6、M7・秦代半両215）、考古与文物1981-1 p31、中国銭幣1984-1 p13、文博1985-5 p11（1977年高庄秦墓地（秦都雍城南郊）46基墓葬・秦半両580）、考古与文物1987-5 p25（1977年高庄戦国晩期秦墓・秦半両605）、華夏考古1994-2ｐ86（1980年西関外（秦都雍城北城区内）・戦国半両28）、『先秦貨幣通論』（亢家村・＊戦国半両銅范1）、考古与文物1980-4ｐ52（1961-63年南古城遺址63ＦＮＴ6版築土層中・秦半両）、考古与文物2006-5ｐ37（東社村・半両1）、中国銭幣2004-2ｐ15（東社村・秦半両1）、中国銭幣1999-1ｐ72（戦国晩期平民墓・戦国半両1）／12陝西岐山：中国銭幣1989-4ｐ3、中国銭幣論文集四（王雪農）ｐ170、〔中国銭幣2004-2ｐ15（1982年故郡郷亢家村徴収・＊戦国か秦代半両銅范2）〕、中国銭幣1993-1ｐ69、華夏考古1994-2ｐ86（1979年京当郷礼村・秦半両2560余）／13陝西眉県：文博1989-1ｐ23（1989年常興鎮東常興変電所漢墓Ｍ13・秦半両）／14陝西扶風：中国銭幣1989-4ｐ3（1983年東社村・＊戦国半両銅范）、中国銭幣1989-1ｐ64（法門収購站揀選／秦半両3）／15陝西武功：考古与文物2006-5ｐ37（2004年西北農林科技大学南校区・戦国半両1）／16陝西礼泉：中国銭幣1996-4ｐ30（1986年秦漢半両、藕芯銭）／17陝西興平：華夏考古1994-2ｐ87（1985年磚廠墓葬・戦国半両）／18陝西戸県：文博1997-3ｐ36、文博1998-3ｐ12（1996年大王鎮兆倫村北古蒼竜河西岸兆倫鋳銭遺址・秦、漢初半両）／19陝西咸陽：考古与文物1992-3ｐ32（1984年陽陵区西北林学院丙型二号楼Ｍ9・戦国半両29、同Ｍ4・戦国半両39、同Ｍ3・戦国半両2、同Ｍ22・戦国半両20、同Ｍ21・戦国半両23、同Ｍ20・戦国半両33）、考古与文物1996-2ｐ4（1988年楊陵区西北林学院七号住宅楼区内Ｍ3、Ｍ15、Ｍ24・戦国・秦代半両30）、『古銭新譚』ｐ31、華夏考古1994-2ｐ87（1968年近郊墓葬・戦国半両124）、江漢考古1988-3ｐ84（咸陽故城遺址・秦半両3、蟻鼻銭120余、殊布当忻布、安邑二釿、梁充釿）、考古与文物叢刊三ｐ144、考古与文物1987-5ｐ26（1961年秦都咸陽秦宮遺址灘毛村南・＊秦代半両石范1）、考古与文物叢刊三ｐ144（1962年秦都咸陽秦宮遺址南面灘毛村陶窯遺址・秦代半両3、1962年秦都咸陽秦宮遺址西南長陵車站冶鋳遺址・戦国半両10、1961年秦都咸陽秦宮遺址西南長陵車站南の沙灘中・秦半両7、1000余斤の銅料出土）、考古1974-1ｐ24（1962年秦都咸陽故城遺址（長陵車站南）窖蔵戦国貨幣140・秦半両3、楚布、刀銭、方足布、斉法化刀、明刀、古刀、橋形布、尖首刀、蟻鼻銭）、考古与文物1986-4ｐ18（1980-82年秦都咸陽宮第二号建築祉・秦半両32）、中国銭幣1988-2ｐ57（1980年秦都咸陽宮遺址（咸陽二道塬）窖蔵・秦半両25kg）、考古与文物叢刊三ｐ144（秦都咸陽遺址附近黄家溝Ｍ34・戦国半両4）、中国銭幣1991-2ｐ66（秦宮遺址西南の長陵車站・秦半両460）、中国銭幣1996-2ｐ19（高庄Ｍ1戦国晩期墓・戦国半両15、黄家溝戦国晩期墓・戦国半両4）／20陝西涇陽：文博2002-5ｐ3（2001年木劉村北宝豊寺戦国晩期秦墓Ｍ1・戦国半両2）／21陝西西安：中国銭幣1994-2ｐ37（北郊漢城磚廠土坑墓・戦国半両数枚、明化1）、中国銭幣1996-4ｐ3（1995年南郊、1991・94年郊区・秦半両、前漢藕芯銭）、中国銭幣1989-4ｐ3、中国銭幣1996-2ｐ19、中国銭幣2004-2ｐ15、中国銭幣論文集四（王雪農）ｐ170（1959年未央区阿房村秦阿房宮遺址・＊秦半両銅范1）、華夏考古1994-2ｐ87（1988年西郊窖蔵・戦国半両2000余）、考古与文物2006-5ｐ37（阿房宮・戦国半両1）、考古与文物2002-6ｐ3（2000年北郊尤家庄村北明珠花園13号楼工地Ｍ59・戦国半両1）、文物2004-6ｐ4（2001年東郊動物園北側海潤公司基建工地Ｍ3・秦?半両8）、文物2002-12ｐ15（2001年西南高新技術開発区中華小区Ｍ7・秦?半両2）、中国銭幣論文集四（王雪農）ｐ17、考古与文物2006-5ｐ37（大白楊村・＊秦代半両銅范、三橋・＊秦代半両銅范、漢城遺址・＊秦代半両銅范）、『先秦貨幣通論』ｐ325（灞橋・秦代半両2）、中国銭幣1996-2ｐ48（秦末漢初剪辺半両18）／22陝西長安：中国銭幣1987-3ｐ3、考古与文物1987-5（1962年韋曲郷首帕張堡窖蔵・両甾1、鎰化2、戦国半両997）／23陝西高陵：華夏考古1994-2ｐ87（1987年城東墓・戦国半両25）／24陝西臨潼：考古与文物1981-1ｐ42、考古与文物叢刊三ｐ146（1973年晏寨公社鄭庄秦石料加工場遺址（秦始皇陵西垣北端外）・秦代半両2）、華夏考古1994-2ｐ28（墓葬・戦国半両78）、考古学報1985-3ｐ370（1980-81年武屯公社櫟陽故城・秦半両）、考古与文物1987-5ｐ26（1961年秦芷陽宮遺址・戦国半両1）、文物1982-3ｐ3（1979-80年秦始皇陵西趙背戸村秦刑徒墓・秦半両43）、考古与文物叢刊三ｐ146（秦始皇陵臨葬坑趙背戸村刑徒墓Ｍ29・秦代半両37、同Ｍ32・秦半両3）、考古与文物1983-4ｐ16（1975年魚池村西北魚池遺址（始皇陵封土北北東）・戦国秦代半両583）、考古与文物叢刊三ｐ146、中国銭幣1989-1ｐ18、華夏考古1994-2ｐ93（秦始皇陵臨葬坑（魚池村遺址）・秦代半両540）、中国銭幣1987-4ｐ19（秦始皇陵北側魚池遺址・秦半両50）、華夏考古1994-2ｐ91（秦始皇陵川臨葬坑・秦代半両）、文博1987-6ｐ28（1981年秦始皇陵西側内外墻の間・秦代半両2）、文博1989-3ｐ8（秦始皇兵馬坑一号坑Ｔ24北側門道一号坑Ｔ2-Ｇ2内・秦代半両）、考古与文物1980-2ｐ46、考古与文物1981-1ｐ35、文博1985-5ｐ11（1976年上焦村Ｍ15秦墓・秦代半両1）、中国銭幣1987-4ｐ19（始皇陵兵馬俑二号坑底部鋪地磚上・秦半両1）、考古与文物1981-1ｐ35、考古与文物叢刊三ｐ146（始皇陵二号兵馬俑坑Ｔ2・秦代半両多数）、中国銭幣1996-2ｐ19（1983年始皇陵東鋳銭作坊址・秦代半両2）、中国銭幣1987-4ｐ19（1983年韓峪郷油王村西南（秦代芷陽遺址手工業区内）・戦国秦代半両）、考古与文物1995-5ｐ24（1992年韓峪郷油王村西秦芷陽製陶作坊遺址・秦代半両7）、考古与文物2006-5ｐ37（油王村芷陽遺址・＊秦代半両銅母范）／25陝西耀県：考古与文物叢刊三ｐ150（1957年城郊墓葬Ｍ7、Ｍ4、Ｍ8・戦国半両92）／26陝西渭南：考古与文物1981-2ｐ109（1977年同家村東南・

＊秦代半両石范）、華夏考古1994−2 p82（1987年東源墓葬・戦国半両11）、中国銭幣2007−2 p13（潼関附近・戦国半両1000余）／27陝西華県：中国銭幣論文集四 p161（楊槐・袁林）（戦国餅半両）／28陝西大茘：考古与文物叢刊三 p150、華夏考古1994−2 p86（1974年朝邑鎮東大寨子M1・戦国半両42）／29陝西華陰：中国銭幣1999−1 p72（華山脚下一農村・秦？半両454）／30陝西韓城：中国銭幣論文集四 p161（楊槐・袁林）（戦国餅半両）／31陝西富県：文博1997−3 p56（1960−70年茶坊鎮古周峁村古周峁長城遺址・秦半両）／32陝西安塞：文博1997−3 p72（1980年代鎌刀湾郷胶泥湾子村秦直道西側約3㎞・秦半両、漢五銖）／33陝西綏徳：中国銭幣2000−2 p34、中国銭幣論文集四（王雪農）p170（1994年辛店郷鄧家楼村・＊戦国末秦代半両銅范4合）／34陝西神木：中国銭幣1994−2 p3、中国銭幣論文集四 p161（楊槐・袁林）（1992年半両2,300市斤、餅半両40余）、中国銭幣論文集四（楊槐・袁林）（西安収集・戦国餅半両5）／35陝西府谷：考古与文物2006−5 p37（古城遺址・＊半両石范）／36〔陝西丹鳳：中国銭幣1999−1 p72、考古与文物2006−5 p37（徴収・＊秦半両銅范）〕／37〔陝西旬陽：文博1988−4 p89（1989年爛灘溝宋代窖蔵・戦国秦代半両、両甾、銅象棋32枚、銅貨幣13種114枚、銅印章、銅仏教遺物）〕／38〔陝西安康：考古与文物1982−4 p107（恒口新街隊収集・＊秦漢の際半両石范）〕／39陝西漢中：文博1985−5 p10（1982年市城北沙沿郷陽家山村秦墓82HYM3・秦代？半両1246）／40四川昭化：考古学報1958−2 p90、『四川船棺葬発掘報告』、考古与文物叢刊三、華夏考古1994−2 p149（1954年宝輪院船棺葬・戦国半両22）／41四川青川：文物1982−1 p12（1979−80年郝家坪M50・戦国半両7）／42四川綿陽：中国銭幣1989−1 p18（戦国半両）／43四川綿竹：華夏考古1994−2 p88（1978年清道郷木版墓2座・戦国半両50）／44四川茂汶：文物資料叢刊七 p47、（1978年城関墓葬・秦半両12）、中国銭幣1989−1 p18（石棺葬CM7秦末墓・戦国秦代半両、秦末小半両）／45四川新都：中国銭幣2004−2 p32（2002年竜安鎮清鎮村・戦国半両66）／46四川成都：考古通訊1956−4 p54（土坑墓・秦代半両）、考古2001−5 p27（1987年北郊北二環路北三段二二〇号路南側M3・戦国半両11）、文物2000−8 p21（1992年市東南竜泉駅区平安郷紅豆村古墓群M34・秦代半両）／47四川彭州：考古2007−4 p26（2003年太清郷竜泉村六組・秦半両1）／48四川郫県：文物1976−10 p95、考古与文物叢刊三 p146（1972年紅光公社戦国墓・戦国半両1）／49四川大邑：考古1987−7 p609（五竜郷土坑墓M18・秦代半両32）／50四川蒲江：中国銭幣1999−2 p27（1998年鶴山鎮飛竜村・戦国半両50余）、文物2002−4 p27（船棺葬M1・戦国半両20）／51四川蘆山：考古1991−10 p899（1985年蘆陽鎮向前村・戦国半両89）／52四川荥経：中国銭幣1989−1 p18、『半両考（上）』p14（1977年古城坪墓葬／戦国

半両）／53四川高県：中国銭幣1989-4 p3（文江郷水江村・＊戦国あるいは秦代半両石范）／54四川巴県：考古学報1958-2 p90、『四川船棺葬発掘報告』、考古与文物叢刊三 p146、中国銭幣1996-2 p19（1954年冬笋坝戦国晩期墓・戦国半両100余）／55四川涪陵：中国銭幣1991-1 p3（黄草山西漢早期土坑墓M1、M2・戦国半両）、考古学報2008-2 p195（鎮安M3（あるいはM6）・秦半両）、〔考古1984-4 p344（1982年黄渓公社M1、M2前漢土坑墓・秦半両、漢初楡莢半両99）〕／56四川雲陽：考古2004-6 p22（1997年高陽鎮青樹村李家垻遺址・秦代、漢初半両）／

57山西永済：文物参考資料1955-8 p44（1954年薛家崖村・半両、方足布、三孔布、明刀）、『三晋貨幣』p153（機器廠墓葬・秦？半両4）／58山西河津：中国銭幣1986-1 p78、『先秦貨幣通論』p324（1984年辛封村外磚廠窖蔵・秦半両2000余（605））／59山西侯馬：考古2002-4 p55（高村郷虒祁村西北虒祁遺址M1399・秦？・漢初半両1）／60山西翼城：文物1992-8 p91、『三晋貨幣』p152（1982年隆化鎮上呉村古墓・方足布324、尖足布1、垣字銭1、秦半両1）／61山西安沢：『先秦貨幣通論』p324（1984年県城内陶罐窖蔵50-60kg・戦国～漢半両、戦国餅半両1）、中国銭幣1994-2 p3（1991年・戦国餅半両1）／62山西高平：『先秦貨幣通論』p332（長平郷（長平の戦跡）・戦国半両20000余）／63山西朔県：『三晋貨幣』p153（1983年北旺庄墓葬・宋子三孔布、秦？半両銭計5）／

64〔河南霊宝：華夏考古1994-2 p89（建国前収集・戦国半両71）〕／65河南盧氏：中国銭幣1999-2 p28（1994年官道口郷山崖辺墓葬・戦国半両261）／66河南三門峡：華夏考古1993-4 p21（1985年湖濱区向陽村北司法局M133戦国晩期墓・戦国半両5）、同（1985年湖濱区向陽村北剛玉砂廠M38漢初墓・秦？半両1）、中原文物1981-特（1979年上村嶺南CM122漢初墓・秦半両2）、考古与文物1999-5 p62（上村嶺秦墓・秦半両2）、『三門峡焦作銭幣発現与研究』p92（三里橋M77・半両45）／67河南洛寧：『洛陽銭幣発現与研究』p106（1962年窖蔵・戦国半両9、1988年紅岩村・秦半両、1990年南洞村窖蔵・秦半両）／68河南新安：華夏考古1994-2 p90（1986年城西の蕨山秦墓・戦国半両、1987年磁澗西八陡山秦墓・戦国半両52）、『洛陽銭幣発現与研究』p107（1978年磁洞郷八徒山村古墓・戦国半両48、1986年岩山村窖蔵・秦半両）／69河南洛陽：『洛陽銭幣発現与研究』p108（1976年電業局秦墓・秦代半両7）、同p107、『洛陽焼溝漢墓』p215（焼溝漢墓M18・秦代半両1）、中原文物1999-1 p4（1997年史家屯北と北東邙山脚下IM1140前漢初期墓・漢初半両10）、中原文物2007-3 p86（各種渠道・半両）／70河南鞏義：華夏考古2001-4 p33（2001年新華小区2号楼基礎0106ZGXHM1後漢中前期墓・漢初?半両）、文物2006-4p17（2003年站街鎮北窯湾村花地嘴遺址秦代墓地M2、M6・秦代半両）／71河南安陽：『鶴壁安陽銭幣発現与研究』p107（1997年鄴城漳河南岸・秦代半両数10）／72河南林県：中国銭幣1992-1p65（秦半両2）／73河南鶴壁：『安陽鶴壁銭幣発現与研究』p328（1993年市朝霧街東段徴地前漢晩期～後漢早期墓93HLM216・秦代半両1）／74河南湯陰：中国銭幣2000-2p38、中国銭幣論文集四（楊槐・袁林）p164、『安陽鶴壁銭幣発現与研究』p68（1995年工商銀行弁公楼工地窖蔵・戦国半両約5000、餅半両1）／75河南新郷：考古学報1990-1p125（1985年北郊五陵村西M127戦国末漢初墓・秦半両9）、華夏考古2008-4p16（2006年鳳泉区潞王墳郷老道井墓地M78・戦国半両）／76河南鄭州：中国銭幣論文集四（呉栄曾）p66（回民中学工地M8銭幣50余枚・橋形方足布、鋭角布、戦国半両）／77河南新鄭：華夏考古1994-2p90（鄭韓故城・戦国半両）／78河南鄢陵：『許昌漯河銭幣発現与研究』p67（1995年彭店郷黒徐村東・秦半両42）／79河南許昌：『許昌漯河銭幣発現与研究』p33（1981年張潘郷許昌古城・秦半両1、安陽布2、1982年同・秦半両1.5kg（外郭あり）、1993年将官池郷・秦半両3、1996年蘇橋鎮・秦半両7、1999年陳曹郷・秦半両2）／80河南禹県（禹州）：考古通訊1956-4p90、華夏考古1994-2p90（1951年白沙鎮の白沙ダム秦墓・戦国半両）、『許昌漯河銭幣発現与研究』p67（1991年萇庄郷于王溝村・秦半両1、1992年城関禁溝・秦半両10余、1997年火竜鎮・秦半両3）／81河南豊宝：『南陽平頂山銭幣発現与研究』p388（1979年閙店公社賈寨村・秦半両1）／82河南平頂山：『南陽平頂山銭幣発現与研究』p388（1987年薛庄郷・秦半両10余）／83河南郾城：『許昌漯河銭幣発現与研究』p473（1989年寺後鄭村・秦半両3）／84河南舞陽：『許昌漯河幣発現与研究』p473（1988年章化郷秦漢銭幣70余kg・秦半両10余、城西某村・秦半両）／85河南駐馬店地区：『信陽駐馬店銭幣発現与研究』p267（戦国半両）／86河南南陽：華夏考古1994-2p89（1987年市郊戦国墓群・戦国半両）、中国銭幣論文集四（王雪農）p170（市郊小庄・＊秦代半両石范、東庄村・＊秦代半両石范3）、考古1964-11p593、『南陽平頂山銭幣発現与研究』p65（1964年明家営公社楊新庄村西窖蔵・秦漢半両20余kg）／87河南汝南：『信陽駐馬店銭幣発現与研究』p284（1996年王崗?・戦国秦代半両5）／88河南永城：『開封商丘銭幣発現与研究』p424（1990年芒山鎮柿園漢墓（梁共王劉買墓）窖蔵225万余・秦半両164、明化1、賹化7、漢半両、1994年芒碭山磨山・秦半両1）／89河南信陽：『信陽駐馬店銭幣発現与研究』p56（1994年平昌・秦半両1）／90河南息県：『信陽駐馬店銭幣発現与研究』p56（1983年臨河・秦半両3）／

91山東章丘：『斉幣図釈』ｐ77（1987年後寨郷西省村窖蔵／賹四化1、賹六化1、戦国半両銭18）／92〔山東膠東地区：中国銭幣1999-1ｐ72（収集・秦？半両150）〕／

93河北北京：中国銭幣論文集四（王雪農）ｐ170（朝陽区・＊秦代半両鉛母范）／94河北平泉：中国銭幣論文集四（王雪農）ｐ170（＊秦代半両鉛母范）／

95内蒙古鄂托克旗：中国銭幣2004-2ｐ47（戦国四連体半両）／96内蒙古准格旗：考古与文物叢刊三ｐ150、華夏考古1994-2ｐ92、中国銭幣1996-2ｐ19（1975年広衍故城八垧地梁Ｍ2・戦国あるいは秦代半両10）、『半両考（上）』ｐ14（1976年広衍八響地墓地・戦国半両）／97内蒙古赤峰：考古学報1979-2ｐ236（1963年蜘蛛山Ｔ3①・秦？半両）、考古与文物叢刊三ｐ150（1963年蜘蛛山Ｔ3・戦国半両1、明刀、一化）、華夏考古1994-2ｐ87（1968年蜘蛛山秦長城障塞遺址内・秦代半両、始皇詔書陶量）、考古1984-2ｐ140、中国銭幣1996-2ｐ19（新窩鋪村の戦国居住址北縁・方足布245、尖足布12、戦国半両1、一刀銭2325、明刀6）、／98内蒙古敖漢旗（新恵）：考古1976-5ｐ336（1974年四家子公社・秦？半両3、1975年同・秦？半両2500余）、中国銭幣1988-2ｐ59、『半両考（上）』ｐ18（1976年小各各召村西約700ｍ長城線北側窖蔵・秦半両26）、華夏考古1994-2ｐ87（長城附近窖蔵・秦代半両）、中国銭幣1989-1ｐ18（1976年新恵の北孟克河左岸・秦代半両7）、華夏考古1994-2ｐ91（秦恵県長城附近窖蔵・秦代半両）／

99遼寧鉄嶺：考古1992-4ｐ314（1973年新台子鎮邱家台新台子磚廠西漢初年窖蔵・方足布、尖足布2415、明刀331、半両130（秦半両、四銖半両）、一化12706）／

100吉林長白：考古2003-8ｐ45（2001年十四道溝鎮干溝子村ＡＭ2・秦半両）／

101湖北均県：考古2008-4ｐ51（2006年丹江口市水産局金陂養殖場金陂墓群Ｍ51・秦半両2）／102湖北宜城：考古1980-2ｐ121、江漢考古1988-3ｐ80（楚皇城雷家坡Ｍ3（第一期）・戦国半両18、同Ｍ9（第二期）秦代半両44）、華夏考古1994-2ｐ89（1976年楚皇雷家坡、1976年楚皇城西魏崗戦国墓・戦国半両）／103湖北宜昌：考古学報1976-2ｐ135（1971-72年前坪Ｍ14？前漢墓・秦？半両4？）／104湖北江陵：考古学報2000-4ｐ537（1986年荊州城東北岳山墓地Ｍ15・戦国半両1）／105湖北雲夢：考古学報1986-4ｐ504（1978年睡虎地Ｍ23秦代墓・秦代半両2（『先秦貨幣通論』ｐ324は戦国半両2））／

106湖南湘西：中国銭幣2003-2ｐ27（里耶秦代古城祉・＊秦代半両范）／107湖南汨羅：文博1990-1ｐ47（1983年永青村Ｍ36秦墓・

秦代半両2）、『半両考（上）』p50（1983年永青村秦墓・秦代楡莢半両2、半両1）／108湖南長沙：文物1963-2 p18（1961年砂子塘西漢文帝期墓・秦漢泥半両8）／109湖南衡陽：『半両考（上）』p50（赤石郷秦墓・秦代半両10）／110安徽貴池：考古与文物1994-4 p105（1980年殷滙区の秋浦・＊秦代半両銅范）、中国銭幣1989-4 p3、『先秦貨幣通論』p326、中国銭幣論文集四（王雪農）p170（江村渡口河岸・＊秦代半両銅范2）／111江蘇徐州：考古1998-8 p9（1994年雲竜区獅子山頂前漢楚国王劉戊陵・秦半両、漢初楡莢半両）、考古2007-4 p321（1998年鳳凰山西漢早期墓M1・秦代?半両1、漢八銖半両）／112江蘇東海：文博2000-2 p45（1982年双店郷竹墩・秦半両、秦始皇二世銅詔版）／113江蘇盱眙：中国考古学会第五次年会論文集（1976年東陽郷秦漢東陽古城・秦半両1、蟻鼻銭、五銖）／114江蘇塩城：考古1989-8 p756（1982年人民中路（原范公堤）西側の市委党校宿舎・秦代または漢初半両15kg、1985年人民中路西側の市拖拉機廠・戦国秦代半両、1985年人民中路下水管設置時出土窖蔵・秦代半両）、考古1993-1 p88（1985年中医院大門外下水道工事時出土窖蔵・秦半両56）／

115〔広東楽昌：文物2000-9 p37（河南郷大拱坪村対面山麻紡廠基建工地採集・秦?半両）〕／116広東広州：文物2000-9 p4（1995-97年中山四路南越国宮署遺址・秦、漢初半両）／117広東新会：文物2000-9 p83（1995年振興三路南宋窖蔵・秦半両、漢半両、五銖）／

秦両甾銭

1甘粛寧県：中国銭幣1991-2 p76（1989年長慶鎮窖蔵・半両約12000、両甾4）、中国銭幣1998-2 p52（1989年長慶橋鎮窖蔵銭2万枚50万斤・無郭両甾2、半両）／2陝西西安：『中国歴代貨幣大系一』p1144（1957年三橋車両廠戦国窖蔵・両甾）／3陝西長安：中国銭幣1987-3 p3、中国銭幣1998-2 p52（1962年韋曲郷首帕張堡村西窖蔵・半両銭1000、無郭両甾1、鹽化銭2）／4〔陝西旬陽：文博1988-4 p89（1989年爛灘溝宋代窖蔵・銅銭13種114枚、無郭両甾、戦国秦代半両）〕／5四川成都：考古通訊1956-4 p54（両甾、秦半両）／6四川巴県：考古与文物叢刊三 p159（1955年冬笋垻戦国墓M59・両甾1、

M49・両甾1、半両1）、中国銭幣1998-2 p52、『先秦貨幣通論』p326（1954年冬笋埧戦国墓・有郭両甾2、半両20余）／7山西汾水下游：中国銭幣1998-2 p52、『先秦貨幣通論』p327（民国20年・両甾40～50）／8河南許昌：『許昌漯河銭幣発現与研究』p33（2000年市区南大街建築工地・両甾1、市区西関大街旧城改造工地・両甾）／9河南南召：『南陽平頂山銭幣発現与研究』p56（?・潘河河砂中・両甾3、鴨河口・両甾18）／10河南淅川：中国銭幣1998-2 p54（?・鎮平・有郭両甾2）、同（?・周圪塔・有郭両甾100余）、同（有郭両甾20余）／11河南南陽：中国銭幣1998-2 p54（?・潘河沙中・有郭両甾3、?・鴨河口・有郭両甾18、北関・両甾、東郊・両甾、半両10余、1989年西郊麒麟崗前漢墓群M1・有郭両甾1、将軍廟・有郭両甾約150）、中国銭幣1996-2 p52、中国銭幣1998-2 p52（1987年古宛城遺址・有郭両甾1）、『南陽平頂山銭幣発現与研究』p55（北辛店・有郭両甾1）／12河南鎮平：『南陽平頂山銭幣発現与研究』p56（両甾2、周土圪当・両甾100余）／13河南博望：中国銭幣1998-2 p54（両甾1）／14河南方城：中国銭幣1998-2 p54（王振嶺・両甾1）、『南陽平頂山銭幣発現与研究』p55（博望郷・両甾1、県西北・両甾1）／

15江蘇淮安：東南文化1991-6、p339（1964年宋集郷・両甾1）／

秦文信銭、長安銭

1陝西咸陽：考古与文物叢刊三 p156、『先秦貨幣通論』p328（1980年空心磚墓M34・文信1、五銖銭）／2陝西西安：中国銭幣1994-2 p37、『先秦貨幣通論』p329（1991年漢城磚廠土坑墓戦国末期墓・文信1、長安1）／

3河南洛陽：文物1974-8 p19、文物1981-9 p88、考古与文物叢刊3 p159、『中国銭幣大辞典・先秦編』p620、中国銭幣1994-2 p37、中国銭幣1999-1 p27、『洛陽銭幣発現与研究』、『先秦貨幣通論』p329、中国銭幣論文集四（蔡運章）p142（1955年西郊漢河南県城遺址T614・＊文信残石范）、『洛陽銭幣発現与研究』p94（東郊金村韓魏故城遺址・文信3）、〔同p93、中国銭幣論文集四（蔡運章）p142（洛陽廃品公司砕銅中揀選・長安1）〕

襄二甾

1陝西：『先秦貨幣通論』p306（伝陝西・趙地鋳造か）、中国銭幣論文集四（蔡運章）p142（近年出土・秦相魏冉の私鋳銭）／

斉賹化銭

1甘粛寧県：華夏考古1994-2 p88、『先秦貨幣通論』p328（1988年長慶橋川道北側溝鉄罐内窖蔵・秦半両20000余、両甾2、賹四化1）／

2陝西西安：『中国歴代貨幣大系一』p1144（1957年三橋車両廠戦国窖蔵・賹化）／3陝西長安：考古与文物1987-5 p22、中国銭幣1987-3 p3（1962年韋曲郷首帕張堡窖蔵1000枚・両甾1、賹化2、半両997）／

4河南永城：『開封商丘銭幣発現与研究』p424（1990年芒山鎮柿園漢墓（梁共王劉買墓）窖蔵225万余・秦半両164、明化1、賹化7、漢半両）／

5山東済南：文物1965-1 p37、『古銭新探』p100、『斉幣図釈』p77（1960年市中区五里牌坊窖蔵・賹化2、賹四化292、賹六化305、斉法化51、斉之法化2、即墨之法化3、安陽之法化3、一化2）、文物1972-5 p57（1970年郊区歴城港溝公社神武大隊窖蔵・賹六化42、賹四化40、斉法化5）、中国銭幣2005-2 p25（賹六化（剪辺）1）／6山東歴城：文物1972-5 p57、『斉幣図釈』p77（1970年港溝公社神武大隊散逸収集・賹四化40、賹六化42、斉法化5）／7山東章丘：中国銭幣1994-2 p38、『斉幣図釈』p77（1987年10月明水鎮県政府大院工地窖蔵・賹六化129、賹四化80、賹化34、斉法化285、斉之法化2、安陽之法化2、即墨之法化5）、『斉幣図釈』p77（1987年4月後寨郷西省村戦国窖蔵・賹四化1、賹六化1、戦国秦半両18）／8山東博興：考古1984-11 p1039、『斉幣図釈』p76（1984年陳戸公社東田村東南窖蔵・安陽之法化1、節墨之法化6、斉之法化5、斉法化210、賹四化29、賹六化3）、『斉幣図釈』p76（1983年陳戸公社喬子村・賹四化4、齊法化99、斉之法化1、安陽之法化1）／9山東沂源：『斉国貨幣研究』（張光明・唐素云）p187（1988年悦庄郷苗山村戦国漢代古文化遺址・賹四化、賹六化数10枚）／10山東蒙陰：『斉幣図釈』p77（下羅圏崖・賹六化5、賹四化5、斉刀幣136（斉法化、斉之法化、安陽之法化、即墨之法化、斉返邦長法化））／11山東沂水：中国銭幣2001-2 p28（賹化円銭、斉刀）／12山東日照：文物1980-2 p74、『斉幣図釈』p77（1979年両城公社竹園大隊・即墨之法化3、安陽之法化1、斉之法化5、斉法化188、賹六化107、賹四化15、『古銭新譚』p31（1979年両城公社竹園大隊・賹六化107、賹四化95、斉刀197）、中国銭幣1983-1（1975年両城公社竹園大隊・斉法化188、即墨之法化3、安陽之法化1、斉之法化5、賹四化、賹六化計122）／13山東臨沂：中国銭幣2001-2 p28（賹化銭）／14山東淄博：中国銭幣1988-1 p2（臨淄附近戦国晩期墓・賹六化1）、『古銭新譚』p31（戦国晩期墓・賹化1）、考古1963-11 p629、文物資料叢刊一〇 p180（臨淄斉都城内・＊賹六化石范）、『斉幣図釈』p88、『先秦貨幣通論』p318（伝山東臨淄・＊賹化陶范1）／15山東寿光：『斉幣図釈』p76（1987年桑家営子村・賹六化8、賹四化5、斉法化50、斉之法化2）／16山東青州（益都）：中国銭幣1993-2 p51（賹四化、賹六化計200～300枚以上）／17山東濰県：『我国古代貨幣的起源和発展』p74（＊賹六化、賹四化范）／18山東高密：中国銭幣1998-2 p3（道光時期・＊賹六化石范）／19山東膠州（膠県）：『斉幣図釈』p77（1986年後屯郷賹化銭窖蔵2kg・賹四化、賹六化）、中国銭幣1987-4 p69（後屯郷?采購・賹四化、六化2kg）／20山東青島：『斉幣図釈』p76（1968年市郊女姑口窖蔵・賹四化2、賹六化1、斉法化1、斉之法化1〈文物1972-5 p56・即墨之法化1〉、市郊嶗山区廃品店収購・賹四化、賹六化、斉法化計10余斤）／21山東平度：『斉幣図釈』p76（1978年古峴鎮大城西村＝即墨故城西廃品収購時購入・賹四化1、賹六化1、斉法化16、即墨之法化2）／22山東掖県：『斉幣図釈』p76（1963年梁郭公社小家生産隊窖蔵・刀幣81（斉之法化1、安陽之法化4）、賹六化81、賹四化37、賹化2）／23山東海陽：『斉幣図釈』p76（1972年小紀公社汪格荘・賹化2、斉法化1469、斉之法化46、安陽之法化40、即墨之法化29、斉返邦長法化3）／24山東牟平：中国銭幣1997-2 p56（1993年莱山鎮劉家庄・賹四化2、賹六化1、節墨之法化1、安陽之法化1、斉之法化3、斉法化約90余）／
25遼寧旅順：文物資料叢刊四 p234（1976年旅順口区江西公社魯家村前漢中晩期窖蔵・漢半両49、五銖6、賹□□1）／
26江蘇宿遷：東南文化1991-6 p339（1957年市境内・賹六化1）／

燕明化・一化銭

1〔甘粛武威：中国銭幣1996-1 p45（1989年本市西営郷宏寺村三隊南十六国中期窖蔵古銭90余斤一万余枚80余品種・一化1、秦半両25、前漢半両80余6品種他）〕／
2陝西西安：中国銭幣1994-2 p37（北郊漢城磚廠戦国末期墓・明化1、秦半両数枚）、『中国歴代貨幣大系一』p1144（1957年三

橋車両廠戦国窖蔵・明化）

3河南安陽：『安陽鶴壁銭幣発現与研究』p103（魏晋古銭窖蔵・一化1）／4河南洛陽：『洛陽銭幣発現与研究』（北郊木材公司等の地、戦国晩期前漢墓群・半睘、明化、一化）／5河南許昌：『許昌漯河銭幣発現与研究』p47（漢半両中に匽化）／6河南鄢城：『許昌漯河幣発現与研究』p466（1982年召陵故城西側林庄村北・垣1、明化1）／7河南漯河市：『許昌漯河幣発現与研究』p466（一化2）／8河南駐馬店地区：『信陽駐馬店銭幣発現与研究』p267（明化2）／9河南永城：『開封商丘銭幣発現与研究』p424（1990年芒山鎮柿園漢墓（梁共王劉買墓）窖蔵225万余・秦半両164、明化1、賹化7、漢半両）／10河南安陽：『安陽鶴壁銭幣発現与研究』p81（倫掌郷孟村魏晋時期古銭窖蔵・一化1）／

11山東済南：『古銭新探』p163、『斉幣図釈』p77（1960年市中区五里牌坊陶瓮窖蔵・賹化2、賹四化292、賹六化305、斉法化51、斉之法化2、即墨之法化3、安陽之法化3、一化2）／

12河北易県：文物春秋1990-2 p46、『中国銭幣大辞典・先秦編』p618、『先秦貨幣通論』p321、中国銭幣論文集四（蔡運章）p143（燕下都遺址・明化）／13河北灤平：文物1981-9（1979年虎什哈公社営坊大隊陶罐窖蔵・一化280、明刀500余、趙刀3、燕魏趙布幣54）／14河北青竜：文物春秋1989-4 p91（1984年西双山郷竜潭村木質材料窖蔵・方足布20余、尖首刀、一化130余）、考古1989-3 p193（1984年西双山郷宋丈子村長城脚下木箱窖蔵・一化229）／

9内蒙古喀喇沁旗：『中国銭幣大辞典・先秦編』p620、『先秦貨幣通論』p321（1975年上瓦房郷大西溝門村・＊一化鉛母范）／11内蒙古赤峰：考古学報1979-2（蜘蛛山T3・一化1）、『我国古代貨幣的起源和発展』p75（一化）、考古1984-2 p139（平庄区西北2.5㎞新窩鋪村戦国居住址窖蔵・方足布245、尖足布12、半両1、一化2325、明刀6）、〔中国銭幣1993-4 p50（土産公司回収遼代窖蔵・22kg 5391枚（戦国～北宋）、一化1）〕／15〔内蒙古林西：中国銭幣1986-2 p71（1981年新城子鎮七合堂村民委員会三道営子遼代木箱窖蔵銅銭1551斤半77種226品20余万枚・一化3）〕／

16遼寧凌源：考古学報1996-2 p199（1979年城西南安杖子古城中区T3・明化1、一化150、方足布、明刀20）、中国銭幣1994-2 p56（1989年凌鋼焼土工地・明化39、前漢八銖半両1）／17遼寧錦西：考古学集刊一一 p130（1993年邰集屯鎮小荒地古城址採集・一化1）／18遼寧綏中：考古1992-8 p704（1981年网戸郷大官帽村三窖窖蔵250kg・明化2、五銖95％以上）／19遼寧旅順：考古通訊

1956-4 p50、『我国古代貨幣的起源和発展』 p75（牧羊城遺址・明化3、一化2、漢半両、貔子窩遺址・一化23）／22遼寧瓦房店市‥考古1990-2 p102（1984年交流島郷鳳鳴島石板下窖蔵2415枚・明刀120、尖足布2、方足布12、一化2280）／23遼寧庄河‥文物1994-6 p79（1987年桂雲花郷南部桂花村東窖蔵6kg・方足布186、尖足布14、明刀110、一化2200、1991年明陽鎮明陽山村西拉脖屯陶罐窖蔵・方足布、一化計16.5kg、1991年大営鎮四家子村東四家屯石郭内窖蔵・尖足布29、方足布1277〈襄平1121〉、一化2145、1990年仙人洞鎮東部石堡村窖蔵・方足布〈燕国襄平最多〉、尖足布少、一化642）／24遼寧遼陽‥文物1980-4 p94（1961年城東下麦窩村前太子河岸陶罐窖蔵・一化400余、布銭4000）、考古学報1957-1（三道壕西漢村落遺址・一化）／25遼寧鉄嶺‥考古1992-4 p314（1973年新台子鎮邱家台新台子磚廠陶罐窖蔵・方足布、尖足布2415、明刀331、半両130（秦半両、四銖半両）、一化12706）／26遼寧西豊‥文物春秋1990-2 p46（一化）／
27吉林輯安‥考古1964-2 p84（1958年麻綫溝西大塚東高句麗石墓300-400市斤埋葬・漢代半両、五銖最多、新王莽銭、明化、一化）／28吉林長白‥考古2003-8 p45（2001年十四道溝鎮干溝子村BM5墓葬・一化7）／
29〔黒竜江西南部‥『古銭新譚』 p31（一化）〕
30江蘇淮安‥東南文化1991-6 p339（1965年欽工郷・匽化2）／31江蘇南京‥『中国歴代貨幣大系一』 p1144（1953年建寧磚瓦廠東晋墓・明化1）／

終章　春秋戦国青銅貨幣の形態の規定要因

はじめに

中国古代においては多様な形態の青銅貨幣が出現する。それは、形態の上から大きく分けて、刀銭（刀幣）、布銭（布幣）、貝貨（貝幣）、円銭（圜銭）の四類型に分類されるが、それぞれの分類はさらに細分化することができ、その多様性は世界の貨幣史を見ても類例がないものである。

中国において、なぜこのような多様な青銅貨幣の形態が生じたのであろうか。貨幣は、特定の発行者と不特定多数の使用者の信用を介した相互関係の中ではじめてその機能を果たすものである。貨幣の多様性と個々の貨幣の特質の問題は、この両者の関係の中で考える必要がある。

しかし、中国古代の青銅貨幣を分析していくには解決しなければならない基本的な問題がいくつか存在する。初期の青銅貨幣については全くと言ってよいほど文献史料に記載がなく、出土状況も不明な場合がほとんどであり、貨幣の実物そのものを頼りにその特質を究明して行かねばならない。従来の研究では、流通時期、流通範囲、発行主体、発行目的など貨幣の基本的部分において、様々な恣意的な解釈がなされ収拾がつかないほどである。まず最初に、事実関係そのものを確定して行かなければならない。そのため本書においては、膨大な実物資料を集積してデータベースの作成を行い、貨幣の基本的部分の解明に多大の労力を費やすことになった。

資料上の問題から基本的部分で未解明な部分も残されているが、最後に貨幣の形態と発行主体、発行目的の関係について俯瞰的なまとめをしておきたい。

一　青銅貨幣の生成――春秋時代

中国で最初に出現する青銅貨幣は、布銭の中の空首布と刀銭の中の尖首刀と考えられる。この両者が、考古学的な側面から見て、中国における最初の真の貨幣と言ってよいものであろう(1)。

(一) 布銭(空首布)

空首布の首部は空洞になっており(実際には范土が詰まっている)、農具の銅鏟の名残をそのまま留めている。空首布は、実物貨幣としての実用の銅鏟を直接的な原型として出現した貨幣と考えられる。その肩部の形態によって、平肩空首布、聳肩空首布、斜肩空首布の三種類に分類される。空首布の起源と流通時期に関しては様々な考えが出されているが、山西省曲沃県で平肩空首布に似てより大型で原始的な空首布が出土状況がわかる形で発見されたことから(2)、その出現が春秋中期頃であることが明らかになった。したがって、以上の三種類の空首布が広く流通するのはそれより後の春秋後期を中心とした時代と言うことになる。

空首布の銘文は多種類に上り二〇〇を越える。これらの銘文を地名と考える説もあるが、中型、小型の平肩空首布や斜肩空首布を除いて、地名ではないであろう。とくに多数流通した大型平肩空首布は洛陽一帯の狭い地域で出土し、王畿内で鋳造され流通した貨幣であり、二〇〇を越えるほど多数の鋳造地があったとは考えられず、銘文は鋳造者の標識であった可能性がある。これまで発行主体に関してはあまり問題にされていないが、春秋後期の周王権は弱体化していて貨幣を発行できるほどの経済力はなかったと考えられる。空首布の出土地は、ちょうど春秋後期から戦国にかけて都市が発達する地域と重なり、これらの貨幣は都市の商工業者によって鋳造、発行されたと考えてよいであろう。

(二) 刀銭(尖首刀)

尖首刀は、刃の部分が峰の部分とはっきりと区別され、実用道具である銅削刀の形態を明確に留めている。尖首刀も、空首布と同様に一般庶民が使用していた実用の器物を直接の起源としている。尖首刀の流通時期についても、これまで様々な考えが出されているが、やはり北京市延慶県の山戎墓地から尖首刀が発見されたことから(3)、春秋後期には尖首刀が存在していたことが明確になった。また、近年では尖首刀には様々な形態があることが明らかになり、詳細な地域区分や編年が行われるようになっている。

尖首刀の出土地は、燕の領域から北方系民族の居住地域に広がっている。春秋中期には、戎や狄など北方系の民族の南下、攻勢が目立ち、中原諸国はその脅威にさらされている。尖首刀が流通する春秋後期にはその攻勢は弱まるようであるが、燕の領域ではいまだ強力な国家権力は形成されていない。尖首刀の銘文も一〇〇近くの種類があり、地名や国名を含むとの説もある。しかし、地名、国名を鋳込んだとされる尖首刀の発見数量が取り立てて多いわけではなく、これらの銘文も空首布の場合と同じく鋳造者の標識であったと考えられる。尖首刀も国家権力の裏付けなしに民間で鋳造された可能性があり、戎や狄など北方の牧畜民系民族が商業交易活動の必要から発行したものであろう。

しかし、尖首刀の流通地域は、空首布流通地域のように商工業者が活躍した都市発達地域ではない。早い時期に北方で青銅貨幣が出現した原因として、中原地域と北方地域との経済活動の活発化が考えられる。中原地域の都市発達にともなう経済活動の活発化が北方地域の経済を刺激し、貨幣の出現が促されたのではなかろうか。(4) この点に関しては、今後、北方地域の経済状況の具体的解明が必要である。

二　青銅貨幣の展開――戦国時代

(一) 布銭(平首布)

春秋中期から後期にかけて出現する空首布や尖首刀は、戦国時代になるといっそう多様化が進行する。空首布は小型化する一方、首部の平らな平首布が出現し、それらはさらに多様な形態に分化する。足部が尖った尖足布、足部が方形の方足布(小方足布)、足部が円形の円足布(円首円肩円足布)、円足布に三つの穴の空いた三孔布、首部上辺両側に鋭角状の突起がある鋭角布(有耳布)、そして股部がアーチ状の橋のような橋形方足布(橋足布、方足大布)などがある。この他にも、尖足布でありながら方足布の形態をした類方足布、そして同じく円足布の形態をした類円足布、狭長な方足布で首部に穴のある有孔方足布(楚大布や連布)など、細かく見ていくとさらに細分化できる。

平首布の最大の特色は、問題のある有孔方足布など一部の平首布を除いてすべて地名が鋳込まれている点である。現在のところ、尖足布で五〇余種、方足布で一六〇種前後の地名が確認できるが、他の種類の平首布では地名の種類がずっと少なくなる。平首布の地名の中、文献史料で位置の確認できるものは三分の一ほどしかないが、ほとんどが都市名であり、平首布は都市で鋳造、発行された貨幣と考えられる。方足布の出土地は、韓、魏、趙の三晋地域(周王畿も含む）と燕の領域に広がり、地名の位置もほぼこの地域におさまり、この地域の都市で発行され流通した貨幣である。尖足布は、出土地と地名位置から趙の都市で発行され、趙、燕の領域で流通した貨幣である。三孔布は出土例がほとんどなく、発行地について問題が多い貨幣であるが、地名考証から戦国末期の趙国貨幣である可能性が高い。他の種類の平首布についても出土例が少なく、発行地の所属国が確定しているわけではない。

平首布の発行主体について、中国の研究者は、都市名が鋳込まれていても都市の所属国が国家として発行したと考えるのが一般的である。しかし、この点に関しては踏み込んで考察されているわけではない。一つの都市がいくつかの種類の貨幣を発行している場合がある。例えば、藺では尖足布、方足布、円足布、直刀銭、円銭を発行している。また、同一貨幣でも多様な字形が存在する場合が見られる。例えば、「平陽」方足布の「陽」字の「日」字の書き方は五種類も存在する。国家が統制して統一貨幣として発行していたならば、このような現象は起こりえないであろう。

この他にも、国家発行に否定的にならざるをえない理由が存在する。国都の地名を有する平首布も確認されているが、それらの貨幣の出土数量が圧倒的に多いわけではない。そして、地名の位置とはずいぶん離れた他国の都市で平首布の鋳型が発見される場合がある。(5) 平首布が国家の発行であればこのようなことはありえないであろう。

戦国時代には、三晋地域を中心に都市が発達し、この地域の都市は強い独立性を有していた。(6) そして、この独立性は都市の商工業者の経済的実力によりもたらされたものと考えられる。平首布の主たる出土地は、ちょうどこの都市の発達した地域に重なる。三晋地域を中心に発行された平首布は、都市の民間商工業者たちによって鋳造、発行されたと考えて矛盾はないであろう。

ただし、平首布の中でも重厚で大型の橋形方足布の発行はやや事情が異なると考えられる。橋形方足布の銅含有率は他の平首布に比べて高く良質の貨幣である。そして、「安邑」や「梁」など魏の国都名を鋳込んだ貨幣の出土数量が圧倒的に多い。また、「梁」銘の大梁発行貨幣には黄金との換算率が鋳込まれており、これは法律の規定であったと考えられる。さらに、「安邑」布が大量に発行された戦国中期は、魏が秦の攻勢にさらされる時期であり、他の橋形方足布の発行都市の中には、防衛の最前線に位置しているものもみとめられる。橋形方足布は、このような国難に遭遇して、魏国が防衛を固めるため都市の商工業者から軍資金を調達するために特別に発行したか、都市に発行を許可した貨幣であった可能性がある。橋形方足布には都市名が鋳込まれてはいるが、発行に国家が大きく関与した貨幣であった。

（二）刀銭（明刀、直刀、斉大刀）

戦国時代の刀銭には刃部がなくなり周郭が設けられるようになるが、平首布ほどは多様化していない。燕国では、尖首刀から直接変化し、「明」字が鋳込まれた燕明刀（昜刀）が鋳造発行されるようになる。燕明刀の「明」字の解釈については議論が多いが、近年ではこの字は燕の国名である「匽」字と見なす説が有力である。燕明刀の出土数量は燕の領域を中心に膨大な数に上り、これが燕国の統一貨幣であったことは間違いないであろう。燕明刀と類似した貨幣で斉明刀（昜刀）と呼ばれる貨幣が存在する。こちらの貨幣は、「明」字の「月」旁が方折であり、ほとんど斉の領域から出土する。燕発行説と斉発行説があり、民間発行か国家発行かも決していないが燕国家発行の可能性がある。戦国後期には、身と柄が直線的な直刀（円首刀）が出現する。出土地と銘文地名から趙国と中山国で鋳造発行されたものとされる。趙国のものは都市で発行されたものと考えられるが、中山国のものは確定できない。

刀銭の中で特異なものは大型で重厚な斉大刀（斉刀）である。斉の領域内からのみ出土し、斉国貨幣であることは疑いないが、その発行流通時代や性格について大きく意見が分かれている。斉大刀は、すべて明確な周郭がある点や全体の形態、銘文の字形などから春秋時代に遡るものではなく、戦国時代の中期以後かなり限られた時期に流通した貨幣と考えられる。とくに初期の斉大刀と考えられる「即墨之大刀」、「安陽之大刀」、「斉之大刀」は、それぞれ地名の都市で発行されたものであるが、斉威王が国内統制を強化し対外的な攻勢に転じた時に発行したか、あるいは特定の都市に発行させた特別の貨幣であった可能性がある。斉大刀の背面には共通して「三十」の文字があるが、これは何らかの換算率を示しているようである。上記三種の斉大刀は銅含有率が高く、橋形方足布と同様に、国家が軍資金調達のために発行した貨幣であったかも知れない。ただし、後に発行された「斉大刀」三字刀は品位も低下し、圧倒的な発行量が見られることから、賹化円銭とセットで流通した国家発行の一般流通貨幣に転化していたと考えられる。

(三) 貝貨（楚貝貨）

青銅の貝貨とされるものには無文銅貝と有文銅貝があるが、前者は貨幣かどうか疑わしい。有文銅貝は戦国時代の楚の領域から出土し、楚貝貨あるいは蟻鼻銭、鬼臉銭とも称される。楚貝貨のモデルを亀とする説もあるが(7)、宝貝（子安貝、海貝）とするのが一般的である。そして、実物貨幣である宝貝から直接転化してきたとするのが普通であるが、宝貝を貨幣とするには問題があり、また楚国においては宝貝と楚貝貨は時間的に直接接続しない。楚貝貨は、殷周時代以来、中原諸国の支配者間で贈与交換に用いられた宝貝を、戦国時代になって楚国の支配者が貨幣の形式として意識的に選び取ったものであり、極めて観念的に創造された貨幣と考えられる。とくに、「哭」字貝貨は圧倒的な流通量が見られ、実質的に楚国の統一貨幣であったと考えてよいであろう。そして、それは楚金版の補助貨幣とみなされている。

（四）円銭（円孔円銭、方孔円銭）

円銭には、円形の穴のある円孔円銭と四角い穴のある方孔円銭がある。古くは円孔円銭が早く出現し、後に方孔円銭が出現したとする説が支配的であったが、その後考古学的な発見が続き、必ずしもそうとは言えなくなった。「垣」字円孔円銭などは、空首布や平首布などとの伴出関係から戦国中期を遡る貨幣ではなく、秦の方孔円銭である半両銭は、四川省青川県の墓葬からの出土により、戦国中期まで遡る貨幣であることが明らかになった(8)。現在のところ、ともにほぼ戦国中期に平行して出現した貨幣とみなしてよいであろう。

魏国の領域から大量に出土している「垣」字円孔円銭は銅含有率が極めて高い高品位の貨幣であり、橋形方足布に近似している。魏国の円孔円銭が軍資金調達を目的に発行されたことを証明する手立てはないが、都市発行でありながら国家の関与があったことは否定できない。円孔円銭は、魏国が何らかの目的で都市に発行させた新形式の貨幣であろう。このため、古くから存在し、当時それほど価値があるとも思われない実用品である紡輪をモデルとして出現したとは考えられない。むしろ、支配者の儀礼的器物であった玉璧や玉環をモデルに作成された、支配者側の観念が込められた貨幣であったのではなかろうか。

秦の方孔円銭である半両銭も、最初から秦国の統一貨幣として鋳造発行されたと考えられる。秦の半両銭は「半両」という重量が鋳込まれているが、大きさ重量はまちまちである。しかし、半両銭は秦の軍事的進出ルートに沿って出土しており、その流通には国家が関わっていたことは確かである。また、秦律の『金布律』には選銭の禁止が規定されていて、貨幣は国家の強い統制下にあった。方孔円形の形態も、天円地方という象徴的な観念にもとづいていたと考えられる。『呂氏春秋』圜道篇には国家の統治理念としての天円地方の観念が記されており、秦は貨幣に国家の統治理念を反映させたと考えてよいであろう。

三　青銅貨幣の統一——秦漢時代

戦国時代まで極めて多様であった青銅貨幣は、秦の天下統一とともに秦の方孔円銭である半両銭に統一される。その後、秦を倒した漢王朝も、重量を減じた半両銭を発行し続ける。漢の武帝の時に新たに五銖銭が発行されるが、やはり方孔円銭であった。その後、王莽時の極めて短期間、布銭や刀銭が復活するが、もはや地名は鋳込まれていない。そして清朝の滅亡まで、銘文は重量から年号（元号）に変化するものの、中国歴代王朝の青銅貨幣は方孔円銭であり続けた。そして、このような形態の貨幣は、周辺のベトナム、朝鮮、日本の貨幣の形態をも決定づけることとなった。

方孔円銭の形態が歴代王朝の青銅貨幣の基本的形態であり続けたのは、実際に他の形態の貨幣よりは使用に便利であったからであろう。しかし、天円地方を象徴する形態が統治者の支配理念とも合致していたことも大きかったのではないかと考えられる。

むすび

以上に述べ来たった事柄にもとづいて、貨幣の発行主体と形態との関係について時代を追って簡単に図示すると以下のようになる。

〈春秋後期〉	〈戦国時代〉	〈秦漢時代〉
布銭：農具の銅鏟→空首布（中原都市民間）	→平首布：	
	方足布（三晋、燕都市）	×
	尖足布（趙都市）	×
	三孔布（趙都市）	×
	橋形方足布（魏都市＋国家）	×
刀銭：工具の銅削刀→尖首刀（北方民間）	→明刀（燕国家）	×
	直刀（趙都市）（中山国家？）	×
	斉大刀（斉都市＋国家→国家）	×
貝貨：贈与物の子安貝	→楚貝貨（楚国家）	×
円銭：儀礼用の玉璧、玉環	→円孔円銭（魏都市＋国家）	×
天円地方の観念	→方孔円銭（秦国家）	→統一貨幣
	→（燕、斉国家）	×

布銭や刀銭は、青銅製の農具や工具など民間で実用されていた高価値の器物が貨幣に転化したものである。そして、それらの貨幣は最初に民間において鋳造され、流通したものであった。発行主体が民間にあった貨幣の形態には、具体的な実用器物の形態が強く反映されているのである。それは、民間の発行者が一般使用者に受容されやすいように対応した結果であろう。

一方、貝貨や円銭は、儀礼用器物や本来支配者間の贈与物であった物品がモデルになったり、さらには統治理念が具象化されたものである。こちらの方は、支配者や国家の意志が強く反映されている。そして、実際、これらの貨幣は国家が強く関与して鋳造、発行されたものであった。

以上のごとく、中国の青銅貨幣の形態は、発行者の存在形態によって強く規定されていることがわかる。中国において、多様な形態と地名を有する青銅貨幣が生成したのは、多様な発行主体と目的が存在したからである。とくに、三晋地域において、時代とともに多様化が進行するのは、民間において多様な発行主体が存在したからだと考えられる。都市の多様な商工業者たちが、その経済的実力を背景に多様な貨幣を発行したのである。これに対して、国家が発行する場合、どうしても統一性が重視され多様化は抑えられる。秦の場合がその典型的な例であろう。

なお、民間発行の貨幣をモデルにして国家が新形式の貨幣を発行する場合がある。尖首刀を継承した燕明刀、平首布を重厚化した魏の橋形方足布、尖首刀を独自の形態に改変、大型化した斉大刀などである。後二者は国家が特定の目的のために発行した特別な貨幣と考えられるのでしばらく置くとして、燕明刀の場合は明らかに燕国の一般流通貨幣として発行されている。燕国はなぜ国家として独自の形式の貨幣を発行しなかったのであろうか。北方の刀銭に、三晋地域の布銭のように多様で持続的な展開が見られないのは、都市の未発達と関係があると思われる。北方における尖首刀経済の衰退と燕国の抬頭が関係していると考えられるが、戦国時代における北方地域の経済的様態については改めて検討する必要がある。

注

（1）中国における貨幣の起源に関しては問題が多い。新石器時代から殷周時代にかけて大量の宝貝（子安貝、海貝）が墓に副葬されており、これを最初の貨幣とする説がある。しかし、第六章で述べたように宝貝は贈与物として出現し、価値尺度や価値蓄蔵の役割はともかく、支払い手段としての機能を果たしていたか定かでない。また、宝貝を模した貝製、骨製や金属製（銅製、銀製、金製など）の倣貝と呼ばれるものも副葬されている。これらも他の青銅貨幣のように埋蔵銭として出土することはなく、貨幣でなく装飾品とみなしてよいであろう。

（2）趙雲鋒「記山西曲沃県出土的春秋布幣―兼談布幣的起源問題」（中国銭幣一九九六―二）頁8。

（3）北京市文物研究所山戎文化考古隊「北京延慶軍都山東周山戎部落墓地発掘紀略」（文物一九八九―八）頁17。

（4）戦国時代には河北省涿鹿県を中心とした地域では趙の交易都市と思われるものが確認でき、経済活動の盛行がうかがわれる（江村治樹「中国古代都市研究と現地調査―二〇〇七年一〇月・蔚県、涿鹿県都市遺跡調査」〔研究代表者・江村治樹、平成二〇年度科学研究費補助金研究成果報告書『春秋戦国秦漢時代の都市とその周辺』〕）。

（5）中山国都霊寿故城と韓国都鄭韓故城から趙の円足布の鋳型（「藺」「離石」など）が出土している（中国銭幣一九九五―二、頁15、48）。

（6）江村治樹『春秋戦国秦漢時代出土文字資料の研究』（汲古書院、二〇〇〇）第二部、同『戦国秦漢時代の都市と国家―考古学と文献史学からのアプローチ―』（白帝社、二〇〇五）。

（7）汪本初「楚幣蟻鼻銭淵源考」（文物研究一一（一九九八））頁338。

（8）四川省博物館等「青川県出土秦更修田律木牘」（文物一九八二―一）頁12。

参考書目

中国

劉鶚『鉄雲藏貨』（中華書局、一九八六年）
丁福保編『古銭大辞典』（民国二七年序、一九八二年中華書局出版社影印）
王献唐『中国古代貨幣通攷』上中下三冊（斉魯書社、一九七九年）
王毓銓『我国古代貨幣的起源和発展』（科学出版社、一九五七年）
鄭家相『中国古代貨幣発展史』（生活・読書・新知三聯書店、一九五八年）
彭信威『中国貨幣史』（上海人民出版社、一九五八年増訂版）
中国銭幣学会編『中国銭幣論文集』第三、四輯（中国金融出版社、一九九八年、二〇〇二年）
汪慶正主編『中国歴代貨幣大系一　先秦貨幣』（上海人民出版社、一九八八年）
中国銭幣大辞典編集委員会編（朱活主編）『中国銭幣大辞典・先秦編』（中華書局、一九九五年）
天津市歴史博物館編『天津市歴史博物館蔵　中国歴代貨幣』（第一巻、先秦部分）（天津楊柳青画社、一九九〇年）
上海博物館青銅器研究部編『上海博物館蔵銭幣　先秦銭幣』（上海書画出版社、一九九四年）
山東省銭幣学会編『斉幣図釈』（斉魯書社、一九九六年）
張弛『中国刀幣滙考』（河北人民出版社、一九九七年）
杜維善『半両考』上、下冊（上海書画出版社、二〇〇〇年）
王貴忱『三孔布彙編』（一九八四年広州刊）
山西省銭幣学会編『中国山西歴代貨幣』（山西人民出版社、一九八九年）
朱華『三晋貨幣――山西省出土刀布圜銭叢考』（山西人民出版社、一九九四年）
石永士、石磊『燕下都東周貨幣聚珍』（文物出版社、一九九六年）
蔡運章等編『洛陽銭幣発現与研究』（中華書局、一九九八年）

鄭仁甲編『信陽駐馬店銭幣発現与研究』（同、二〇〇一年）
賈元蘇編『開封商丘銭幣発現与研究』（同、二〇〇三年）
王勉編『安陽鶴壁銭幣発現与研究』（同、二〇〇三年）
秦淑華等編『許昌漯河銭幣発現与研究』（同、二〇〇五年）
陳喬編『三門峡焦作銭幣発現与研究』（同、二〇〇六年）
趙伏編『南陽平頂山銭幣発現与研究』（同、二〇〇六年）
朱活『古銭新探』（斉魯書社、一九八四年）
朱活『古銭新典』上冊（三秦出版社、一九九一年）
朱活『古銭新譚』（山東大学出版社、一九九二年）
黄錫全『先秦貨幣通論』（紫禁城出版社、二〇〇一年）
黄錫全『先秦貨幣研究』（中華書局、二〇〇一年）
黄錫全『古文字与古貨幣文集』（文物出版社、二〇〇九年）
呉良宝『中国東周時期金属貨幣研究』（社会科学文献出版社、二〇〇五年）
黄徳馨『楚爰金研究』（光明日報出版社、一九九一年）
趙徳馨『楚国的貨幣』（湖北教育出版社、一九九六年）
山東省淄博市銭幣学会編『斉国貨幣研究』（斉魯書社、二〇〇三年）
郭若愚『先秦鋳幣文字考釈和弁偽』（上海書店出版社、二〇〇一年）
何琳儀『古幣叢考』（安徽大学出版社、二〇〇二年増訂本）
陳隆文『春秋戦国貨幣地理研究』（人民出版社、二〇〇六年）
周衛栄『中国古代銭幣合金成分研究』（中華書局、二〇〇四年）

日本

奥平昌洪『東亜銭志』（昭和一一年〔一九三六年〕凡例、一九七四年歴史図書社影印）
加藤繁『支那経済史考証　上巻』（東洋文庫、一九五二年）
加藤繁『中国貨幣史研究』（東洋文庫、一九九一年）
関野雄『中国考古学研究』（東京大学東洋文化研究所、一九五六年）
関野雄『中国考古学論考』（同成社、二〇〇五年）
江村治樹『春秋戦国秦漢時代出土文字資料の研究』（汲古書院、二〇〇〇年）
柿沼陽平『中国古代貨幣経済史研究』（汲古書院、二〇一一年）
山田勝芳『貨幣の中国古代史』（朝日新聞社、二〇〇〇年）
宮澤知之『中国銅銭の世界―銭貨から経済史へ』（思文閣出版、二〇〇七年）

中文摘要 春秋战国时期青铜货币的出现与发展

前 言

中国从早期阶段就出现了多种形态的青铜货币，从形态上大致可以分为刀币（刀钱）、布币（布钱）、贝币（贝货）、圆钱（圜钱）四种，也可以更加细致地划分，其多样性在世界货币历史中也绝无仅有。

在中国为何会出现如此多样的青铜货币呢？货币是在特定的发行者与众多的不特定使用者的以信用为基础的相互关系中实现其机能的。那么货币的多样性与单个货币的特质等问题有必要放在这两者的关系中考虑。

文献史料的记载中没有完整的资料涉及到有关早期货币的情况。现存早期货币大多连出土状况也不清楚，在这样的情况下进行货币特征研究只能依赖实物材料。而以前的研究在讨论诸如流通时期、流通范围、发行主体、发行目的等货币的基本问题时，各种各样的任意解释达到了不能控制的地步。所以在拙著中，收集数量众多的实物资料做成了资料库，在分析货币基本内容的同时，对货币特征的研究也进一步深入。

一 青铜货币的出现——春秋时代

大家一致认为中国最早出现的青铜货币是布币中的空首布和刀币中的尖首刀。就目前发现的考古学材料而言,这种表述是比较准确的。

空首布的首部有孔，是以实用农具中的铜铲为直接原型而铸造的货币。根据其肩部形态可以分为三类：平肩空首布、耸肩空首布、斜肩空首布。有关空首布的起源和流通时期学术界分歧很多，而山西省曲沃县出土的类似于平肩空首布，但是体型更大的原始空首布可以明确是春秋中期左右的货币，那么可以确认以上三种空首布广泛流通的时期是在春秋后期。

空首布的铭文种类超出200种。也有人认为这些铭文是地名，但是地名铭文只是多出现在中小型空首布上，大量流通的大型空首布多出土于洛阳一带的狭小范围内，是一种在王畿内铸造流通的货币，认为其铸造地有超过200处之多比较困难，推测其铭文有可能是一种铸造者标识。至于有关发行主体的问题则根本没有涉及到，到春秋后期，周王朝王权越来越弱化，也许已不具备发行货币的经济实力。而空首布的出土地点恰恰与春秋后期到战国时期城市发达区域重合，那么这些货币可能是由城市的工商业者铸造并发行的。

尖首刀作为一种货币还明显残留着刃部，一般认为尖首刀和空首布同样起源于实用工具，是以一般百姓使用的铜削为原型的。尖首刀的流通时期也有诸多观点，但是从北京市延庆县山戎墓地的发现证明，在春秋后期尖首刀业已存在了。近年随着学术界对尖首刀各种形态认识的明晰，详细的区域分布与编年研究也在逐渐深入。

尖首刀的出土地点广泛分布于燕领地以及北方民族居住区一带，春秋中期戎、狄等北方民族南下，攻势猛烈，中原诸国都受到了威胁。尖首刀流通的春秋后期，北方少数民族的攻势虽然减弱，但是燕领地尚未形成强有力的国家权力。尖首刀的铭文近100种，也有地名、国名等不同观点。但是带有国名、地名铭文的尖首刀数量不会很多，与空首布一样，其铭文大多也是一种铸造者的标识。尖首刀有可能并非国家铸造，而是戎狄等北方民族民间为适应商业贸易的需求而发行的。但是尖首刀的流通区域与空首布不同，没有出现在工商业者活跃的城市发展地区。作为早期北方地区青铜货币出现的因素之一，中原地区与北方民族贸易的蓬勃发展也是不能忽视的。中原城市的发展带来了活跃的经济互动，刺激了北方地区的经济生活，促进了货币的出现。在今后的研究中很有必要对北方经济状况再进一步具体分析。

二　青铜货币的发展——战国时代

春秋中期到后期出现的布币、刀币在战国时代变得更加多样化。空首布朝小

型化方向发展，出现平首布，可以细分出更多的形态类型。足部变尖的尖足布、足部呈方形的方足布（小方足布）、圆足的圆足布、圆足布上有三个孔的三孔布、首部两侧呈锐角状突起的锐角布（有耳布）、底部呈桥状的桥形方足布（桥足布、方足大布）等。其他还有归入尖足布但带有方足布形态的类方足布，同样带有圆足布形态的类圆足布，首部穿孔的有孔方首布（楚大布、连布）等，还可以细分为更多的种类。

除去一部分存在问题的有孔方足布，平首布的最大特色是全部铸造有地名铭文，可以确认地名铭文的尖足布有 50 余种，方足布 160 种左右，但其它种类的平首布中铸造有地名铭文的较少。平首布通过文献可以确定的地名只有三分之一左右，大部分是城市名，一般认为平首布是在城市中铸造、发行的货币。其出土地点广泛分布于韩，魏，赵三晋地区，还包括王畿内和燕国地区，铭文中的地名位置大致与上述地区吻合，应该是在这些地区中的城市里发行、流通的。从尖足布的出土地点与地名位置分析，其应该是流通于赵、燕地区的货币。三孔布基本上没有出土实例，有关其发行地区尚存疑问，从地名考证很有可能是一种战国末年流通于赵国的货币。其他种类的平首布出土实物很少，不能确定其所属国别。

有关平首布的发行主体，中国的研究者一般认为是地名所属国家发行的货币，但是并没有进一步深入考察，也存在单个城市发行多种货币的事例。例如在藺城就发行了尖足布、方足布、圆足布、直刀钱、圆钱。另外，相同的货币上铸造多种字形的现象也有发现。比如“平陽”方足布的“陽”字右边的“日”字头就有五种写法。如果是国家统一发行的货币的话，不应该出现这种现象。另外也发现过其它带有国都地名的平首布，除后述的桥形方足布以外，其出土数量并不占绝对多数。而某个发现钱范的城市距离钱范所属国路途遥远的情况也是有的，如果平首布确实是由国家来发行的话，这些现象是不可思议的。

在战国时期，三晋地区的城市发展较快，具有较强的独立性，而这种独立性是由城市工商业者的经济实力决定的。平首布主要出土于这一区域，那么以三晋地区为中心发行的平首布是由城市的民间工商业者铸造、发行的观点与实际发现

并不矛盾。

但是平首布中厚重的大型桥形方足布的发行情况则比较特殊。桥形方足布的含铜量比其它的平首布要高一些，是一种比较精良的货币，而其铭文中铸有魏国国都“安邑”、“梁”字样的钱币出土数量占绝对多数。带“梁”字铭文的布币还铸入了与黄金的换算比率。而“安邑”布币大量发行的战国中期正是魏国遭受秦国攻击的时期，与其它发行桥形方足布的城市相比，处于防卫最前沿。桥形方足布在这样的国家困难时期，也有可能是魏国以加强城市防卫能力为目的，为了从城市工商业者手中征收军费而发行的货币，或者是一种获得了国家许可，发行于城市中的货币。总之桥形方足布虽然铸入城市地名铭文，但是与国家发行有密切关系。

到战国时期，刀钱刃部逐渐消失，周郭开始出现，但是不像平首布那样形态多样化，燕国的尖首刀直接演化成铸入“明”字的燕明刀铸造发行。有关燕明刀的“明”字观点甚多，近年认为这个字可能是燕国的国名“匽”字的观点得到了较多认同。燕明刀在燕国地区大量出土，毫无疑问是燕国的统一货币。与燕明刀类似的还有齐明刀（易刀）。齐明刀的“明”字旁边的“月”字方折，大部分出土于齐国境内，至于是燕国发行还是齐国发行，是民间发行还是国家发行都不清楚，从对其成分进行分析的结果来看，燕国发行的可能性较大。在战国后期出现了刀身与刀柄成直线的直刀（圆首刀）。从出土地与铭文分析是赵国与中山国铸造发行的钱币。一般认为赵钱是由城市发行的，而中山国钱币则不能确定。

刀钱中比较特殊的是体型巨大、厚重的齐大刀，只在齐国境内发现，毫无疑问属于齐国货币，但关于其发行、流通时代，性质等问题，各种观点分歧较大。从齐大刀钱币的整体形态，比如说全部有外郭、从其铭文字形等特点来看，其时代不能追溯到春秋时期，是一种流通于战国中期以后的货币。特别是被认为是早期齐大刀的“即墨之大刀”、“安陽之大刀”、“齐之大刀”是在各个城市发行的，但是这种货币是否发行于齐威王强化国内统治，并转向对外攻击时期，或者是特许某些城市发行的，现在并不清楚。齐大刀的背面都有“三十”字样，应该是一

种换算比率。上述三种齐大刀钱币含铜量较高，也许与桥形方足布一样，是一种由国家发行，用以调配军饷的货币也未可知。只是其后发行的“齐大刀”钱币品质恶劣，数量众多，也许和賹化円錢一起成套使用，成为国家发行的一般流通货币。

青铜的贝币按照有无铭文可以分为两种，没有铭文的是否是货币还有疑问，带铭贝币出土于楚国境内，被称作楚贝货，或者蚁鼻钱、鬼脸钱。虽然有人认为楚国货币模仿了龟壳的形状，但一般还是认为是模仿了海贝（宝贝）发展而来，是一种实物货币，以海贝为原型直接转化而成。但是以海贝作货币还有一些问题，而且楚国的海贝与楚贝币在时间上没有直接的延续关系。楚贝币是战国时期的楚国统治者有意识地选择从商周时代开始，中原统治者之间用于赠与和交换的海贝作为货币，是一种具有较强观念性的流通钱币，特别是带有“ 咒 ”字的贝币数量众多，是楚国的统一货币，可能是“楚爰金”的辅助货币。

圆钱有两种，方孔圆钱与圆孔圆钱。大家多认为早期出现的是圆孔圆钱，晚期出现的是方孔圆钱，但是考古学材料证明也不尽然。带有“垣”字铭文的圆孔圆钱等与空首布、平首布等伴出，并不能确定其时代能早到战国中期，而四川青川县墓葬中出土了秦国的方孔圆钱“半两”钱，那么秦半两则可以追溯到战国中期。现在一般认为上述两种圜钱大致出现于战国中期。

魏国境内大量出土的带“垣”字铭文的圆孔圆钱是一种含铜量极高，品质极佳的货币，类似于桥型方足布。虽然没有证据证明魏国的圆孔圆钱是为筹措军饷而发行的货币，但是不能否认其由城市发行而与国家政权有关系的一面。圆孔圆钱应该是魏国出于某种目的，允许城市发行的新型货币，正是因为这个原因，认为这种钱币是以当时几乎没有价值的纺轮为实物原型而制作的观点比较牵强。与其认定前述观点，还不如说这种圆孔圆钱可能是汇入了统治者观念，以统治者祭祀、实用玉璧、玉环为原型而制作的。

秦国的方孔圆钱即“半两”钱被认为是最早在秦国铸造、发行的统一货币。秦国的半两钱上虽然铸入“半两”的重量单位，但是大小，重量各不相同，而

且出土半两钱的地区与秦国东进的路线方向吻合，看来其流通与国家统治有密切关系。在秦律《金布律》中明确规定禁止“选钱”，可见其流通受到国家强有力的统治管理。也有观点认为方孔圆钱含有“天圆地方”的思想理念。在《吕氏春秋》圜道篇中就记载了作为国家统治理念的“天圆地方”观念。秦国的货币可能也反映了这种国家统治理念。

三　青铜货币的统一——秦汉时代

到战国时期种类繁多的青铜货币随着秦统一中国被秦国的方孔圆钱“半两”取代，其后推翻了秦王朝统治的西汉帝国减轻了“半两钱”的重量，继续发行，虽然汉武帝后来发行了“五铢钱”，但其形制还是方孔圆形。两汉之际的王莽在很短时间恢复了布钱、刀钱，但没有再铸入地名。直到清朝灭亡，虽然钱铭上的重量，年号（元号）不断变化，但是中国历代王朝使用的青铜货币一直是方孔圆钱，这种钱币形态同样被周边的越南、朝鲜、日本等国家采用。

方孔圆钱这种钱币形态之所以成为历代王朝的钱币基本形态与这种钱币比其它货币更便于使用应该也有关系，但是其象征“天圆地方”的形态与统治者的治国理念不谋而合也是其被采用的重要原因。

结　语

无论是布币还是刀币都是由民间青铜制农具、工具等一些价值较高的器物转化而来，这些货币最初应该是在民间铸造、流通的。由民间发行的货币强烈地反映出其实用器原型，这应该是民间发行者考虑到一般使用者容易接受与否而设计的结果。

另一方面的贝币、圆钱以祭祀礼器，统治者之间相互馈赠的贵重器物为原型，是统治理念象征的实物化表现，这些钱币充分反映了统治者及其国家意志。其铸造发行与国家政权有密切关系。

如上所述，中国的青铜货币形态是由发行者的存在形式而决定的，在中国之

所以会产生具有多种地名，多种形态的青铜货币是由于多样的发行主体以及目的的不同而出现的。特别是在三晋地区，随着时代的变迁，货币多样化的发展正是由于民间多样化的发行主体的存在而决定的。各类城市工商业者根据其经济实力的不同发行了多形态的货币，与此相对，国家发行货币的场合，无论怎样都是抑制货币多样化，重视统一性的，秦国就是这样典型的例子。

而以民间发行的货币为祖型，国家新发行货币的情况也有。延续了尖首刀的燕明刀，平首布厚重化的魏国桥形方足布，改变尖首刀形态，体型变大的齐大刀都属于这类情况。后两者一般认为是国家为特定目的而发行的货币暂且不提，燕明刀作为在燕国正常流通的货币而被发行，那么作为一个国家的燕国为何没有发行独立形态的货币呢？北方的刀币没有像三晋地区的布币那样呈现多样形态持续发展，考虑可能跟城市不发达有关。北方地区以尖首刀为流通货币的经济衰退与燕国的兴起有关，而对战国时期北方的经济形态进行进一步的探讨则是很有必要的。

（張昀訳）

貨幣銘文索引

＊印：写真、拓本所在ページ

ア

イ

ウ

エ

オ

カ

キ

ク

ケ

コ

サ

シ

モ

ヤ

ユ

ヨ

ラ

リ

レ

ロ

発音不詳

(貨幣の種類別に排列)

研究者人名索引

ア行

カ行

サ行

タ行

あとがき

本書の各章に対応する初出論文は以下のとおりである。

序章　書き下ろし。

第一章『春秋戦国秦漢時代出土文字資料の研究』（汲古書院、二〇〇〇）第二部、第一章の各国貨幣部分を大幅に増補全面的に書き改めた。

第二章「中国における古代青銅貨幣の生成と展開—刀銭と布銭のテキストとしての特性—」（統合テクスト科学研究一—二、二〇〇三）。

第三章「中国における古代青銅貨幣の生成と展開（四）—斉大刀のテキストとしての特性—」（統合テクスト科学研究四—二、二〇〇七）。

第四章「中国における古代青銅貨幣の生成と展開（三）—橋形方足布のテキストとしての特性—」（統合テクスト科学研究三—二、二〇〇六）。

第五章「戦国時代尖足布・方足布の性格」（名古屋大学文学部研究論集・史学四九、二〇〇三）。

第六章「中国における古代青銅貨幣の生成と展開（六）—楚貝貨の性格—」（名古屋大学文学部研究論集・史学五六、二〇一〇）。

第七章「中国における古代青銅貨幣の生成と展開（二）—円銭のテキストとしての特性—」（統合テクスト科学研究二—

二、二〇〇五）。
「中国における古代青銅貨幣の生成と展開（五）―テクストとしての貨幣の形態に関する覚書―」（統合テクスト科学研究四―二、二〇〇七）。

本書の第二章以下についても、旧稿に対してすべて二〇一〇年までに公表され実見することができた貨幣の新資料や関係論考にもとづいて書き改めた。本文だけでなくもちろん地図や表、出典一覧もすべて増補、修正している。

次に、春秋戦国貨幣研究を開始したきっかけと研究経過について述べておきたい。最初に貨幣研究に手をつけたのは、「戦国出土文字資料概述」（林巳奈夫編『戦国時代出土文物の研究』京都大学人文科学研究所、一九八五）においてである。本論文は、国ごとの出土文字資料を全面的に整理して全体像を把握し、問題点を明らかにすることを目的としたが、当然国ごとの貨幣についても検討することになった。

この時期同時に、戦国時代を中心とする都市の発達に興味をいだき、その発達の要因について都市遺跡の分布を視野に入れて検討をはじめた。とりわけ三晋諸国の都市の独立性に注目し、まず「戦国三晋都市の性格」（名古屋大学文学部研究論集・史学三二、一九八六）において考古学と文献史料の両面から考察したが、その後戦国時代の全地域を視野に入れた「戦国時代の都市とその支配」（東洋史研究四八―二、一九八九）を発表し、三晋諸国と周辺諸国とでは都市の発達に地域差が存在し都市の性格も相違するのではないかと考えた。こうした都市研究を通して、三晋諸国の都市発行の貨幣の重要性を改めて認識することになった。そこで、より厳密な貨幣研究を行う必要に迫られ、その後の中国における貨幣研究の進展を踏まえて「戦国新出土文字資料概述・補訂―貨幣部分」（名古屋大学文学研究論集・史学四五、一九九九）をまとめ、さらにこれを前稿「戦国出土文字資料概述」と一体化して前著第二部、第一章の各国貨幣部分（本書第一章の旧稿）として公表した。しかし、これらの研究は本書序章でも述べたように従来の研究の整理に基づく貨幣の概括的紹介にとどまっており、実証的な性格究明は不十分であった。そこで、個別貨幣の実証的研究として最初に行なったのが三晋諸国を中心とした都市で発行された尖足布、方足布の研究である（本書第五章の旧稿）。この研究を進める中で、中国において先秦貨幣研究は盛んであるが異説が極めて多く発行主体についても十分な検討が行なわれていないことが判明した。

貨幣研究の大きな転機になったのは、二一世紀ＣＯＥプログラムに参加したことである。勤務校である名古屋大学文学研究科の西洋史学研究室の佐藤彰一教授を拠点リーダーとする「統合テクスト科学の構築」が二〇〇二年度のＣＯＥに採択され、その推進担当者に加えていただき専門を越えて共同研究を行った。この共同研究において、春秋戦国貨幣研究に集中して取り組むことになり、テキストとして貨幣を考えることになった。本書が貨幣の経済史的研究よりも貨幣の形態や文化的、政治的背景の問題に傾斜しているのはこのためである。そして個別の貨幣を継続的に検討することができたことにより、本書のような形にまとめることができた。佐藤教授ならびに当時のＣＯＥのメンバーに対してここに改めて感謝したい。

本書をまとめるに際してはこの他にも多くの方々の助力を得た。貨幣研究は貨幣という物をあつかう学問であり、実物を実見して実測することが欠かせない。とくに先秦貨幣については文献史料が根本的に欠乏しており実物調査が必須である。日本では日本銀行貨幣博物館、南山大学人類学博物館、東京国立博物館、泉屋博古館、東京大学東洋文化研究所や同経済学部図書館で実物貨幣を調査する機会を得た。とくに泉屋博古館の廣川守氏や東京大学経済学部図書館資料室の小島浩之氏には調査に対して特別の配慮をいただき所蔵貨幣の写真の本書掲載許可の労も取っていただいた。海外では大英博物館のコイン・メダル部、ケンブリッジのフィツウィリアム美術館、オクスフォードのアシュモリアン美術館の貨幣を調査しキュレーターにお世話になった。

また、貨幣関係の中国語論文の調査、収集には東海大学の小林義廣教授の配慮により同大学図書館を何度も利用させていただいた。これにより効率よく研究を進めることができた。

中国の研究者からも多大の協力をえた。とくに北京大学の呉栄曾教授、洛陽市第二文物考古隊の蔡運章研究員、人民銀行貨幣博物館の黄錫全館長からはその著述から大きな影響を受けただけでなく、貨幣関係の資料や著書の贈呈を受け大いに研究が進展した。

本書の出版に際しては今回も汲古書院に大変お世話になった。出版の企画を通していただいた石坂叡志社長、前著に引き続き編集を担当していただいた大江英夫氏に感謝したい。また三井久人氏には機会があるたびに執筆の後押しをしていただいた。とりわけ今回も出版について坂本健彦相談役に特別の配慮をしていただいた。また恩師で元同僚の名古屋大学名誉教授の森正夫先生にも前回同様ご苦労をかけてしまった。

さらに校正に関しては、名古屋大学東洋史研究室大学院研究生の仲山茂、飯田祥子、橋本明子および大学院生の尾関圭信の四君の手をわずらわせた。また、中文摘要は本書の終章がもとになっているが、元名古屋大学留学生で山東大学の張昀講師に翻訳をお願いした。

最後になったが、本書の出版には平成二三年度科学研究費補助金（研究成果公開促進費）の交付を受けたことを記しておく。

以上、本書の成書や出版に際して助力をいただいた方々に対して、ここに心からの謝意を表したい。

二〇一一年九月

残暑の多治見の寓居にて　江村治樹

著者略歴

江村　治樹（えむら　はるき）

1947年京都府舞鶴市に生まれる。神戸大学文学部史学科（東洋史学専攻）卒業。名古屋大学大学院文学研究科博士課程史学地理学科（東洋史学専攻）中退後、京都大学人文科学研究所助手（東洋考古学）。その後、名古屋大学文学部助教授（東洋史学）、同教授を経て、現在、同文学研究科教授。博士（歴史学）。

主要著書：『春秋戦国秦漢時代出土文字資料の研究』（単著、汲古書院、2000年）、『戦国秦漢時代の都市と国家－考古学と文献史学からのアプローチ』（単著、白帝社、2005年）、『中国の群雄一　覇者への道』（共著、講談社、1997年）

汲古叢書96

春秋戦国時代青銅貨幣の生成と展開

二〇一一年一一月一五日　発行

著　者　江　村　治　樹

発行者　石　坂　叡　志

整版印刷　富士リプロ㈱

発行所　汲　古　書　院

〒102-0072　東京都千代田区飯田橋二-五-四

電　話　〇三（三二六五）九七六四

ＦＡＸ　〇三（三二二二）一八四五

ISBN978 - 4 - 7629 - 2595 - 5　C3322

67	宋代官僚社会史研究	衣川　強著	11000円
68	六朝江南地域史研究	中村　圭爾著	15000円
69	中国古代国家形成史論	太田　幸男著	11000円
70	宋代開封の研究	久保田和男著	10000円
71	四川省と近代中国	今井　駿著	17000円
72	近代中国の革命と秘密結社	孫　江著	15000円
73	近代中国と西洋国際社会	鈴木　智夫著	7000円
74	中国古代国家の形成と青銅兵器	下田　誠著	7500円
75	漢代の地方官吏と地域社会	髙村　武幸著	13000円
76	齊地の思想文化の展開と古代中國の形成	谷中　信一著	13500円
77	近代中国の中央と地方	金子　肇著	11000円
78	中国古代の律令と社会	池田　雄一著	15000円
79	中華世界の国家と民衆　上巻	小林　一美著	12000円
80	中華世界の国家と民衆　下巻	小林　一美著	12000円
81	近代満洲の開発と移民	荒武　達朗著	10000円
82	清代中国南部の社会変容と太平天国	菊池　秀明著	9000円
83	宋代中國科學社會の研究	近藤　一成著	12000円
84	漢代国家統治の構造と展開	小嶋　茂稔著	10000円
85	中国古代国家と社会システム	藤田　勝久著	13000円
86	清朝支配と貨幣政策	上田　裕之著	11000円
87	清初対モンゴル政策史の研究	楠木　賢道著	8000円
88	秦漢律令研究	廣瀬　薫雄著	11000円
89	宋元郷村社会史論	伊藤　正彦著	10000円
90	清末のキリスト教と国際関係	佐藤　公彦著	12000円
91	中國古代の財政と國家	渡辺信一郎著	14000円
92	中国古代貨幣経済史研究	柿沼　陽平著	13000円
93	戦争と華僑	菊池　一隆著	12000円
94	宋代の水利政策と地域社会	小野　泰著	9000円
95	清代経済政策史の研究	黨　武彦著	11000円
96	春秋戦国時代青銅貨幣の生成と展開	江村　治樹著	15000円
97	孫文・辛亥革命と日本人	久保田文次著	20000円
98	明清食糧騒擾研究	堀地　明著	11000円
99	明清中国の経済構造	足立　啓二著	13000円

（表示価格は2011年11月現在の本体価格）

34	周代国制の研究	松井　嘉徳著	9000円
35	清代財政史研究	山 本　　進著	7000円
36	明代郷村の紛争と秩序	中島　楽章著	10000円
37	明清時代華南地域史研究	松田　吉郎著	15000円
38	明清官僚制の研究	和田　正広著	22000円
39	唐末五代変革期の政治と経済	堀　　敏 一著	12000円
40	唐史論攷－氏族制と均田制－	池 田　　温著	未　刊
41	清末日中関係史の研究	菅 野　　正著	8000円
42	宋代中国の法制と社会	高橋　芳郎著	8000円
43	中華民国期農村土地行政史の研究	笹川　裕史著	8000円
44	五四運動在日本	小野　信爾著	8000円
45	清代徽州地域社会史研究	熊　　遠 報著	8500円
46	明治前期日中学術交流の研究	陳　　　　捷著	16000円
47	明代軍政史研究	奥山　憲夫著	8000円
48	隋唐王言の研究	中村　裕一著	10000円
49	建国大学の研究	山根　幸夫著	品　切
50	魏晋南北朝官僚制研究	窪添　慶文著	14000円
51	「対支文化事業」の研究	阿 部　　洋著	22000円
52	華中農村経済と近代化	弁納　才一著	9000円
53	元代知識人と地域社会	森田　憲司著	9000円
54	王権の確立と授受	大原　良通著	品　切
55	北京遷都の研究	新 宮　　学著	品　切
56	唐令逸文の研究	中村　裕一著	17000円
57	近代中国の地方自治と明治日本	黄　　東 蘭著	11000円
58	徽州商人の研究	臼井佐知子著	10000円
59	清代中日学術交流の研究	王　　宝 平著	11000円
60	漢代儒教の史的研究	福井　重雅著	12000円
61	大業雜記の研究	中村　裕一著	14000円
62	中国古代国家と郡県社会	藤田　勝久著	12000円
63	近代中国の農村経済と地主制	小島　淑男著	7000円
64	東アジア世界の形成－中国と周辺国家	堀　　敏 一著	7000円
65	蒙地奉上－「満州国」の土地政策－	広川　佐保著	8000円
66	西域出土文物の基礎的研究	張　　娜 麗著	10000円

汲古叢書

1	秦漢財政収入の研究	山田　勝芳著	本体 16505円
2	宋代税政史研究	島居　一康著	12621円
3	中国近代製糸業史の研究	曾田　三郎著	12621円
4	明清華北定期市の研究	山根　幸夫著	7282円
5	明清史論集	中山　八郎著	12621円
6	明朝専制支配の史的構造	檀上　寛著	13592円
7	唐代両税法研究	船越　泰次著	12621円
8	中国小説史研究－水滸伝を中心として－	中鉢　雅量著	品　切
9	唐宋変革期農業社会史研究	大澤　正昭著	8500円
10	中国古代の家と集落	堀　敏一著	品　切
11	元代江南政治社会史研究	植松　正著	13000円
12	明代建文朝史の研究	川越　泰博著	13000円
13	司馬遷の研究	佐藤　武敏著	12000円
14	唐の北方問題と国際秩序	石見　清裕著	品　切
15	宋代兵制史の研究	小岩井弘光著	10000円
16	魏晋南北朝時代の民族問題	川本　芳昭著	品　切
17	秦漢税役体系の研究	重近　啓樹著	8000円
18	清代農業商業化の研究	田尻　利著	9000円
19	明代異国情報の研究	川越　泰博著	5000円
20	明清江南市鎮社会史研究	川勝　守著	15000円
21	漢魏晋史の研究	多田　狷介著	品　切
22	春秋戦国秦漢時代出土文字資料の研究	江村　治樹著	品　切
23	明王朝中央統治機構の研究	阪倉　篤秀著	7000円
24	漢帝国の成立と劉邦集団	李　開元著	9000円
25	宋元仏教文化史研究	竺沙　雅章著	品　切
26	アヘン貿易論争－イギリスと中国－	新村　容子著	品　切
27	明末の流賊反乱と地域社会	吉尾　寛著	10000円
28	宋代の皇帝権力と士大夫政治	王　瑞来著	12000円
29	明代北辺防衛体制の研究	松本　隆晴著	6500円
30	中国工業合作運動史の研究	菊池　一隆著	15000円
31	漢代都市機構の研究	佐原　康夫著	13000円
32	中国近代江南の地主制研究	夏井　春喜著	20000円
33	中国古代の聚落と地方行政	池田　雄一著	15000円